suhrkamp taschenbuch
wissenschaft 1380

In der Praxis der Unternehmensführung rückt ein konfliktträchtiges Problem immer deutlicher in das Zentrum der Aufmerksamkeit: nämlich die Frage, wie das Management sich gegenüber unterschiedlichen Kulturen verhalten sollte. Es besteht ein akuter Klärungsbedarf hinsichtlich der Frage, ob eine vernünftige Einheit in der Vielfalt der kulturellen Lebensformen überhaupt (noch) möglich ist und – wenn ja – wie sie erreicht werden kann.
Die in diesem Band zu Wort kommenden Autoren machen deutlich, welche Begründungsprobleme zu bewältigen sind, um eine Position zu finden, die universalisierbare Vernunftansprüche aufrechtzuerhalten vermag, ohne doch unbelehrbar zu sein – die den lokalen Besonderheiten und Ansprüchen fremder Kulturen Geltung verschafft, ohne in Relativismus zu enden. Der Band diskutiert Antworten der Philosophie auf kritische Anfragen der Betriebswirtschaftslehre. Er wendet sich nicht nur an Philosophen, sondern auch an interessierte Wirtschaftswissenschaftler, Soziologen und Kulturforscher, die die praktischen Konsequenzen der philosophischen Positionen studieren wollen.
Die Herausgeber Horst Steinmann und Andreas Georg Scherer arbeiten am Lehrstuhl für Allgemeine Betriebswirtschaftslehre und Unternehmensführung an der Universität Erlangen-Nürnberg.

Zwischen Universalismus und Relativismus

Philosophische Grundlagenprobleme des interkulturellen Managements

Herausgegeben
von Horst Steinmann und
Andreas Georg Scherer

Suhrkamp

Ein Projekt in Zusammenarbeit mit dem
Deutschen Netzwerk Wirtschaftsethik e.V.

Die Deutsche Bibliothek – CIP-Einheitsaufnahme
Zwischen Universalismus und Relativismus :
philosophische Grundlagenprobleme des
interkulturellen Managements /
hrsg. von Horst Steinmann und Andreas Georg Scherer. –
1. Aufl. – Frankfurt am Main : Suhrkamp, 1998
(Suhrkamp-Taschenbuch Wissenschaft ; 1380)
ISBN 3-518-28980-2

suhrkamp taschenbuch wissenschaft 1380
Erste Auflage 1998

Druck: Wagner GmbH, Nördlingen
Printed in Germany
Umschlag nach Entwürfen von
Willy Fleckhaus und Rolf Staudt

1 2 3 4 5 6 – 03 02 01 00 99 98

Inhalt

VI. RÜCKBLICKE

Vorwort

Angesichts der zunehmenden Globalisierung der Wirtschaft und der damit einhergehenden Internationalisierung der Unternehmenstätigkeit werden Fragen der Konfliktbewältigung im interkulturellen Kontext für die betriebswirtschaftliche Praxis und Theorie immer wichtiger. Die Betriebswirtschaftslehre hat sich aber im Rahmen der Erörterung unternehmensethischer Probleme bislang weitgehend auf die Untersuchung intrakultureller Konflikte konzentriert. Hierzu liegen inzwischen eine ganze Reihe ausgearbeiteter Ansätze vor. Betrachtet man dagegen die Problematik interkultureller Konflikte, so werden die immer noch ungelösten philosophischen Grundlagenprobleme zur Bearbeitung dieses Problemkreises schnell offenbar: Es herrscht akuter Klärungsbedarf. Zur Erörterung dieser Problematik fand am 23./24. Februar 1996 in Zusammenarbeit mit dem Deutschen Netzwerk Wirtschaftsethik e. V. (DNWE)[1] an der Wirtschafts- und Sozialwissenschaftlichen Fakultät der Universität Erlangen-Nürnberg ein Symposium mit etwa 20 Philosophen, Wirtschaftswissenschaftlern und Theologen statt. Im vorliegenden Band werden die von den Teilnehmern ausgearbeiteten Beiträge der Öffentlichkeit vorgestellt und so der weiteren Diskussion zugänglich gemacht.

Bei den zur Diskussion stehenden Grundlagenproblemen geht es um ein geeignetes Verständnis von Rationalität bzw. Vernunft, das im Spannungsfeld der Alternative »Vernunft – Kriterium oder Kultur?« (Kambartel) zu suchen ist. Soll man geeignete Lösungshinweise in universellen Vernunftkriterien suchen, oder ist nicht vielmehr das Verständnis von Vernunft selbst schon kulturell geprägt? Und wenn letzteres zutrifft, wie läßt sich dann noch ein begründeter Vernunftanspruch gegen kulturrelativistische Positionen aufrechterhalten? Da sich aus den skizzierten Alternativen natürlich unterschiedliche Konsequenzen für die internationale Unternehmenstätigkeit ergeben, ist es ein wichtiges Anliegen, eine Klärung dieser philosophischen Grundlagenfragen herbeizuführen. Die Konsequenzen betreffen eine breite Palette von unternehmenspraktischen Problemstellungen,

1 Kontaktadresse: DNWE e. V., Brauneggerstr. 55, 78462 Konstanz.

die von konkreten Fragen der sinnvollen Bearbeitung aktueller Konflikte (zum Beispiel Bestechungspraktiken, Sicherheits- und Umweltstandards, Kinderarbeit etc.) über die Gestaltung von Entscheidungsprozessen und Personalentwicklungsmaßnahmen für entsandte Manager und einheimische Mitarbeiter bis hin zur Rolle der Unternehmung bei der Durchsetzung von Menschenrechten reichen. Die angesprochenen Konfliktlagen entziehen sich in vielen Fällen einer generellen Problemlösung auf der politischen Ebene. Unsere Untersuchungen haben gezeigt, daß in Zeiten der Globalisierung internationale Unternehmen immer öfter selbst als moralische Akteure tätig werden müssen, weil sie häufig in Kontexten agieren, in denen geeignete generelle Konfliktregelungsmechanismen fehlen.[2]

Aus dieser Skizze dürfte deutlich geworden sein, daß sich der vorliegende Band nicht nur an ein philosophisches Fachpublikum richtet, sondern auch an interessierte Wirtschaftswissenschaftler, Soziologen und Kulturforscher, die die praktischen Konsequenzen der philosophischen Positionen studieren wollen. Im folgenden möchten wir eine kurze Übersicht über die einzelnen Beiträge geben, um dem Leser die Orientierung in diesem Band zu erleichtern.

Bei unserem Beitrag »Zwischen Universalismus und Relativismus – Kritische Anfragen der Betriebswirtschaftslehre an die Philosophie« handelt es sich um eine überarbeitete Fassung eines Manuskripts, das den Teilnehmern des Nürnberger Symposiums zur vorbereitenden Orientierung an die Hand gegeben wurde. In diesem Beitrag skizzieren wir die Problemlage, in der sich Unternehmen angesichts der Globalisierung der Wirtschaft heute befinden. Anhand einer Darstellung jüngster Initiativen von seiten der Politik, Religionsgemeinschaften und einzelner Unternehmen wird deutlich, wie die politische Praxis mit den entstehenden interkulturellen Konflikten umzugehen versucht. Ein Überblick über verschiedene Theoriestücke der internationalen Betriebswirtschaftslehre zeigt, daß die von uns anvisierte Problematik dort noch nicht hinreichend erfaßt und gelöst worden ist. Dies liegt insbesondere daran, daß die philosophische Grundlagenfrage, ob und wie sich noch eine friedvolle Einheit in der Vielfalt kultureller Wertvorstellungen und Lebensformen finden läßt, bislang unzureichend beantwortet worden ist. Aus der

2 Vgl. Steinmann/Scherer 1997.

Menge der hierzu vertretenen Positionen greifen wir zwei bedeutsame Richtungen der neueren deutschen Philosophie heraus, die oftmals undifferenziert als diskurs- oder dialogtheoretische Ansätze ›in einen Topf‹ geworfen werden: die Transzendentalpragmatik bzw. Diskurstheorie auf der einen Seite und die Weiterentwicklungen aus dem Umkreis des Methodischen Konstruktivismus (Erlanger Schule) auf der anderen Seite. Genauer besehen ergeben sich hier nach unserer Einschätzung wesentliche Unterschiede gerade im Hinblick auf die Bewältigung interkultureller Konfliktlagen, die nicht zuletzt auch Auswirkungen auf die Art und Weise des interkulturellen Managements haben.

Angeregt wurden unsere Überlegungen durch einen Text von *Friedrich Kambartel.* Kambartel hielt 1984 im »philosophischen Kolloquium« an der Universität Konstanz einen Vortrag, mit dem – in Distanzierung zu einigen seiner früheren Auffassungen – hinsichtlich eines geeigneten Verständnisses von Vernunft die entscheidenden Differenzen zur Diskursethik Frankfurter Provenienz und zu einigen Positionen des frühen philosophischen Konstruktivismus markiert wurden.[3] Vernunft lasse sich, so Kambartel damals, nicht über eine Definition des Vernünftigen sinnvoll begreifen; vielmehr zeige sich die Vernunft in einem vielfach verwobenen Netz von eingeübten Praktiken, die nicht auf ein gemeinsames Kriterium der Vernünftigkeit zurückzuführen seien. Vernunft lasse sich daher auch nicht über eine kriteriale Definition in die Welt bringen, sondern nur über eine Einübung in die Praktiken selbst. Die bekannten Versuche, die »Vernunft« mit Umschreibungen wie »Zwanglosigkeit«, »Unvoreingenommenheit«, »Nichtpersuasivität« etc. näher auf den Begriff zu bringen, könnten daher letzten Endes nur als »Erläuterungen« dieser Praxis angemessen verstanden werden. Eine »Definition« des Vernünftigen sei allerdings damit in einem strengen Sinne nicht zu leisten. Dieser Vortrag wurde erst 1989 in einer überarbeiteten Fassung unter dem Titel »Vernunft: Kriterium oder Kultur?« veröffentlicht und seitdem in der philosophischen Diskussion mehrfach aufgegriffen.[4] Aufgrund seiner Bedeutung für die

3 Vgl. Friedrich Kambartel, »The Grammatical Culture of Reason«. Unveröffentlichtes Vortragsmanuskript, Konstanz 1984.

4 Vgl. Kambartel 1989. Der veröffentlichte deutsche Text enthält gegenüber dem englischen Original einige Klarstellungen, mit denen Kambartel wohl einem relativistischen Mißverständnis seines Textes

Thematik haben wir uns zu einer Wiederveröffentlichung in diesem Band entschlossen.

Kambartel hat die in »Vernunft: Kriterium oder Kultur?« entfaltete Perspektive seitdem weiter ausgearbeitet und neuere Untersuchungen zum Vernunftverständnis vorgelegt.[5] Auch der in diesen Band aufgenommene Text »Zur Grammatik von Wahrheit und Begründung« ordnet sich in diese Reihe ein. Er ist aus einem 1995 verfaßten Manuskript hervorgegangen, das den Tagungsteilnehmern für eine vorbereitende Orientierung zur Verfügung gestellt wurde. In dieser Untersuchung geht Kambartel davon aus, »daß Bemühungen um eine (normale explizite) Definition der Worte ›Wahrheit‹ oder ›Begründung‹ nicht ausssichtsreich sind, weil sie dem komplexen Sitz, den diese Ausdrücke in unserer Lebenssituation haben, nicht gerecht werden können«. Gleichwohl lasse sich anhand begrifflicher Kommentierungen ihres Gebrauchs zeigen, welchen praktischen Sitz Worte wie »Richtigkeit«, »Wahrheit« und »Begründung« in typischen Orientierungssituationen haben. Mit dem Erwerb von Handlungen erlernen die Akteure zugleich auch, das »richtige« vom »falschen« Handeln zu unterscheiden. Was das richtige bzw. falsche Treffen von Feststellungen anbetrifft, so erlernen sie damit, die Unterscheidung zwischen »wahr« und »falsch« zu gebrauchen. Diese Unterscheidungen beruhen letztlich auf der Gemeinsamkeit unseres Handelns und Redens. Im zweiten Teil seiner Untersuchung wendet sich Kambartel »praktischen Urteilen« zu, das heißt Urteilen, die sich auf Prädikate wie »gut«, »gerechtfertigt«, »vernünftig« etc. beziehen, sowie den »praktischen Verpflichtungen«, das heißt Verpflichtungen, eine bestimmte Handlung zu vollziehen bzw. zu unterlassen. Im letzten Abschnitt widmet sich Kambartel den »Vernunfturteilen«. Wesentlich sei hier, daß Vernunft nicht über bestimmte Standards, Regeln oder Methoden definiert werden könne. Sich vernünftig zu orientieren heiße vielmehr, verschiedene solcher Standards in angemessener Weise zu handhaben. Vernunft lasse sich daher kennzeichnen »als das Bemühen, *partikulare Rationalität zu überwinden*«. Eine solche Einstellung sei nicht als eine Anwendung eines allgemeinen, hö-

vorbeugen wollte. Zur Diskussion vgl. zum Beispiel Demmerling 1995, Gethmann 1992, Gosepath 1992, Mittelstraß 1989, Schneider 1992, Welsch 1995.

5 Vgl. Kambartel 1992, 1996.

heren Standards zu verstehen, sondern durch die Perspektive, die wir einnehmen, wenn wir die verschiedenartigen Standards »in einer immer weniger einseitigen und parteiischen Weise handhaben«.

Dietrich Böhler bezieht aus transzendentalpragmatischer Sicht eine deutliche Gegenposition zu diesen Überlegungen von Kambartel; der Titel seines Beitrages signalisiert das bereits unmißverständlich: »Dialogbezogene (Unternehmens-)Ethik versus kulturalistische (Unternehmens-)Strategie«. Die zentrale Kritik an Kambartel, insbesondere aber an unseren eigenen, daran anschließenden Betrachtungen zu einer kulturübergreifenden ethischen Orientierung von Managementlehre und Managementpraxis, lautet: relativistisch, kulturpluralistisch, kriterienlos und ohne normativen Gehalt. Es gelinge nicht, das »zweckrational strategische Paradigma der Betriebswirtschaft mit dem dialog- und vernunftbezogenen Paradigma normativer Ethik so zu vermitteln, daß eine normative Unternehmensethik zureichend begründet werden kann«. Zur Begründung entwickelt Böhler seine transzendentalpragmatische Position; er entfaltet einen Denkrahmen für die Bearbeitung der anstehenden interkulturellen Fragen, wie zum Beispiel der Ökologie und Arbeitslosigkeit, von Menschenrechten und Korruption. Es sei dies notwendigerweise der »Bezugsrahmen des Behauptens und Begründens, des Erhebens und Prüfens/Einlösens von Geltungsansprüchen«, weil ja jeder diesen dialogischen Rahmen in Anspruch nehmen müsse, der etwas behauptet, egal ob es um Aussagen mit theoretischem oder praktischem Hintergrund geht. Böhler arbeitet dieses Apriori im Sinne eines streng reflexiven Bezuges auf den jeweils geführten argumentativen Dialog als »Ansatzpunkt und Geltungsinstanz der Transzendentalpragmatik« im einzelnen aus und begründet ihn im Teil II seiner Ausführungen im Detail. Der dritte Teil der Böhlerschen Überlegungen widmet sich dann der universalen Dialogethik als Verantwortungsethik. Hier werden die normativen Perspektiven des Diskursgrundsatzes (in der von Böhler zugrunde gelegten Form) entfaltet. Moralität als Bemühung um das argumentativ Zustimmungswürdige wird als Verantwortung des Unternehmers für den tendenziellen Erfolg des Moralischen unter den Bedingungen der Geld- und Marktwirtschaft herausgestellt. Die Überlegungen zielen abschließend auf übergeordneter Ebene dann auf die Moralität des Wirtschafts-,

Staats- und Weltbürgers überhaupt als Mitverantwortung für den tendenziellen Erfolg des Moralischen in der Weltwirtschaft.

Hans Julius Schneider verficht in seinem Beitrag »Das Allgemeine als Zufluchtsort« die Position, daß in jeder interkulturellen Kommunikation die hermeneutische Bemühung entscheidend sei, das heißt der Versuch, »die Perspektive des Fremden durch einen Vergleich mit der eigenen Perspektive allererst kennenzulernen«; diese hermeneutische Bemühung sei der Beurteilung nach Maßgabe allgemeiner Prinzipien methodisch vorgeordnet. Von hier aus entfaltet der Autor seine Kritik an der Gegenposition der Diskursethik und der Transzendentalpragmatik Apelscher Provenienz, wonach in allgemeinen Kommunikationsnormen der geeignete (externe) Ansatzpunkt zu sehen sei, um Konflikte mit anderen Kulturen verständigungsorientiert beizulegen. Das Allgemeine sei kein geeigneter Zufluchtsort für rationale (wirtschafts)ethische Bemühungen. Der »Ort« der Prinzipien sei am Ende, nicht am Anfang eines Diskurses; es handele sich bei derartigen Prinzipien um »formelhafte Erinnerungshilfen«, nicht um »Rechenregeln«, nicht um »Verfahren zur Feststellung des Guten«. Gleichzeitig weist Schneider den Relativismusvorwurf gegen seine Position zurück. Sie vermeine gerade nicht, »›von außen‹ auf verschiedene Kulturen und Lebensformen blikken zu können«, um dann »zu dem distanzierten Urteil zu kommen, sie seien alle gleichwertig«. Die Art und Weise, wie die Beteiligten verschiedener Kulturen in Gesprächen ihr jeweiliges Selbstverständnis (selber) artikulierten, sei keine wissenschaftliche »Beschreibung« von außen, sei weder »deskriptiv« noch »normativ«; beide Aspekte seien ungetrennt. Die Perspektive dessen, der sich artikuliert, sei nicht distanziert. Diese Art des Sprechens wichtig zu nehmen heiße daher nicht, eine relativistische Position zu beziehen. Schneider erläutert abschließend knapp, was er unter einer »Artikulation des Selbstverständnisses« genauer versteht.

In seinem Beitrag »Ethischer Universalismus und interkulturelles Lernen« verteidigt *Boris Rähme* die transzendentalpragmatische Perspektive gegen die »kulturalistische« Position von Kambartel. Er wendet dabei die Argumentationsmuster der Transzendentalpragmatik auf das Problem interkulturellen Lernens an. Er expliziert zunächst die denknotwendigen Voraussetzungen und Bedingungen, die jeder machen muß, der die Forderung nach interkulturellem Lernen erhebt. Sodann setzt er sich mit der Kritik Kambartels an dem Vorhaben der Transzendentalpragmatik auseinander, ein kultur- und kontextinvariant gültiges prozedurales Metakriterium für die Begründung ethischer Normen in konkreten praktischen Diskursen nachzuweisen. Er rekonstruiert dazu die Position Kambartels und weist sie schließlich unter Hinweis auf den deskriptiven Charakter der Methode zurück. »Denn diese erlaubt nur, das faktisch etablierte Verständnis des moralisch Vernünftigen zu erläutern«, und »vermag den geltungslogischen Hiatus zwischen der Beschreibung eines Ethos und der Begründung verbindlicher ethischer Normen nicht zu überbrücken«. In einem dritten Schritt kritisiert Rähme unsere eigenen Vorschläge zum interkulturellen Management[6], die an die kulturalistische Perspektive Kambartels anknüpfen. Abschließend greift er dann noch einmal die Kritik Kambartels am tranzendentalpragmischen Universalitätsbegriff auf und versucht sie zu widerlegen.

Friedrich Kambartel nimmt in seinen mit »Vernunftkultur und Kulturrelativismus« überschriebenen Bemerkungen zu verschiedenen Problemen des Verstehens und Begründens Stellung. Dieser Beitrag Kambartels ist aus seinem Vortrag anläßlich des Nürnberger Symposiums hervorgegangen und enthält Klarstellungen zu Mißverständnissen seiner Position, die den Begriff der »Kultur« und den methodischen Status der »Vernunftkultur« betreffen. Wesentliche Bestandteile einer Vernunftkultur ließen sich, so Kambartel, nicht gleichsam »von außen« anhand theoretischer Prinzipien erlernen. Vielmehr müsse sich gleichzeitig eine Praxis der Vernunft entwickeln, ohne die sich ein Verständnis des Vernünftigen im strengen Sinne gar nicht gewinnen lasse. Das Fällen von Urteilen sei ein solcher Bestandteil einer »Vernunftkultur«. Urteile stützen sich dabei auf Einsichten, die man nicht ohne weiteres relativistisch zur Disposition zu stellen brauchte. Zwar sei die Kultur der Vernunft im Prinzip immer kritisch fortzuentwickeln – dies sei Bestandteil ihrer internen Grammatik –, gleichwohl gebe es Fälle, in denen wir nicht mit einer Korrektur unserer Urteile zu rechnen brauchten (zum Beispiel: Mord und Unterdrückung). Der Beitrag enthält weiterhin Bemerkungen zur Problematik des Verstehens fremder Praxis, zum Verhältnis von Idealität und Realität des Vernünftigen und schließ-

6 Vgl. Steinmann/Scherer, in diesem Band, S. 23 ff.

lich kritische Kommentare zu transzendentalpragmatischen Begründungsversuchen.

Die Verständigung über Differenzen, etwa kulturelle Differenzen, hinweg kann nicht nur darauf beruhen, daß Prozeduren der Überbrückung oder der Aufhebung solcher Differenzen gewonnen werden (zum Beispiel diskursethische). Die Nötigung, sich um des Zusammenlebens willen zu verständigen, sei das eine; das andere sei ein gleichermaßen berechtigtes Interesse daran, den jeweils Anderen in allem zu berücksichtigen, was für ihn von fundamentaler Bedeutung ist. Damit geht es nicht nur um die Frage, wie es eine Verständigung geben kann, sondern darum, wie tiefgreifend oder weitreichend eine solche Verständigung ist und was sie umfaßt. *Hans G. Ulrich* vertritt in seinem Beitrag »An den Grenzen der Verständigung. Oder: Was heißt es, den Anderen einzubeziehen?« die These, daß eine solche Verständigung auch Fragen des »guten Lebens« und nicht nur Fragen des gerechten Zusammenlebens umfassen müsse. Das »gute Leben« bedarf der immer neuen Artikulation. Diese wird überhaupt nur stattfinden können, wenn es in den Prozeduren der Verständigung Gelegenheit gibt, das zu artikulieren, was das gute Leben für die Beteiligten ausmacht. In der Diskussion praktischer Philosophie ist diese Frage unter verschiedenen Aspekten verhandelt worden. Dazu gehört die Thematisierung der »Lebenswelt« als Ressource für Orientierungen und Lebensformen sowie die Frage danach, wie solche »Lebenswelten« im Diskurs Berücksichtigung finden können. Es wird darauf ankommen, daß diese Lebenswelten oder Traditionen (zum Beispiel auch die jüdisch-christliche Tradition von »Gerechtigkeit«) nicht *black boxes* bleiben, sondern wirklich zu Gehör kommen und im Diskurs präsent werden. Dies ist nicht zuletzt für die Wirtschaftsethik wichtig. Dort könnte es nicht weniger als in anderen Lebensbereichen von besonderem Interesse sein, den jeweils Anderen auch in all dem zu beachten, was nicht nur einer verständnisvollen Außenbetrachtung, etwa seiner kulturellen Identität, zugänglich ist, sondern in all dem, was er selbst als »gutes Leben« zur Mitteilung bringt. In dieser Hinsicht sind kulturelle Differenzen auszuloten und darauf hin auf die Probe zu stellen, wie sie im gemeinsamen Handeln zur Geltung kommen können, statt einen Wettbewerb zur Auflösung solcher Differenzen zu betreiben.

Im vierten Teil werden zwei alternative Perspektiven entfaltet.

Die eine wird in kritischer Auseinandersetzung mit den hier diskutierten Grundpositionen von Böhler und Kambartel entwickelt, die andere lehnt sich an die Auseinandersetzungen innerhalb des US-amerikanischen Pragmatismus an. »Die Suche nach einem transkulturellen Argumentationsbegriff. Resultate und Probleme« beschreibt *Harald Wohlrapp* in seiner kritischen Erörterung zur argumentativen Beilegung interkultureller Konflikte. Wohlrapp diskutiert darin zunächst die Eignung der in der okzidentalen Kultur ausgebildeten Argumentationspraxis zur Problementscheidung und Konfliktlösung im Umgang mit anderen Kulturen. Dabei bieten sich zwei alternative Perspektiven, eine kulturrelativistische, die diese Praxis gleichberechtigt neben andere stellt, und eine universalistische, die versucht, die universelle Gültigkeit der in dieser Praxis verankerten Argumentationsvoraussetzungen auszuweisen. Wohlrapp will sich in seinem Beitrag »für eine vermittelnde Präzisierung dieser Denkwege einsetzen«. Zunächst skizziert er unter dem Titel »Natürliches Argumentieren« ein Vorverständnis der »strukturellen« und »ideellen« Aspekte argumentierenden Redens, das aber noch nicht ausreiche, eine begründete Position zwischen Universalismus und Relativismus zu finden. In kritischer Auseinandersetzung mit der Böhlerschen Transzendentalpragmatik und dem Kambartelschen Kulturalismus akzentuiert Wohlrapp Stärken und Schwächen dieser beiden Positionen. Er kommt zu dem Schluß, daß sie »nicht zu einer wirklichen Einsicht« hinsichtlich der Universalismus-Relativismus-Problematik kommen. Wohlrapp skizziert dann im Anschluß an diese Erörterung seine eigene Konzeption. In vormoderner Zeit regelte die Religion den Umgang mit »dem Unverfügbaren«. In der Moderne ist an ihre Stelle die »Vernunft« getreten, allerdings »fehlt der Aufforderung, im anderen Menschen den ›allgemeinen Menschen‹, das höhere Vernunftwesen, anzuerkennen, ein ›Worumwillen‹, also etwas, das zu einem quasi kultisch ernsthaften Einsatz der Vernunft motivieren könnte«. Die Individuen begegneten sich immer vor dem Hintergrund ihrer jeweiligen »Sinngehalte«, das heißt all dessen, »was ein Mensch von sich, anderen Menschen, Lebewesen, der Welt weiß und versteht«. Diese bilden den Rahmen, in dem die Akteure denken, wahrnehmen und Erwartungen hegen. Individuen verschiedener Kulturen verfügen über verschiedene Rahmen. Diese seien »äußerst resistent gegen ihre Aufhebung. […] Eben weil an ihnen der Sinn des Lebens hängt.« Aus diesem Grunde ließen sich Kulturkonflikte nicht ohne weiteres lösen. Für die interkulturelle Kommunikation sei es typisch, daß die Sprecher über heterogene, inkompatible Rahmen verfügen. Im argumentativen Reden gehe es »nicht um einzelne strittige Sätze«, deren Gültigkeit anhand objektiver Kriterien ermittelt werden könnte, sondern darum, »daß Sinngehalte von Menschen sich angesichts irgendeines Problems als unzureichend erweisen und diese Menschen dann ein Interesse daran haben, diesen Mangel zu beheben«. Ein solches argumentierendes Reden ziele auf »Einwandfreiheit« ab, die im interkulturellen Kontext freilich schwer zu erreichen sei. Das Ziel der »Verträglichkeit der Handlungsweisen« verlange nämlich von den Akteuren die eigene Lebensweise zur Disposition zu stellen, und zwar »zur Gänze«.

Die Überwindung der »irreführenden Alternative« zwischen Universalismus und Relativismus steht im Zentrum der Überlegungen von *Geert-Lueke Lueken*, die mit »Relativität ohne Relativismus. Amerikanischer Pragmatismus und die Überwindung irreführender Alternativen« überschrieben sind. Die transzendentalpragmatische Diskursethik baue eine solche Alternative auf, indem sie davon ausgeht, daß ohne »Letztbegründung« einer universellen Norm keine Position jenseits des Relativismus zu haben sei. Lueken argumentiert dagegen, daß es gar nicht notwendig sei, eine solche Begründungslast zu übernehmen. Eine Zurückweisung des Relativismus brauche sich nicht auf die Begründung genereller Normen zu stützen. Lueken untersucht in seinem Aufsatz, welchen Beitrag hierfür die Diskussion im amerikanischen Pragmatismus zu leisten vermag. Es sei ein gängiges Vorurteil, daß der klassische Pragmatismus (Peirce, James) den Wahrheitsbegriff durch den des »Fürwahrhaltens« ersetze und damit dem Relativismus Vorschub leiste. Seine Analyse zeige vielmehr, daß der klassische Pragmatismus mit einem anspruchsvollen Geltungsbegriff arbeitet, der korrespondenztheoretische, kohärenztheoretische und konsenstheoretische Aspekte zu einer prozessualen Perspektive vereint, die »keineswegs alles für gleich gültig erklärt«. Was den modernen Pragmatismus anbetrifft, so sei dieser im wesentlichen durch die Diskussion zwischen Hilary Putnam und Richard Rorty geprägt. Beiden Autoren sei gemeinsam, daß sie ein naives korrespondenztheoretisches Wahrheitsverständnis ablehnen, dem zufolge sich »Wahrheit« als Übereinstimmung zwischen Sprache und Realität feststellen lasse. Statt dessen empfählen sie einen Pragmatismus, der bei beiden freilich unterschiedliche Formen annimmt, was zu Kontroversen zwischen den beiden Autoren geführt hat. Putnam wirft Rorty vor, er sei Relativist geworden, da er die Unterscheidung zwischen »Wahrsein« und »Fürwahrhalten« gänzlich aufgebe. Rorty dagegen bezichtigt Putnam, dieser halte an der klassischen korrespondenztheoretischen Wahrheitsvorstellung fest. Lueken zeichnet die Details dieser Kontroverse nach und kommt zu dem Schluß, daß Rorty die Alternative falsch fixiere »und dabei gegen seine ausdrückliche Absicht zum Relativisten wird«. Gleichwohl zeigt die Analyse, daß es keine externe Perspektive gebe, um über Begriffe, Normen und Geltungsansprüche zu urteilen. Ein solches Urteil müsse vielmehr unter einer »internalistischen Perspektive« erfolgen, die sich der Relativität ihres Urteils bewußt sein muß. Sowohl Putnam als auch Rorty zögen die Möglichkeit, zu kommunizieren und zu lernen, als pragmatische Ansatzpunkte zur Überwindung interkultureller Konflikte in Betracht. Dabei seien insbesondere in der Philosophie Putnams Argumente auszumachen, die eine Perspektive zu einem »recht verstandenen Multikulturalismus« weisen.

Im fünften Teil dieses Bandes finden sich zwei Texte, die sich den praktischen Konsequenzen der vorgängigen philosophischen Erörterungen für das Management interkulturell tätiger Unternehmen widmen. Anhand eines konstruierten Fallbeispiels diskutiert *Thomas Bausch* in seinem Beitrag »Unternehmerische Verantwortung im Lichte universaler Prinzipienethik«, wie ein Unternehmer in einer moralisch schwierigen Konfliktsituation eine vernünftige Orientierung gewinnen könnte. Bausch erörtert dies am Beispiel der Korruptionsproblematik und zeigt damit, welchen Beitrag eine transzendentalpragmatisch angelegte Reflexion zur Lösung einer interkulturellen Konfliktlage aufzubieten vermag. In den Fällen, in denen sich ein Unternehmer aus pragmatischen Gründen zunächst an einer korrupten Praktik beteiligen müsse, sei er gleichwohl aufgefordert, im Sinne eines »ordnungspolitischen Engagements« auf eine Veränderung dieser Praktiken auf politischer Ebene hinzuwirken.

Die Korruptionsproblematik steht auch im Zentrum des Textes »Zur ethischen Beurteilung von Korruption im internationalen Geschäft« von *Stefan Kyora*, der in seiner Erörterung verschiedene Varianten der Korruption – die Schmiergeldzahlung, die gewöhnliche und die schwere Bestechung – voneinander abgrenzt und in einer von der Philosophie Kambartels inspirierten Reflexion eine differenzierte Antwort auf diese Problematik zu geben versucht. Kyora betont dabei immer wieder die Bedeutung der Offenheit des Kambartelschen Ansatzes, der auch völlig fremde Wertvorstellungen in die Erörterung einbeziehe, ohne damit aber einer vernunftgeleiteten Orientierung zu entsagen. Der Ansatz verzichte vielmehr auf eine unhinterfragte Übertragung westlicher Werte »auf den Rest der Welt«. Eine solche Übertragung könne unter Umständen einen schweren Eingriff in die lokale Kultur darstellen. Gleichzeitig sei eine solche Perspektive bloß partikular und lasse die Möglichkeiten zu einer vernunftkritischen Weiterentwicklung ungenutzt. In seiner Diskussion setzt sich Kyora schließlich kritisch mit den von Bausch in diesem Band vorgelegten Vorschlägen auseinander.

Das Schlußteil enthält zwei Texte, die Rückblicke auf die hier entfaltete Auseinandersetzung vornehmen. *Horst Gronke* überschreibt seine Stellungnahme mit dem Titel »Kulturalismus: Relativismus wider Willen?« Er unternimmt darin den »Versuch, die Bedingungen für einen sinnvollen argumentativen Dialog zwischen Transzendentalpragmatikern und Kulturalisten zu klären«. Dies hält Gronke für notwendig, weil er den Diskurs zwischen Kulturalisten und Transzendentalpragmatikern in praktischer Hinsicht als »gescheitert« ansieht. Der Grund dieses Scheiterns liege darin, daß »vor allem« von seiten der Kulturalisten fundamentale Unterscheidungen der praktischen Philosophie vernachlässigt würden. Dies betreffe insbesondere die Unterscheidungen zwischen Genese und Geltung, zwischen Motivation zur Befolgung moralischer Prinzipien und Begründung ihrer Verbindlichkeit sowie zwischen Prinzipien- und Anwendungsebene des moralischen Diskurses. Weil die Kulturalisten, so Gronke, diese Unterscheidungen nicht gebührend berücksichtigen, entwickelten sie sich wider Willen zu Relativisten. Darüber hinaus gebe es »tiefer liegende Grenzen der Verständigung, die auf die Inkongruenz der vernunftkritischen Einstellungen der Diskurspartner zurückgehen«. Erst wenn die Teilnehmer der Debatte sich diese prinzipiell überwindbaren Grenzen der Verständigung zu Bewußtsein brächten, werde Konsens möglich werden.

In unserem »Epilog« nehmen wir noch einmal aus der Sicht der Herausgeber zur Entwicklungsgeschichte des Bandes und des diesem zugrunde liegenden Symposiums Stellung. In kritischer Auseinandersetzung mit dem Rückblick von Gronke können wir dessen negatives Fazit nicht teilen. Vielmehr zeigt sich bei näherer Betrachtung der Diskussionen, daß wesentliche Klärungen erfolgt sind und wichtige Schlußfolgerungen gezogen werden können. Die jüngsten Veröffentlichungen aus dem Bereich der internationalen Unternehmensethik zeigen, wie wichtig die Erörterung der in diesem Band aufgerissenen philosophischen Grundlagenfragen des interkulturellen Managements ist. Sie zeigen einmal mehr, daß die intensive interdisziplinäre Zusammenarbeit zwischen Philosophen und Fachwissenschaftlern zu fruchtbaren Ergebnissen beitragen kann.

Die in diesem Band zu Wort kommenden Positionen machen deutlich, welche Begründungsprobleme zu bewältigen sind, um eine Position zu finden, die universalisierbare Vernunftansprüche aufrechtzuerhalten vermag, ohne aber von vornherein unbelehrbar zu sein, das heißt, die den lokalen Besonderheiten und Ansprüchen fremder Kulturen Geltung verschafft, ohne wieder im Relativismus zu enden. Vor diesem Hintergrund wird im Hinblick auf das Verhalten international tätiger Unternehmen zu prüfen sein, inwieweit ein Wechsel von einer »Belehrungskultur« hin zu einer »Lernkultur« notwendig wird.

Wir danken den Verfassern für ihre engagierte Teilnahme an unserem Symposium und für ihr unablässiges Bemühen, gemeinsam eine vernünftige Orientierung für das schwierige Problem interkultureller Interaktion zu finden. Der Dr.-Alfred-Vinzl-Stiftung (Erlangen) danken wir für die großzügige finanzielle Unterstützung, ohne die der Workshop nicht hätte realisiert werden können. Unsere Forschungen zum Thema »Unternehmensethik und Multinationale Unternehmen« werden dankenswerterweise von der Deutschen Forschungsgemeinschaft, Bonn, gefördert.

Nürnberg, im Juli 1997
Horst Steinmann · Andreas Georg Scherer

Literatur

Demmerling, Ch. (1995), »Vernunft, Gefühl und moralische Praxis. Überlegungen zur Kultur der praktischen Vernunft«, in: Ch. Demmerling, G. Gabriel und T. Rentsch (Hg.), *Vernunft und Lebenspraxis. Philosophische Studien zu den Bedingungen einer rationalen Kultur. Für Friedrich Kambartel*, Frankfurt am Main, S. 246-270.

Gethmann, C. F. (1992), »Universelle praktische Geltungsansprüche. Zur philosophischen Bedeutung der kulturellen Grenze moralischer Überzeugungen«, in: P. Janich (Hg.), *Entwicklungen der methodischen Philosophie*, Frankfurt am Main, S. 148-175.

Gosepath, S. (1992), *Aufgeklärtes Eigeninteresse. Eine Theorie theoretischer und praktischer Rationalität*, Frankfurt am Main.

Kambartel, F. (1984), »The Grammatical Culture of Reason«, unveröffentlichtes Vortragsmanuskript, Konstanz.

– (1989), »Vernunft: Kriterium oder Kultur?«, in: ders., *Philosophie der humanen Welt*, Frankfurt am Main, S. 27-43, ferner in diesem Band, S. 88-105.

– (1992), »Die Vernunft und das Allgemeine. Zum Verständnis rationaler Sprache und Praxis«, in: V. Gerhard und N. Herold (Hg.), *Perspektiven des Perspektivismus. Gedenkschrift zum Tode Friedrich Kaulbachs*, Würzburg, S. 265-277, ferner in: K.-O. Apel und M. Kettner (Hg.), *Die eine Vernunft und die vielen Rationalitäten*, Frankfurt am Main 1996, S. 58-72.

– (1996), »Universalität, richtig verstanden«, in: *Deutsche Zeitschrift für Philosophie* 44, S. 249-254.

Mittelstraß, J. (1989), »Von der Vernunft. Erwiderungen auf Friedrich Kambartel«, in: ders., *Der Flug der Eule. Von der Vernunft der Wissenschaft und der Aufgabe der Philosophie*, Frankfurt am Main, S. 120-141.

Schneider, H. J. (1992), »Kann und soll die Sprachphilosophie methodisch vorgehen?«, in: P. Janich (Hg.), *Entwicklungen der methodischen Philosophie*, Frankfurt am Main, S. 17-33.

Steinmann, H., und A. G. Scherer (1997), »Die multinationale Unternehmung als moralischer Aktor. Bemerkungen zu einigen normativen Grundlagenproblemen des interkulturellen Managements«, in: J. Engelhard (Hg.), *Interkulturelles Management*, Wiesbaden, S. 23-53.

Welsch, W. (1995), *Vernunft. Die zeitgenössische Vernunftkritik und das Konzept der transversalen Vernunft*, Frankfurt am Main.

Horst Steinmann und
Andreas Georg Scherer

Interkulturelles Management zwischen Universalismus und Relativismus

Kritische Anfragen der Betriebswirtschaftslehre an die Philosophie[1]

Überblick

In der Praxis der Unternehmensführung rückt ein konfliktträchtiges Problem immer deutlicher ins Zentrum der Aufmerksamkeit, nämlich die Frage, wie das Management sich gegenüber unterschiedlichen Kulturen verhalten sollte. Der wichtigste Grund für diese Entwicklung ist in der *Globalisierung* der Wirtschaft und der damit einhergehenden *Internationalisierung* der Unternehmenstätigkeit zu sehen, eine Entwicklung, die inzwischen auch Mittel-, ja sogar Kleinbetriebe erfaßt. Mit der Internationalisierung und Globalisierung steigt – das zeigt die Erfahrung – das Konfliktpotential betrieblichen Wirtschaftens in allen Funktionsbereichen, angefangen bei Marketing und Absatz über die Produktion und den Einkauf bis hin zu Finanzierung und Verwaltung. Die Ursachen dafür sind vielfältig. Sie liegen einerseits in »Entkulturalisierungstendenzen«, wie sie der *ökonomischen Rationalität* inhärent sind; Wettbewerb und Preissystem tragen in der Tendenz zu einer weltweiten kulturellen »Entbettung«[2] und strukturellen Angleichung betrieblicher Aktivitäten sowie sozialer Institutionen[3] bei. Gleichzeitig läßt sich aber auch feststellen, daß immer mehr Gesellschaften in ethnische oder kulturelle Gruppen zerfallen, die sich immer weniger über strukturel-

1 Bei diesem Beitrag handelt es sich um eine überarbeitete Fassung eines Manuskripts, das den Teilnehmern des Nürnberger Symposiums zur vorbereitenden Orientierung an die Hand gegeben wurde. Ein Teil unserer Überlegungen ist inzwischen in zwei weitere Studien eingeflossen, vgl. Steinmann/Scherer 1997 a, 1997 b.

2 Vgl. Giddens 1992, 1995.

3 Vgl. Fukujama 1992.

le Systemimperative, sondern mehr über gemeinsame kulturelle Wertvorstellungen integrieren.[4] Der Politologe Bassam Tibi spricht daher von einer *Gleichzeitigkeit struktureller Globalisierung und kultureller Fragmentation.*[5] Dies hat zur Folge, daß das Konfliktpotential zwischen international tätigen Unternehmen und lokalen Kulturen steigt. Viele Unternehmen versuchen, die daraus entstehenden Konflikte durch Anwendung universeller Wertestandards oder Verhaltenskodizes zu lösen. Unterstützt werden derartige *unternehmerische* Bemühungen hier und dort aus dem *politischen* Raum, etwa durch überstaatliche Organisationen oder neuerdings – wie unten noch zu erläutern – durch die amerikanische Regierung. Gleichzeitig bemühen sich verschiedene Glaubensgemeinschaften um eine geeignete Orientierung für die internationale Unternehmenstätigkeit. In der Praxis zeigt sich jedoch, daß tiefliegende Unterschiede in kulturellen Wertvorstellungen zwischen verschiedenen Ländern gerade dort mehr und mehr zur Quelle von Konflikten werden, wo das Management versucht, für *universell erachtete Wertestandards*, zum Beispiel die Menschenrechte, als Teil der Unternehmenspolitik global zur Geltung zu bringen. Diese Problematik wird im ersten Teil des Beitrags skizziert.

In Reaktion auf diese immer drängendere praktische Problemlage ist die *betriebswirtschaftliche Theorie*, insbesondere die Lehre vom Internationalen Management, aufgerufen, Orientierungshilfen für die Praxis zu entwickeln. Wie wir im zweiten Teil sehen werden, hat sich die Betriebswirtschaftslehre bislang aber nur wenig mit dieser Problematik auseinandergesetzt. Bei den wenigen Bemühungen um den hier skizzierten Problemkreis wird zudem sehr schnell ein argumentatives Defizit offenbar, das sich auf die *philosophische Grundlagenfrage* bezieht, ob eine vernünftige Einheit in der Vielheit der kulturellen Lebensformen überhaupt (noch) möglich ist und – wenn ja – wie sie erreicht werden kann.[6] In dieser Situation wird die Betriebswirtschaftslehre zwangsläufig auf die Philosophie verwiesen. Das dort seit längerem in der aktuellen Diskussion behandelte Problem des Verhält-

4 Vgl. Huntington 1993, 1996.

5 Vgl. Tibi 1992, S. 20 ff.

6 Vgl. zu dieser philosophischen Problematik im Überblick Habermas 1988.

nisses von Vernunft und Kultur[7] könnte möglicherweise eine Lösung für das angedeutete Grundlagenproblem im internationalen Management bereitstellen. Aus den vielen hier konkurrierenden philosophischen Positionen werden im *dritten Teil* zwei herausgegriffen: Überlegungen, die an den transzendentalpragmatisch orientierten Arbeiten der Apel-Schule ansetzen, und Vorschläge, die im Umfeld des Erlanger Konstruktivismus eher fundamentalpragmatisch angelegt sind. Beide Positionen werden so weit zu rekonstruieren versucht, daß ihre unterschiedlichen Konsequenzen für die Lösung des betriebswirtschaftlichen Ausgangsproblems deutlich werden. Ist eine Herstellung von Pluralität (Vielfalt *verträglicher* Lebensformen)[8] im Sinne einer Stiftung von Vernunft »top down« möglich (universalistische Perspektive), oder muß man bei der jeweiligen historischen Ausgangssituation ansetzen, um sich von dort aus transsubjektiv zu verträglicheren Lebensformen »bottom up« heraufzuarbeiten (kulturalistische Perspektive)? Beide Strategien haben gewichtige unterschiedliche Konsequenzen für Führungsmodelle und Führungsfunktionen im internationalen Management, auf die im *vierten Teil* kurz hingewiesen wird.

I. Betriebliche Führungspraxis und Pluralismus von Kulturen

1. Die Ausgangslage: Zunahme kulturbedingter Konflikte

In der betrieblichen Führungspraxis mehren sich Situationen, in denen die Wertorientierungen *global* operierender internationaler Unternehmungen in Konflikt geraten mit lokalen Wertvorstellungen, Sitten und Gebräuchen.[9] Natürlich sind Geschichten über (gravierende) Kulturkonflikte immer schon untrennbar mit dem Aufstieg der multinationalen Unternehmung seit Beginn dieses Jahrhunderts verbunden und haben des öfteren – insbesondere in den siebziger Jahren – Anlaß zu scharfer Kritik gegeben.[10] Neu ist jedoch, daß das kulturelle Konfliktpotential un-

7 Vgl. Kambartel 1989 a.
8 Vgl. Lorenzen 1987, S. 232 f.
9 Vgl. Gergen 1995; Wieland 1997.
10 Vgl. zum Beispiel Barnet/Müller 1975. Dies hat unter anderem Anlaß

ternehmerischen Wirtschaftens sich in den letzten Jahrzehnten mehr und mehr zu einer normalen Erscheinung des betrieblichen Alltags zu entwickeln scheint, und dies unabhängig von Betriebsgrößen und Branchenzugehörigkeiten. Eine wichtige Ursache dafür liegt in dem, was man heute als »Globalisierung« von Märkten bezeichnet, die mit einer weltweiten strukturellen Angleichung der Wirtschaft einhergeht. Dies zwingt immer mehr Betriebe, auf der Grundlage einer *einheitlichen Unternehmenspolitik* weltweit zu operieren, um auf der Basis standardisierter Aktivitäten und Leistungen Wettbewerbsvorteile erlangen und so im Wettbewerb bestehen zu können.[11]

Verschiedene Gründe sind für diese Entwicklung verantwortlich. Einerseits haben sich die strukturellen wirtschaftlichen Randbedingungen geändert. Die zunehmende Mobilität des Kapitals und der erleichterte Zugang zu Informationen führen dazu, daß sich die Aktivitäten der Unternehmen auf immer mehr Länder und Kulturbereiche verteilen.[12] Das Kapital folgt der marktwirtschaftlichen Logik und sucht sich die günstigsten Anbieter von Arbeitskraft, Know-how und materiellen Ressourcen. Dieser Prozeß wird durch die Verbesserung der Informationsverarbeitung und die Verbilligung der Transportwege nachhaltig unterstützt. Andererseits nutzen immer mehr Unternehmen die gebotenen Möglichkeiten und versuchen, diese optimal für ihre Strategie einzusetzen[13]: Man will zum Beispiel Betriebsgrößenersparnisse realisieren (Zusammenhang zwischen Betriebsgröße und Marktgröße), die Produktionskosten senken (Produktions-

zur Formulierung von Verhaltenskodizes für internationale Unternehmungen gegeben, vgl. zum Beispiel Engelhard 1989 sowie spezifisch für Umweltprobleme Brodel 1996, S. 352 ff. Relevant sind in diesem Zusammenhang natürlich auch marxistische Theorien, die die internationale Tätigkeit kapitalistischer Unternehmen kritisieren. Vgl. hierzu unsere Ausführungen in Abschnitt II.1.

11 Vgl. Bartlett/Ghoshal 1989; Ghoshal 1987; Hamel/Prahalad 1985; Levitt 1983; Ohmae 1989; Parker 1996; Porter 1989; Prahalad/Doz 1987; Welge 1990; Yip 1992. Eine globale Strategie dürfe allerdings die lokalen Besonderheiten nicht vollends vernachlässigen, vgl. hierzu zum Beispiel Morrison/Ricks/Roth 1991 sowie zuletzt Porter/Wayland 1995.

12 Vgl. Drucker 1993, S. 205 ff.; Ohmae 1995.

13 Vgl. Kebschull 1989. Zu den Verbundvorteilen und -hindernissen internationaler Unternehmenstätigkeit vgl. Brodel 1996, S. 371 ff.

verlagerung) oder die Absatzeffizienz steigern. Zugleich läßt sich beobachten, daß sich lokale Kulturen und Lebensformen nicht nur immer stärker ausdifferenzieren, sondern sich auch bei der Begegnung mit global agierenden Großunternehmen viel selbstbewußter als früher zur Geltung bringen – hierbei häufig unterstützt durch die sogenannten nicht-gouvernementalen Organisationen (NGOs).[14] Das wiederum bewirkt, daß das Management mehr als früher gezwungen ist, sich in differenzierter Weise mit den lokalen Lebensformen auseinanderzusetzen, um das Spannungsfeld zwischen *globaler Integration* und *lokaler Anpassung* in geeigneter Weise abzuarbeiten.

Viele der typischen Konfliktsituationen im Rahmen internationaler Unternehmenstätigkeit entstehen, wenn Unternehmen die örtlichen (rechtlichen und sozialen) Rahmenbedingungen des Gastlandes, zum Beispiel mangelhafte Umweltschutzgesetzgebungen, unzureichende Arbeitssicherheitsvorschriften oder ein fehlendes Arbeitsrecht, zu einem Verhalten nutzen, das im Heimatland moralisch oder rechtlich unzulässig wäre.[15] Eine solche Strategie ruft in vielen Fällen paradoxerweise weniger im Gastland, sondern vielmehr im (westlichen) Heimatland kritische Reaktionen hervor.[16] Konfliktsituationen können aber auch entstehen, wenn Unternehmen ihre internationalen Tätigkeiten an ihren eigenen für universell gehaltenen Wertvorstellungen, Politiken oder Strategien orientieren und dabei den lokalen Verhältnissen oder Wertvorstellungen fremder Kulturen oder Länder zu wenig Beachtung schenken oder sie bewußt unterlaufen.[17]

Die Konflikte international tätiger Unternehmen haben, wenn sie hinreichend spektakulär waren, ihren Niederschlag in der öffentlichen Diskussion und in der einschlägigen Management-

14 Vgl. zum Beispiel Cohen/Arato 1995.

15 Vgl. Donaldson 1989, S. 96; Jöstingmeier 1994, S. 47 ff.; Wieland 1997, S. 528 f.; sowie hierzu und zum Folgenden Kumar/Sjurts 1991, S. 166 ff.

16 Vgl. zum Beispiel Schreyögg/Steinmann 1989, die den Fall des Staudammprojektes Cabora Bassa in Mozambique beschreiben, mit dem die Siemens AG in die öffentliche Kritik geriet.

17 Vgl. Kumar/Sjurts 1991, S. 160 ff. Man denke hier zum Beispiel an die Aktivitäten der BMW AG in Südafrika, die gegen die strengen Apartheidgesetze verstieß und schwarze Mitarbeiter auf bislang nur für Weiße reservierten Führungspositionen beschäftigte.

literatur über »Ethik und internationale Unternehmensführung« gefunden. Bekannt geworden sind etwa der Nestlé-Fall in den achtziger Jahren, der die Vermarktungspolitik der Firma für Muttermilchersatzprodukte in Entwicklungsländern betraf[18], oder das Bhopal-Unglück in Indien (Verletzung von Sicherheitsstandards durch Dow-Chemical)[19], die Aktivitäten der Shell AG in Nigeria (Umweltschädigungen bei der Ölförderung sowie Einflußnahme auf die innere Sicherheit Nigerias), das Problem der Kinderarbeit in der dritten Welt oder die Politik des Bekleidungsunternehmens NCC, das in den achtziger Jahren Betriebe in Ländern Lateinamerikas rücksichtslos geschlossen hatte, sobald die Arbeitnehmer sich gewerkschaftlich organisierten.[20] Weitere Problemkreise betreffen die Behandlung weiblicher Mitarbeiter im Umgang mit fremden Kulturen[21] oder das Problem der Korruption in Entwicklungsländern, das viele multinationale Unternehmen dazu veranlaßt, sich selbst an Bestechungspraktiken zu beteiligen.[22] Einige dieser hier angesprochenen Probleme mögen auf den ersten Blick gar nicht als kulturbedingte Konflikte erscheinen. Die kulturelle Dimension spielt aber spätestens dann eine Rolle, wenn es um die *Art und Weise der Konflikthandhabung* geht. Dann werden die Divergenzen in den zugrundeliegenden Wertsystemen offenbar.

Die Zunahme der Konfliktträchtigkeit der Aktivitäten internationaler Unternehmen hat sowohl auf seiten der Unternehmen wie der Politik zu Versuchen geführt, die *normative Dimension des Managements* stärker zu berücksichtigen und eine ethische Sensibilisierung der Unternehmensführung einzuleiten. Unterstützt werden diese Bemühungen durch verschiedene Glaubensgemeinschaften, die durch die Formulierung von Verhaltenskodizes ihren Beitrag zur Lösung der Problematik zu leisten versuchen. Die nachfolgenden Beispiele demonstrieren die Art und Weise, wie die (betriebliche und politische) Praxis mit den

18 Vgl. zum Beispiel DeGeorge 1993, S. 64 f.; Dobbing 1988; Löhr 1991, S. 205 ff.
19 Vgl. zum Beispiel DeGeorge 1993, S. 80 ff.; Donaldson 1989, S. 109 ff.; Shrivastava 1987.
20 Vgl. Kumar 1989, S. 216 f.
21 Vgl. zum Beispiel Adler/Izraeli 1994; Lim 1980.
22 Vgl. zum Beispiel Lane/Simpson 1984; Pastin/Hooker 1990 sowie zuletzt Homann 1997, Krug 1997 und Vogt 1997.

Problemlagen umzugehen versucht. Unverkennbar werden dabei universalistische Züge deutlich im Bestreben, normative Wertvorstellungen der eigenen Firma, der eigenen Religion oder aber der westlichen politischen Kultur, zum Beispiel in Form der Menschenrechte, zur Geltung zu bringen. Allerdings läßt sich beobachten, daß diese Problemlösungsversuche von neuem Konflikte verursachen, wenn nämlich die dabei zugrunde gelegten, für universalistisch gehaltenen Moralvorstellungen (westlicher Provenienz) nicht mit den lokalen (oft religiös motivierten) Lebensformen und Wertvorstellungen fremder Kulturen und Länder vereinbar sind.[23]

2. Reaktionen der Politik

Seit dem Ende des Zweiten Weltkrieges bemühen sich überstaatliche Organisationen darum, Richtlinien zum friedlichen Zusammenleben der Völker und zum Schutz von Individuen und Gemeinschaften zu formulieren. Man denke hier etwa an »The United Nations Universal Declaration of Human Rights« von 1948, an »The European Convention on Human Rights« von 1950 oder »The Helsinki Final Act« von 1975. Seit etwa 20 Jahren werden darüber hinaus von verschiedenen internationalen Organisationen Kodizes erarbeitet, die speziell das Verhalten internationaler Unternehmen betreffen. Bekannt geworden sind in diesem Zusammenhang insbesondere die »International Chamber of Commerce (ICC) Guidelines for International Investment« von 1972, die »Organization for Economic Cooperation and Development (OECD) Guidelines for Multinational Enterprises« von 1976, die »International Labor Organization (ILO) Tripartite Declaration of Principles Concerning Multinational Enterprises and Social Policy« von 1977 und »The United Nations Commission on Transnational Corporation (CTC) Draft Code of Conduct« von 1986.[24] Diese Versuche werden in jüngster Zeit durch Initiativen auf nationaler Ebene verstärkt und ergänzt.

So hat das US-amerikanische Handelsministerium Anfang 1995 die sogenannten »Model Business Principles« veröffentlicht und

23 Vgl. Gergen 1995.

24 Vgl. hierzu zum kurzen Überblick W. C. Frederick 1991; Getz 1995.

die amerikanische Wirtschaft aufgefordert, sich an ihrer weltweiten Durchsetzung aktiv zu beteiligen.[25] Mit dieser Initiative sollen US-amerikanische Unternehmen dazu veranlaßt werden, eine Reihe von Prinzipien *freiwillig* einzuhalten, die im nationalen und internationalen Rahmen der Aufrechterhaltung und Förderung der *Menschenrechte* dienen. Der Kodex fordert die amerikanischen Unternehmen in fünf Statements unter anderem dazu auf, sichere und gesundheitsförderliche Arbeitsplätze zu schaffen, verantwortlich mit der Umwelt umzugehen, jede Art von Diskriminierung, Kinderarbeit und Zwangsarbeit zu unterlassen sowie das Recht zur gewerkschaftlichen Organisierung zu respektieren. Die Unternehmen werden außerdem aufgerufen, geeignete Vorkehrungen zu treffen, damit die Gesetze geachtet, jede Art der Korruption und die Zahlung von Schmiergeldern unterlassen und faire Wettbewerbsregeln eingehalten werden. Unternehmen sollen darüber hinaus eine Unternehmenskultur entwickeln, die die freie Meinungsäußerung nicht behindert, politischen Druck am Arbeitsplatz vermeidet, eine »good corporate citizenship« befördert und in einer positiven Weise dazu beiträgt, die Kommunen zu unterstützen, in denen die Unternehmen operieren. Eine solche Unternehmenskultur soll Vorsorge dafür treffen, daß ethisches Verhalten als solches wahrgenommen, geschätzt und von allen Mitarbeitern gelebt wird. In unserem Zusammenhang ist besonders zu betonen, daß mit den »Model Business Principles« die positive Vorreiterrolle der US-Unternehmen hervorgehoben wird:

»Recognizing the positive role of U.S. business in upholding and promoting adherence to universal standards of human rights, the Administration encourages all business to adopt and implement voluntary codes of conduct for doing business around the world [...].«[26]

Neben diesen Prinzipien hat das US-Handelsministerium gewisse organisatorische Maßnahmen auf den Weg gebracht, die die Akzeptanz und Durchsetzung der Prinzipien in der US-amerikanischen Wirtschaft befördern sollen.[27] Die amerikanische Regie-

25 Vgl. United States Department of Commerce 1995; o.V. 1995. Zur Entstehungsgeschichte der »Principles« bzw. zu ähnlichen Initiativen der US-amerikanischen Politik vgl. Orentlicher/Gelatt 1993.

26 United States Department of Commerce 1995.

27 In diesem Zusammenhang sei auch an die »US-Sentencing Commis-

rung wird außerdem Schritte unternehmen, um auch *andere Länder* zu einer solchen politischen Aktion zu ermutigen und zu veranlassen. Das unterstreicht in aller Deutlichkeit, daß es hier um eine wichtige Initiative geht, *für universell gehaltene Standards der Menschenrechte* aufrechtzuerhalten und weltweit zu fördern. Dabei wird offenbar mit einer gewissen Selbstverständlichkeit bereits vorausgesetzt, daß die angesprochenen Prinzipien zu Recht eine universelle Geltung beanspruchen können. Gerade dies ist aber in der politischen Praxis umstritten.[28]

3. Reaktionen von Glaubensinstitutionen

In der jüngsten Zeit haben sich auch eine Reihe von Glaubensinstitutionen bemüht, Leitlinien für das Verhalten international tätiger Unternehmen zu formulieren. In diesem Zusammenhang besonders erwähnenswert sind die »Principles for Corporate Responsibility – Bench Marks for Measuring Business Performance«, die im Sommer 1995 vom Interfaith Center on Corporate Responsibility, New York, veröffentlicht wurden[29], und »The Interfaith Declaration – A Code of Ethics on International Business for Christians, Muslims and Jews«, die von der Interfaith Foundation im Mai 1994 in London vorgestellt wurde.[30] Die »Principles for Corporate Responsibility« sind das Ergebnis der Zusammenarbeit christlicher und jüdischer Glaubensinstitutionen in Großbritannien, Irland, den USA und Canada. Der Text der Leitlinien enthält relativ detaillierte Verhaltensregeln für

sion Guidelines« erinnert, die den US-amerikanischen Unternehmen einen Straferlaß bei unethischem Verhalten ihrer Organisationsmitglieder in Aussicht stellen, wenn diese Unternehmen organisatorische Vorkehrungen zur Verhinderung unethischen Verhaltens getroffen haben. Vgl. hierzu Dalton/Metzger/Hill 1994; Nagel/Swenson 1993; Steinherr/Steinmann/Olbrich 1997. Dabei ist zu beachten, daß im Unterschied zu Deutschland in den USA auch juristische Personen strafrechtlich verfolgt werden können.

28 Siehe hierzu Abschnitt 5 dieses Kapitels.

29 Vgl. den Text der Richtlinien in Interfaith Center on Corporate Responsibility 1995 sowie Schilling/Rosenbaum 1995.

30 Vgl. Webley 1996, der den Text der Leitlinien wiedergibt. Zu den Initiativen anderer religiöser Institutionen in den USA vgl. im Überblick Wieland 1993, S. 69 ff.

Unternehmen, in denen die Pflichten gegenüber verschiedenen Anspruchsgruppen (Angestellte, Kunden, Anteilseigner, Lieferanten und Abnehmer, lokale und nationale Gemeinschaften) sowie generell gegenüber der Entwicklung des Ökosystems festgeschrieben sind. Die Richtlinien basieren auf einem stark theologisch geprägten Menschenbild und einem modifizierten Stakeholder-Ansatz, bei dem nicht der Gewinn des Unternehmens, sondern das Wohlergehen der sozialen Gemeinschaft den Bezugspunkt unternehmerischer Handlungen bilden soll. Die Geltung von Menschenrechten als Mindestbedingung wird unproblematisch vorausgesetzt.[31]

Die »Interfaith Declaration« basiert dagegen auf einer Zusammenarbeit von Vertretern christlichen, moslemischen und jüdischen Glaubens. Ihre Richtlinien beruhen auf vier Grundprinzipien, die den drei Religionen gemeinsam sein sollen[32]: Justice (Fairness), Mutual Respect (Love and Consideration), Stewardship (Trusteeship) und Honesty (Truthfulness). Auch die »Interfaith Declaration« enthält Verhaltensrichtlinien für das Unternehmen im Umgang mit seinen Anspruchsgruppen. Im Unterschied zu den »Principles for Global Corporate Responsibility« sind die Leitlinien der Interfaith Foundation jedoch deutlich weniger detailliert ausformuliert und nicht so sehr im Duktus von Geboten gehalten. Dies mag unter anderem an dem kleineren gemeinsamen Nenner in den Lehrinhalten der drei Glaubensgemeinschaften, Christen, Juden und Moslems, liegen. Man scheint aber auch bei der Interfaith Declaration einen Ansatz gewählt zu haben, der dem einzelnen mehr moralische Freiheit, damit aber auch mehr moralische Verantwortung zumutet. Dieser Ansatz vertraut stärker auf die Wirksamkeit des »Geistes« der Richtlinien (integrity approach) als auf ihre wortgetreue Anwendung (compliance approach)[33]:

»the application of ethical principles is a matter of personal judgement rather than of rules, [...] codes can only set out standards. ›It follows that the Declaration (or indeed any code of ethics) is not a substitute for

31 Vgl. hierzu den Text der Richtlinien in Interfaith Center on Corporate Responsibility 1995, S. 5.
32 Vgl. hierzu den Text der Richtlinien in Webley 1996, S. 55 ff.
33 Zur Unterscheidung zwischen dem »Integrity«- und dem »Compliance«-Ansatz vgl. Paine 1994; Steinmann/Olbrich 1995.

corporate or individual morality; it is a set of guidelines for good practice.‹«[34]

Dagegen stützen sich die Autoren der »Principles for Global Corporate Responsibility« offenbar auf die schlichte Anwendung von als universell gültig unterstellten Prinzipien. Bemerkenswert erscheint schließlich, daß die »Interfaith Declaration« das Verhältnis zwischen Unternehmen und Gesellschaft von einem informierten ökonomischen Standpunkt aus formuliert, der die Rolle der Unternehmung zur optimalen Allokation der Ressourcen und ihren Beitrag zur Gesamtwohlfahrt im Auge behält. Dieser Sachverhalt wird in den »Principles for Global Corporate Responsibility« anscheinend übersehen, die in diesem Zusammenhang an die Verantwortung der Menschen für die Schöpfung Gottes appellieren, ohne die Funktionsweise einer über das Preissystem gesteuerten Marktwirtschaft näher in Betracht zu ziehen. Die Autoren der »Principles for Global Corporate Responsibility« stützen ihre Vorschläge auf eine theologische Begründung. Sie formulieren universelle Pflichten für international tätige Unternehmen, deren Geltung aber – näher besehen – vom Glaubenshintergrund der angesprochenen Manager abhängt, ohne damit das Problem interkultureller Konflikte eigens zu fokussieren. Genau dieses Problem bildet dagegen den Ausgangspunkt der Bemühungen der »Interfaith Declaration«, die versucht, einen gemeinsamen Bezugspunkt zu finden, um von dort aus Hinweise zur Behandlung interkultureller Konflikte zu gewinnen.

4. Reaktionen von Firmen – Das Beispiel Levi Strauss & Co.

Das Thema »Unternehmensethik« hat in den letzten zehn Jahren nicht nur in der wissenschaftlichen Diskussion an Bedeutung gewonnen[35], vielmehr lassen sich auch in der Unternehmenspraxis, und dies insbesondere in den USA, verstärkte Anstrengungen zu einer *ethischen Sensibilisierung der Unterneh-*

34 Webley 1996, S. 53 f. Der zweite Satz wurde bei Webley als direktes Zitat ohne nähere Quellenangabe wiedergegeben.

35 Vgl. als Überblick Homann/Blome-Drees 1992; Löhr 1991; Steinmann/Löhr 1989, 1994, S. 94 ff.; Ulrich 1997.

mensführung beobachten.[36] Die dabei verwendeten Maßnahmen sind vielfältig. Sie betreffen zum Beispiel das Personalmanagement, eine argumentationsförderliche Unternehmenskultur oder die ethische Orientierung der Organisationsstruktur durch die Einrichtung von Ethikkommissionen oder die Einsetzung von Ethik-Beauftragten oder aber durch Firmenkodizes bzw. Branchenkodizes.[37]

Wir werden im folgenden beispielhaft die Bemühungen der US-Firma Levi Strauss & Co. beleuchten, die darauf gerichtet sind, ethische Orientierungen in der internationalen Unternehmenstätigkeit zur Geltung zu bringen.[38] Wie aus Presseberichten bekannt, hat diese Firma entschieden, sich sukzessive aus der Volksrepublik China zurückzuziehen, weil es zu ihren Grundsätzen gehört, nicht in Ländern zu produzieren, in denen die Menschenrechte nicht geachtet werden.[39] Die ethische Orientierung der Unternehmenspolitik dieser Firma beruht auf sechs (recht allgemein gehaltenen) Prinzipien, die für die verschiedenen betrieblichen Funktionsbereiche im Dialog mit betroffenen Bezugsgruppen der Unternehmung jeweils situationsangemessen konkretisiert werden sollen. Das nachfolgende Zitat des Chairman und CEO Robert Haas charakterisiert diese unternehmensethische Praxis; es zeigt zugleich das Spannungsverhältnis auf zwischen allgemeinen Handlungsprinzipien (wie sie die Firma für richtig hält) einerseits und konkreten historischen Handlungssituationen andererseits und demonstriert, wie die Firma versucht, dieses Spannungsverhältnis abzuarbeiten:

»Today, at Levi Strauss & Co., we base our approach to ethics upon six ethical principles – honesty, promise-keeping, fairness, respect for others, compassion and integrity. Using this approach, we address ethical issues by first identifying which of these ethical principles applies to the particular business decision. Then, we determine which internal and

36 Vgl. hierzu die empirischen Untersuchungen des Center for Business Ethics 1986, 1992; Robertson/Schlegelmilch 1993; Steinmann/Olbrich 1995; Wieland 1993.
37 Vgl. hierzu zum Beispiel Steinmann/Löhr 1994, S. 144 ff.
38 Vgl. Howard 1990; Haas 1994; Paine 1996, S. 346 ff.; Wieland 1997, S. 531 ff. Zu den Initiativen anderer US-amerikanischer Unternehmen vgl. zum Beispiel Orentlicher/Gelatt 1993; Rosenzweig 1995.
39 Vgl. Beaver 1995; allerdings scheint Levi Strauss & Co. weiterhin Stoffe in China einkaufen zu wollen; vgl. ebd., S. 37.

which external stakeholders' ethical concerns should influence our business decisions. Information on stakeholder issues is gathered and possible recommendations are discussed with ›high influence‹ stakeholder groups, such as shareholders, employees, customers, members of local communities, public interest groups, our business partners and so forth. This principle-based approach balances the ethical concerns of these various stakeholders with the values of our organization. It is a process that extends trust to an individual's knowledge of the situation. It examines the complexity of issues that must be considered in each decision, and it defines the role each person's judgement plays in carrying out his or her responsibilities in an ethical manner.«[40]

Charakteristisch für Levi Strauss ist also eine universalistische Strategie; man praktiziert die erwähnten Prinzipien in allen Ländern, in denen man tätig ist (oder in Zukunft tätig sein will). Man sieht dabei allerdings gleichzeitig auch die Notwendigkeit, im Einzelfall herauszufinden, was es unter konkreten historischen Umständen heißt, die betrieblichen Aktivitäten an diesen Prinzipien zu orientieren. So hat man zum Beispiel erst nach langwierigen Untersuchungen der realen Bedingungen in den verschiedensten Ländern 1991 »Globale Einkaufsrichtlinien« verabschiedet. Diese Richtlinien machen deutlich, in welcher Art und Weise sich die ethischen Grundprinzipien im Einkaufsbereich konkret ausformen:

»Because Levi Strauss & Co. operates in many countries and diverse cultures, we take special care in selecting contractors and those countries where our goods are produced. We do this to ensure that our products are being made in a manner consistent with our values and that protects our brand image and corporate reputation. So, in 1991, we developed a set of Global Sourcing Guidelines.
Our guidelines describe the business conduct we require of our contractors. For instance, the guidelines ban the use of child or prison labor. They stipulate certain environmental requirements. They limit working hours and mandate regularly scheduled days off. Workers must have the right of free association and not be exploited. At a minimum, wages must comply with the law and match prevailing local practice and working

40 Haas 1995, S. 508. Vgl. hierzu auch die Firmenkodizes der Sportschuhhersteller Nike und Reebok, die, nachdem sie in die öffentliche Kritik gerieten, Richtlinien für Lieferanten und Subunternehmer erlassen haben; vgl. hierzu die Ausführungen von Rosenzweig 1995, S. 176 ff. Insbesondere die Firma Reebok setzt sich seither verstärkt für die Durchsetzung der Menschenrechte ein.

conditions must be safe and healthy. We also expect our business partners to be law abiding and to conduct all of their business affairs in an ethical way. In developing our guidelines, we also recognized that there are certain issues beyond the control of our contractors, so we produced a list of ›country selection‹ criteria. For example, we will not source in countries where conditions, such as the human rights climate, would run counter to our values and have an adverse effect on our global brand image or damage our corporate reputation.«[41]

Wichtig für die Einschätzung der unternehmensethischen Aktivitäten von Levi Strauss ist, daß hier versucht wird, eine Unternehmenskultur, die sich sehr stark auch religiösen Traditionen in der Firma selbst verdankt, universell zur Geltung zu bringen.[42] Die Firma geht dabei keine Kompromisse ein: sie versucht entweder, die lokale Situation so zu beeinflussen, daß sie mit den unternehmensethischen Grundprinzipien übereinstimmt; wo das nicht möglich ist, zieht man sich aus den entsprechenden Ländern zurück. So hat die Firma bei kooperationswilligen Lieferanten die Kinderarbeit beseitigt und die Arbeitssicherheitsstandards erhöht[43]; die entsprechenden Kosten hat die Firma (in Form höherer Einkaufspreise) freiwillig übernommen. Aus China selbst wird man sich – wie erwähnt – zurückziehen.

5. Resümee – Universalismus oder Relativismus?

Diese Beispiele aus Politik und Wirtschaft machen deutlich, daß hier von normativen Grundpositionen her, wie sie eher für die westliche Welt charakteristisch sind, für *universalisierbar* gehaltene Lösungen normativer Konflikte im internationalen Management angestrebt werden.[44] Die Frage, die sich natürlich in diesen

41 Haas 1995, S. 508.
42 Zur Entwicklung der Unternehmensgrundsätze bei Levi Strauss vgl. auch Howard 1990.
43 Vgl. Beaver 1995; Leipziger 1994; zur Problematik der Kinderarbeit vgl. auch Nichols 1993.
44 Soweit dabei – wie von Levi Strauss teilweise konstatiert – Effizienz und Ethik selbst in Konflikt geraten, nimmt man auch kurzfristige Gewinnverzichte in Kauf in der Überzeugung, daß sich letztlich ein ethisches Verhalten langfristig doch im internationalen Wettbewerb auszahlt. Vgl. dazu Haas 1995.

Fällen anschließt, ist die nach der *Begründbarkeit universalistischer Positionen*. Eine Anwendung und Durchsetzung universalistischer Prinzipien, zum Beispiel von entsprechenden Firmenkodizes oder auch der Menschenrechte, darf also nicht bloß Ausdruck der *faktischen Machtverhältnisse* sein. Eine befriedigende Antwort auf diese Frage muß in Konkurrenz zu stärker *relativistischen Positionen* gefunden werden.[45] So hat sich zum Beispiel in Teilen der Anthropologie die Auffassung durchgesetzt, daß es keine absoluten, kulturunabhängigen Wertestandards gebe, vielmehr seien moralische Urteile immer von ihrem kulturellen Hintergrund abhängig.[46] Eine Kritik fremder Kulturen sei damit gar nicht mehr möglich, sie sei aufgrund dieser Einsicht durch ein totales Toleranzgebot zu ersetzen: »we ought to be completely tolerant of other ways of life«.[47] Im Ergebnis würde dies aber bedeuten, daß eine rationale Kritik der örtlichen Verhältnisse in fremden Kulturen genausowenig möglich wäre, wie Vertreter fremder Kulturen die Tätigkeit internationaler Unternehmen rational kritisieren könnten.[48] Man hätte die Akteure wechselseitig so hinzunehmen, wie sie eben sind. Gegen eine solche Form faktischer Koexistenz unterschiedlicher Kulturen gibt es auf den ersten Blick nichts einzuwenden. Dort aber, wo es in konkreten Situationen zu Konflikten zwischen den unterschiedlichen Wertvorstellungen kommt, stellt sich natürlich die Frage, wie diese Konflikte beigelegt werden sollen.[49] Dem Relativisten, der die Möglichkeit einer *vernünftigen* Konfliktlösung von vornherein negiert, bliebe wiederum nichts anderes übrig, als die konkrete Machtverteilung so zu akzeptieren, wie sie gerade ist, was dann zu einer Lösung durch »Assimilation«, also Dominanz der mächtigeren Kultur über die Minderheitenkultur, führen würde.

Relativistische Positionen werden im internationalen Management derzeit häufig *faktisch* (implizit) gelebt, ohne die (normative) Begründungsfrage überhaupt aufzuwerfen; sie werden

45 Vgl. zum Überblick Harré/Krausz 1996; Hatch 1983.

46 Vgl. hierzu kritisch Hatch 1983, S. 1 ff.

47 Hatch 1983, S. 2.

48 Vgl. Gergen 1995. Siehe hierzu und zu den verschiedenen Formen des Relativismus die kritischen Erörterungen von Freeman/Gilbert 1988, S. 20 ff.

49 Vgl. Freeman/Gilbert 1988, S. 37 ff.

teilweise aber auch explizit verteidigt, so zum Beispiel im Zusammenhang mit Bestechungspraktiken, wie sie in vielen Ländern der Erde gang und gäbe sind.[50] So stellen Pastin und Hooker in einer kritischen Auseinandersetzung mit dem »Foreign Corrupt Practices Act (FCPA)«, der US-amerikanischen Unternehmen die Zahlung von Bestechungsgeldern bei internationalen Geschäften verbietet, fest: »Bribes paid to foreign officials may not involve deception when they accord with recognized local practices.«[51] Selbst was die Menschenrechte anbetrifft, wird ja in der aktuellen politischen Diskussion deren universelle Geltung hier und dort bestritten.[52] Zum einen wird eingewendet, daß die UN-Menschenrechtskonvention von 1948 auf europäischen und US-amerikanischen Wertvorstellungen beruhe, die in anderen Kulturen nicht geteilt, ja nicht einmal verstanden würden.[53] Dies betrifft insbesondere solche Kulturen, die Individualrechte nicht kennen, weil dort von Anfang an die Gemeinschaft und die von ihr auferlegten Pflichten die entscheidenden Bezugspunkte für die Ordnung des Ganzen darstellen.[54] Zum zweiten werden Versuche, den Menschenrechten universelle Geltung zu verschaffen, als Kulturimperialismus diskreditiert, der sich über die lokalen Besonderheiten anderer Kulturen ungerechtfertigterweise hinwegsetze.[55] Nun könnte ein solcher Einwand einfach übergangen werden. Damit ist aber das Problem der Begründung der Menschenrechte noch lange nicht vom Tisch: »Daß etwas als universal ausgegeben wird, heißt nicht, daß es deshalb schon in irgendeiner operationalen oder sinnvollen Weise universal ist.«[56]

50 Vgl. hierzu zum Beispiel Lane/Simpson 1984; Lay 1995; Pastin/Hooker 1980.

51 Pastin/Hooker 1990, S. 553. Die Autoren wagen sogar die Behauptung, daß der FCPA gänzlich einer ethischen Grundlage entbehren würde. Kritisch hierzu vgl. R. E. Frederick 1990.

52 Vgl. Huntington 1996, S. 307 ff.

53 Vgl. hierzu zum Beispiel die kritischen Analysen des islamischen Fundamentalismus von Tibi 1991, 1992, insbesondere S. 60 ff.; und 1995.

54 Vgl. Tibi 1992, S. 31.

55 Mit derartigen Äußerungen hat in jüngster Zeit der Premierminister von Malaysia, Mohamad Mahathir, Aufsehen erregt, vgl. Mahathir 1995. Vgl. in diesem Zusammenhang auch die Äußerungen des ehemaligen Premierministers von Singapur Lee Kuan Yew 1994.

56 Galtung 1994, S. 10.

II. Reaktionen der betriebswirtschaftlichen Theorie

1. Traditionelle Ansätze der multinationalen Unternehmung

Die betriebswirtschaftliche Theorie, auch soweit sie sich explizit um Fragen der Unternehmensethik kümmert, hat bisher kaum versucht, sich mit der angedeuteten praktischen Problemlage auseinanderzusetzen. Dies wird aus folgendem kurzen Überblick über relevante Theoriestücke deutlich.

Die meisten der vorherrschenden *Theorien der internationalen Unternehmung* versuchen, das Entstehen und das Verhalten multinationaler Unternehmen mit Hilfe ökonomischer Theorien zu erklären. Bekannte Vertreter sind etwa Vernons Produktlebenszyklustheorie, Buckleys und Cassons Internationalisierungstheorie und Dunnings eklektische Theorie.[57] Derartige Ansätze konzeptionalisieren das Unternehmen als eine organisationslose, monolithische Einheit, die über den Steuerungsimperativ des Preissystems gelenkt wird, so daß Konflikte zwischen Organisationsmitgliedern oder zwischen denselben und Anspruchsgruppen außerhalb des Unternehmens nicht in den Blick geraten. Außerökonomische Faktoren wie etwa kulturelle Wertvorstellungen oder moralische Anspüche bleiben aus der Betrachtung ausgeschlossen oder gehen allenfalls als nicht veränderbare Beschränkungen (»constraints«) in die Analyse ein.[58] Diese Ansätze basieren auf einem ökonomischen Rationalitätsbegriff, der kulturinvariante, universelle Geltung beansprucht, die Möglichkeit interkultureller Konflikte gar nicht in Betracht zieht und erst recht keine Gestaltungshinweise zur Beilegung solcher Konflikte liefert. Die kontextlose, von konkreten, jenseits des Preissystems bestehenden kulturellen und gesellschaftlichen Gegebenheiten entkoppelte Analyse ökonomischer Ansätze kann daher keinen ausreichenden Beitrag zur Behebung interkultureller Konflikte der multnationalen Unternehmung liefern.[59]

57 Vgl. Vernon 1966, 1979; Buckley/Casson 1976, 1985; Dunning 1977, 1988. Zum Überblick vgl. Brodel 1996, S. 220 ff.; Jones 1993, 1995, S. 159 ff.; Stein 1994.

58 Vgl. Boddewyn 1988, S. 346 ff., 1995; Jones 1993, 1995; Osterloh 1994.

59 Vgl. kritisch zu den ökonomischen Ansätzen Osterloh 1994.

Neben diesen Erklärungsansätzen zur Entstehung der internationalen Unternehmung gibt es in der *interkulturellen Managementforschung* eine ganze Reihe bekannter empirischer Studien, die auf eine Untersuchung bzw. einen Vergleich der kulturellen Rahmenbedingungen abzielen, in denen internationale Unternehmen agieren, und deren Konsequenzen für die Unernehmensführung untersuchen.[60] Bekannt geworden sind in diesem Zusammenhang insbesondere die Untersuchungen von Hofstede und von Adler. Hofstede analysierte die kulturellen Differenzen von IBM-Mitarbeitern aus über 40 Nationen.[61] Die dabei identifizierten Unterschiede beschreibt er auf vier Dimensionen (Individualism, Masculinity, Power Distance, Uncertainty Avoidance), mit deren Hilfe sich das Verhalten von Individuen und Organisationen vorhersagen lassen soll. Adler und Graham untersuchten Verhandlungsprozesse von Managern daraufhin, ob sich signifikante Unterschiede zwischen innerkulturellen und interkulturellen Prozessen ergeben.[62] Beide Studien zeichnen sich durch eine *positivistische Vorgehensweise* und ein Forschungsdesign aus, hinter dem, freilich mehr implizit als explizit, das Ideal eines naturwissenschaftlichen Forschungsmodells steht.[63] Auf die Problematik der Anwendung naturwissenschaftlicher Forschungsmethoden in den Sozialwissenschaften brauchen wir an dieser Stelle nicht einzugehen.[64] Es genügt die Einsicht, daß das von den Vertretern eines solchen Forschungsideals vertretene Wertfreiheitspostulat einer Anwendung für unsere Zwecke sehr enge Grenzen setzt. Im Ergebnis bleiben diese Ansätze einer *bloßen Beschreibung des Status quo* verhaftet[65], aus der sich per

60 Zum Überblick vgl. Brodel 1996, S. 222 ff.; Dülfer 1995; Keller 1982, S. 228 ff.; Schmid 1996, S. 229 ff. Zur Unterscheidung zwischen internationaler und interkultureller Managementforschung vgl. Earley/Singh 1995. Die internationale Managementforschung konzentriert sich mehr auf die strukturellen Rahmenbedingungen international tätiger Unternehmen, während die interkulturelle Forschung die dabei relevanten zugrundeliegenden Wertvorstellungen und Handlungsweisen erforscht.

61 Vgl. Hofstede 1980; Hofstede u.a. 1990.

62 Vgl. Adler/Graham 1989.

63 Diese Problematik haftet der interkulturellen Managementforschung schon lange an. Zur Kritik vgl. Keller 1982, S. 594 ff.; Schmid 1996.

64 Vgl. hierzu etwa Giddens 1984; Hollis 1994; Morrow/Brown 1994.

65 Vgl. Burrell/Morgan 1979.

se keine *vernünftige* Orientierung zur Bewältigung interkultureller Konflikte gewinnen läßt.

Radikale Theorien der multinationalen Unternehmung, wie etwa marxistische Theorien und deren Ableger, kritisieren die internationale Tätigkeit kapitalistischer Unternehmen als Auswüchse eines imperialistischen Prozesses, mit dem die systematische Ausbeutung der Arbeiterklasse durch die Kapitaleigner auch auf nichtkapitalistische Länder ausgedehnt wird.[66] Zwar berücksichtigen diese Theorien außerökonomische Faktoren viel stärker als die oben genannten ökonomischen Theorien. Allerdings beruhen die radikalen Theorien ebenso wie die ökonomischen Ansätze auf *strukturfunktionalistischen Annahmen,* denen zufolge die internationale Unternehmung die mehr oder minder determinierte Resultante struktureller Vorgaben des Gesellschaftssystems ist[67] (hier Klassenunterschiede, dort – in den ökonomischen Ansätzen – marktwirtschaftliche Steuerungsimperative). Hinweise zur aktiven Gestaltung, die durch Handeln Einfluß auf das Geschehen, zum Beispiel interkulturelle Konflikte, nehmen kann, lassen sich aus einem solchen objektivistischen Ansatz, in dem das Verhalten sozialer Systeme als naturnotwendiger Prozeß rekonstruiert wird, nicht gewinnen.

Diese kurze kritische Erörterung zeigt, daß zur Bearbeitung der hier angesprochenen Problematik offenbar solche theoretischen Ansätze erforderlich sind, die sich einerseits nicht dem Wertfreiheitspostulat verschrieben haben, sondern eine kritische Erörterung des Status quo sozialer Systeme und damit die Bearbeitung von Konfliktproblemen ermöglichen. Andererseits

66 Vgl. hierzu zum Beispiel Brewer 1980; Mandel 1978; Warren 1980. Zum Überblick vgl. Brodel 1996, S. 225 ff.; Hood/Young 1979, S. 345 ff.; Jones 1993, 1995.

67 Vgl. Burrell/Morgan 1979, S. 326 ff. In diese Sackgasse scheinen sich auch Nemetz/Christensen 1996 in ihrer jüngsten Erörterung zum Problem des Multikulturalismus verfahren zu haben. Ohne nähere Angabe von Gründen schließen die beiden Autoren interpretative Ansätze aus ihrer Analyse aus und konzentrieren sich von vornherein auf objektivistische Ansätze (Funktionalismus und radikaler Strukturalismus); vgl. Burrell/Morgan 1979. Es ist allerdings nicht einzusehen, wie auf der Grundlage einer solchen Perspektive überhaupt das Handeln des einzelnen Akteurs in den Blick geraten und eine Alternative zu universalistischen Ansprüchen entwickelt werden kann.

scheint ein objektivistischer Ansatz ungeeignet und ein interpretativer Zugriff erforderlich, damit die den Konflikten zugrunde liegenden kulturellen Wertvorstellungen und Orientierungsmuster überhaupt adäquat erfaßt werden können.[68] In der Diskussion um die *Unternehmensethik* finden sich einige etablierte Ansätze, die solchen Bedingungen genügen und somit eine Orientierung zur Behandlung interkultureller Konflikte verheißen.[69] Bei einer näheren Betrachtung zeigt sich jedoch, daß viele dieser Vorschläge auf innerkulturelle Probleme posttraditionaler Gesellschaften zugeschnitten sind. In posttraditionalen Gesellschaften ist das Denken und Argumentieren »um des Friedens willen« (Lorenzen) schon in Gang gekommen, so daß sich die ethische Analyse bereits auf einen Bestand gemeinsamer Wertvorstellungen stützen kann, auf deren Grundlage dann politische Theorien zur Konflikthandhabung möglich werden.[70] Was aber im Falle posttraditionaler Gesellschaften unproblematisch in Anspruch genommen werden kann, kann im Falle interkultureller Konflikte versagen.[71] Die betroffenen Akteure können in derartigen Kontexten offenbar viel weniger auf einen schon verfügbaren Bestand an Gemeinsamkeiten vertrauen. Diese Art der Problematik erfordert daher einen anderen Zugriff. Im folgenden werden wir einen Ansatz kurz ansprechen und kritisieren, der bei der Behandlung unserer Problematik am weitesten vordringt, ohne allerdings eine befriedigende Lösung des philosophischen Grundlagenproblems aufzuzeigen.

2. Die »Integrative Social Contracts Theory« von Donaldson und Dunfee

Donaldson und Dunfee haben die bisher am weitesten ausgearbeitete normative Theorie interkulturellen Managements vorge-

68 Vgl. Burrell/Morgan 1979.

69 Vgl. zum Beispiel Brodel 1996, S. 229; DeGeorge 1992; Donaldson 1989; Gilbert/Würthner 1995; Jöstingmaier 1994; Kumar 1989; Kumar/Sjurts 1991; Steinmann/Olbrich 1994.

70 Vgl. Lorenzen 1987, S. 228 ff., sowie im Überblick Wohlrapp 1995, S. 151 ff.

71 Vgl. Wohlrapp 1995, S. 153 ff.; Gergen 1995; Jöstingmeier 1994, S. 24.

legt.[72] An ihr lassen sich die Schwierigkeiten demonstrieren, die sich ergeben, wenn man mit universalistischen ethischen Standards gängiger philosophischer Theorien herrschende Wertvorstellungen, Sitten und Gebräuche in konkreten Kulturen beurteilen will. Die Verfasser reflektieren diese Schwierigkeiten auch selber. Sie konstruieren in ihrer »Integrative Social Contracts Theory« in einem Gedankenexperiment zwei Stufen eines Gesellschaftsvertrages: Die Wirtschaftssubjekte schließen einerseits einen *Makrovertrag* ab, der die Regeln für Verträge auf der Mikroebene zur Verfügung stellt. Auf der *Mikroebene* gehen die Individuen dann andererseits Verträge ein, deren Bedingungen sie an ihre jeweils konkrete Situation anpassen.

»We label the theory we are proposing *integrative social contracts theory* (ISCT) because it integrates two distinct kinds of contracts. The first is a normative and hypothetical contract among economic participants, a social contract similar to the classical contractarian theories in philosophy and political economy. This general contract, in turn, defines the normative ground rules for creating the second kind of contract. The second is an existing (extant) implicit contract that can occur among members of specific communities, including firms, departments within firms, informal subgroups within departments, national economic organizations, international economic organizations, professional associations, industries, and so on. The aggregate of these extant social contracts contains much of the substance of business ethics. We believe that this way of conceiving business ethics not only helps one in understanding the normative justification for business decisions, but it also helps one in reaching such decisions.«[73]

Das Begründungsproblem taucht in der Konzeption von Donaldson und Dunfee nun dort auf, wo sie nach den von ihnen so genannten »Hypernormen« als Bestandteil eines »Makrovertrages« fragen. Den Hypernormen muß gegenüber bloß lokalen (sogenannten »authentischen«) Normen eine übergeordnete Geltung zukommen; mit ihnen soll ja das Zustandekommen von Mikroverträgen innerhalb und zwischen allen Kulturen ermöglicht werden. Damit dieser Anspruch aber zu Recht erhoben werden kann, müßten natürlich die Hypernormen selbst in interkulturell konsensfähiger Weise begründet werden. Genau dieses

72 Vgl. Donaldson/Dunfee 1994.
73 Ebd., S. 254.

Begründungsproblem wird aber von den Verfassern nicht vertieft diskutiert. Sie wenden sich im Gegenteil explizit gegen Vorgehensweisen, die hier fundamentale epistemologische Fragen vermuten, deren Beantwortung einer besonderen philosophischen Reflexion bedürfe.[74] Erste Anhaltspunkte (»clues«) für die Auszeichnung von Hypernormen könne man vielmehr aus der *Existenz* der Konvergenz religiöser, kultureller und philosophischer Auffassungen bezüglich gewisser Kernprinzipien gewinnen.[75]

»For even if hypernorms could be certified solely through the light of reason, we should expect to encounter patterns of the acceptance of hypernorms among people around the world. Hence, patterns of religious, cultural, and philosophial belief can serve as a clue, even if not as total validation, for the identification of hypernorms.«[76]

Und in der Tat glauben die Verfasser, auch bereits einen gewissen Konsens über solche Kernprinzipien im Bereich der Anthropologie, der politischen Wissenschaften, des Rechts und der Betriebswirtschaftslehre erkennen zu können. Insbesondere dort, wo heute schon fundamentale Prinzipien für das menschliche Zusammenleben in der »Sprache des Rechts« formuliert seien, lägen Kandidaten für Hypernormen vor. Die Verfasser knüpfen hier an die Grundrechtediskussion an, verweisen auf die Erklärung der Menschenrechte von 1948[77] oder den Vorschlag der UNO im Verhaltenskodex für transnationale Unternehmen, der in § 14 vorschreibt: »Transnationale Unternehmen sollen die Menschenrechte und fundamentalen Freiheiten in den Ländern respektieren, in denen sie operieren. In ihren gesellschaftlichen und industriellen Beziehungen sollen transnationale Unternehmen jede Diskriminierung nach Rasse, Farbe, Geschlecht, Religion usw. unterlassen.«

Wenn aber die Konvergenz religiöser, kultureller und philosophischer Auffassungen (wenn sie denn überhaupt so existiert) nach Auffassung von Donaldson und Dunfee nur ein Anhaltspunkt (»clue«) für die Auszeichnung von Hypernormen darstellen soll, dann stellt sich natürlich die Anschlußfrage, wie weiter vorgegangen werden sollte, um zu einem definitiven Urteil (»to-

74 Vgl. ebd., S. 265.
75 Vgl. ebd.
76 Ebd.
77 Vgl. The United Nations Declaration of Human Rights 1948.

tal validation«) in der Sache zu kommen. Die Verfasser halten sich an dieser Stelle auffallend zurück; weder führen sie bestimmte Kriterien ein, noch schlagen sie weitere Verfahrensweisen vor, um die selbstgestellte Aufgabe abschließend zu klären.[78]

Es ist offensichtlich, daß mit diesen Hinweisen keine befriedigende Antwort im Grundlagenstreit zwischen Universalisten und Relativisten gefunden ist. Zum einen werden unter Zurückweisung philosophischer Vorgehensweisen bloß empirische Evidenzen zur Absicherung der Behauptungen ins Feld geführt[79], wobei die Argumentation fast schon einem naturalistischen Fehlschluß nahekommt. Zum anderen ist ja, wie oben schon dargelegt, heftig umstritten, ob die von den Verfassern konstatierte Konvergenz religiöser, kultureller und philosophischer Orientierungen überhaupt vorliegt (und wie man ihr Vorliegen feststellt).[80] Getz bemängelte bereits an einem früheren ähnlichen Vorschlag von Donaldson[81], daß er keine empirischen Belege für das Vorliegen eines derartigen Wertkonsensus liefere.[82] Getz versuchte, diese Lücke zu schließen, und untersuchte die Leitlinien von vier multinationalen Organisationen auf ihre Gemeinsamkeiten und Unterschiede.[83] Obwohl diese Leitlinien auf unterschiedlichen Ideologien beruhen, so die Autorin, ließen sich doch Gemeinsamkeiten in den zugrundeliegenden Werten aus-

78 Vgl. hierzu kritisch auch Grabner-Kräuter 1997 und Mayer/Cava 1995.

79 Vgl. dazu auch W. C. Frederick 1991, S. 174; Getz 1995, Gilbert/Würthner 1995, S. 21.

80 Vgl. zum Beispiel French/Granrose 1995, S. 168 f.; Gergen 1995; Huntington 1993, 1996; Tibi 1995. Diese Problematik betrifft ebenso den Vorschlag von Jöstingmeier 1994, S. 87 ff., und seinen Versuch, eine »Basis-Ethik« zu bestimmen, »die übergreifende und weltweit akzeptierte Normen enthält«, ebd. S. 86. Jöstingmeier stellt allerdings fest, daß eine Basis-Ethik »niemals wissenschaftlich in ihrem normativen Geltungsanspruch als begründet bewiesen werden« kann; vgl. S. 106.

81 Vgl. Donaldson 1989.

82 Vgl. Getz 1995, S. 130.

83 Vgl. Getz 1995. Die vier Organisationen sind »The International Chamber of Commerce« (ICC), »The Organization for Economic Cooperation and Development« (OECD), »International Labor Organization« (ILO), »Commission on Transnational Corporations« (CTC).

machen, auch wenn sie damit keine »evidence for universal or absolute moral principles«[84] beanspruche. Es muß schließlich gefragt werden, ob dies ein hinreichender Beleg für eine interkulturelle Wertekonvergenz sein kann.[85] Selbst wenn sich ein gemeinsamer »Kern« der verschiedenen Kodizes der multinationalen Organisationen ausmachen ließe, müßte immer noch gezeigt werden, daß die Organisationen nicht bloß von den Wertvorstellungen der Industrieländer beherrscht sind. Zugleich lassen sich Untersuchungen anführen, die dezidiert gegen die These von der kulturellen Konvergenz sprechen. So konstatiert zum Beispiel Tibi auf der Basis empirischer Evidenzen eine deutliche Zunahme kultureller Konflikte, die insbesondere mit einer verstärkten Kritik an der universellen Geltung okzidentaler Wertvorstellungen einhergeht[86]; dies, obwohl er sich dezidiert für eine »universelle Ethik individueller Menschenrechte« einsetzt.[87] Noch wichtiger ist hier allerdings, daß es Donaldson und Dunfee *ersichtlich* offenlassen, wie – ausgehend von bloßen *Anhaltspunkten* über die Konvergenz von Normen – die normative *Verbindlichkeit* der Hypernormen überhaupt zustande kommen kann.

Die zentrale philosophische Grundlagenfrage nach dem Verhältnis von Vernunft und Kultur ist hier also (noch) ungeklärt. Dies scheint auch für die philosophische Diskussion in den USA zu gelten, wenn man etwa die eher universalistische Position von Rawls mit den deutlich davon distanzierten »kontextualistischen« Auffassungen von Rorty und MacIntyre vergleicht.[88] Insgesamt gesehen besteht also nicht nur aus der Sicht einer an dieser Stelle beratungsbedürftigen Betriebswirtschaftslehre Bedarf, der erwähnten philosophischen Grundlagenfrage nochmals nachzugehen.

84 Getz 1995, S. 129.
85 Vgl. zu dieser Problematik W. C. Frederick 1991, S. 174; sowie French/Granrose 1995, S. 168 f.
86 Vgl. Tibi 1991, 1992, insbesondere S. 57 ff., und 1995.
87 Tibi 1995, S. 152.
88 Vgl. Rawls 1975; Rorty 1988; MacIntyre 1988.

III. Philosophische Perspektiven: Universalismus und Kulturalismus

Beim philosophischen Grundlagenstreit zwischen Universalisten und Relativisten geht es um die Frage, ob und wie angesichts der *Vielfalt* spezifischer Normen und Wertvorstellungen noch eine *einheitliche* Auffassung von Vernunft vorausgesetzt bzw. zur Geltung gebracht werden kann.[89] Die philosophischen Positionen zu dieser Grundlagenfrage sind vielfältig.[90] Einige Philosophen, besonders jene, die sich an der kantianischen Tradition orientieren, betonen den Einheitsgedanken; andere, zum Beispiel an der Postmoderne orientierte Autoren, »beschwören den Plural der Geschichten und Lebensformen«.[91]

Diese Problematik wird insbesondere dort relevant, wo Kulturen mit unterschiedlichen Bedeutungsmustern, Norm- und Wertvorstellungen aufeinandertreffen. Innerhalb von Kulturen verfügen die Individuen zwar immer schon über gemeinsame Wortbedeutungs- und Normenvorräte, die sich über das gemeinsame Handeln konstituiert haben und die im großen und ganzen eine erfolgreiche Koordination sozialen Handelns in der Familie, der Politik und der wirtschaftlichen Sphäre sicherstellen. Angesichts der beschriebenen Globalisierung der Wirtschaft entsteht nun aber das Problem, daß Kulturen mit unterschiedlichen Wertvorstellungen etc. aufeinandertreffen, so daß die Gefahr wächst, daß die (notwendigen) Koordinationsleistungen durch Mißverständnisse und Wertkonflikte gravierend gestört werden.[92]

Wir werden im folgenden diese Problematik anhand zweier bedeutender Positionen aus der deutschen Philosophie diskutieren, der Transzendentalpragmatik und dem methodischen Konstruktivismus. Die *Transzendentalpragmatik* verficht eine universalistische Position und sucht den »Ort der Einheit« in *kulturinvarianten* Bedingungen der Möglichkeit von Verständigung. Der *methodische Konstruktivismus* entwickelt dagegen (neuerdings) eine viel stärkere Sensibilität für die Kulturgebun-

89 Vgl. Habermas 1988.
90 Vgl. im Überblick den bekannten Beitrag von Habermas 1988: »Die Einheit der Vernunft in der Vielfalt ihrer Stimmen«, sowie zuletzt die Beiträge in Apel/Kettner 1996.
91 In der Formulierung von Habermas 1988, S. 153.
92 Vgl. Gergen 1995, S. 520 f.; Wieland 1997.

denheit von Sprachregeln und Wertvorstellungen, ohne dabei einem Kulturrelativismus zu verfallen.[93] Vielmehr wird die Möglichkeit mitgedacht, Bemühungen zur Universalisierung auf der Ebene gemeinsam zu gewinnender *lebenspraktischer* Orientierungen in Gang zu setzen. Im Unterschied zur Transzendentalpragmatik wird das Universalisierungsproblem nicht im Modus des »*Aufsuchens*« von auf der Sprachebene schon vorausgesetzten Gemeinsamkeiten konzeptionalisiert, sondern im Modus der »*Herstellung*« einer Wortgemeinsamkeit, die an eine gemeinsame Lebenspraxis anknüpfen soll, die allerdings gegebenenfalls selbst erst zu etablieren wäre.

1. Universalistische Perspektiven: Der transzendentalpragmatische Lösungsvorschlag

Die Transzendentalpragmatik zielt auf die Begründung und Entwicklung einer prinzipienorientierten Diskursethik ab, die die Regeln bereitstellt, mit deren Hilfe sich theoretische und praktische Probleme lösen lassen sollen. Sie fragt nach solchen *formalen* Regeln, die *jeden* Argumentierenden unbedingt verpflichten, weil sie von niemandem in sinnvoller Argumentation bestritten werden können. Dazu werden im wesentlichen zwei Grundsätze formuliert[94]: zum ersten der Diskursgrundsatz, dem zufolge jeder Argumentierende »das unbegrenzte Diskursuniversum [...], in dem sich ein idealer argumentativer Konsens einstellen würde«, als letzte Geltungsinstanz zur Prüfung der Richtigkeit von Handlungen und Normen bzw. der Wahrheit theoretischer und empirischer Aussagen kontrafaktisch anerkannt hat. Dieser Grundsatz beansprucht »absolute Geltung«.[95] Er fungiert als regulative Idee des »eigentlich und letztlich Richtigen bzw. Wahren«[96], an dem die Akteure ihre faktischen Aussagen und Handlungen messen können. Zum zweiten formuliert die Transzendentalpragmatik einen Universalisierungsgrundsatz, wonach

93 Relativismus meint die Annahme, es gebe keine Rationalitätsstandards, die über die bloß lokalen Verbindlichkeiten einer bestimmten Kultur hinausweisen. Vgl. Habermas 1988, S. 174 ff.

94 Vgl. Apel 1973; Böhler 1992, 1995; Habermas 1983.

95 Böhler 1992, S. 203.

96 Böhler 1995, S. 241.

jeder Argumentierende mit seinen Argumenten Geltung gegenüber *allen* beanspruche und er daher verpflichtet sei, sie gegen jede sinnvolle Kritik zu verteidigen. Demzufolge haben sich die Argumentierenden um einen argumentativen Konsens und um die Herstellung der idealen Bedingungen, das heißt der Strukturen und Institutionen, die einen solchen Konsens ermöglichen, zu bemühen.

Hieran läßt sich bereits erkennen, daß der Argumentationsbegriff zentraler Bestandteil dieser Konzeption ist. Es geht darum, die Alternativenlosigkeit der formalen Regeln für die Argumentationspraxis zu erweisen.[97] Die Möglichkeit der Existenz alternativer Konzepte des Argumentierens wird dabei dezidiert ausgeschlossen. Im Hinblick auf die Lösung interkultureller Konflikte bedeutet dies, daß die Voraussetzungen einer aussichtsreichen Konfliktlösung bereits in den notwendigen formalen Bedingungen des Argumentierens angelegt sind.[98] Diese Bedingungen existieren gleichsam hinter dem Rücken der Akteure, gleich welcher Kultur und Lebensform, und sind gegebenenfalls im emanzipatorischen Vorgriff gegen die faktischen Verhältnisse durchzusetzen. Da die (idealen) Anwendungsbedingungen einer universalistischen Prinzipienethik in der sozialen Welt, insbesondere im interkulturellen Kontext, nicht schon gegeben sind, wäre der Versuch einer vorbehaltlosen Verständigung unter Umständen dysfunktional. Es käme daher auf eine situationsgerechte Vermittlung zwischen vorbehaltloser Verständigung und einem »legitimen Interesse« an Selbstbehauptung an, das mit einem »strategischen« Vorgriff auf die notwendigen Verhältnisse des Vernunftgebrauchs rational zur Geltung gebracht werden

97 Vgl. Habermas 1983, S. 105. Im Unterschied zur Transzendentalpragmatik, die die Argumentationsregeln durch Reflexion auf die notwendigen Bedingungen der Möglichkeit zu argumentieren gewinnt (Vermeidung des »performativen Selbstwiderspruchs«), gründet Habermas seine Überlegungen auf eine Rekonstruktion allgemeiner Sprachstrukturen und deren kommunikativer Verwendung (»Formalpragmatik«); vgl. Habermas 1981, S. 388 ff.

98 Vgl. ebd, S. 178. Habermas 1996, S. 60 f., nimmt sogar an, »daß die Beratungs- und Rechtfertigungspraxis, die wir Argumentation nennen, in allen Kulturen und Gesellschaften wenn auch nicht notwendig in institutionalisierter Form, so doch als eine informelle Praxis anzutreffen ist und daß es für diese Art der Problemlösung keine Äquivalente gibt«.

könnte.[99] Auf diese Weise wäre dann aber die Herstellung einer »idealen Kommunikationsgemeinschaft« (Apel) als solche ein für allemal legitimiert. Man brauchte sich nicht mehr – auf einer Metaebene – um die Begründung der formalen Regeln des Argumentierens selber zu bemühen. Vielmehr ginge es bloß noch um die *Durchsetzung* dieser Regeln.

Gemäß der transzendentalpragmatischen Konzeption soll man andere Argumentierende als gleichberechtigte Partner anerkennen; allerdings darf man »nur Argumente gelten lassen, aber keine argumentationsfremden Gesichtspunkte«.[100] Nun wissen wir aus unserer Erfahrung, daß es in unseren Gesprächen oftmals gerade strittig ist, was als Argument zugelassen wird oder nicht, was überhaupt als ein Argument gelten soll.[101] Dadurch wird gerade der Argumentationsbegriff selbst zum Streitgegenstand erhoben[102], ohne daß zur Beilegung des Streites auf ein unhintergehbares Verständnis von Argumentation zurückgegriffen werden könnte. Eine solche Situation dürfte im interkulturellen Kontext besonders dort auftreten, wo die Akteure ein unterschiedliches Verständnis von Argumentation erlernt haben. Neuerdings wird ja explizit geltend gemacht, daß Menschen zum Argumentieren nicht schon geboren werden, sondern das Argumentieren erst in ihrem Sozialisationsprozeß erlernen.[103]

Die Beschäftigung mit der spezifischen Problematik interkultureller Konflikte im Rahmen des internationalen Managements hat daher einige *Zweifel* an der Tragfähigkeit dieser Konzeptionen in Hinblick auf die Bearbeitung solcher Konflikte aufkommen lassen. Diese Zweifel, die wir im folgenden kurz referieren möchten, betreffen insbesondere den vorgeschlagenen *regelorientierten Argumentationsbegriff* einerseits und das – nach Auffassung einiger Kritiker – *verkürzte Pragmatikverständnis* andererseits.

99 Vgl. Apel 1988, S. 247 ff., 1992, S. 35 ff.; Böhler 1995, S. 242 f.
100 Böhler 1991, S. 161.
101 Man vgl. dazu etwa die Rolle der Schari'a als göttliches Recht für die Definition von legaler Herrschaft im Islam im Unterschied zu den säkularen Rechtsvorstellungen des Westens. Vgl. Tibi 1995, S. 130 ff.
102 Vgl. Gethmann 1987, Lueken 1992.
103 Vgl. Kambartel 1989, S. 34 ff.; Schneider 1994, S. 22 ff.; sowie Cohen/Arato 1995, S. 376 ff.

(1) Die Transzendentalpragmatik sucht nach den konstituierenden formalen Regeln des Sprachspiels »Argumentieren«. Sie macht dabei drei Voraussetzungen[104]: *Erstens* unterstellt sie, daß es nicht bloß deduktive Formen des Begründens gibt, sondern auch andere Argumentationsweisen, denen man zu Recht den Prädikator »Begründung« zusprechen darf. *Zweitens* unterstellt sie, daß das vom kritischen Rationalismus propagierte Fallibilismusprinzip für die Regeln des Bezweifelns und Argumentierens selbst nicht gelte.[105] Die von ihr rekonstruierten Regeln des Argumentierens sind damit weder hintergehbar noch bezweifelbar. *Drittens* schließlich macht die Transzendentalphilosophie geltend, daß die konstitutiven Regeln des Argumentierens nicht als bloß technische Regeln zu verstehen sind, sondern als »Sozialregeln« mit normativer Kraft:

»Denn von ihrer Einhaltung hängt es ab, ob eine Argumentation als diskussionswürdig ernst genommen oder als gescheiterter Argumentationsversuch aus der Diskussion ausgeschieden wird, und das heißt, ob der betreffende Sprecher mit seiner Rede in der Argumentationsgemeinschaft anerkannt wird oder nicht.«[106]

Hierzu läßt sich kritisch anmerken, daß mit diesem dritten Aspekt nur die eine Seite der Medaille erfaßt wird, nämlich die der Regelanwendung. Die Frage nach der Entstehung dieser Regeln wird mit dieser Art der Beweisführung nicht hinreichend berücksichtigt. Böhler hat ja selbst darauf hingewiesen, daß ein syntaktisch-semantisches Verständnis von Argumentation zu kurz greife, da auf diese Weise die Pragmatik als vorrangiger Ort der Bedeutungskonstitution, als »Fundamentalbereich menschlichen Zeichengebrauchs«[107], ausgeblendet werde. Nicht ohne Grund nenne sich der hier behandelte Ansatz schließlich tranzendentalpragmatisch. Das Verständnis einer Anordung von Zeichen (Syntax) zum Zwecke des Verweises auf einen Referenzgegenstand in einer Proposition (Semantik) sei nämlich, so Böhler, nur möglich, »wenn sie auf der Grundlage der Wortverwendungsregeln einer geschichtlichen Sprachgemeinschaft und der darin sedimentierten ›Weltansicht‹ [...] bzw. ›Erschlossenheit‹ ei-

104 Vgl. Böhler 1991, S. 156 f.
105 Vgl. Apel 1973, S. 405 ff., 1987, S. 172 ff.; und Habermas 1983, S. 90 f.
106 Böhler 1991, S. 157.
107 Ebd., S. 152.

ner Welt [...] erfolgt«.[108] Wenn man dem zustimmt, dann müßte dies letztlich auch für das Verständnis des Wortes »Argumentieren« und die vorgeschlagenen formalen Regeln gelten. Dies wäre dann aber ein Widerspruch zu der schon hervorgehobenen zweiten Vorentscheidung der Transzendentalpragmatik. Die Frage nach der Zulässigkeit eines Argumentes wird zwar immer (auch) von der Einhaltung gewisser impliziter oder expliziter Regeln abhängen. Die Bedeutung des Wortes »Argumentieren« und die dabei zugrunde gelegten Regeln werden aber erst durch die Praxis des Argumentierens selbst konstitutiert. So gesehen dreht sich dann das von Böhler propagierte Verhältnis gleichsam um. Wenn man mit Friedrich Kambartel und Hans Julius Schneider, die hier erklärtermaßen an den späten Wittgenstein anschließen, die pragmatische Wende in der Sprachphilosophie konsequent zu Ende denkt, so zeigt sich nämlich, daß man sinnvoll über die Bedeutung von »Argumentation« (ebenso wie über die Bedeutung der Worte »Vernunft« oder »Rationalität«) erst dann reden kann, wenn sich ein entsprechender Gebrauch des Wortes in der diesen Gebrauch begleitenden *Handlungspraxis* bereits etabliert hat.[109] Das, was Argumentieren heißt, wird also nicht allein und in erster Linie durch die Einhaltung irgendwelcher Regeln festgelegt, die vor jeder Praxis schon feststehen, sondern konstituiert sich erst aufgrund des Gebrauchs dieses Wortes in einer Handlungspraxis. Seine Bedeutung (und damit auch die daraus resultierenden Regeln) hängt also primär von der zugrundeliegenden Handlungspraxis ab, erhält von dorther gleichsam seine Prägung und nicht umgekehrt.[110]

(2) Vor diesem Hintergrund wird von einigen Autoren die These vertreten, daß der transzendentalpragmatische Ansatz letztlich mit einem verkürzten Pragmatikverständnis operiert.[111] Von Lueken stammt die Unterscheidung zwischen einer fundamentalpragmatischen und einer partialpragmatischen Vorgehenswei-

108 Ebd., S. 152 f.; vgl. auch Apel 1987, S. 164 und S. 184.

109 Vgl. zum Beispiel Kambartel 1980, 1991; Kambartel/Schneider 1981; Schneider 1975, 1980, 1992 a, 1992 b.

110 Vgl. Kambartel 1989, S. 38 ff.; ein »Verfall der Kultur der Vernunft« könnte dann auch mit einer Veränderung der Bedeutung des Wortes »Vernunft« einhergehen.

111 Vgl. Gethmann 1987, S. 271; Kambartel 1992; Lueken 1992, S. 223 ff.; Schneider 1994.

se. Die Fundamentalpragmatik bezeichnet eine Vorgehensweise, die, »von unproblematischen Fähigkeiten und konkreten Handlungszusammenhängen ausgehend und den adäquaten Bezug zu dieser konkreten Ebene ständig im Auge behaltend, schrittweise theoretische Gegenstände, Beschreibungen und Erklärungen zu praktischen Problemlösungszwecken herausbildet, wobei dann abstraktiv die jeweils relevanten oder interessanten Aspekte hervorgehoben werden können«.[112] Eine partialpragmatische Vorgehensweise versteht unter einer Pragmatik dagegen eine sprachphilosophische Teildisziplin, die neben der Syntax und der Semantik stehend sich »mit der Frage befaßt, was wir beim Sprechen oder allgemeiner bei Verwendung und Verstehen von Zeichen tun und welchen Regeln wir dabei folgen. Zeichen oder ähnliche Gegenstände werden dabei als gegeben vorausgesetzt; das Forschungsinteresse gilt dann den regelhaften Verwendungen dieser Gegenstände im Handeln.«[113] Während also die Fundamentalpragmatik gleichsam von unten nach oben, vom konkreten Handeln her zu theoretischen Gegenständen vordringt, schaut die Partialpragmatik aus der Perspektive entwickelter Theorien über (abstrakte) Gegenstände, also gleichsam *von oben nach unten*, auf ihren Untersuchungsgegenstand. Aufbauend auf dieser Unterscheidung hat Lueken den Verdacht geäußert, daß die Diskurstheorie Habermasscher und auch Apelscher Prägung und die ihr zugrunde liegende Formalpragmatik von theoretischen Vorgaben aus der Sprachphilosophie (zum Beispiel Chomsky, Morris, Searle) her dem Handeln Formen aufzwingt, anstatt sie *reflexiv* aus dem konkreten Handeln zu gewinnen.[114] Wenn dem so wäre, so hätte dies natürlich Konsequenzen für den von der Transzendentalphilosophie erhobenen universellen Geltungsanspruch.

(3) Wie wir oben gesehen haben, hat Böhler selbst darauf hingewiesen, daß das Verständnis eines sprachlichen Ausdrucks wesentlich von den »Wortverwendungsregeln einer geschichtlichen Sprachgemeinschaft«[115] abhänge; gleichwohl hat er die Geltung dieses Satzes für den Argumentationsbegriff selbst ausgenommen. Wir wollen nun diese Setzung aufheben und den pragmati-

112 Lueken 1992, S. 223.
113 Ebd., S. 224.
114 Vgl. ebd., S. 223 ff., hier insbesondere S. 228.
115 Böhler 1991, S. 152 f.

schen Ansatz konsequent zu Ende denken. Dann hängt – wie oben schon hervorgehoben – auch die Bedeutung des Wortes »Argumentieren« wesentlich von der zugrundeliegenden Praxis ab. Dies hat Konsequenzen für den universellen Geltungsanspruch, der sich in der Transzendentalpragmatik mit dem Argumentationsbegriff verbindet. Dieser Geltungsanspruch würde dann ja von der Existenz einer universellen geschichtlichen Sprachgemeinschaft abhängen. Die Reichweite des propagierten Argumentationsbegriffs wird damit gleichsam ein Stück weit zu einer *empirischen* Frage.[116] Nun brauchen wir hier keine empirische Untersuchung über die Beschaffenheit unserer Sprachgemeinschaft(en) durchzuführen. Ein paar geläufige Hinweise mögen genügen, um Zweifel an der Annahme einer universellen geschichtlichen Sprachgemeinschaft zu wecken. Die aktuellen Diskussionen um den wachsenden Pluralismus an Lebensformen, Individualisierungstendenzen in der Gesellschaft, das Wiedererstarken der verschiedenen Spielarten des Fundamentalismus, auch des religiösen, das Ausbrechen ethnischer Konflikte, die Aktualität postmodernen Denkens, dies alles sind zumindest Anzeichen, die auf die Berechtigung solcher Zweifel hindeuten können.[117] Habermas selbst liefert den folgenden Hinweis:

»Wir können immer seltener auf Erfahrungen und einleuchtende Beispiele rekurrieren, die für verschiedene Gruppen und Individuen dieselbe Bedeutung haben. Wir dürfen immer weniger damit rechnen, daß dieselben Gründe im Lichte verschiedener Relevanzsysteme für verschiedene Individuen und Gruppen dasselbe Gewicht haben.«[118]

Sind wir aber nicht beim vernünftigen Argumentieren auf solche gemeinsamen Erfahrungen notwendig angewiesen? Ist es nicht gerade der Witz der pragmatischen Wende, daß wir zum Argumentieren überhaupt erst fähig werden, weil dies auf einer gemeinsamen Praxis beruht, in die wir hineingeboren werden und in der wir in unserem Sozialisierungsprozeß erst erlernen, was es heißt, vernünftig zu argumentieren?[119] Ist es nicht gleichsam ein

116 Vgl. Habermas 1991, S. 202 f.
117 Vgl. hierzu etwa die Arbeiten von Tibi 1991, 1992, 1995.
118 Habermas 1991, S. 202, unter Hinweis auf McCarthy 1993, S. 303 ff.
119 Vgl. Schneider 1994, S. 22 ff.; Kambartel 1989 a sowie Cohen/Arato 1995, S. 376 ff., inbesondere S. 383.

rationalistischer Irrtum der Transzendentalpragmatik zu glauben, man könne universelle Regeln des Argumentierens analytisch gewinnen[120], ohne auf die praktische Kultur des Argumentierens einen, wie Kambartel es nennt, »strengen Bezug«[121] zu nehmen?[122]

Es scheint so, als hätten die Transzendentalpragmatik und auch Habermas[123] bei ihrer Konzentration auf die *formalen Aspekte des Argumentierens* übersehen, daß mit der Formulierung sogenannter »formaler« Grundsätze zugleich auch eine bestimmte praktische *inhaltliche* Lebenserfahrung artikuliert wird.[124] Andernfalls ließe sich nämlich gar nicht verstehen, was es heißt, »zwanglos«, »unvoreingenommen«, »mit gleicher Chance« etc. zu argumentieren.[125]

2. Kulturalistische Perspektiven: Reflexionen im Umkreis des methodischen Konstruktivismus

Der methodische Konstruktivismus (Erlanger Schule) bemüht sich in Beantwortung der Frage nach der Möglichkeit von Wissenschaft um die Begründung derselben und versucht dabei, einen geeigneten Rationalitätsbegriff aufzuweisen. Bekanntermaßen wurde im Begründungsstreit der (deutschen) Philosophie die Möglichkeit der *Begründung* von Wissen in Zweifel gezogen.[126] Gleichzeitig wurden Rationalitätskonzepte entwickelt, die mehr oder minder vom Begründungsanspruch abrücken. In kritischer Auseinandersetzung mit fundamentalistischen, fallibilistischen, historistischen und strukturalistischen Positionen hält der (methodische) Konstruktivismus an der Möglichkeit einer Begrün-

120 So kritisch Gethmann 1989, S. 155 ff.
121 Vgl. zum Begriff der Strenge bei Kambartel insbesondere 1984; vgl. hierzu neuerdings auch Stekeler-Weithofer 1995. Zur Kultur der Vernunft vgl. Kambartel 1989 a.
122 Vgl. hierzu auch die Kritik von Schneider 1994 und Toulmin 1994.
123 Vgl. Habermas 1983, S. 113, sowie 1996, S. 58 ff.
124 Vgl. Schneider 1994, S. 41 ff.
125 Vgl. Kambartel 1989 a, S. 49. Zu einer solchen Normierung der Eigenschaften des Argumentationsprozesses vgl. zuletzt Habermas 1996, S. 62.
126 Vgl. hierzu im kritischen Überblick Mittelstraß 1989.

dung fest und sucht im praktischen Handeln selbst den Anlaß und methodischen Ausgangspunkt der Entwicklung von Theorien.[127] Vor jeder Wissenschaft verfügen die Menschen bereits über ein *Können* zur (mehr oder minder) erfolgreichen Lebensbewältigung. Weil jedoch das Handeln der Menschen nicht immer gelingt, ist es überhaupt erst *nötig*, Theorien zur Stützung der jeweils zugrundeliegenden Praxis zu entwickeln. Da umgekehrt das Handeln der Menschen aber auch nicht immer völlig mißlingt, ist es zugleich *möglich*, am ansatzweise gelungenen Können als der unhintergehbaren Vorraussetzung der Möglichkeit von Wissenschaft anzusetzen.[128] In diesem Sinne ist methodisches Denken »eine Hochstilisierung dessen, was man im praktischen Leben immer schon tut«.[129]

Die *neuen* Entwicklungen im Umkreis des methodischen Konstruktivismus zeigen eine größere Sensibilität gegenüber der kulturellen Bedingtheit von Geltungsansprüchen, so daß von dieser philosophischen Perspektive vielleicht ein wichtiger Beitrag für die hier behandelte Problematik zu erwarten ist.

a) Zur ethisch-politischen Wissenschaftskonzeption von Lorenzen

In den sechziger Jahren versuchten die Vertreter der konstruktiven Philosophie noch eine Ethik für das vorpolitische Zusammenleben der Menschen zu begründen und gingen hierzu, ähnlich wie bei den technischen Wissenschaften, von der Annahme einer universell geteilten Lebenspraxis aus, die das Fundament für die Formulierung kulturinvarianter Vernunftprinzipien bilden könnte.[130] Die neue, von Paul Lorenzen in seinem *Lehrbuch der konstruktiven Wissenschaftstheorie* entwickelte Konzeption

127 Vgl. ebd. Den Unterschied zum »radikalen« Konstruktivismus legt Janich 1992 dar.

128 Vgl. Mittelstraß 1974, 1989, 1991.

129 Lorenzen 1968, S. 26.

130 Hartmann/Janich 1996 haben ein Programm vorgelegt, das Vorschläge zur Weiterentwickung des methodischen Konstruktivismus enthält. Das Programm wurde ausgehend von den Naturwissenschaften auch auf andere Bereiche ausgedehnt. Vgl. neuerdings dazu auch Janich 1998.

läßt diesen Anspruch nun fallen.[131] Statt dessen formuliert Lorenzen die Grundzüge einer *Theorie des politischen Wissens*, die in *posttraditionalen Gesellschaften* dazu dienen solle, den Frieden stabiler zu machen. Lorenzen schlägt einen Weg vor zur »lückenlosen« Begründung ethisch-politischen Wissens auf der Basis *praktischer Bemühungen* um des Friedens willen, die in posttraditionalen Gesellschaften im Rahmen der Gesetzgebungspraxis schon (lange) in Gang gekommen seien. In posttraditionalen Gesellschaften habe sich mit der immer weiteren Vermittlung von Handlungsvollzügen heute eine Vielfalt von Lebensformen entwickelt, die miteinander in (potentiellem) Konflikt stünden. Die Aufgabe ethischer Politik sei es, die Vielfalt der Lebensformen durch Gesetzgebung und Verwaltung verträglicher zu machen. Der »Pluralismus unverträglicher Zwecke« soll in eine »Pluralität miteinander verträglicher Lebensformen« überführt und so der Frieden *stabiler* gemacht werden.[132] Anders als bei der handwerklichen Praxis der technischen Wissenschaften handelt es sich bei der gesetzgeberischen Beratung um eine *verbale Praxis des Argumentierens.*

Aus unserer Erfahrung wissen wir, daß es nicht immer ohne weiteres gelingt, die konkurrierenden Zwecke der Bürger miteinander verträglich zu machen. Aus dieser »Not der politischen Praxis«[133] entsteht der Anlaß für ihre theoretische Stützung durch ethisch-politische Wissenschaften. Sie zielen ab auf die *Verbesserung der Argumentationspraxis*, die Erziehung zu einer politischen Argumentationskultur, die den Frieden, der auf der allgemeinen und freiwilligen Anerkennung der Gesetze beruht, stabiler macht. Dabei liefert der »Wille der Bürger zum Frieden«[134] erst die historische kulturelle Voraussetzung, ohne die nicht zwischen Vernunft und Unvernunft in der Praxis unterschieden werden kann. Die Ziele der Wissenschaften müssen nämlich, das weiß man seit der praktizistischen Wende der Wissenschaftstheorie, »aus der vorwissenschaftlichen Praxis der Menschen bestimmt werden«.[135]

Wie läßt sich nun eine Verbesserung der Argumentationspraxis

131 Vgl. Lorenzen 1987.
132 Ebd., S. 232 f.
133 Ebd., S. 239.
134 Gethmann 1992, S. 151.
135 Lorenzen 1989, S. 32.

erzielen?[136] Lorenzen führt hierzu den Begriff des *vernünftigen Argumentierens* ein, der durch die *Transsubjektivität* der Argumentierenden bestimmt sei.[137] In vielen Fällen sei ein stabilerer Friede ohne *Änderung der unverträglichen Zwecke* nicht zu erzielen. Ein allgemeiner freier Konsens sei nicht erreichbar, wenn jeder an seinen Eigenheiten und partikularen Bindungen festhalte. Statt dessen sei es erforderlich, daß die Argumentierenden sich aufeinander einlassen und sich ein Stück weit von sich selbst in Distanz bringen, um ein wechselseitiges Verständnis und ein freies Einverständnis (Konsens) erzielen zu können. Der Begriff des vernünftigen Argumentierens sei allerdings nicht über ein formales Kriterium bestimmt; vielmehr lasse sich im praktischen Argumentieren selbst erst *erlernen*, was es heißt, transsubjektiv, das heißt »ohne Ansehen der Person«, zu argumentieren.[138]

Diese Überlegungen von Lorenzen richten sich zunächst an den politischen Gesetzgeber. Hierin liegt eine gewisse Beschränkung, die angesichts der bekannten Steuerungsgrenzen des Rechts problematisch ist.[139] Gleichwohl lassen sich die Grundgedanken transsubjektiver Beratung aber als Orientierungshilfe für alle gesellschaftlichen Bereiche verstehen, wo es um die friedliche Lösung von Konflikten geht (zum Beispiel Familie, Unternehmen, Verbände, Politik), was von Lorenzen selbst schon angedeutet wurde.[140] So verstanden lassen sich seine Überlegungen an die ebenfalls kulturalistisch ausgerichtete Konzeption von Kambartel anschließen.

b) Zum kulturalistischen Ansatz von Kambartel

Auch Friedrich Kambartel[141] fordert einen Abschied von einer bloß theoretischen Vorstellung von Vernunft und insistiert darauf, daß wir, wenn uns die Vernunft leitet, keinem allgemeinen theoretischen Kriterium oder Prinzip des Vernunftgebrauchs folgen, sondern selbst als Teilnehmer in einer konkreten Situa-

136 Lorenzen 1987, S. 232 f.
137 Vgl. ebd., S. 249 ff.
138 Vgl. Lorenzen 1989, S. 50.
139 Vgl. Gethmann 1992, S. 158 f.
140 Vgl. Lorenzen 1987, S. 248 f.
141 Vgl. Kambartel 1989 a, 1989 b, 1991, 1992.

tion ein angemessenes Urteil fällen und Orientierungen gewinnen, ohne hierzu jedesmal einem allgemeinen Prinzip folgen zu können.[142] Wir lernen, unsere Vernunft auszuüben und hierbei jeweils verschiedene Maßstäbe angemessen zu verwenden, um schließlich vernünftige Orientierungen zu gewinnen. Dies ist möglich, weil wir in eine gemeinsame Kultur eingebettet sind, in der wir in praktischer Teilnahme von Kind auf lernen, uns in unserer Gemeinschaft zu bewegen; auf diese Weise werden wir erfahren im Umgang mit Problemsituationen und deren vernünftiger Bewältigung: »Wir werden nicht als vernünftige Wesen geboren, [...] zur Vernunft bilden wir uns, werden durch Bildung dazu geführt; und mögen dann selbst dazu beitragen.«[143] Philosophische und wissenschaftliche Abhandlungen zur Vernunft sollen sich auf diese Kultur beziehen, weil sonst die Rede über Vernunft bloß »verbal wäre«, es fehlt ihr, wie Kambartel es ausdrückt, die »Strenge« und damit letztlich auch ein Verständnis dessen, was Vernunft überhaupt heißt. Ein solches Verständnis kann nämlich nicht über eine bloß verbale Definition gleichsam am Schreibtisch des Philosophen gewonnen werden, sondern ist angewiesen auf die praktische Einbettung dieses Wortes in eine konkrete Lebenssituation. Dies nennt Kambartel die »dialogisch-praktische Basis« des Verstehens.[144]

Bei dem, was Kambartel »Kultur der Vernunft« nennt, handelt es sich um eine bereits etablierte Beurteilungspraxis. Wenn wir unsere (okzidentale) Kultur näher besehen, so enthält diese schon universalistische Züge, die bloß partikularen Orientierungen und Lebensweisen entgegenwirken. Das Normative ist insofern in diese Kultur bereits eingelassen. Wenn wir diese universalistischen Züge erläutern wollten, so könnten wir etwa Kambartels Versuch folgen und feststellen,

– »daß wir uns in bestimmten Situationen auf (in verschiedener Hinsicht) generell formulierte (und adressierte) Orientierungen stützen;
– daß die vernünftige Erwägung grammatisch keine privilegierten Positionen, weder auf der Ebene der Partizipation noch auf der Ebene der Argumente, kennt;
– daß wir die Interessen anderer anerkennen, die Einbeziehung aller Betroffenen als eine Perspektive unserer Erwägungen betrachten;

142 Vgl. Kambartel in diesem Band, S. 88 ff., 106 ff., 212 ff.
143 Kambartel 1989 a, S. 36; vgl. hierzu auch Schneider 1994, S. 22 ff.
144 Vgl. Kambartel 1991.

- daß wir die begrenzte Perspektive unserer eigenen Lebens- und Interessensituationen zugunsten derjenigen einer unparteilichen Überlegung verlassen;
- daß wir uns im Blick auf eine frei geteilte menschliche Gemeinsamkeit orientieren;
- im Zusammenhang damit auch die moralische Anerkennung der anderen Person.«[145]

Diese Gesichtspunkte sind offensichtlich kompatibel mit den begrifflichen Erörterungen, wie sie auch im Rahmen der Diskurstheorie vorgetragen werden.[146] Dort spielen ja Begriffe wie Unvoreingenommenheit, Nicht-Persuasivität und Zwanglosigkeit die Rolle *konstitutiver* Merkmale vernünftigen Argumentierens. Gleichwohl haben diese Gesichtspunkte in der fundamentalpragmatischen Konzeption Kambartels einen anderen Stellenwert. Sie sollen nämlich *nicht* als Kriterien verstanden werden, die durch Reflexion auf die Bedingungen der Möglichkeit des Argumentierens gewonnen werden. Sie sind vielmehr als Erläuterungen unserer kulturellen Praxis zu verstehen, mit denen Kambartel zeigen will, daß unsere Kultur bereits Elemente zur Überwindung von Partikularität enthält. Aber die hier gebrauchten Worte dürfen nicht vortäuschen, daß es ein Kriterium des Vernünftigen gäbe, mit dem sich Vernunft ohne die sie tragende Praxis bestimmen lassen könnte:

»Die begriffliche Ausdifferenzierung praktischer Vernunft, welche uns unter Überschriften wie Selbstbestimmung, Anerkennung, Gleichheit, Gerechtigkeit usf. entgegentritt, läßt sich im Kern nur gleichsam von innen her, das heißt nur begleitend zu unserem *praktischen Eintritt in die Praxis und Erfahrung* eines bestimmten Lebensverhältnisses entfalten. Die auf diese begriffliche Landschaft bezogenen Begründungen und Urteile sind daher nicht einmal angemessen *zu verstehen*, ohne daß wir bereits ein Stück weit an der Lebensform teilnehmen, in welche diese Urteile orientierend eingreifen.«[147]

Die Erörterungen von Kambartel machen die Unterscheidung zwischen einer transzendentalpragmatischen Konzeption, die universale Geltungsansprüche erhebt, und einer fundamental-

145 Kambartel 1989 a, S. 42, sowie in diesem Band, S. 103.
146 Vgl. Habermas 1983; 1996, S. 62. Auch Kambartel selbst hatte früher derartige Vorschläge entwickelt; vgl. Kambartel 1974 a, S. 54 ff.
147 Kambartel, in diesem Band, S. 122; vgl. auch Kambartel 1989 a, S. 43, sowie in diesem Band, S. 104.

pragmatischen Konzeption, die in der konkreten Praxis beginnt und damit die kulturelle Bedingtheit aller Abstraktionsschritte hervorhebt, deutlich. Allerdings sind die Ausführungen Kambartels selbst auf einem relativ hohen Abstraktionsniveau angesiedelt; es geht ihm ja um die Markierung prinzipieller Differenzen der Alternative »Vernunft – Kriterium oder Kultur?« Für unsere Problematik der Vermittlung interkultureller Konflikte sind daher Konkretisierungsschritte notwendig, für die wir uns eines Vorschlags von Harald Wohlrapp für ein »Konzept von Kulturpluralismus« bedienen.

c) Ein Konzept von Kulturpluralismus – Der Ansatz von Wohlrapp

Wie wir oben gesehen haben, hat Lorenzen seinen Vorschlag zur Fundierung ethisch-politischer Theorien an die Voraussetzungen der Posttraditionalität und einer bereits in Gang gekommenen ansatzweise transsubjektiven Gesetzgebungspraxis gebunden. Im Hinblick auf unsere Problematik der Erörterung einer möglichen theoretischen Stützung zur Vermittlung interkultureller Konflikte müssen beide Voraussetzungen aufgegeben werden.[148] Erstens geht es uns ja gerade auch um Konflikte, die zwischen Vertretern posttraditionaler und traditionaler Kulturen auftreten.[149] Zweitens gibt es derzeit noch gar keine institutionell verfaßte Gesetzgebungspraxis, die die Verhältnisse zwischen (radikal) unterschiedlichen Kulturen regeln könnte. Aber auch unterhalb der Gesetzgebungsebene sind, so Wohlrapp, »keine oder zu wenige unproblematische Interaktionen ausgebildet, die die praktische Basis für eine gemeinsame normative Ordnung abgeben könnten«.[150] Statt dessen begegnen sich Kulturen oftmals im

148 Vgl. hierzu und zum Folgenden Wohlrapp 1995, S. 153 ff.

149 Mit Posttraditionalität ist zunächst einmal gemeint, daß die Menschen Sinnstiftung und Gestaltung ihres Lebens selbst in die Hand nehmen und hierfür nicht mehr weltliche oder geistliche Herrscher benötigen; als Gemeinschaft formen sie ihr Leben selbst. Dort dagegen, wo das Leben im wesentlichen durch religiöse Sitten und Gebräuche oder unhinterfragte Anordnungen weltlicher Herrscher bestimmt wird, spricht man von traditionalen Kulturen.

150 Wohlrapp 1995, S. 155.

Kampf oder in einseitiger Ausbeutung, so daß die Akteure das Fremde zugleich auch als das Feindselige erleben. Diese Erfahrung mag dort am stärksten sein, wo die kulturellen Differenzen groß sind, insbesondere im Verhältnis zwischen posttraditionalen und traditionalen Kulturen. Einem fundamentalpragmatischen Zugriff fehlt also (zunächst einmal) die praktische Basis:

»Etwas vergröbert gesagt, können wir uns dafür nicht auf Praxen beziehen, in denen interkulturelle Kommunikation und Interaktion halbwegs ›richtig‹ im Gange wäre, sondern stehen gegenüber den Angehörigen einer fremden Kultur vor der Frage, ob und wie wir überhaupt das kulturelle Territorium der anderen ein Stück weit betreten können.«[151]

Gleichwohl liefere der Lorenzensche Vorschlag einen Ansatzpunkt, indem er auf die »Herstellung von Verträglichkeit« abzielt. Da eine gemeinsame praktische Basis, die einen theoretischen Ansatz tragen könnte, noch gar nicht vorhanden ist, kommt es also darauf an, eine solche Basis erst zu schaffen.[152] Dies entspricht im übrigen der Auffassung der konstruktiven Wissenschaftstheorie, die Gethmann mit dem Satz markant umschrieben hat: »Wenn wir nicht haben, was wir dringend brauchen, dann müssen wir es uns machen.«[153]

Wohlrapp schlägt hierzu einen Prozeß vor, »in dem Interaktion mit Angehörigen fremder Kulturen aufgenommen und die Form dieser Interaktion zugleich erkundet und gestaltet wird; und zwar daraufhin, daß dabei getrennte Lebensformen verträglich werden«.[154] Während sich nämlich die Entwicklung technischer Wissenschaften auf technische Praxen und die Wiederholbarkeit eines Handlungserfolges im Hantieren mit unbelebten Gegenständen stützen kann, setzt die kulturwissenschaftliche Theoriebildung von vornherein soziale Interaktion zwischen dem Forscher und seinem »Gegenstand« voraus, der ja eigentlich kein Gegenstand, sondern selber ein Subjekt ist.[155]

Wohlrapp skizziert hierzu *drei Schritte kommunikativer Kulturintegration*.[156] Im ersten Schritt geht es zunächst darum, das

151 Ebd., S. 156.
152 Vgl. Lueken 1992; Wohlrapp 1995.
153 Gethmann 1987, S. 269.
154 Wohlrapp 1995, S. 156.
155 Vgl. hierzu Scherer 1995, S. 341 ff.
156 Vgl. Wohlrapp 1995, S. 159 ff.; vgl. hierzu auch ähnliche Vorschläge von Lueken 1992, S. 288 ff.

»Erlebnis des Fremden«[157] überhaupt einzugehen. In vielen Fällen wird den Akteuren dieses Erlebnis eher widerfahren, sie werden es oftmals gar nicht bewußt gesucht haben. Im zweiten Schritt werden die Fremdheitserlebnisse reflektiert. Eine solche Reflexion basiert zunächst auf einer Identifikationsfolie im eigenen Handeln. Relativ zu eigenen Erfahrungen und Sinngehalten können Differenzen bestimmt und das Fremde als solches, als Variante der eigenen Möglichkeiten, erkannt werden. Um ein solches Verständnis herzustellen, bedarf es in der Regel einer Interaktion, in der eine pragmatische Handlungssituation entsteht, an der das erzielte Verständnis kontrolliert werden kann. Dort, wo Konflikte auftreten, reicht das Erleben und Verstehen des Fremden allerdings nicht aus, um eine friedliche Koordination sicherzustellen. Es muß vielmehr in einem dritten Schritt erst versucht werden, »Verträglichkeit herzustellen«. Wohlrapp schließt hierzu wieder an die Überlegungen Lorenzens an: »Vernünftig ist es, die eingelebten Eigenarten, soweit sie Unverträglichkeiten generieren, in der Argumentation zur Disposition zu stellen, also sich um des Friedens willen in Distanz dazu zu bringen.«[158] Allerdings ist mit der Artikulation eines solchen Prinzips allein noch kein Konflikt behoben. Es kommt darauf an, daß die Distanzierung vom je Eigenen auch tatsächlich vollzogen wird, und hierzu ist, so Wohlrapp, die Einsicht der Betroffenen notwendig, daß es sich im Zweifel »auch ohne die umstrittenen Eigenarten leben läßt«.[159] Ohne eine solche Einsicht läßt sich der Friede nicht stabiler machen. Ob die Herstellung von Verträglichkeit gelingt, das läßt sich gerade nicht mit theoretischen Mitteln antizipieren oder gar sicherstellen, vielmehr ist es Sache der Betroffenen eines Konflikts, dies gemeinsam zu versuchen.[160]

In der Konsequenz bedeutet dies, daß wir uns in der Interaktion mit radikal verschiedenen Kulturen nicht auf universelle Kriterien des Vernunftgebrauchs berufen können, im Zweifel auch nicht auf »Freiheit«, »unverbrüchliche Menschen- oder Individualrechte«. Am Maßstab westlicher Gesellschaften gemessen, erscheinen nämlich traditionelle Kulturen immer defizitär.

157 Wohlrapp 1995, S. 159.
158 Ebd., S. 161.
159 Ebd.
160 Vgl. Lueken 1992, S. 345 ff.

Anstatt also »achselzuckend und eifernd«[161] unsere Diskursbereitschaft davon abhängig zu machen, daß auch andere Kulturen und Ethnien »ihre Aufklärung nachholen«[162], sollten wir uns, so Wohlrapp, »lieber nach einem Standpunkt umsehen, auf dem wir auch den Angehörigen traditionaler Kulturen vernünftig begegnen können. Natürlich soll der nicht über einen Rückschritt in das religiöse Mittelalter zustande kommen, und ebensowenig durch einen Überflug zu einer Position oberhalb oder außerhalb aller Kulturgebundenheit.«[163] Statt dessen hätten wir nach einem Modus der Interaktion zu suchen, der das wechselseitige Verstehen der Sinngehalte vor dem Hintergrund des je eigenen Erfahrungshorizonts ermöglicht. Dieser Modus ist dann aber nicht mehr der Modus der *Verkündigung*, wie er der europäischen »Belehrungskultur«[164] zu eigen ist, sondern eher ein Modus *wechselseitigen Lernens*[165], bei dem letztlich offenbleibt, wer von wem zu lernen hat.[166]

Dort also, und hier schließen wir wieder an Kambartel an, wo »eine vernünftige Gemeinsamkeit noch nicht bereits gesicherte Praxis ist«[167], oder dort, wo sich in Konflikten zeigt, daß inkommensurable Vorstellungen davon vorherrschen, was es heißt, vernünftig zu sein, fehlt zunächst einmal die praktische Instanz, auf die sich ein einheitlicher Vernunftgebrauch bzw. die Rede über Vernunft überhaupt stützen könnte. Ein Verständnis des oder gar ein Einverständnis mit dem Fremden kann nicht erzielt werden, solange es nicht gelingt, ein Stück gemeinsamer Praxis erst *herzustellen*. Gleichwohl kann die eigene Vernunftintention des Posttraditionalisten dazu dienen, »die nicht ausgeschlossene Alternative vernünftiger Gemeinsamkeit zu eröffnen oder offenzuhalten«.[168] Das heißt nun aber nicht, daß der Posttraditionalist gleichsam bloß verkündet, was die richtige Vorstellung von Vernunft ist. Seine Vorstellung von Universalisierung muß sich auch

161 Wohlrapp 1995, S. 154.
162 Ebd.
163 Ebd., S. 154 f.
164 Dieser Terminus wurde unseres Wissens erstmals von Lepenies 1995 in die Diskussion eingebracht.
165 Vgl. ebd. Gegen Lepenies aber explizit Tibi 1995, S. 152.
166 Vgl. Scherer 1995, S. 325.
167 Kambartel 1989 b, S. 87.
168 Ebd.

auf die Überwindung der eigenen partikularen Perspektive beziehen; er muß sich damit auch auf die Kultur des Fremden einlassen.[169] Dies ist freilich immer mit Risiken verbunden, und sei es das Risiko, die eigene Position ändern zu müssen. Gleichwohl: Dort, wo eine gemeinsame Kultur der Vernunft noch nicht vorhanden ist, müssen Risiken eingegangen werden, denn, so Kambartel, ein »gemeinsames vernünftiges Leben kann in diesem Falle nicht erreicht werden, ohne daß einige sich zunächst unabgesichert auf den Weg begeben«.[170]

IV. Universalismus oder Kulturalismus – Konsequenzen für das Management internationaler Unternehmen

Im folgenden gehen wir davon aus, daß wir es, global betrachtet, mit verschiedenen, zum Teil sogar radikal verschiedenen Kulturen und Lebensformen zu tun haben, in denen ein je unterschiedliches, vielleicht sogar inkommensurables Verständnis von Argumentation und vernünftiger Handlungskoordination vorherrschen mag. Diese zugegebenermaßen pessimistische Perspektive soll als Ausgangsannahme dienen, um die Frage nach der Möglichkeit der friedlichen Beilegung interkultureller Konflikte neu zu stellen. Diese Frage erhebt sich ja auch, und das interessiert uns als Betriebswirte besonders, im Kontext des internationalen Managements. Wir haben den Eindruck gewonnen, und dies haben wir durch unsere vorgängige Erörterung zu zeigen versucht, daß die transzendentalpragmatische bzw. diskursethische Konzeption diesen Problemfall ausklammert und gleichsam erst dort beginnt, wo sich eine universelle Kultur des Argumentierens bereits etabliert hat.[171]

Die transzendentalpragmatische Position hat sich schon der Richtigkeit des vernünftigen Standpunktes a priori versichert und läßt sich auf fremde Kulturen nur mit einer strategischen Einstellung ein, diese schrittweise und situationsgerecht zur Ver-

169 Vgl. Habermas 1990, S. 153; Scherer 1995, S. 323 f.; Wohlrapp 1995, S. 156 ff.

170 Kambartel 1989 b, S. 87.

171 Diese Voraussetzung wird auch von Habermas 1996, S. 60 f., explizit für empirisch gültig gehalten.

nunft zu bringen. Von fremden Kulturen zu lernen ist nur insoweit notwendig, als das erworbene Wissen für den Prozeß der *Belehrung* fremder Kulturen dienlich ist. Aus dieser Position heraus wird für alle Versuche der interkulturellen Verständigung schon *vorausgesetzt*, daß »zuvor Einverständnis über wichtige Kommunikationsvoraussetzungen besteht. Die Parteien müssen auf die gewaltsame Durchsetzung ihrer Glaubenswahrheiten [...] verzichten; sie müssen einander ganz unabhängig von der gegenseitigen Wertschätzung ihrer Traditionen und Lebensformen als gleichberechtigte Partner anerkennen; anerkennen müssen sie sich auch als Beteiligte an einem Diskurs, in dem grundsätzlich jede Seite von der anderen lernen kann.«[172] Unter dieser Voraussetzung mag der Ansatz seine Berechtigung haben. Wir dagegen wollen an dieser Stelle noch einmal hinter diese Voraussetzung zurückfragen. Eine solche Voraussetzung ist nämlich insbesondere dann nicht gegeben, wenn verschiedene universalistisch orientierte Ansprüche aufeinandertreffen. Jede Seite definiert »Verständigung« vor dem Hintergrund ihrer je eigenen kulturellen Erfahrung. So herrscht zum Beispiel in der islamischen Kultur die Vorstellung vor, im Besitz der (Glaubens-)Wahrheit zu sein, was von islamischen Fundamentalisten auch selbstbewußt zur Geltung gebracht wird: »Den Islam verstehen heißt für sie, dem Islam beizutreten.«[173] Der Versuch, eine derartige Konfrontation beizulegen, kann wohl nicht transzendentalpragmatisch angelegt werden, sondern muß sich auf Lernprozesse mit anderen Kulturen einlassen. Hierfür scheint also ein anderer Zugriff erforderlich.

Wir glauben, in den aktuellen Entwicklungen aus dem Umkreis des Konstruktivismus der Erlanger Schule einige Hinweise erkennen zu können, die uns bei unserer Suche behilflich sein könnten. Wir meinen nicht, daß damit eine Konkurrenzveranstaltung gegen die Transzendentalpragmatik oder gegen die Diskursethik initiiert wird, erst recht nicht, daß damit der Vernunft Einhalt geboten und dem Relativismus Vorschub geleistet wird. Wir vertreten vielmehr die These, daß die Transzendentalpragmatik eine andere Frage zu beantworten sucht, die sich im Zusammenhang mit unserer Problematik so gar nicht stellt. Sie fragt nämlich danach, ob es ein universell gültiges Verständnis von

172 Habermas 1995, S. 60.
173 Tibi 1995, S. 70.

Vernunft *gibt*, und zielt auf eine Rekonstruktion der denknotwendig gültigen relevanten Argumentationsregeln ab. Uns dagegen geht es darum, im konkreten Konfliktfall vernünftige Verhältnisse (wieder)*herzustellen*, Partikularitäten zu überwinden, auch und insbesondere in solchen Fällen, in denen eine gemeinsame praktische Basis noch nicht besteht. Es ist eine offene Anschlußfrage, inwieweit diese Verhältnisse dann universell gelten sollen.[174] Es geht zunächst einmal darum, die Probleme, die sich stellen, an Ort und Stelle für alle betroffenen Beteiligten zu überwinden.[175]

Wesentlich an diesem Zugriff ist, daß nicht vorausgesetzt wird, daß immer schon gültige Argumentationsregeln verfügbar sind, sondern daß auch die Frage nach der Regelkonstitution und -veränderung gestellt werden muß. Dies bedeutet in der Konsequenz, daß wir die Vorstellung eines regelorientierten Argumentationsbegriffs zunächst einmal zurückstellen müssen. Denn dort, wo ein gemeinsamer Gebrauch von Argumentationsregeln *noch nicht* eine bereits ansatzweise etablierte Praxis ist, fehlt es auch am Regelset, auf das sich die tranzendentalpragmatischen Wortarrangements zu stützen suchen.[176]

Wie wir oben gezeigt haben, versucht die universalistische Perspektive eine Rekonstruktion universeller Regeln, die dann diesem Anspruch gemäß situations- und kulturinvariant Geltung beanspruchen. Der von uns skizzierte Kulturalismus dagegen geht von den konkreten Bedingungen lokaler Problembereiche aus und versucht, zunächst problemorientierte lokale Lösungen zu entwickeln. Diese lokalen Lösungen sollen natürlich auf eine Überwindung partikularistischer Positionen angelegt sein und können auf ihre Eignung für eine weitere Universalisierung geprüft werden, sofern die Situation dies erfordert.[177] Kambartel operiert hier etwa mit dem Begriff der »dialogischen Netze«, mit deren Hilfe lokal erzielte Verständnisse oder Einverständnisse auch auf andere Situationen übertragen werden können.[178]

Die bislang geführten philosophischen Erörterungen sind nun kein akademisches Glasperlenspiel, sondern drehen sich um eine

174 Vgl. Gethmann 1992, 1997.
175 Vgl. Schneider 1994.
176 Vgl. hierzu kritisch Kambartel 1989; Lueken 1992; Wohlrapp 1995.
177 Vgl. Kambartel 1992; Gethmann 1997.
178 Vgl. Kambartel 1991; vgl. auch Scherer 1995, S. 230 ff. und S. 359 f.

Frage von höchster praktischer Relevanz. Die Konflikte, die aktuell in der Welt zwischen Kulturen immer häufiger auftreten, mögen Zeugnis davon abgeben. Die hier nur grundsätzlich aufscheinenden Perspektiven, der »Top-down-Approach« des Universalismus und der »Bottom-up-Approach« des Kulturalismus, haben unterschiedliche Konsequenzen für die Art und Weise des Managements von international und damit in verschiedenen Kulturkreisen tätigen Unternehmen. Sie beeinflussen nicht zuletzt auch die *Einstellungen* der Manager bei der Bearbeitung interkultureller Konfliktlagen. Dies soll im folgenden an einigen zentralen Problemfeldern des internationalen Managements aufgezeigt werden.

(1) Eine erste Differenz beider Ansätze wird deutlich, wenn es um die *Anerkennung und Durchsetzung von Menschenrechten* und die Rolle der Unternehmung dabei geht.[179] Die universalistisch inspirierte Vorgehensweise der Firma Levi Strauss hat, wie eingangs gezeigt, zu einer Entweder-Oder-Politik geführt. Da eine Realisierung ihrer moralischen Standards in absehbarer Zeit keine Aussicht auf Erfolg hatte, war der Rückzug aus China die notwendige Konsequenz einer Position, die den eigenen Standpunkt grundsätzlich nicht mehr zur Disposition stellt.[180] Das Management ist hier gewissermaßen zum Gefangenen seiner eigenen moralischen Prinzipien geworden.[181] Die Möglichkeit, Veränderungsprozesse mitzugestalten und an der Herstellung einer gemeinsamen normativen Basis teilzunehmen, ist damit verschlossen. Diese eröffnet sich aber aus der kulturalistischen Perspektive. Sie würde zwar nicht die vollständige Aufgabe der eigenen Grundsätze verlangen, denn auch ein Kulturalist ist nicht ohne eigenen Standpunkt.[182] In dem skizzierten Fall wäre es al-

179 Vgl. zum Beispiel Enderle 1995; Galtung 1994, S. 220; Orentlicher/Gelatt 1993; Smith 1994.

180 Vgl. hierzu Beaver 1995, sowie kritisch French/Granrose 1995, S. 167.

181 Vgl. Gergen 1985.

182 Es sind natürlich auch »harte« Fälle denkbar, in denen man in einer historischen Situation nicht eine Korrektur des eigenen Standpunktes erwarten kann (Mord, Unterdrückung etc.). Gleichwohl läßt sich im Prinzip nie die Möglichkeit ausschließen, den eigenen Standpunkt vernünftig zu erweitern. Vgl. Kambartel, in diesem Band, S. 214 ff.

lerdings vielleicht erforderlich gewesen, die unternehmenspolitische Verbindlichkeit dieser Grundsätze in der konkreten Handlungssituation in einer angemessenen Weise zunächst zurückzustellen, um einen wechselseitigen Lernprozeß etwa im Sinne des von Wohlrapp vorgeschlagenen Dreischrittverfahrens zu ermöglichen. Einen solchen Lernprozeß dann aber auch tatsächlich umzusetzen, dies wäre allerdings eine unentbehrliche Konsequenz des kulturalistischen Standpunktes und würde diesen von der Beliebigkeit des kulturellen Relativismus unterscheiden.[183]

Um einen solchen Lernprozeß müßte sich Levi Strauss – wenn denn absehbare Erfolgschancen damit verbunden wären – nach innen und außen bemühen. Nach innen hätte dies zum Beispiel Konsequenzen für das Vorgesetztenverhalten und die Aus- und Weiterbildung von Mitarbeitern. Hier gälte es, ein Bewußtsein für die Verschiedenartigkeit der Kulturen zu wecken und die Fähigkeit zum Umgang mit denselben zu schaffen.[184] Kulturelle Differenzen wären nicht mehr ausschließlich über die Dominanz des Wertsystems der entsandten westlichen Vorgesetzten abzuarbeiten; vielmehr müßte die *Möglichkeit* einer wechselseitigen Adaption der Wertsysteme eröffnet werden.[185] In diesem Sinne wäre eine multikulturelle Organisation vorstellbar, die das Miteinander (und Gegeneinander) von verschiedenen Kulturen nicht bloß als eine Bedrohung, sondern auch als eine Chance begreift, neue Formen der Problemhandhabung zu schaffen.[186] Nach außen – zum Beispiel gegenüber dem politischen System – würde die Unternehmung nicht als Verkünder westlicher Werte auftreten, sondern versuchen, sich – soweit wie möglich – an öffentlichen Diskursprozessen zu beteiligen. Sie würde sich als *Change-agent* eines Prozesses verstehen, dessen Ergebnisse im Unterschied zu universalistischen Strategien im Prinzip *noch nicht* a priori feststehen.

183 Ein ähnlicher Lernprozeß wurde jüngst von Wieland 1997, S. 536 ff., vorgeschlagen. Zu einer relativistisch verkürzten Position vgl. Gergen 1995, S. 526 ff., der auf die normengenerierende Kraft lokaler Praktiken hinweist, ohne allerdings ein einheitsstiftendes Konzept, zum Beispiel den Friedensbegriff von Lorenzen oder das Konzept der Verträglichkeit von Wohlrapp, aufbieten zu können.

184 Vgl. zum Beispiel Arredondo 1996; Cox 1991, S. 40 ff.; Dülfer 1995, S. 463 ff.; Elashmawi/Harris 1993.

185 Vgl. Cox 1991, S. 35 ff.

186 Vgl. ebd.; Fine 1995; Larkey 1996; Thomas 1996; Wieland 1997.

Schließlich tendiert der universalistische Ansatz dazu, die interkulturelle Geltung der Menschenrechte schlichtweg zu propagieren[187], und büßt damit an Überzeugungskraft ein. Ein kulturalistischer Ansatz versteht das derzeit vorherrschende westliche Verständnis von Menschenrechten dagegen schlicht als das derzeit einzig verfügbare Modell, das die Frage nach dem friedlichen Zusammenleben unterschiedlicher Kulturen überhaupt stellt und dafür eine Lösungs*möglichkeit* entwickelt hat. In gleichsam »negativer Begründung« wird somit geltend gemacht, daß wir derzeit eben nichts Besseres haben oder kennen; insoweit beansprucht der kulturalistische im Unterschied zum universalistischen Ansatz keine überzeitliche Geltung.[188]

(2) Ein zweiter Bereich der Unternehmensführung, wo die beiden philosophischen Standpunkte potentiell unterschiedliche Implikationen haben, betrifft das Verhältnis von *Effizienz und Ethik im internationalen Management*. Die These wäre hier, daß ein universalistischer Standpunkt dieses Spannungsverhältnis wesentlich konfliktträchtiger gestalten wird als eine kulturalistische Strategie. Dies gilt jedenfalls für die Fälle, wo die Durchsetzung unternehmensethischer Positionen Geld kostet. Aufgrund der Rigorosität der universalistischen Position werden in konkreten Handlungssituationen mehr Handlungsalternativen von vornherein als ethisch unzulässig eliminiert als bei einer kulturalistischen Vorgehensweise. Der wechselseitige innovative Lernprozeß einer kulturalistischen Strategie mag neue Möglichkeiten schaffen, Verträglichkeit in Konfliktfällen wieder herzustellen, die aus der abgeschlossenen Perspektive eines prinzipienorientierten Universalismus gar nicht in den Blick geraten. Eine kulturalistische Perspektive mag zum Beispiel das Problem

187 Vgl. zum Beispiel Tibi 1995, S. 125 ff.

188 Vgl. hierzu die nach unserem Dafürhalten sehr überzeugende Diskussion von Welsch 1995, S. 739 ff., insbesondere S. 746 f. Im Unterschied dazu scheinen Cohen/Arato 1995 bei aller Vorsicht angesichts der Kulturproblematik hier für eine universelle Geltung des Diskursansatzes in allen Kulturen einzutreten: »to the extent that various cultures meet one another in peace and potential war (and today hardly any cultures are excluded from such a possibility), discourse ethics implies that the principles of rational dialogue among equals represent the only normatively acceptable form of conflict resolution«; S. 384 f.

der Belohnung bzw. der Bezahlung von Schmiergeldern anders abarbeiten als ein prinzipienorientierter Universalismus. So kann ja die Gewährung eines kleinen »Bakschisch« möglicherweise ein wichtiger Bestandteil einer Kultur sein, der wegen der im Augenblick nicht unmittelbar veränderbaren gesellschaftlichen Rahmenbindungen zunächst einmal akzeptiert werden muß.[189]

(3) Ein dritter Bereich, wo die Differenzen zwischen den beiden philosophischen Positionen unmittelbar handlungsrelevant werden können, ist das *Personalmanagement*. In der Managementlehre wird bekanntlich schon lange über die Streitfrage einer kulturunabhängigen und einer kulturgebundenen Anwendung von Managementprinzipien und -praktiken diskutiert.[190] Während die »Universalisten« hier für eine kulturunabhängige Anwendung allgemeiner Prinzipien eintreten[191], werden in jüngster Zeit mehr und mehr Zweifel an einer solchen Position formuliert. Statt dessen wird eine kulturabhängige Ausgestaltung des Personalmanagements gefordert, so daß ein kultureller »Fit« entsteht.[192] Wie die Streitfrage zwischen Universalismus und Kulturalismus entschieden wird, hat jedenfalls Auswirkungen auf das Personalmanagement; von ihm wird ja sogar behauptet, es sei »the most local of all mangement functions«.[193] Alle personalpolitischen Instrumente (Entlohnungspolitik, Gestaltung von Anreizsystemen, Personalselektion und Personalentwicklungsmaßnahmen) würden dann auch hiervon betroffen.[194] So werden zum Beispiel die Vorbereitung der Mitarbeiter auf einen Auslandseinsatz und entsprechende Weiterbildungsprogramme natürlich unterschiedliche Inhalte haben, je nachdem, welche Rolle den entsandten Mitarbeitern bei der Begegnung mit fremden Kulturen zugedacht wird[195]: sollen sie als Repräsentanten univer-

189 Vgl. Steinmann/Olbrich 1994, S. 131.
190 Vgl. Dülfer 1995, S. 178 ff.; Kammel/Teichelmann 1994, S. 37 ff.; Keller 1982, S. 539 ff.; Kumar 1988, 1991; Schreyögg 1976, 1990; Wolf 1994.
191 Vgl. zum Beispiel Koontz 1969; Ouchi 1981.
192 Vgl. Mendonca/Kanungo 1994; Scherm 1995, S. 63 ff.
193 Evans 1995, S. 651.
194 Vgl. Dülfer 1995, S. 397 ff.; Wolf 1994.
195 Vgl. zu dieser Problematik Domsch/Lichtenberger 1992; Dülfer 1995, S. 473 ff.; Evans 1995, S. 659 ff.; Kammel/Teichelmann 1994.

seller westlicher Werte diese gleichsam missionarisch verkünden und mehr oder weniger kompromißlos vorleben, oder sollen sie daraufhin geschult werden, die Fremdheit anderer Kulturen zunächst einmal ohne Vorbehalte zu akzeptieren, zu verstehen, und dort, wo Konflikte auftreten, im Sinne eines Lernprozesses mit den Betroffenen zu entscheiden, welche kulturellen Eigenheiten verzichtbar sind, um Verträglichkeit (wieder)herzustellen?[196]

(4) Ein viertes Beispiel betrifft die *Planungs-, Entscheidungs- und Informationsprozesse* im internationalen Unternehmen.[197] Eine kulturalistische Vorgehensweise muß aus einer größeren Sensibilität heraus für die normativen lokalen Besonderheiten mehr als ein universalistischer »approach« versuchen, diese Besonderheiten so früh und so umfassend wie nötig über geeignete Informationskanäle in die Planungs- und Entscheidungsprozesse einzubringen. Diese sind daher notwendigerweise stärker »bottom-up« als »top-down« anzulegen. Die internationale Unternehmung läßt sich aus kulturalistischer Sicht so gewissermaßen als eine kulturelle Lernstatt begreifen. Dort dagegen, wo die Unternehmensführung im Sinne universalistischer Orientierungen schon glaubt, über richtige allgemeine normative Standards gegenüber allen Kulturen zu verfügen, wird sich eine derartige Entwicklung der Unternehmenskultur schwerlich einstellen. Im Gegenteil spricht viel dafür, daß die universalistische Programmierung der Köpfe eher eine Kultur befördert, die verkündigungs- statt lernorientiert ist.

(5) Dies betrifft schließlich auch die Gestaltung von *Organisationsstrukturen*[198] und die Wahl eines angemessenen *Führungsstils.*[199] In der Managementlehre werden hierzu unterschiedliche Modelle diskutiert, von denen postuliert wird, daß ihre Erfolgsträchtigkeit in Abhängigkeit von den je verschiedenen kulturellen Rahmenbedingungen variiert. Man denke etwa an die aktuelle Diskussion um das amerikanische, europäische, japanische, koreanische oder arabische Unternehmensführungsmodell, die un-

196 Vgl. Cox 1991; Wohlrapp 1995, S. 161.

197 Vgl. im Zusammenhang mit der hier diskutierten Problematik insbesondere Knyphausen-Aufsess 1995, S. 267 ff.

198 Vgl. hierzu zum Beispiel Kieser 1989; Macharzina 1992; Pausenberger 1992.

199 Vgl. zu dieser Problematik zum Beispiel Dülfer 1981, S. 455 f.; Kanungo/Mendonca 1996; Keller 1995; Rosenstiel 1992.

terschiedliche Anforderungen an Organisationsstrukturen formulieren bzw. einen spezifischen Führungsstil propagieren.[200] Ein kulturalistischer Ansatz im hier diskutierten Sinne scheint einen neuen Weg jenseits der Alternative zwischen kulturabhängiger und kulturungebundener Anwendung von Managementmodellen zu weisen. Einerseits entwickelt ein solcher Ansatz eine viel stärkere Sensibilität gegenüber den lokalen Bedingungen, in denen multinationale Unternehmen agieren. Dies im Unterschied zu einem »universalistischen« Ansatz, der, selbst wenn er als Kontingenzmodell die lokale Kultur als besondere Variable berücksichtigt, gleichwohl die kulturspezifische Ausgestaltung der Managementfunktionen zur Erreichung einseitig im vorhinein bestimmter Erfolgskriterien funktionalisiert. Ein kulturalistischer Ansatz ermöglicht dagegen nicht nur eine größtmögliche Offenheit in der inhaltlichen Bestimmung der Ziele, sondern auch in der Art und Weise der Zielfestlegung und der dabei erforderlichen Konflikthandhabung. Dies heißt nun nicht, daß alles beliebig möglich wäre. Vielmehr verfolgt dieser Ansatz die zentrale Idee einer Lernkultur, die natürlich Auswirkungen auf die Gestaltung aller Managementfunktionen hat. Auf der Grundlage dieser Idee ließe sich eine multikulturelle Organisation konzipieren, in der das Potential zur vernünftigen Bearbeitung interorganisatorischer Diversität und der damit verbundenen inner- und interkulturellen Konflikte angelegt ist.[201]

Diese wenigen Hinweise dürften hinreichend deutlich gemacht haben, wie konsequenzenträchtig eine befriedigende Antwort auf das aufgezeigte philosophische Grundlagenproblem für Theorie und Praxis des interkulturellen Managements ist. Angesichts der zunehmenden Heterogenität kultureller Wertvorstellungen dürften sich die Lösungen interkultureller Problemlagen und Konflikte immer weniger von vornherein mit Hilfe allgemeiner Prinzipien erzielen lassen.[202] Vielmehr scheint es erforderlich, an den konkreten Problemen selbst anzusetzen und zu versuchen, von hier aus *transsubjektiv* orientierte Lösungen zu erarbeiten. Die Behandlung solcher Probleme müßte also in die-

200 Vgl. hierzu im Überblick Macharzina 1995, S. 769 ff.; Evans 1995, S. 655 ff.; Knyphausen-Aufsess 1995, S. 235 ff.

201 Vgl. hierzu in Ansätzen Cox 1991; Fine 1995; Larkey 1996; S. 467 ff.

202 Vgl. Gergen 1995.

sem Sinne zunächst mit der Orientierung an lokalen Geltungsansprüchen beginnen und sich von dort her aus den Partikularitäten herausarbeiten und zu einer Verträglichkeit gelangen, soweit dies die aktuellen Konfliktlagen erfordern. In diesem Sinne kann man Stephen Toulmin zustimmen, wenn er in seinem neuesten Buch *Kosmopolis* davon spricht, daß die Bewältigung der aktuellen Probleme der Moderne einen solchen Übergang hin zum mehr »Mündlichen«, »Besonderen«, »Lokalen« und »Zeitgebundenen« erfordern würde.[203] Die Lehre vom interkulturellen Management ist aufgerufen, diese Vorschläge weiter zu überprüfen.

Literatur

Adler, N. J., und J. L. Graham (1989), »Cross-Cultural Interaction: The International Comparison Fallacy?«, in: *Journal of International Business Studies* 20, S. 515-537.

– und D. Izraeli (Hg.) (1994), *Competitive Frontier. Women Managers in a Global Economy*, Cambridge (Mass.).

Apel, K.-O. (1973), *Transformation der Philosophie.* Band II: *Das Apriori der Kommunikationsgemeinschaft*, Frankfurt am Main.

– (1986), »Grenzen der Diskursethik? Versuch einer Zwischenbilanz«, in: *Zeitschrift für philosophische Forschung* 40, S. 3-31.

– (1987), »Fallibilismus, Konsenstheorie der Wahrheit und Letztbegründung«, in: Forum für Philosophie Bad Homburg (Hg.), *Philosophie und Begründung*, Frankfurt am Main, S. 116-211.

– (1988), *Diskurs und Verantwortung. Das Problem des Übergangs zur postkonventionellen Moral*, Frankfurt am Main.

– (1992), »Diskursethik vor der Problematik von Recht und Politik: Können die Rationalitätsdifferenzen zwischen Moralität, Recht und Politik selbst noch durch die Diskursethik normativ-rational gerechtfertigt werden?«, in: ders. und M. Kettner (Hg.), *Zur Anwendung der Diskursethik in Politik, Recht und Wissenschaft*, Frankfurt am Main, S. 29-61.

– und M. Kettner (Hg.) (1996), *Die eine Vernunft und die vielen Rationalitäten*, Frankfurt am Main.

Arredondo, P. (1996), *Successful Diversity Management Initiatives*, Thousand Oaks (Calif.).

Barnet, R., und R. Müller (1975), *Die Krisenmacher. Die Multinationalen und die Verwandlung des Kapitalismus*, Reinbek.

203 Vgl. Toulmin 1994, S. 281 ff.

Bartlett, Ch., und S. Ghoshal (1989), *Managing Across Borders: The Transnational Solution*, Boston (Mass.).

Beaver, W. (1995), »Levi's Is Leaving China«, in: *Business Horizons* (März/April), S. 35-40.

Böhler, D. (1991), »Philosophische Meta-Normenbegründung durch Argumentationsreflexion. Über die Möglichkeit einer praktisch relevanten Vernunft in der technisch-wissenschaftlichen Zivilisation«, in: H.-L. Ollig (Hg.), *Philosophie als Zeitdiagnose. Ansätze der deutschen Gegenwartsphilosophie*, Darmstadt, S. 147-168.

– (1992), »Diskursethik und Menschenwürdegrundsatz zwischen Idealisierung und Erfolgsverantwortung«, in: K.-O. Apel und M. Kettner (Hg.), *Zur Anwendung der Diskursethik in Politik, Recht und Wissenschaft*, Frankfurt am Main, S. 201-231.

– (1995), »Ethik für die Zukunft erfordert Institutionalisierung von Diskurs und Verantwortung«, in: M. Jänicke, H.-J. Bolle und A. Carius (Hg.), *Umwelt Global. Veränderungen, Probleme, Lösungsansätze*, Berlin, S. 239-248.

Boddewyn, J. (1988), »Political Aspects of MNE Theory«, in: *Journal of International Business Studies* 29, S. 341-363.

– (1995), »Comment«, in: *Advances in Strategic Management 12 A*, hg. von P. Shrivastava und Ch. Stubbart, Greenwich (Conn.), S. 187-194.

Brewer, A. (1980), *Marxist Theories of Imperialism: A Critical Survey*, London.

Brodel, D. (1996), *Internationales Umweltmanagement. Gestaltungsfelder – Determinanten – Ausprägungen*, Wiesbaden 1996

Buckley, P. J., und M. Casson (1976), *The Future of the Multinational Enterprise*, London.

– (1985), *The Economic Theory of the Multinational Enterprise*, London.

Burrell, G., und G. Morgan (1979), *Sociological Paradigms and Organisational Analysis*, London.

Center for Business Ethics (1986), »Are Corporations Institutionalizing Ethics?«, in: *Journal of Business Ethics* 5, S. 85-91.

– (1992), »Installing Ethical Values in Large Corporations«, in: *Journal of Business Ethics* 11, S. 863-867.

Cohen, J. L., und A. Arato (1995), *Civil Society and Political Theory*, Cambridge (Mass.).

Cox, T. Jr. (1991), »The Multicultural Organization«, in: *Academy of Management Executive* 5, S. 34-47.

Dalton, D. R., M. B. Metzger und J. W. Hill (1994), »The ›New‹ U.S. Sentencing Commission Guidelines: A Wake-Up Call for Corporate America«, in: *Academy of Management Executive 8*, S. 7-13.

DeGeorge, R. T. (1993), *Competing with Integrity in International Business*, New York.

Dobbing, J. (Hg.) (1988), *Infant Feeding. Anatomy of a Controversy 1973-1984*, London.
Domsch, M., und B. Lichtenberger (1992), »Einsatz von lokalen vs. entsandten Managern in Auslandsniederlassungen: Entscheidung und Auswahl«, in: B. N. Kumar und H. Haussmann (Hg.), *Handbuch der Internationalen Unternehmenstätigkeit*, München, S. 787-807.
Donaldson, T. (1989), *The Ethics of International Business*, New York.
– und T. W. Dunfee (1994), »Toward a Unified Conception of Business Ethics: Integrative Social Contracts Theory«, in: *Academy of Management Review* 19, S. 252-284.
Drucker, P. F. (1993), *Die postkapitalistische Gesellschaft*, Düsseldorf.
Dülfer, E. (1981), »Auslandsmanagement in Schwellenländern«, in: W. H. Wacker, H. Haussmann und B. Kumar (Hg.), *Internationale Unternehmensführung. Festschrift für Eugen H. Sieber*, S. 437-458.
– (1995), *Internationales Management in unterschiedlichen Kulturbereichen*, 3. Auflage, München.
Dunning, J. H. (1977), »Trade, Location of Economic Activity and the MNE – A Search for an Eclectic Approach«, in: B. Ohlin, P.-O. Hesselborn und P. M. Wijkman (Hg.), *The International Allocation of Economic Activity*, London, S. 395-418.
– (1988), *Explaning International Production*, London.
Earley, B. Ch. und H. Singh (1995), »International and Intercultural Management Research: What's Next?«, in: *Academy of Management Journal* 38, S. 327-340.
Elashmawi, F. und Ph. R. Harris (1993), *Multicultural Management. New Skills for Global Success*, Houston (Tex.).
Enderle, G. (1995), »Unternehmensverantwortung für menschliche Entwicklung in China«, Manuskript, Notre Dame (Indiana).
Engelhard, J. (1989), »Verhaltenscodices«, in: *Handwörterbuch Export und Internationale Unternehmung*, hg. von K. Macharzina und M. K. Welge, Stuttgart, Sp. 2155-2168.
Evans, P. A. L. (1995), »Managing Human Resources in the International Firm«, in: Ch. A. Bartlett und S. Ghoshal (Hg.), *Transnational Management*, 2. Auflage, Chicago, S. 649-666.
Fine, M. G. (1995), *Building Successful Multicultural Organizations*, Westport (Conn.).
Freeman, R. E., und D. R. Gilbert, Jr. (1988), *Corporate Strategy and the Search for Ethics*, Englewood Cliffs (N.J.).
Frederick, R. E. (1990), »Bribary and Ethics: A Reply to Pastin and Hooker«, in: W. M. Hoffman und J. M. Moore (Hg.), *Business Ethics. Readings and Cases in Corporate Morality*, 2. Auflage, New York, S. 554-559.
Frederick, W. C. (1991), »The Moral Authority of Transnational Corporate Ethics«, in: *Journal of Business Ethics* 10, S. 165-177.

French, W. A., und J. Granrose (1995), *Practical Business Ethics*, Englewood Cliffs (N.J.).
Fukuyama, F. (1992), *Das Ende der Geschichte*, München.
Galtung, J. (1994), *Menschenrechte – anders gesehen*, Frankfurt am Main.
Gergen, K. J. (1995), »Global Organization: From Imperialism to Ethical Vision«, in: *Organization* 2, S. 519-532.
Gethmann, C. F. (1987), »Letztbegründung vs. lebensweltliche Begründung des Wissens und Handelns«, in: Forum für Philosophie Bad Homburg (Hg.), *Philosophie und Begründung*, Frankfurt am Main, S. 268-302.
– (1989), »Lebensweltliche Präsuppositionen praktischer Subjektivität. Zu einem Grundproblem der »angewandten Ethik«, in: H. Baumgartner und W. G. Jacobs (Hg.), *Philosophie der Subjektivität? Zur Bestimmung des neuzeitlichen Philosophierens*. Akten des 1. Kongresses der Internationalen Schelling-Gesellschaft. Band 1, Stuttgart-Bad Cannstatt, S. 150-170.
– (1992), »Universelle praktische Geltungsansprüche. Zur philosophischen Bedeutung der kulturellen Genese moralischer Überzeugungen«, in: P. Janich (Hg.), *Entwicklungen der methodischen Philosophie*, Frankfurt am Main, S. 148-175.
– (1997), »Reason and Cultures. Life-world as the Common Ground of Ethics«, in: H. Lange, A. Löhr und H. Steinmann (Hg.), *Working Across Cultures*, Dordrecht, S. 213-234.
Getz, K. A. (1995), »Trans-ideological Business Values in International Codes of Conduct«, in: *International Journal of Value-Based Management* 8, S. 117-134.
Giddens, A. (1984), *Interpretative Soziologie. Eine kritische Einführung*, Frankfurt am Main.
– (1992), *Kritische Theorie der Spätmoderne*, Wien.
– (1995), *Konsequenzen der Moderne*, Frankfurt am Main.
Ghoshal, S. (1987), »Global Strategy: An Organizing Framework«, in: *Strategic Management Journal* 8, S. 425-440.
Grabner-Kräuter, S. (1997), »State of the Art der amerikanischen Business Ethics Forschung«, in: *Zeitschrift für betriebswirtschaftliche Forschung* 49, S. 210-235.
Haas, R. D. (1994), »Ethics in the Trenches«, in: *Across the Board*, Mai 1994, S. 12 f.
– (1995), »Ethics – A Global Business Challenge«, in: *Vital Speeches* LX, Nr. 16, S. 506-509.
Habermas, J. (1981), *Theorie des kommunikativen Handelns*. Erster Band: *Handlungsrationalität und gesellschaftliche Rationalisierung*, Frankfurt am Main.
– (1983), »Diskursethik – Notizen zu einem Begründungsprogramm«,

in: ders., *Moralbewußtsein und kommunikatives Handeln*, Frankfurt am Main, S. 53-125.
– (1988), »Die Einheit der Vernunft in der Vielfalt ihrer Stimmen«, in: ders., *Nachmetaphysisches Denken*, Frankfurt am Main, S. 153-186.
– (1990), »Grenzen des Neohistorismus«, in: ders., *Die nachholende Revolution*, Frankfurt am Main, S. 149-156.
– (1991), »Erläuterungen zur Diskursethik«, in: ders.: *Erläuterungen zur Diskursethik*, Frankfurt am Main, S. 119-226.
– (1995), »Wahrheit und Wahrhaftigkeit. Die Freiheit der Selbstvergewisserung und des Selbstseinkönnens«, in: *Die Zeit*, 50. Jg., Nr. 50 vom 8. 12. 1995, S. 59 f.
– (1996), »Eine genealogische Betrachtung zum kognitiven Gehalt der Moral«, in: ders., *Die Einbeziehung des Anderen. Studien zur politischen Theorie*, Frankfurt am Main, S. 11-64.
Hamel, G., und C. K. Prahalad (1985), »Do You Really Have a Global Strategy?«, in: *Harvard Business Review* 63 (Juli-August), S. 139-148.
Harré, R., und M. Krausz (1996), *Varieties of Relativism*, Oxford (UK).
Hartmann, D., und P. Janich (Hg.) (1996), *Methodischer Kulturalismus. Zwischen Naturalismus und Postmoderne*, Frankfurt am Main.
Hatch, E. (1983), *Culture and Morality. The Relativity of Values in Anthropology*, New York.
Hofstede, G. (1980), *Culture's Consequences: International Differences in Work-Related Values*, Beverly Hills (Calif.).
–, B. Neuijen, D. Ohayv und G. Sanders (1990), »Measuring Organizational Cultures: A Qualitative and Quantitative Study Across Twenty Cases«, in: *Administrative Science Quarterly* 35, S. 286-316.
Hollis, M. (1994), *The Philosophy of Social Science. An Introduction*, Cambridge (UK).
Homann, K. (1997), »Unternehmensethik und Korruption«, in: *Zeitschrift für betriebswirtschaftliche Forschung* 49, S. 187-209.
– und F. Blome-Drees (1992), *Wirtschafts- und Unternehmensethik*, Göttingen.
Hood, N., und St. Young (1979), *The Economics of Multinational Enterprise*, London.
Howard, R. (1990), »Values Make the Company. An Interview with Robert Haas«, in: *Harvard Business Review* 68 (September-Oktober), S. 133-144.
Huntington, S. P. (1993), »The Clash of Civilizations?«, in: *Foreign Affairs* 72, Nr. 3, S. 2-10.
– (1996), *Kampf der Kulturen. Die Neugestaltung der Weltpolitik im 21. Jahrhundert*, München.
Interfaith Center on Corporate Responsibility (Hg.), »Principles for Global Corporate Responsibility – Bench Marks for Measuring Business Performance‹ proposed by the Ecumenical Committee for Cor-

porate Responsibility (ECCR), a body in association with the Council of Churches for Britain and Ireland, Interfaith Center on Corporate Responsibility (ICCR) of the faith communities of the United States of America, Taskforce on the Churches and Corporate Responsibility (TCCR) of the Canadian Churches«, in: *The Corporate Examiner* 24, Nr. 2-4, 1. September 1995.

Janich, P. (1992), »Die methodologische Ordnung von Konstruktionen. Der Radikale Konstruktivismus aus der Sicht des Erlanger Konstruktivismus«, in: S. J. Schmidt (Hg.), *Kognition und Gesellschaft. Der Diskurs des Radikalen Konstruktivismus* 2, Frankfurt am Main, S. 24 bis 41.

– (1998), »Die Struktur technischer Innovationen«, in: ders., *Die Kulturalistische Wende. Zur Orientierung des philosophischen Selbstverständnisses*, Frankfurt am Main (im Erscheinen).

Jöstingmeier, B. (1994), *Zur Unternehmensethik international tätiger Unternehmen*, Göttingen.

Jones, M. T. (1993), »Mainstream and Radical Theories of the Multinational Enterprise: Complimentary Approaches?«, in: *The International Executive* 35, S. 339-356.

– (1995), »Mainstream and Radical Theories of the Multinational Enterprise: A Critical Review and Synthesis«, in: *Advances in Strategic Management 12 A*, hg. von P. Shrivastava und Ch. Stubbart, Greenwich (Conn.), S. 155-185.

Kambartel, F. (Hg.) (1974), *Praktische Philosophie und konstruktive Wissenschaftstheorie*, Frankfurt am Main.

– (1974 a), »Wie ist praktische Philosophie konstruktiv möglich? Über einige Mißverständnisse eines methodischen Verständnisses praktischer Diskurse«, in: ders. (Hg.), *Praktische Philosophie und konstruktive Wissenschaftstheorie*, Frankfurt am Main, S. 9-33.

– (1974 b), »Moralisches Argumentieren – Methodische Analysen zur Ethik«, in: ders. (Hg.), *Praktische Philosophie und konstruktive Wissenschaftstheorie*, Frankfurt am Main, S. 54-72.

– (1980), »Pragmatische Grundlagen der Semantik«, in: C. F. Gethmann (Hg.), *Theorie des wissenschaftlichen Argumentierens*, Frankfurt am Main, S. 95-113.

– (1982), »Bemerkungen zur Bestimmung des Philosophen«, in: *Archiv für Begriffsgeschichte* XXVI, 2, S. 214-217.

– (1989), *Philosophie der humanen Welt*, Frankfurt am Main.

– (1989 a), »Vernunft: Kriterium oder Kultur? Zur Definierbarkeit des Vernünftigen«, in: ders., *Philosophie der humanen Welt*, Frankfurt am Main, S. 27-43.

– (1989 b), »Friede und Konfliktbewältigung, handlungstheoretisch und ethisch betrachtet«, in: ders., *Philosophie der humanen Welt*, Frankfurt am Main, S. 79-89.

– (1991), »Versuch über das Verstehen«, in: *»Der Löwe spricht ... und wir können ihn nicht verstehen«*. Ein Symposium an der Universität Frankfurt anläßlich des hundertsten Geburtstags von Ludwig Wittgenstein. Mit Beiträgen von Brian McGuiness u.a., Frankfurt am Main, S. 121-137.
– (1992), »Die Vernunft und das Allgemeine. Zum Verständnis rationaler Sprache und Praxis«, in: V. Gerhard und N. Herold (Hg.), *Perspektiven des Perspektivismus. Gedenkschrift zum Tode Friedrich Kaulbachs*, Würzburg, S. 265-277; sowie in: K.-O. Apel und M. Kettner (Hg.), *Die eine Vernunft und die vielen Rationalitäten*, Frankfurt am Main 1996, S. 58-72.
– (1993), »Unterscheidungen zur Praktischen Philosophie. Indirekte begriffliche Anfragen zur Diskursethik«. Unveröffentliches Manuskript, Konstanz.
– (1998 a), »Zur Grammatik von Wahrheit und Begründung«, in diesem Band, S. 106-125.
– (1998 b), »Vernunftkultur und Kulturrelativismus. Bemerkungen zu verschiedenen Problemen des Verstehens und Begründens«, in diesem Band, S. 212-220.
– und H. J. Schneider (1981), »Constructing a Pragmatic Foundation for Semantics«, in: G. Fløistad (Hg.), *Contemporary Philosophy. A New Survey.* Bd. 1: *Philosophy of Language, Philosophical Logic*, The Hague, S. 155-178.
Kammel, A., und D. Teichelmann (1994), *Internationaler Personaleinsatz. Konzeptionelle und instrumentelle Grundlagen*, München.
Kanungo, R. N., und M. Mendonca (1996), *Ethical Dimensions of Leadership*, Thousand Oaks (Calif.).
Kebschull, D. (1989), »Internationalisierungsmotive«, in: *Handwörterbuch Export und Internationale Unternehmung*, hg. von K. Macharzina und M. K. Welge, Stuttgart, Sp. 973-982.
Keller, E. v. (1982), *Management in fremden Kulturen. Ziele, Ergebnisse und methodische Probleme der kulturvergleichenden Managementforschung*, Bern.
– (1995), »Kulturabhängigkeit der Führung«, in: *Handwörterbuch der Führung*, hg. von A. Kieser, G. Reber und R. Wunderer, 2. Auflage, Stuttgart, Sp. 1397-1406.
Kieser, A. (1989), »Organisationsstruktur, empirische Befunde«, in: *Handwörterbuch Export und Internationale Unternehmung*, hg. von F. Macharzina und M. K. Welge, Stuttgart, Sp. 1574-1590.
Knyphausen-Aufsess, D. zu (1995), *Theorie der strategischen Unternehmensführung. State of the Art und neue Perspektiven*, Wiesbaden.
Koontz, H. (1969), »A Model for Analyzing the Universality and Transferability of Management«, in: *Academy of Management Journal* 12, S. 415-430.

Krug, S. (1997), *Korruption in verschiedenen Wirtschaftssystemen. Eine komparatorische Analyse*, Wiesbaden.

Kumar, B. N. (1988), »Interkulturelle Managementforschung. Ein Überblick über Ansätze und Probleme«, in: *Wirtschaftswissenschaftliches Studium* 17, S. 389-394.

– (1989), »Unternehmensethik im Kontext internationaler Unternehmensführung«, in: H. Steinmann und A. Löhr (Hg.), *Unternehmensethik*, Stuttgart, S. 215-231.

– (1991), »Kulturabhängigkeit von Anreizsystemen«, in: G. Schanz (Hg.), *Handbuch Anreizsysteme*, Stuttgart, S. 129-147.

Kumar, B. N., und I. Sjurts (1991), »Multinationale Unternehmen und Ethik«, in: U. Dierkes und K. Zimmermann (Hg.), *Ethik und Geschäft. Dimensionen und Grenzen unternehmerischer Verantwortung*, Wiesbaden, S. 159-186.

Lane, H. W., und D. G. Simpson (1984), »Bribery in International Business: Whose Problem is it?«, in: *Journal of Business Ethics* 3, S. 35-43.

Larkey, L. K. (1996), »Toward a Theory of Communicative Interactions in Culturally Diverse Workgroups«, in: *Academy of Management Review* 21, S. 463-491.

Lay, R. (1995), »Einem Stern folgen«, in: *Deutsches Sonntagsblatt* vom 17. 2. 1995, S. 18.

Lee Kuan Yew (1994), »›Ich sage: Wir hängen sie auf‹. Lee Kuan Yew hat Singapur dreißig Jahre hart regiert. Er steht für das neue, auftrumpfende Asien. Matthias Naß sprach mit ihm über Todesstrafe, Stockhiebe, Demokratie«, in: *Die Zeit*, 49. Jg., Nr. 49 vom 2. Dezember 1994, S. 7.

Leipziger, D. (1994), »The Denim Revolution. Levi Strauss & Co. Adapts a Code of Conduct«, in: *Council on Economic Priorities. Research Report* (Februar).

Lepenies, W. (1995), »Das Ende der Überheblichkeit. Wir brauchen eine neue auswärtige Kulturpolitik: Statt fremde Gesellschaften zu belehren, müssen wir bereit sein, von ihnen zu lernen«, in: *Die Zeit*, 50. Jg., Nr. 48 vom 28. 11. 1995, S. 62.

Levitt, Th. (1983), »The Globalization of Markets«, in: *Harvard Business Review* 61 (Mai-Juni), S. 92-102.

Lim, L. Y. C. (1980), »Women Works in Multinational Corporations: The Case of the Electronics Industry in Malaysia und Singapore«, in: K. Kumar (Hg.), *Transnational Enterprises: Their Impact on Third World Societies and Cultures*, Boulder (Col.), S. 109-136.

Löhr, A. (1991), *Unternehmensethik und Betriebswirtschaftslehre. Untersuchungen zur theoretischen Stützung der Unternehmenspraxis*, Stuttgart.

Lorenzen, P. (1968), »Methodisches Denken«, in: ders, *Methodisches Denken*, Frankfurt am Main, S. 24-59.

– (1981), »Politische Anthropologie«, in: O. Schwemmer (Hg.), *Vernunft, Handlung und Erfahrung*, München, S. 104-116.
– (1985), *Grundbegriffe technischer und politischer Kultur*, Frankfurt am Main.
– (1987), *Lehrbuch der konstruktiven Wissenschaftstheorie*, Mannheim.
– (1989), »Philosophische Fundierungsprobleme einer Wirtschafts- und Unternehmensethik«, in: H. Steinmann und A. Löhr (Hg.), *Unternehmensethik*, Stuttgart, S. 25-57.
Lorenzen, P., und O. Schwemmer (1975), *Konstruktive Logik, Ethik und Wissenschaftstheorie*, 2. Auflage, Mannheim.
Lueken, G.-L. (1992), *Inkommensurabilität als Problem rationalen Argumentierens*, Stuttgart-Bad Cannstatt.
Macharzina, K. (1992), »Organisation der internationalen Unternehmensaktivität«, in: B. N. Kumar und H. Haussmann (Hg.), *Handbuch der Internationalen Unternehmenstätigkeit*, München, S. 591-607.
– (1995), *Unternehmensführung. Das internationale Managementwissen*, 2. Auflage, Wiesbaden.
MacIntyre, A. (1988), *Whose Justice? Which Rationality?*, Notre Dame (Indiana).
Mahathir, M. (1995), »›Sie zelebrieren das Chaos‹. Malaysias Premier Mahathir über asiatische Werte und den Niedergang des Westens. Mahathir Mohamad im Gespräch mit Erich Follath und Birgit Schwarz«, in: *Der Spiegel*, Heft 34, S. 136-139.
Mandel, E. (1972), *Der Spätkapitalismus*, Frankfurt am Main.
Mayer, D., und A. Cava (1995), »Social Contract Theory and Gender Discrimination: Some Reflections on the Donaldson/Dunfee Model«, in: *Business Ethics Quarterly* 5, S. 257-270.
McCarthy, T. (1993), *Ideale und Illusionen*, Frankfurt am Main.
Mendonca, M., und R. N. Kanungo (1994), »Managing Human Resources. The Issue of Cultural Fit«, in: *Journal of Management Inquiry* 3, S. 189-205.
Mittelstraß, J. (1974), »Erfahrung und Begründung«, in: ders., *Die Möglichkeit von Wissenschaft*, Frankfurt am Main, S. 56-83.
– (1989), »Forschung, Begründung und Rekonstruktion. Wege aus dem Begründungsstreit«, in: ders., *Der Flug der Eule. Von der Vernunft der Wissenschaft und der Aufgabe der Philosophie*, Frankfurt am Main, S. 257-280.
– (1991), »Das lebensweltliche Apriori«, in: C. F. Gethmann (Hg.), *Lebenswelt und Wissenschaft*, Bonn, S. 114-142.
Morrison, A. D., D. Ricks und K. Roth (1991), »Globalization vs. Regionalization: Which Way for the Multinational?«, in: *Organizational Dynamics* 19, Nr. 3, S. 17-29.
Morrow, R. A., und D. D. Brown (1994), *Critical Theory and Methodology*, London.

Nagel, I., und W. M. Swenson (1993), »The Federal Sentencing Guidelines for Corporations: Their Development, Theoretical Underpinnings, and Some Thoughts About Their Future«, in: *Washington University Law Quarterly* 71, Nr. 2, S. 205-259.

Nemetz, P. L., und S. L. Christensen (1996), »The Challenge of Cultural Diversity: Harnessing a Diversity of Views to Understand Multiculturalism«, in: *Academy of Management Review* 21, S. 434-462.

Nichols, M. (1993), »Third-World-Families at Work: Child Labor or Child Care?«, in: *Harvard Business Review* 71 (Januar/Februar), S. 12-23.

o. V. (1995), »Verhaltensregeln für Amerikas Unternehmen«, in: *Frankfurter Allgemeine Zeitung* vom 31. 5. 1995.

Ohmae, K. (1989), »Managing in a Borderless World«, in: *Harvard Business Review* 67 (Mai-Juni), S. 152-161.

– (1995), *The End of the Nation State, The Rise of Regional Economics*, New York.

Orentlicher, D. F., und T. A. Gelatt (1993), »Public Law, Private Actors: The Impact of Human Rights on Business Investors in China«, in: *Northwestern Journal of International Law & Business* 14, S. 66-129.

Osterloh, M. (1994), »Kulturalismus versus Universalismus. Reflexionen zu einem Grundlagenproblem des Interkulturellen Managements«, in: B. Schiemenz und H.-J. Wurl (Hg.), *Internationales Management: Beiträge zur Zusammenarbeit. Eberhard Dülfer zum 70. Geburtstag*, Wiesbaden, S. 95-116.

Ouchi, W. G. (1981), *Theory Z. How American Business Can Meet the Japanese Challenge*, Reading (Mass.).

Paine, L. S. (1994), »Managing for Organizational Integrity«, in: *Harvard Business Review* 72 (März-April), S. 106-117.

– (1996), *Cases in Leadership, Ethics, and Organizational Integrity. A Strategic Perspective*, Chicago.

Parker, B. (1996), »Evolution and Revolution. From International Business to Globalization«, in: S. Clegg, C. Hardy und W. R. North (Hg.), *Handbook of Organization Studies*, London, S. 484-506.

Pastin, M., und M. Hooker (1990), »Ethics and the Foreign Corrupt Practices Act«, in: W. M. Hoffmann und J. M. Moore (Hg.), *Business Ethics. Readings and Cases in Corporate Morality*, 2. Auflage, New York, S. 550-554.

Pausenberger, E. (1992), »Organisation der Internationalen Unternehmung«, in: *Handwörterbuch der Organisation*, hg. von E. Frese, 3. Auflage, Stuttgart, Sp. 1052-1066.

Patzig, G. (1986), »Ethik und Wissenschaft«, in: H. Maier-Leibnitz (Hg.), *Zeugen des Wissens*, Mainz, S. 977-997.

Porter, M. E. (Hg.) (1989), *Globaler Wettbewerb. Strategien der neuen Internationalisierung*, Wiesbaden.

Porter, M. E., und R. E. Wayland (1995), »Global Competition and the Localization of Competitive Advantage«, in: *Advances in Strategic Management 11 A, Integral Strategy*, hg. von H. B. Thorelli, Greenwich (Conn.), S. 63-105.

Prahalad, C. K., und Y. Doz (1987), *The Multinational Mission: Balancing Local Demands and Global Vision*, New York.

Putnam, H. (1982), »Why Reason Can't be Naturalized«, in: K. Baynes, J. Bohman und Th. McCarthy (Hg.), *After Philosophy. End or Transformation?*, Cambridge (Mass.) 1987, S. 222-244 (Wiederveröffentlichung).

Rawls, J. (1975), *Theorie der Gerechtigkeit*, Frankfurt am Main.

– (1998), *Politischer Liberalismus*, Frankfurt am Main.

Robertson, D. C., und B. B. Schlegelmilch (1993), »Corporate Institutionalization of Ethics in the United States and Great Britain«, in: *Journal of Business Ethics* 12, S. 301-312.

Rorty, R. (1988), »Solidarität oder Objektivität«, in: ders., *Solidarität oder Objektivität. Drei philosophische Essays*, Stuttgart, S. 11 bis 37.

Rosenstiel, L. v. (1992), »Menschenführung im Ausland: Motivation und Führungsstil in Auslandsniederlassungen«, in: B. N. Kumar und H. Haussmann (Hg.), *Handbuch der Internationalen Unternehmenstätigkeit*, München, S. 825-837.

Rosenzweig, Ph. M. (1995), »International Sourcing in Athletic Fortwear: Nike and Reebok«, in: Ch. A. Bartlett und S. Ghoshal (Hg.), *Transnational Management*, 2. Auflage, Chicago, S. 170-182.

Scherer, A. G. (1993), »Rationalität und Begründung. Antworten auf Stephan Zelewski, in: *Betriebswirtschaftliche Forschung und Praxis* 45, S. 207-227.

– (1995), *Pluralismus im Strategischen Management. Der Beitrag der Teilnehmerperspektive zur Lösung von Inkommensurabilitätsproblemen in Forschung und Praxis*, Wiesbaden.

Scherer, A. G., und M. J. Dowling (1995), »Towards a Reconciliation of the Theory Pluralism in Strategic Management. Incommensurability and the Constructivist Approach of the Erlangen School«, in: *Advances in Strategic Management 12 A*, hg. von P. Shrivastava und Ch. Stubbart, Greenwich (Conn.), S. 195-248.

Scherm, E. (1995), *Internationales Personalmanagement*, München.

Schilling, D. M., und R. Rosenbaum (1995), »Principles for Global Corporate Responsibility«, in: *Business and Society Review* (Sommer 1995), Nr. 94, S. 55 f.

Schmid, St. (1996), *Multikulturalität in der internationalen Unternehmung. Konzepte – Reflexionen – Implikationen*, Wiesbaden 1996.

Schneider, H. J. (1975), *Pragmatik als Basis von Semantik und Syntax*, Frankfurt am Main.

– (1980), »Bedeutung«, in: J. Mittelstraß (Hg.), *Enzyklopädie Philosophie und Wissenschaftstheorie*, Band 1, Mannheim u. a., S. 259 f.
– (1992 a), *Phantasie und Kalkül. Über die Polarität von Handlung und Struktur in der Sprache*, Frankfurt am Main.
– (1992 b), »Kann und soll die Sprachphilosophie methodisch vorgehen?«, in: P. Janich (Hg.), *Entwicklungen in der methodischen Philosophie*, Frankfurt am Main, S. 17-33.
– (1994), »Ethisches Argumentieren«, in: H. Hastedt und E. Martens (Hg.), *Ethik. Ein Grundkurs*, Reinbek, S. 13-47.
Scholl, R. F. (1989), »Internationalisierungsstrategien«, in: *Handwörterbuch Export und Internationale Unternehmung*, hg. von K. Macharzina und M. K. Welge, Stuttgart, Sp. 983-1001.
Schreyögg, G. (1976), »Zur Transferierbarkeit von Management-Knowhow«, in: *Management International Review 16*, Nr. 3, S. 79-87.
– (1990), »Unternehmenskultur in multinationalen Unternehmen«, in: *Betriebswirtschaftliche Forschung und Praxis* 42, S. 379-390.
Schreyögg, G., und H. Steinmann (1989), »Corporate Morality Called in Question: The Case of Cabora Bassa«, in: *Journal of Business Ethics* 8, S. 677-685.
Shrivastava, P. (1987), *Bhopal – Anatomy of a Crisis*, Cambridge (Mass.).
Smith, T. (1994), »The Power of Business for Human Rights«, in: *Business and Society Review* (Winter 1994), S. 36-38.
Stein, I. (1994), »Die Theorien der Multinationalen Unternehmung«, in: S. G. Schoppe (Hg.), *Kompendium der Internationalen Betriebswirtschaftslehre*, 3. Auflage, München, S. 49-151.
Steinherr, Ch., H. Steinmann und Th. Olbrich (1997), *Die US-Sentencing Commission Guidelines. Eine Dokumentation*. Diskussionsbeitrag Nr. 90. Lehrstuhl für Allgemeine Betriebswirtschaftslehre und Unternehmensführung der Universität Erlangen-Nürnberg, Nürnberg.
Steinmann, H., und A. Löhr (1988), »Unternehmensethik – eine ›realistische Idee‹«, in: *Zeitschrift für betriebswirtschaftliche Forschung* 40, S. 299-317.
– (Hg.) (1989), *Unternehmensethik*, Stuttgart.
– (1994), *Grundlagen der Unternehmensethik*, 2. Auflage, Stuttgart.
– (1995), »Unternehmensethik als Ordnungselement in der Marktwirtschaft«, in: *Zeitschrift für betriebswirtschaftliche Forschung* 47, S. 143 bis 174.
Steinmann. H., und Th. Olbrich (1994), »Unternehmensethik und internationales Management. Implementationsprobleme einer Unternehmensethik der internationalen Unternehmung«, in: B. Schiemenz und H.-J. Wurl (Hg.), *Internationales Management: Beiträge zur Zusammenarbeit. Eberhard Dülfer zum 70. Geburtstag*, Wiesbaden, S. 117 bis 144.

– (1995), »Business Ethics in US Corporations«, in: *Journal für Betriebswirtschaft* 45, Nr. 5/6, S. 317-335.
Steinmann, H., und A. G. Scherer (1994), »Lernen durch Argumentieren: Theoretische Probleme konsensorientierten Handelns«, in: H. Albach (Hg.), *Globale Soziale Marktwirtschaft, Festschrift für Santiago Garcia Echevaria*, Wiesbaden, S. 263-285.
– (1997 a), »Die multinationale Unternehmung als moralischer Aktor. Bemerkungen zu einigen normativen Grundlagenproblemen des interkulturellen Managements«, in: J. Engelhard (Hg.), *Interkulturelles Management*, Wiesbaden, S. 23-53.
– (1997 b), »Intercultural Management Between Universalism and Relativism. Fundamental Problems in International Business Ethics and the Contribution of Recent German Philosophical Approaches«, in: S. Urban (Hg.), *Europe in the Global Competition*, Wiesbaden, S. 77 bis 143.
Stekeler-Weithofer, P. (1995), »Schema, Form und Urteilskraft. Zur Dialektik von Rationalität und Vernunft«, in: Ch. Demmerling, G. Gabriel und Th. Rentsch (Hg.), *Vernunft und Lebenspraxis. Philosophische Studien zu den Bedingungen einer rationalen Kultur. Festschrift für Friedrich Kambartel*, Frankfurt am Main, S. 52-78.
»The United Nations Declaration of Human Rights« (1948), in: Th. Donaldson und P. H. Werhane (Hg.), *Ethical Issues in Business. A Philosophical Approach*, 5. Auflage, Upper Sadde River (N.J.) 1996, S. 124-128.
Thomas, R. R. Jr. (1996), *Redefining Diversity*, New York.
Tibi, B. (1991), »Islamischer Fundamentalismus als Antwort auf die doppelte Krise. Der Islam, das Projekt der kulturellen Moderne und seine institutionelle Dimension, die Menschenrechte und die Verheißung einer Postmoderne«, in: ders., *Die Krise des modernen Islam*, 2. Auflage, Frankfurt am Main, S. 202-279.
– (1992), *Die fundamentalistische Herausforderung. Der Islam und die Weltpolitik*, München.
– (1995), *Krieg der Zivilisation. Politik und Religion zwischen Vernunft und Fundamentalismus*, Hamburg.
Toulmin, St. (1994), *Kosmopolis. Die unerkannten Aufgaben der Moderne*, Frankfurt am Main.
Ulrich, P. (1997), *Integrative Wirtschaftsethik. Grundlagen einer lebensdienlichen Ökonomie*, Bern.
United States Department of Commerce (1995), »Model Business Principles«, Washington, D. C., abgedruckt in: *The New York Times* vom 27. Mai 1995, S. 17.
Velasquez, U. (1996), »Ethical Relativism and the International Business Manager«, in: F. N. Brady (Hg.), *Ethical Universals in International Business*, Berlin, S. 15-26.

Vernon, R. (1966), »International Investment and International Trade in the Product Cycle«, in: *Quarterly Journal of Economics* 80, Nr. 2, S. 190-207.
– (1979), »The Product Life Cycle Hypothesis in a New International Environment«, in: *Oxford Bulletin of Economics and Statistics* 41, Nr. 4, S. 255-267.
Vogt, A. O. (1997), *Korruption im Wirtschaftsleben. Eine betriebswirtschaftliche Schaden-Nutzen-Analyse*, Wiesbaden.
Warren, B. (1980), *Imperialism: Pioneer of Capitalism*, London.
Webley, S. (1996), »The Interfaith Declaration. Constructing a Code of Ethics for International Business«, in: *Business Ethics* 5, Nr. 1, S. 52 bis 57.
Welge, M. K. (1990), »Globales Management«, in: ders. (Hg.), *Globales Management. Erfolgreiche Strategien für den Weltmarkt*, Stuttgart, S. 1-16.
Welsch, W. (1995), *Vernunft. Die zeitgenössische Vernunftkritik und das Konzept der transversalen Vernunft*, Frankfurt am Main.
Wieland, J. (1993), *Formen der Institutionalisierung von Moral in amerikanischen Unternehmen. Die amerikanische Business-Ethics-Bewegung: Why and how they do it*, Bern 1993.
– (1997), »Unternehmensethik als Erfolgsfaktor in globalen Kooperationen«, in: U. Krystek/E. Zur (Hg.), *Internationalisierung. Eine Herausforderung für die Unternehmensführung*, Berlin, S. 527-541.
Wohlrapp, H. (1995), »Konstruktive Anthropologie als Basis eines Konzepts von Kulturpluralismus?«, in: E. Jelden (Hg.), *Prototheorien – Praxis und Erkenntnis?*, Leipzig, S. 149-163.
Wolf, J. (1994), *Internationales Personalmanagement. Kontext, Koordinationen, Erfolg*, Wiesbaden.
Yip, G. (1992), *Total Global Strategy: Managing For Worldwide Competitive Advantage*, Englewood Cliffs (N.J.).

Friedrich Kambartel
Vernunft: Kriterium oder Kultur?
Zur Definierbarkeit des Vernünftigen[1]

Grenzlinien zwischen dem Vernünftigen und dem Unvernünftigen, dem Rationalen und dem Irrationalen, zu ziehen, ist eine beliebte Tätigkeit der Philosophen. Manche von uns sind oder waren tief in solche Bemühungen verwickelt. Und auch in philosophiehistorischer Perspektive führt uns eine Untersuchung darüber, was »Rationalität« oder »Vernunft« zu nennen wäre, in überaus vertraute Gefilde. (Wenn das Irrationale in den Geruch des Schlimmen gerät, müßten wir im Normalfall im übrigen zwischen dem Rationalen, dem Nicht-Rationalen und dem Irrationalen unterscheiden.)

Manchmal mögen wir gar den Eindruck haben, die philosophischen Schulen oder Bewegungen unterschieden sich voneinander letztlich eben durch ihre Rationalitätsbegriffe. Und ist dies denn nicht auch die *konstitutive* Aufgabe oder gar Sendung der Philosophie: die Idee der Vernunft zu klären und zu fördern? In praktischer Absicht führt uns diese Perspektive insbesondere auf Kontroversen, in denen technische oder selbstinteressebezogene Definitionen der Rationalität moralischen Vernunftbegriffen, im Sinne eines nicht lediglich »zweckrationalen« Moralitätsverständnisses, gegenüberstehen: »Verstand« versus »Vernunft«, wie es die klassische deutsche Philosophensprache häufig ausgedrückt hat.

Ich habe nun nicht die Absicht, im folgenden subtil mit den Worten »Vernunft« oder »Rationalität« umzugehen. Es wird sich im weiteren Verlauf zeigen müssen, daß dies für unsere gegenwärtige Untersuchung ganz überflüssig ist; deswegen vor allem, weil ich mich auf weitere Abgrenzungsbemühungen (für »richtige« Vernunftverständnisse) im Augenblick nicht einlassen werde. Weder möchte ich neue Definitionen der Rationalität konstruieren, vorschlagen und rechtfertigen, noch liegt mir daran, alte

1 Zuerst in: Friedrich Kambartel, *Philosophie der humanen Welt. Abhandlungen*, Frankfurt am Main 1989, S. 27-43.

»Präzisierungen« direkt anzugreifen oder zu modifizieren. Vielmehr geht es mir in den folgenden Überlegungen wesentlich um die *Form*, welche die (philosophischen und wissenschaftlichen) Dispute um den Vernunftbegriff in vielen (wohl den meisten) Fällen annehmen. Mein Gegenstand ist dabei vornehmlich die *praktische* Vernunft; ohne daß ich diese Einschränkung meiner Absicht im weiteren noch stets hervorheben werde. Vieles von dem, was ich sagen werde, gilt allerdings auch für den theoretischen Gebrauch der Vernunft, der im übrigen in den praktischen Gebrauch eingebettet ist.

Normalerweise benutzen wir das Wort »rational« zum Ausdruck einer Bewertung. Wir kennzeichnen etwa Argumente, unser Verhalten oder eine Person als rational, sagen, daß sie Vernunft zeigen usf. Da wir offenbar die Rationalität in diesen Fällen nicht schlicht »wahrnehmen« können, liegt die Vorstellung nahe, es werde hier eine Art von *Maßstab* oder Standard angewendet, ein Maßstab, der eingebettet ist in die *Grammatik* der Worte »rational« und »Vernunft«. So nehmen dann die philosophischen Kontroversen über den Begriff der Rationalität scheinbar zwangsläufig die Form eines Streites über den *richtigen Maßstab* des Vernünftigen an. Wenn wir dann überdies auf das *eine Wort* »rational« mit seinem ungeheuer ausgedehnten Gebrauch sehen, so erscheint es uns selbstverständlich, daß wir auch nach *einem*, *allgemeinen* (nämlich diesen ganzen Gebrauch durchziehenden) Maß oder Prinzip der Vernunft zu suchen haben, einem Prinzip also, das letztlich allen einschlägigen Urteilen zugrunde liegt. Würden sich nämlich die in der Philosophie, aber auch in anderen Disziplinen, zum Beispiel der Ökonomie und der Entscheidungstheorie, konfligierenden Vernunftbegriffe auf *verschiedene* Situationstypen und Absichten beziehen, dann ginge es für die Schlichtung dieser Kontroversen schließlich nur noch darum, sich über die notwendigen grammatischen (begrifflichen) *Einschränkungen* zu einigen.

Normalerweise ist dies jedoch nicht möglich, normalerweise sind wir in diesen Kontroversen mit Prinzipien oder Kriterien der (praktischen) Vernunft oder Rationalität konfrontiert, die *allgemeine* Relevanz beanspruchen und daher gerade nicht verträglich werden können, indem wir sie unterschiedlichen Kontexten zuordnen. Ich möchte dazu zwei vertraute Beispiele kurz vergegenwärtigen. Da ich für unsere Zwecke auf Details nicht eingehen will und muß, sollte ich statt von Beispielen im übrigen wohl besser von Beispielgruppen sprechen.

Ich möchte die Idee eines universellen (das heißt hier allgemein anwendbaren) Beurteilungsmaßstabs, wie sie die beiden Beispiele (Beispielgruppen) dann erläutern, die Vorstellung eines *Vernunftprinzips* nennen. Das erste derartige Prinzip, das ich erörtern will, möge, in einer durchaus üblichen Kennzeichnung, das *Prinzip des vernünftigen Selbstinteresses* heißen. Die für dieses Prinzip (für die Prinzipien dieser Gruppe) leitende anthropologische Vorstellung oder, vielleicht besser, Suggestion ist etwa diese:

Unterstellt ist zunächst ein bereits aus der Umgangssprache allgemein zugänglicher Begriff dessen, was es für eine Person heißt, *Interessen* zu haben, Interessen, die wir, als Interessen dieser Person, unter verschiedenen Perspektiven auch gern zusätzlich als *subjektive, individuelle* oder *private* Interessen bezeichnen. Interessen zu haben und ihnen handelnd zu folgen wird dann zu einem allgemeinen Grundzug der menschlichen Lebenssituation stilisiert. Es läßt sich nun ferner, so scheint es, ohne große Mühe sehen, daß Interessen mit bestimmten Strukturen auftreten, Strukturen, welche stets die gleiche Form haben, wenn sich auch ihr Inhalt von Person zu Person unterscheiden mag.

Zum ersten erscheinen unsere Interessen in dem Sinne voneinander *abhängig*, daß die Verfolgung und Realisierung bestimmter Interessen zu den hinreichenden – oder ja manchmal auch notwendigen – Bedingungen der Befriedigung anderer Interessen gehört. Daneben gibt es *Präferenz*verhältnisse zwischen Interessen, Verhältnisse, die etwa auf dem Boden der gerade erwähnten Abhängigkeiten verstehbar sind, sich häufig aber eher als unmittelbare Reaktionen oder Haltungen bei Interessenvergleichen darstellen. Abhängigkeits- und Präferenzrelationen, und vielleicht noch andere Relationen, lassen unsere Interessen hierarchisch geordnet erscheinen. Und diese Ordnung unserer Interessen gibt uns schließlich – so scheint es – die Möglichkeit, aus den jeweils verfügbaren Handlungsmöglichkeiten eine *bestmögliche Wahl* zu treffen und in diesem Sinne *rationale Handlungsstrategien* zu gewinnen. Die besondere Form dieses »Kalküls« unserer Interessen und Handlungen oder, in anderen Versionen, unserer Präferenzen, Nutzeneinschätzungen usf. ist offenbar sehr umstritten, umstritten nicht nur in der Philosophie, sondern auch in der Ökonomie und in den Theorien der rationalen Entscheidung, in denen wir eine ganze Reihe so genannter exakter Modelle für das (begriffliche) Gerüst und die Anwendung eines Prinzips des vernünftigen Selbstinteresses finden.

Sollte nun jemand behaupten (uns darauf hinweisen), das gezeichnete Bild selbstinteressenbezogener vernünftiger Erwägung sei in vielen leicht vorstellbaren Fällen eine angemessene Beschreibung – wer würde dem widersprechen wollen. Vielleicht wäre allerdings einschränkend zu sagen, das Bild suggeriere, wir müßten, für eine vernünftige Orientierung, stets die *Gesamtheit* unserer Interessen überblicken und kalkulieren. Obwohl es Situationen geben mag, in denen uns diese umfassende Form der Interessenabwägung vorschwebt, so ist doch dies andererseits ein eher extremer Fall, ein Fall überdies, für den uns ein detaillierter Kalkül dann häufig kaum vorstellbar ist. Gleichwohl mag das Bild, im besonderen Falle und für bestimmte Zwecke, als eine adäquate Charakterisierung gelten. Schwierigkeiten macht erst sein Gebrauch als (universales) Prinzip, welcher sich dann, als allgemein anwendbares Verständnis, zum Beispiel auch auf *moralische* Diskussionen erstrecken muß. Der moralischen Vernunft darf dann eben nicht erlaubt werden, auf ihren eigenen Füßen zu stehen.

Die ethische Tradition beschreitet insbesondere zwei Wege, wenn es darum geht, das moralische Argumentieren unter das Prinzip des vernünftigen Selbstinteresses zu bringen: Der erste Vorschlag schreibt etwa dem barmherzigen Samariter das (subjektive) Interesse an einer *allgemein* bestehenden Situation gegenseitiger Hilfe zu, in der also auch er (wie *alle* anderen) auf die Hilfe seiner Mitmenschen selbst dort vertrauen kann, wo diesen kein unmittelbarer Lohn zuteil wird. In seinen so genannten »moralischen« Orientierungen kalkuliert also der barmherzige Samariter seine Interessen nur in einer hinreichend breiten Perspektive. Wir könnten dies den Kern der besseren Versionen einer utilitaristischen Betrachtung der Moralität nennen.

Der zweite Weg einer Versöhnung von Selbstinteresse und Moralität führt uns zu Situationsschilderungen wie dieser: Unter unseren wesentlichen oder grundlegenden Interessen gibt es, für einige oder alle von uns, eine besondere Gruppe: die moralischen Interessen, verstanden etwa als die Interessen, bestimmte positive (angenehme, begrüßenswerte) Empfindungen zu erleben, welche das moralische Handeln begleiten. Der barmherzige Samariter genießt also dann die überwältigenden Sympathiegefühle, welche mit Situationen sogenannter »selbstloser« Hilfe einhergehen; und in richtiger – wenn auch für ihn vielleicht unbewußter – Bewertung seiner (privaten) moralischen Interessen mag er sich dann in Situationen (solcher von ihm) scheinbar interesselos gewährter Hilfe begeben oder wenigstens sich bietende Gelegenheiten ergreifen, wie es der barmherzige Samariter in Lukas 10 tut.

Dies mag, so hoffe ich, genügen, um uns zu vergegenwärtigen, wie Vorstellung und Kalkül des vernünftig verstandenen Selbstinteresses die Stellung eines *Prinzips*, eines *umfassenden Maßstabes der Rationalität* erhalten; wie diese prinzipielle Tendenz philosophischer Rationalitätsbegriffe in diesem Falle arbeitet.

Für die gegenwärtige Diskussionssituation illustrativer ist wohl das zweite Vernunftprinzip, dem ich mich jetzt zuwende, das *Prinzip*, wie ich sagen möchte, *des vernünftigen Diskurses*. Wie das Prinzip des vernünftigen Selbstinteresses ist auch das Prinzip des vernünftigen Diskurses ein *formales* Rationalitätsprinzip. Im Falle formaler Vernunftprinzipien beruht die Berechtigung des Vernunftanspruches gleichsam auf dem Weg, der uns zur Rechtfertigung einer Orientierung führt, und nicht auf einer direkten Wertschätzung (Auszeichnung) bestimmter Resultate. »Der Weg«, das kann hier allerdings vieles heißen, zum Beispiel eine bestimmte Weise der Überlegung, die Form der Überlegungssituation, Regeln der rationalen Begründung (Rechtfertigung) oder schließlich Haltungen der an der Überlegung Beteiligten. Während sich das Selbstinteresseprinzip auf Formen eines *individuellen* Interessenkalküls bezieht, liegt dem Diskursprinzip die Vorstellung zugrunde, Vernunftansprüche seien mit Bedingungen und Einstellungen verbunden, welche den Weg zu einer *Übereinstimmung* unserer Urteile bestimmen, zu einem *Konsens*, den wir erreicht haben oder doch nach bestem Wissen und Vorstellen erreichen könnten.

Das bedeutet: Zunächst, in einem ersten Sinne, dienen hier die Worte »rational« und »Vernunft« dazu, eine *Form* (bestimmte Formen) *gemeinsamer Überlegungs- und Beurteilungssituationen* zu bezeichnen. Danach läßt sich in einem zweiten Schritt eine erzielte *Übereinstimmung* als »rational« charakterisieren genau dann, wenn sie das Ergebnis einer rational geformten Diskussion ist. Schließlich gilt dann drittens eine *Orientierung*, zum Beispiel eine Feststellung oder eine Regel, als »vernünftig« oder »vernünftig begründet« genau dann, wenn wir ihre Geltung überzeugend auf einen rationalen Konsens stellen können.

Das entspricht, wenn ich recht sehe, im großen und ganzen zum Beispiel dem Vorgehen von Habermas, etwa in den »Notizen zu einem Begründungsprogramm der Diskursethik«[2], aber auch meinen eigenen älteren Verständnisvorschlägen, etwa nachzulesen in meiner Abhandlung »Moralisches Argumentieren«.[3]

Es gibt nun eine Vielzahl von Versuchen, ein Diskursprinzip der Vernunft angemessen zu rekonstruieren. Als Bedingungen, die dabei gleichsam unter den Bestandteilen einer solchen Analyse auftreten, lassen sich zum Beispiel nennen:

- die Wahrhaftigkeit der Teilnehmer: daß sie ihre Orientierungen und Argumente ernsthaft und in gegenseitiger Transparenz vertreten;
- die Abwesenheit von (äußeren) Sanktionen (nur der Zwang des besseren Argumentes darf die Zustimmung oder Ablehnung bestimmen);
- die Symmetrie der Positionen in der Diskussionssituation, daß die Regeln oder Rahmenbedingungen keinem Teilnehmer eine privilegierte Stellung geben.

Des weiteren finden wir Bedingungen, welche sichern sollen, daß der rationale Diskurs alle relevanten Interessen (»alle Betroffenen«) berücksichtigt. Solche Bedingungen, etwa die Offenheit und Öffentlichkeit der Argumentationen, sind anscheinend unumgänglich, wenn wir den vernünftigen Diskurs mit einer moralischen Perspektive verbinden und von der internen Rationalität (und auch Solidarität) einer Räuberbande unterscheiden wollen. Offenbar sind ja die faktischen Teilnehmer einer Diskussion im Normalfall nicht identisch mit den von seinem Gegenstande und seinen Ergebnissen *Betroffenen*. Daher ist Gruppenegoismus stets möglich, muß also, so scheint es, für eine korrekte und hinreichend genaue Analyse der Rationalität explizit ausgeschlossen werden.

Wie im Falle des rationalen Selbstinteresses werden wir leicht

2 Enthalten in: Jürgen Habermas, *Moralbewußtsein und kommunikatives Handeln*, Frankfurt am Main 1983, S. 53-125.

3 In: Friedrich Kambartel (Hg.), *Praktische Philosophie und konstruktive Wissenschaftstheorie*, Frankfurt am Main 1974, S. 54-72.

einräumen, daß die gerade erwähnten Beschreibungen, jede für sich, gut beobachtet sind, wenn wir sie gegen vertraute Verwendungen von (und Appelle an) »Vernunft« und »Rationalität« halten, insbesondere in Situationen, welche solche Charakterisierungen nicht erfüllen. Die Kultur der Vernunft entwickelt und bewegt sich großenteils in und mit den Formen unparteiischen Überlegens, Beurteilens und Beschließens. – Und wieder entstehen wohlbekannte philosophische Dispute aus dem Versuch, Bedingungen eines vernünftigen Diskurses so zu gruppieren, daß wir eine *Definition* der Rationalität erhalten, eine Definition, die als ein *allgemeines* Kriterium, also als von mir hier so genanntes *Vernunftprinzip* dient, oder doch wenigstens als ein Vernunftprinzip für den Bereich praktischer Beratung.

Ich möchte auch hier nicht in weitere Details eintreten, nur, ohne jede weitere Absicherung, sagen, daß hier die Bemühungen von Apel, Habermas, aber auch etwa von Hare und Rawls wie schließlich diejenigen von Lorenzen, Schwemmer oder meines eigenen vergangenen Nachdenkens und vielleicht ganz allgemein der praktisch-philosophische Kantianismus, eine gemeinsame und keineswegs selbstverständliche Tendenz aufweisen. Aber auch die Spielarten des Utilitarismus und der Wohlfahrtsökonomie sind, wie für den Fall des Selbstinteresseprinzips ausgeführt, von eben dieser Tendenz befallen.

Gibt es eine andere Sicht der Situation, in der wir uns *grammatisch* mit den Vernunftansprüchen befinden? (Nebenbei: Meine häufige Verwendung des Wortes »grammatisch« ist als eine Referenz an Wittgenstein zu verstehen, welcher Problemlagen von der Art, wie ich sie hier behandele, vielleicht als erster eine hinreichende Aufmerksamkeit gewidmet hat. In den meisten Fällen tun es statt des Wortes »grammatisch« natürlich auch die Worte »begrifflich« und »semantisch« oder »konstitutiv«.[4]) – Wenn wir, für den Augenblick, einmal die Vorstellung eines allgemeinen Vernunftprinzips beiseite setzen, dann bleibt uns zunächst eine Menge grammatischer Bedingungen oder Kriterien der Rationalität, von denen wir dann im übrigen einige »technisch« oder »zweckrational«, andere »moralisch« usf. nennen mögen. Manche davon haben die *Form* von Regeln, andere lesen sich wie ein

4 Vgl. Friedrich Kambartel, *Philosophie der humanen Welt. Abhandlungen*, Frankfurt am Main 1989, S. 149, 156.

Ziel oder eine Perspektive, wiederum andere wie eine Einstellung oder Fähigkeit. Und diese »Formen« können sich dann mit einer Vielfalt von eher inhaltlichen Gesichtspunkten verbinden, Gesichtspunkten zum Beispiel der Symmetrie, der Gleichheit, der gegenseitigen Anerkennung als (moralische) Person, der Allgemeinheit (etwa der Formulierung), der Universalität (etwa der Anwendung), der Gerechtigkeit; oder solchen der Wahrhaftigkeit, des Realitätsbezuges und der Wahrheit; jedoch auch des kalkulierten Selbstinteresses und technischer Rationalität; schließlich der Weisheit und der richtigen (guten) Form des individuellen Lebens oder Lebensverständnisses.

Sind nun aber nicht alle diese (formalen und materialen) *Aspekte* der Vernunft schlicht *Facetten* ein und desselben Phänomens, das wir »Rationalität« nennen? – Wir mögen so reden; wenn wir nur nicht das, was ich gerade »Aspekte« oder »Facetten« genannt habe, zu *Merkmalen* einer Definition der Rationalität werden lassen oder in Implikationen oder semantische Konstruktionen überführen, welche eine solche Definition als Grundlage haben. – Die Suche nach logischen oder semantischen Konstruktionen, auf die sich ein allgemeines Prinzip der Vernunft stützen läßt, möchte nämlich vergebens sein. Und dies, die Vergeblichkeit des Bemühens, gilt dann natürlich auch von den philosophischen oder wissenschaftlichen Kontroversen, die unter solchen Perspektiven entstehen. Hier könnte also der Abschied von einer theoretischen Vorstellung geboten sein, ein Abschied, mit dem ich Sie vertraut machen möchte.

Wenn uns die Vernunft leitet, folgen wir dann *dem (einem) allgemeinen* Prinzip oder Kriterium der Vernunft, einem Satz von Regeln etwa? Oder sollten wir nicht besser sagen, daß wir, als gelernte Vernunftwesen, in der Lage sind, eine Reihe verschiedener – obzwar miteinander auf vielfältige Weise verbundener – Kriterien der Bewertung abwägend zu beurteilen; das heißt insbesondere, daß es uns obliegt und möglich ist, ihre Angemessenheit und ihr richtiges Verhältnis für die *jeweils betrachtete Situation* einzuschätzen und zu verstehen. – Die hier wesentliche Frage der Angemessenheit führt uns nun nicht wiederum auf ein allgemeines, nur »höheres« Kriterium. Es gibt hier nämlich keinen allgemeinen Standard der Adäquatheit, der (eine Kennzeichnung, die) dann in allen überhaupt denkbaren Situationen verwendbar wäre. Wir müssen im Gegenteil sagen, daß wir unsere

Vernunft ausüben und zeigen, indem wir die (verschiedenartigen) situationsangemessenen Maßstäbe und ihr jeweils sinnvolles Verhältnis kennen (praktizieren können), ohne uns dabei auf überall verfügbare Beurteilungskriterien einer nächsten Ebene zu stützen. – Wollten wir hier Ausdrücke aus Kants Philosophie verwenden, wir müßten sagen: Die »Vernunft« ist auf unserer »Urteilskraft« angewiesen und auf die Lebenserfahrung, welche ihr im allgemeinen zugrunde liegt. Und dies zu sagen ist keine empirische, sondern eine grammatische Bemerkung.

Wenn wir nun versuchen, das philosophische Vernunftverständnis in diesem Sinne zu ändern, dann ist ein Wort hilfreich, welches als Gegenbewegung zu Worten wie »Prinzip«, »Kriterium« oder »Definition« dienen kann. Es muß ein Wort sein, das sich auf eine weite Vielfalt von Praktiken und Maßstäben bezieht, eine Vielfalt, deren Zusammenhang nicht durch Begrenzungslinien nach Art einer Definition erreicht oder garantiert ist. Ein naheliegender Vorschlag ist hier das Wort »Kultur«. – Dieses Wort eignet sich für unseren Zweck in mancherlei Hinsicht.

Zunächst verstehen wir unter einer Kultur normalerweise eine *gemeinsame* Praxis und ihre Orientierungen, eine soziale Erscheinung. Und auch die Verpflichtung, welche uns die Vernunft auferlegt, ist ja nicht lediglich selbsterzeugt, nur aus den *privaten Entschlüssen* des Individuums herrührend.

Zum zweiten lernen wir normalerweise Form(en) und Inhalt einer Kultur nicht über eine bloße allgemeine Charakterisierung. Wollen wir ein gutes Urteil über die in und mit einer Kultur entfalteten Tätigkeiten, Unterscheidungen, Bewertungen und Problemlösungen besitzen (in unserem Falle dazu, was das Vernünftige ist), so erwerben wir das zugehörige Wissen in der Regel dadurch, daß wir mit den »Bestandteilen« der Kultur sozusagen »Stück für Stück« (und »Schritt für Schritt«) bekannt und vertraut werden. – Auch eine Charakterisierung hat hier also eher illustrierend, durch »Erläuterung« im Fregeschen Sinne, nicht über (definierende) »Erklärungen« zu erfolgen. Nur kommt hinzu: Rein »äußerliche« Erläuterungen geben uns im allgemeinen nicht die Möglichkeit, uns *praktisch* in einer Kultur *zu bewegen*, machen unsere *Lebensvollzüge* noch nicht zu einem Teil dieser Kultur. Hier sind wir vielmehr darauf angewiesen, daß man uns das Notwendige lehrt, daß wir *praktisch* teilnehmen (nicht nur auf der Ebene von Beschreibungen), daß wir *erfahren* werden; und wir sind dabei abhängig von anderen (der einschlägigen Tradition) und auch (abhängig) von den Wechselfällen des Lebens, die unserer Erfahrung häufig erst die notwendige Vielfalt geben.

Ich sollte hinzufügen, daß sich die Kultur der Vernunft von Kulturen unterscheidet, die eine partikulare Praxis, eine sozusagen »lokale« Komponente in unserem Leben bestimmen; der Unterschied liegt darin, daß Vernunft, insbesondere durch ihre grammatischen Verbindungen mit dem Überlegen, Argumentieren, Sich-Orientieren, überall (in unserem Leben) von Bedeutung sein kann: In diesem Sinne gehören Verständnis und Praxis der Vernunft zur *Form* unseres Lebens, das heißt zu unserem Leben, wenn wir es »als Ganzes« betrachten.

Wir geraten im übrigen in eine ähnliche Situation, wenn wir nach definierenden Prinzipien der Freiheit oder der Moralität suchen. Statt dessen Ausschau zu halten nach dem grammatischen Netzwerk einer (moralischen) Kultur, das wäre auch hier anzuraten! Wir werden nicht als vernünftige Wesen geboren, obwohl wir von Natur für diese schwierige Unternehmung mehr oder weniger gut ausgestattet sein mögen – zur Vernunft bilden wir uns, werden durch Bildung dazu geführt; und mögen dann selbst dazu beitragen.

Stellen wir uns vor, daß der Prozeß der Bildung zur Vernunft scheitert oder sich die Tradition, welche das vernünftige Leben trägt, verliert: Könnten uns dann (an ihrer Stelle) Definitionen und theoretische Abgrenzungen helfen, etwa die grammatische Grundlage einer Erneuerung sein? Zwei semantische Vergleiche mögen die Situation vielleicht weiter erhellen:

Stellen wir zunächst das Vernünftige neben die angemessene Lösung eines Problems – angemessen im Blick auf die gegebene Situation, die relevanten Umstände. Häufig fallen für uns ja in der Tat das Vernünftige und das Angemessene zusammen. Und blicken wir nun auf die Vorstellung, wir sollten über einen allgemeinen Maßstab für *angemessene Lösungen* verfügen, einen Maßstab für *beliebige* Problemsituationen. Offenbar wäre eine solche Vorstellung gänzlich absurd. Die Grammatik der Worte »angemessen« und »adäquat« ist nämlich nicht weniger ausgedehnt und vielfältig wie diejenige des Wortes »Problem«. Wir müssen wissen, um was für eine Art von Problem es sich handelt, ehe wir *angemessene* Wege, damit umzugehen, als solche kennzeichnen können; unterstellt, wir verfügen überhaupt über das notwendige Urteil.

Wir könnten hier auch auf Erklärungen der Art »Das ist nicht richtig, weil...« sehen und darauf, daß die Fortsetzung hier, nach dem »weil«, ganz verschieden und nicht von der Art ist, daß sie eine (allgemeine) Definition von »richtig« anwendet.

Andererseits mag es hilfreich sein, den Fall einer Kultur mit dem eines Spiels zu vergleichen: Ein Spiel zu kennen heißt, über eine bestimmte Praxis und ihre Regeln Bescheid zu wissen. *Regeln* sind übrigens nicht für alle Spiele wesentlich: Denken wir an ein Spiel, bei dem etwas wie im Theater dargestellt werden soll, eine Situation etwa oder bestimmte Charaktere, und wo zu Beginn nichts festgelegt ist, *alles* der Phantasie und der Intuition überlassen bleibt. Kinder können in dieser Weise spielen und dabei nicht Regeln im engeren Sinne folgen.

Für unsere Zwecke allerdings ist es nützlich, an Spiele zu denken, die im wesentlichen durch Regeln gegeben sind. Nehmen wir das Beispiel des Schach. Hier wäre es offensichtlich absurd zu meinen, die Regeln des Schachspiels seien dadurch »definierbar« (dadurch solche), daß sie besondere Merkmale, ein »Kriterium« der Schachspielartigkeit erfüllen. Vor ihrer Kenntnis im einzelnen gibt es über die Regeln des Schachspiels nichts (ihnen Gemeinsames) zu wissen. Die Frage »Woran erkennst du, daß *das* eine Regel des Schachspiels ist?« wäre (hier) ganz unsinnig, wenigstens in Situationen, an die wir für eine solche Frage im allgemeinen denken können.

Ähnlich steht es, möchte ich sagen, mit der Auskunft: Dies ist eine Rechtfertigung oder eine rationale Argumentation, weil sie der *Vernunft* gehorcht. Denn »die Vernunft« ist kein Kriterium, welches hier für irgendeine Art der Kontrolle oder Einordnung zur Verfügung stünde, auch dann nicht, wenn wir Diskurs- oder Beratungsregeln an die Stelle (der Vernunft) setzen.

Die grammatische Perspektive, die ich zuletzt erörtert habe, hängt zusammen mit einem richtigen Verständnis dessen, was häufig »das transzendentale Argument« heißt (in manchen Fällen ist auch von »performativen Widersprüchen« oder »präsuppositionellen Analysen« die Rede): Das transzendentale Argument stellt dem Adressaten das, was er *tut*, vor Augen, im Vergleich mit dem, was er über das, was er tut, in grammatischer Absicht *sagt*. Die Praxis des Adressaten würde, in dem sie (praktisch) unbestreitbar leitenden Verständnis, gar nicht möglich sein, wenn der Adressat mit seinen Behauptungen zur Grammatik seiner Praxis recht hätte. Wenn wir mit unseren Formulierungen hier nicht auf Kants Formel von den »Bedingungen der Möglichkeit« schielen, so kann es bei der vielleicht weniger mißverständlichen Ausdrucksweise bleiben: Die tatsächliche Grammatik der Adressatenpraxis steht im Gegensatz zu ihrer Beschreibung durch den Adressaten; und darauf soll ihn das so genannte transzendentale Argument hinweisen.

Natürlich könnte der Adressat seine gegenwärtige *partikulare* Praxis ändern, so einrichten nämlich, daß er die Tu-quoque-Version des transzendentalen Arguments umgeht. Was er allerdings unter normalen Umständen nicht tun kann, ist, das *gemeinsame* Handeln und Verständnis zu ändern, wo es in unseren allgemeinen Lebenszusammenhang, in das Ganze (die »Form«) unseres (und damit auch seines) Lebens eingearbeitet ist. Daher kann und wird eine starke Version des transzendentalen Arguments die Tatsache heranziehen, daß der Adressat mit uns eine gemeinsame Grammatik, »Kulturen« unseres Lebens teilt. Allerdings: Daß diese Grammatik die Form eines (allgemein anwendbaren) *Prinzips* annimmt, ist für das (transzendentale) Argument offenbar überhaupt nicht wesentlich.

Wo es keine grammatische Kultur der Vernunft gibt (in der das Wort »Vernunft« und seine sprachliche Umgebung eine *trans*subjektive Bedeutung erhalten), da fehlt die Instanz, auf die sich philosophische Analysen (nach Art des transzendentalen Argumentes) berufen müssen. Wenn wir nicht auf eine *allgemeine* grammatische Kultur der Vernunft verweisen könnten, blieben grammatische Hinweise zum Verständnis von Vernunftansprüchen stets in der Nachbarschaft von bloßen Entscheidungen (des *Dezisionismus*). Die Philosophen, und ihre Schüler, müssen das Leben, die ihnen gemeinsame Grammatik des Lebens, kennen und sich darauf beziehen können. Die grammatische Pluralität oder Vielfalt, welche eine Kultur der Vernunft bestimmt, darf eben nicht mit Pluralismus verwechselt werden, dem Pluralismus widerstreitender Meinungen über die (das heißt Auffassungen von der) Grammatik der Rationalität.[5]

Und doch ist es denkbar, daß wir in eine Situation geraten, in

5 Siehe hierzu meine Abhandlung »Begründung und Lebensformen«, in: *Philosophie der humanen Welt*, a.a.O., S. 44-58.

der ein Konflikt zwischen unseren grammatischen Analysen und der Kulturentwicklung selbst entsteht. Es ist nämlich möglich, daß eine allgemeine Kultur der Vernunft, die insbesondere moralisches Überlegen und Handeln einschließt, durch die Ausdehnung etwa technischer Handlungs- und Beurteilungsweisen gleichsam erodiert wird. Da sich die »alte« Bedeutung der Worte von den Betroffenen nicht völlig außerhalb einer solchen (allgemeinen) Entwicklung bewahren läßt, ist sie (die Bedeutung der Worte) von einem solchen Prozeß berührt. Sie kann sich ändern oder verschwinden, und dies ist dann eine »öffentliche« Erscheinung. Schließlich könnte praktisch niemand mehr den alten Sitz der Worte in unserem Leben (die alten Lebensverständnisse) wissen. Auf diese Weise mag es insbesondere, indem szientistische und technisch Rekonstruktionen die lebensweltlich präsente Semantik gleichsam von innen aushöhlen, dahin kommen, daß uns der Boden für ein transzendentales Argument unter den Füßen weggezogen wird.

Wir mögen einen Verfall der Kultur der Vernunft, die nicht nur definitorische »Halbierung der Vernunft«, als eine (beklagenswerte) Perspektive unseres Zeitalters betrachten und uns, gegen technische Reduktionen der alten Grammatik unserer Lebenswelt, in das Bemühen einreihen, eine vernünftige Kultur moralischer Beurteilung und Praxis fortzuführen. Und doch müssen wir dabei vorsichtig sein, nicht die gesamte Grammatik praktischer Vernunft in einem Rahmen zu rekonstruieren, der einer bestimmten Vorstellung (oder bestimmten Versionen) des moralischen Argumentierens entnommen ist. Die moralische Argumentation ist weder die Grundlage noch die Form der praktischen Rationalität in ihrer Gänze.

Wenn ich mit meinen Hinweisen recht habe, und ich bin mir ziemlich sicher, daß ich damit recht habe – dann ergeben die grammatischen Ausschließlichkeitsansprüche der konfligierenden begrifflichen Rekonstruktionen des Vernunftbegriffes keinen Sinn, welche der neueren Entwicklung der philosophischen Ethik, der Wohlfahrts- und Entscheidungstheorie das Gepräge geben, häufig aber auch die Analysen wissenschaftlicher Rationalität bestimmen. Und das bedeutet, daß uns die philosophischen Dispute, die sich hier vollziehen, in der Form, die sie annehmen, in die Irre führen. Sie entstehen aus einem *grammatischen Mißverständnis* der Vernunft: Die Grammatik einer Kultur enthält ohne viele, ohne die in einem solchen Fall *notwendigen* begrifflichen Umstände die Form eines (universal anwendbaren) Prinzips.

Hat der Hinweis auf die vielfältige Beurteilungspraxis, welche mit Rationalitätsansprüchen verbunden ist, nicht etwas *Affirmatives*? Bedürfen wir nicht der (allgemeinen) Prinzipien und Kriterien der Vernunft, um den kritischen Sinn des Vernunftgebrauchs und seiner Grammatik zu erhalten?

Aber wir haben es ja bei dem, was ich die Kultur der Vernunft genannt habe, mit einer *Beurteilungspraxis*, und zwar mit einer *bestimmten*, zu tun. Die Kultur der Vernunft ist, könnten wir sagen, *normativ*; eben dies gehört zu ihrer *Grammatik*.

Auch die Regeln eines Spiels dienen uns ja zur *Beurteilung* der Spielpraxis als einer richtigen oder falschen, als »Norm« also des richtigen Spielens – und haben, wenn wir diesen Fall ins Auge fassen, kein *Prinzip*, welches sie alle und alle ihre richtigen Anwendungen zusammenhält (charakterisiert). Die Normativität der Vernunftkultur hängt, sehen wir, nicht an unseren definitionstheoretischen Vorurteilen für einen genauen (übersichtlichen) Umgang mit dem Wort »Vernunft« und seinem sprachlichen Umfeld. Sie wird daher auch nicht beseitigt, wenn wir gegen diese Vorurteile angehen. Im Gegenteil stärken wir einen hinreichend ausgedehnten kritischen Gebrauch der Vernunft, wenn wir nicht mehr mit unhaltbaren begrifflichen und deduktiven Konstruktionen herumfuchteln. Denn daß diese Bemühungen immer wieder scheitern oder nur eine Teilplausibilität erreichen, ebnet schließlich dem pluralistischen oder partikular-ideologischen Umgang mit Vernunftansprüchen den Weg.

Andererseits, wir *stellen* ja gerade *fest*, wie unser Gebrauch der Beurteilungsworte »vernünftig« und »rational« *beschaffen* ist. Es sind die grammatischen *Tatsachen* dieses Gebrauchs, welche uns interessieren – im Unterschied zu falschen Vorstellungen, die wir uns von diesen Tatsachen machen. Und wir stimmen den festgestellten Tatsachen zu, fordern dazu auf, sich daran zu halten. Ist dies nicht eine *deskriptive* und dann *affirmative* Einstellung, welche die notwendige Kritik unseres Sprachgebrauchs verhindert? – Dies gilt nun allerdings auch für Vernunft*prinzipien*. Auch diese sollen ja in der Regel den vertretbaren Kern der kulturellen *Tatsache* »Vernunft« treffen; oder wir gerieten in die Lage, etwas in die Welt bringen zu wollen, was es in dieser (noch) gar nicht gibt. Auch ein Vernunft*prinzip* verbände sich dann mit der bloßen Aufforderung: »Sieh, was ich tue und wie ich rede! Schließ dich an!«.

Ist Affirmation also das Schicksal der philosophischen Selbstreflexion? Müssen wir beim Vernunftgebrauch alles so lassen, wie es ist? Und könnte nun nicht jemand auf schlimmen oder einseitigen (faktischen) *so genannten* Vernunftgebrauch verweisen und uns sagen, *dies* sei die richtige, bessere, die wesentliche Bedeutung der einschlägigen Worte? Und wie entscheiden wir dann – ohne Kriterien, die gewissermaßen außerhalb des Streites, außerhalb des faktischen Gebrauchs, stehen?

Wenn uns die vernünftige Praxis, insbesondere das vernünftige Argumentieren, nicht selbst die Mittel ihrer (*inneren*) Beurteilung, Begrenzung und Entfaltung an die Hand gibt – woher sollten wir sie denn gewinnen! Ist es nicht absurd zu meinen, jemand könnte gewissermaßen *privat* die Kultur der Vernunft *erfinden* und dann für ihre Verbreitung sorgen? Wir müssen bereits auf dem Boden der Vernunft stehen, heißt das, wenn wir uns in ihr, und *mit ihr*, bewegen wollen. Wir erkennen also, daß wir insoweit *immer* auf grammatische Tatsachen des Vernunftgebrauches angewiesen sind.

Und eine zweite Nachbemerkung erscheint mir wichtig: Daß wir die Kultur der Vernunft nicht definitorisch auf ein universelles Abgrenzungsprinzip reduzieren (über dieses begreifen) können, darf nicht verwechselt werden mit einem Argument gegen die *universalistischen* Züge vor allem in den moralischen Elementen der Vernunft (oder gar gegen den *formalen* Charakter einer Grammatik der Rationalität). Meine Überlegungen sollen und können auch hier nur darauf zielen, das Formale und Universalistische an und in einer Kultur der Vernunft in der richtigen grammatischen *Perspektive* zu sehen.

Die *Universalität* der praktischen Vernunft ist, bei der in diesem Zusammenhang üblichen terminologischen Absicht, so genannten *partikularen* Orientierungen und Lebensvollzügen entgegengesetzt. Und das Wort »partikular« kann dabei zweierlei bedeuten:

Zum einen grenzen wir damit dasjenige aus, das außerhalb unseres *gemeinsamen* Lebens(zusammenhanges) steht oder sich auf der Ebene des *Verständnisses*, der Sprachanalyse etwa, außerhalb der »Allgemeinheit« unserer praktischen und sprachlichen Institutionen stellt. Worte und Praxis des Vernunftanspruches, wollen wir dann sagen, umgeben uns als Teil dieser Allgemeinheit, sind nicht eine Sache der bloßen (subjektiven) Auffassung und Entscheidung der Individuen, Gruppen, Parteien usf.

Auf der anderen Seite soll der Vorwurf der Partikularität die Grammatik des Vernunftanspruches selbst treffen und nicht (lediglich) die Tatsache, daß er nicht in private Sonderkulturen unseres Lebens, partikulare Moralen, zerfällt, eine Interessen- oder Geschmackssache darstellt. Hier, in diesem zweiten Falle, ist die Allgemeinheit im ersten Sinne bereits unterstellt, und es geht um den begrifflichen und praktischen Inhalt, für den sie gilt. Dieser »Inhalt«, nämlich die (allgemeine) grammatische Form des praktisch Vernünftigen, ist dann mit den Worten »Partikularität« und (versus) »Universalität« umstritten.

Wenn wir jemandem das Universale an der grammatischen Kultur der Vernunft erläutern wollten, was müßten wir dann tun? Worauf könnten wir hinweisen? Hier kommt offenbar wiederum vieles in Frage, und das meiste trat bei meinem kursorischen Abschreiten dieser Grammatik bereits auf:

- daß wir uns in bestimmten Situationen auf (in verschiedener Hinsicht) generell formulierte (und adressierte) Orientierungen stützen;
- daß die vernünftige Erwägung grammatisch keine privilegierten Positionen, weder auf der Ebene der Partizipation noch auf der Ebene der Argumente, kennt;
- daß wir Interessen anderer anerkennen, die Einbeziehung aller Betroffenen als eine Perspektive unserer Erwägung betrachten;
- daß wir die begrenzte Perspektive unserer eigenen Lebens- und Interessensituationen zugunsten derjenigen einer unparteilichen Überlegung verlassen;
- daß wir uns im Blick auf eine frei geteilte menschliche Gemeinsamkeit orientieren;
- im Zusammenhang damit auch die reziproke moralische Anerkennung der anderen Person.

Gibt es hier ein Kriterium (nunmehr der *Universalität*), dem (alle) diese und weitere Gesichtspunkte genügen (müssen)? Ist es nicht vielmehr so, daß solche Gesichtspunkte (und andere mehr) – aber nichts darüber hinaus – erläutern, in welchem vielfältigen Sinne die Kultur unserer Vernunft grammatische Formen der Überwindung einer partikularen (individuellen, subjektiven) Orientierungspraxis enthält? Diese Formen gehören gleichsam zur grammatischen Physiognomie praktischer Vernunft, die *insofern* Züge des Universalen, Unparteiischen, Transsubjektiven trägt.

Auch die Worte »formal« und »universal« täuschen uns also, wenn sie uns vorspiegeln, wir könnten hier mit Elementen einer Definition oder eines terminologischen Aufbaus operieren. Daß wir uns davor hüten müssen, hier so, statt mit einer vielfältigen Phänomenologie, zu hantieren, zeigt auch die charakteristische, übergroße Unschärfe oder das Tautologische, welches den definitorisch gemeinten Formeln anhaftet. Sie scheinen dann überdies in analytischen oder präsuppositionellen Ableitungen fungieren zu können. Zwischen bestimmten Diskursregeln etwa und Universalitätsprinzipien herrscht jedoch nicht ein Verhältnis der Ableitbarkeit des einen aus dem andern (wie in den bereits genannten Notizen von Habermas zu einem Begründungsprogramm der Diskursethik behauptet), sondern eher das der grammatischen Exposition eines Zusammenhanges (der Vernunftkultur) von verschiedenen Seiten, eines Zusammenhanges, in den beide, Diskursregeln wie Universalitätsprinzipien, gehören.

Wir wissen nicht jenseits einer Erfahrung mit den möglichen Phänomenen und Institutionen, was praktische Symmetrie von Diskurspositionen, Einbezug aller Betroffenen, Überwindung der (eigenen) Subjektivität, Unparteilichkeit, Anerkennung des Anderen und manches mehr *genau* (in einer »strengen«, nicht exakten Betrachtung) bedeuten. Jede dieser Ausdrucksweisen, heißt es, gewinnt schärfere semantische Konturen erst durch ihre Einbettung in eine Fülle von Erfahrungen, Praktiken, Regelungen und Einstellungen. Und diese hängen, über die Grenzen der jeweils angemessenen Formulierungen hinaus, miteinander in einem komplizierten Netzwerk grammatisch zusammen. Dies, und nicht Sätze und Beschreibungen, welche an einer bestimmten Stelle die Worte »allgemein« oder »Form« sinnvoll enthalten, trägt die Rede von der Universalität der Vernunft.

Sollten wir uns also überhaupt von Definitionen oder Rekonstruktionen des Rationalen fernhalten? Nein, möchte ich, vielleicht jetzt eher überraschend, sagen; wenn wir, allerdings, ihren grammatischen Ort, ihre begrenzte begriffliche Rolle beachten. Die verschiedenen Definitionen des Vernünftigen arbeiten *innerhalb* der Kultur der Vernunft; wenn sie überhaupt, »lokal«, angemessen sind, so gehören sie zum *grammatischen Netzwerk* dieser Kultur. Und *nicht* dürfen wir sie daher als philosophisch miteinander konkurrierende Bestimmungen ihrer Grenzen (der grammatischen Grenzen einer Kultur der Vernunft) verstehen.

Friedrich Kambartel

Zur Grammatik von Wahrheit und Begründung*

Vorbemerkungen

1. Meine seit den achtziger Jahren entstandenen Überlegungen und Texte zum Vernunftverständnis[1] haben immer wieder eine völlig unsinnige Deutung erfahren. Das liegt zum einen an den relativistischen Konnotationen, welche derzeit Ausdrücke wie »Kultur« oder »Urteilskraft« in vielen Diskussionen begleiten, zum anderen daran, daß ein auf *Problemsituationen* bezogenes universalistisches Verständnis praktischer Vernunft gegenüber Definitonen des Vernünftigen durch *Regeln* oder *Prinzipien* als »kontextualistisch« denunziert wird.

»Kultur« ist aber ein Wort, das in unserer Sprache nicht nur »kultursoziologisch« auf historisch gewordene, faktische gesellschaftliche Bestände gerichtet ist, vielmehr in einem verbreiteten Alltagsgebrauch auch Formen *eingeübter Praxis* artikuliert; ohne daß deren »partikulare« oder »universale« Orientierung und Verbreitung für diesen Wortsinn eine Rolle spielt. Im zweiten Sinne des Wortes rede ich von Vernunftkultur. Die kultursoziologische Bedeutung von Kultur tritt dagegen in Wendungen wie »interkultureller Dialog«, »Verständigung zwischen den Kulturen« usf. auf. – Standards der Rationalität können immer nur mehr oder minder allgemeine Weisen (»Strategien«) der Begründung abgeben. Keine dieser leider häufig in *Theorien* des praktisch Vernünftigen gegeneinandergestellten Standards läßt sich zu *Prinzipien* alles vernünftigen Begründens stilisieren.

Alle diese Mißverständnisse zeigen einseitige Wahrnehmungen durch den praktisch-philosophischen Kantianismus an, welche ihre Ursache hierzulande vor allem in verständlichen Frontstellungen der neuen Frankfurter Schule (Apel, Habermas und ande-

* In einer modifizierten Fassung erscheint dieser Beitrag zugleich als Kambartel 1998 a. Ein Teil des Materials ist eingegangen in Kambartel 1997 a, 1997 b.

1 Vgl. zum Beispiel Kambartel 1989, 1992.

re) und den mit solchen Frontstellungen häufig verbundenen Dichotomien und Polemiken hat.

Die nachstehenden Untersuchungen mögen die *universalistische* Perspektive meiner neueren Untersuchungen zur Praktischen Philosophie deutlicher hervortreten lassen. Ich ergänze sie durch Bemerkungen zum Problemkreis »Vernunftkultur und Kulturrelativismus«, welche auf einige der geschilderten Mißverständnisse in der Form zusätzlicher Unterscheidungen und Klarstellungen eingehen.[2]

2. Die folgenden Unterscheidungen und Überlegungen sind nicht unmittelbar auf Texte oder Argumente der Diskursethik bezogen. Ihre Kritik der diskursethischen Rekonstruktion praktischer Urteile geschieht indirekt durch das Vorführen eines anderen Zugangs zur Grammatik geltungsbezogener Universalität.

Ich gehe davon aus, daß Bemühungen um eine (normale explizite) Definition der Worte »Wahrheit« oder »Begründung« nicht aussichtsreich sind, weil sie dem komplexen Sitz, den diese Ausdrücke in unserer Lebenssituation haben, nicht gerecht werden können: ein Urteil, das im übrigen auch bereits Frege artikuliert hat. Wohl aber läßt sich der Gebrauch von »Wahrheit« und »Begründung« sinnvoll in zusammenhängenden begrifflichen Kommentaren für typische Orientierungssituationen charakterisieren. So sind die folgenden Bemerkungen zu verstehen. – Für die Darstellung wähle ich eine Entwicklung von (bestimmten) einfacheren zu komplexeren Verhältnissen.

Richtigkeit

Vor allen Begründungen und Begründungsverständnissen haben wir zunächst mit der Richtigkeit oder Unrichtigkeit unseres Handelns, insbesondere unseres sprachlichen Handelns, zu tun. Mit dem Erwerb von Handlungen lernen wir nämlich zugleich einen Gebrauch der Ausdrücke »richtig« und »falsch«. Das heißt, wir lernen zugleich, das *richtige*, intendierte, einzuübende, geforderte usf. Handeln vom anderen, »*falschen*« Handeln zu unterscheiden. Die *praktische* Übereinstimmung, welche hier herzustellen oder zu sichern ist, trägt und benutzt also im allgemeinen zugleich Aussagen der Form »... ist richtig«, »... ist kor-

2 Siehe hierzu Kambartel, in diesem Band, S. 88 ff.

rekt«, »... ist falsch«, »... ist inkorrekt«. Dies gilt sowohl für die *Identifizierung* von Handlungen (»ob etwas eine bestimmte Handlung [gewesen] ist«) als auch für ihre *Orientierung* (»ob unser Tun einer bestimmten Handlungsorientierung tatsächlich entspricht«).

Ähnlich gehen wir mit Fällen um, in denen unser Handeln in der (oft komplexen) Anwendung von Verfahren oder Regeln besteht, etwa bei mathematischen, technischen oder bestimmten sprachlichen Operationen und im Rahmen institutioneller Prozeduren. Hier ist etwa eine Handlungsfolge *korrekt* genau dann, wenn alle Schritte den Regeln oder Vorgehensweisen entsprechen, deren unbestrittene Anwendung sind. Haben wir es mit einer *Herstellungs*praxis zu tun, so nennen wir das *Ergebnis richtig*, wenn es durch richtiges Handeln erzeugt worden ist.

Handelt es sich bei den betrachteten Handlungen um *konstative sprachliche Äußerungen* (zum Beispiel elementare Feststellungen wie Farbprädikationen oder die Einordnung von Handlungen), so tritt häufig auch das Wort *»wahr«* an die Stelle des Ausdrucks der Richtigkeit; mit dem Gebrauch der Sprache lernen wir nämlich zugleich das richtige Treffen von Feststellungen und eine darauf bezogene Unterscheidung von »wahr« und »falsch«. Dieser Gebrauch des Wortes »wahr« ist grammatisch zunächst noch nicht mit einer Praxis des Argumentierens und Begründens verbunden (es sei denn, wir wollten bereits etwa das Vormachen einer Handlung oder den Verweis auf ein geeignetes [Handlungs-]Paradigma ein Argument *nennen*). Er lebt jeweils von der praktisch bewährten Unterstellung, daß uns das Verständnis unserer Handlungen und ihres sprachlichen Ausdrucks *gemeinsam* ist.

Eingebettet in Situationen unbezweifelten richtigen Handelns dient also der Gebrauch der Worte »richtig« und »wahr« insbesondere dazu, die Übereinstimmung (Koordination) unseres Handelns unmittelbar zu sichern oder zu thematisieren. *Begründungs*-, aber auch praktische *Rechtfertigungs*probleme im engeren Sinne spielen auf dieser Ebene der Interaktion noch keine wesentliche Rolle. Praktisch übereinstimmen in diesem Sinne müssen auch Herr und Sklave.

Daß wir im richtigen Handeln praktisch übereinstimmen, gehört zum *Begriff* des Richtigen. *Worin* wir übereinstimmen, müssen wir allerdings *in Erfahrung bringen*:

Das Treffen einer Unterscheidung hat begrifflich gerade dies an sich, daß, wenn wir einige Fälle geordnet haben, andere Fälle (das heißt: unsere Urteile in diesen Fällen) unabhängig von unserem Willen bestimmt sind. Wiesen unsere Erläuterungen nicht in diesem Sinne ins Offengelassene über sich hinaus, so hätten wir es mit einer bloßen, für unser Realitätsverständnis folgenlosen Zusammenstellung der Fälle zu tun.

Wenn wir uns in der Welt mit elementaren Feststellungen orientieren, gewissermaßen fraglos, dann sollten wir dies nur *Urteilen* in einem weiten, schwachen Sinne nennen. Denn diese »Urteile« sind hier noch nicht in ein Bezweifeln, Begründen, Widerlegen und dergleichen eingebettet. – In einem engeren Sinne zu einem *Urteil* wird eine Feststellung erst, wenn sie *in Frage gestellt* wird und damit nicht mehr die Rolle einer selbstverständlich funktionierenden sprachlichen Handlung zwischen den Beteiligten spielen kann.

Begründung

Entstehen nun allerdings Situationen, in denen die Richtigkeit unseres sprachlichen oder sonstigen Handelns *bezweifelt* wird, so werden im allgemeinen Handlungen oder Tätigkeiten sinnvoll, welche unsere gemeinsame Überzeugung von der Richtigkeit unseres (unter Umständen modifizierten) Handelns wiederherstellen (sollen). Eine solche Praxis können wir im weiten Sinne *Argumentation*, im gelingenden Falle *Begründung* nennen.

Argumente und Begründungen dieser Art geben uns also eine verlorengegangene praktische Sicherheit (Übereinstimmung) zurück.

Die Überzeugungskraft von Argumenten zeigt sich dabei zum einen in dem Maße unserer Bereitschaft, prima facie unser Handeln darauf zu stützen; zum anderen in der praktischen Übereinstimmung, die sie ermöglichen; und schließlich darin, daß diese Übereinstimmung durch unsere Argumente und die sie begleitende Praxis *jeder kundigen und ernsthaft bemühten Person zugänglich* ist. Und das heißt: Dies alles gehört zu unserem *Begriff* einer überzeugenden Argumentation oder Begründung.

Überzeugung durch Argument und Begründung ist in diesem Sinne *universal*; und das bedeutet zugleich: unser gemeinsames ernsthaftes Handeln ist letztlich die Kontrolle dessen, daß wir nicht nur *verbal* übereinstimmen.

Der universalistische Überzeugungsbegriff hat eine Reihe von Konsequenzen. So kann ein gemeinsames Realitätsverständnis nicht entstehen (liegt ein entsprechendes Bemühen nicht vor), wenn Beteiligte eine partikulare Praxis und Orientierung *dogmatisieren*, nicht für ein universalistisches Bemühen zur Verfügung stellen.

Auch läßt sich bereits die Unterscheidung richtigen Handelns vom falschen sinnvoll nur treffen, wenn die Beteiligten ihre pragmatischen Verständnisse *zwanglos* tätigen können. Sonst hingen unsere Unterscheidungen (die praktische Möglichkeit unserer Unterscheidungen) vom bloßen *Willen* einiger Beteiligten ab. Das schließt selbstverständlich nicht aus, daß der Rahmen, in dem bestimmte Unterscheidungen ihre Relevanz gewinnen, durch Machtverhältnisse bestimmt ist: Das richtige Handeln ist hier nicht (schon) das gerechtfertigte Handeln (im engeren Sinne).

Ähnliches gilt für einen täuschenden Umgang mit der Zuschreibung richtigen oder falschen Handelns. Nur wenn das pragmatisch Richtige und Falsche nicht von Zwang und Täuschung abhängig gemacht wird, läßt sich eine nicht in unser Belieben gestellte Realität konstituieren, eine Trennlinie zwischen Wollen und Sein, *Her*stellen und *Fest*stellen ziehen.

Argumentationen und Begründungen dieser Art sind zunächst *konkret*, das heißt: in eine bestimmte Handlungs- und Gesprächssituation eingelassen. Im allgemeinen treten uns Begründungen allerdings »theoretisch« und monologisch entgegen. Wenn diese »abstrakte« Argumentationspraxis einen Sinn erhalten soll, so müssen wir ihre Produkte als *Entwürfe* oder *Beschreibungen* möglicher konkreter Begründungen verstehen.

Die nicht von vornherein *gegebene*, sondern durch Gründe, Argumente hervorgebrachte (wiederhergestellte), *argumentativ konstituierte* praktische Sicherheit kann ein *Wissen* im Sinne der Analysen des späten Wittgenstein (»Über Gewißheit«) heißen.

Unterscheidungen richten wir im allgemeinen aus guten Gründen so ein, daß dem richtigen Gebrauch der zugehörigen Prädikate der unrichtige (falsche) Gebrauch als einzige Alternative gegenübersteht. Wir könnnten solche Unterscheidungen *zweiwertig* oder *definit* nennen. Im definiten Fall ist jeder nicht-richtige Gebrauch ein unrichtiger (»falscher«) Gebrauch. Dies ließe sich als Normierung des Gebrauchs von »unrichtig« (»falsch«) schlicht so einrichten. Andererseits möchten wir uns in besonderen Fällen eine (dritte) Kategorie der *Unbestimmtheit* des Sprachgebrauchs zwischen »richtig« und »falsch« offenhalten, das heißt dann auch: offenhalten, ob wir, durch Überlegung oder begründete Normierung, auch zunächst unbestimmte (»offene«) Prädikationen endgültig zu den richtigen oder falschen Feststellungen rechnen werden.

Wahrheit und Begründung

In einem erweiterten Sinne kann *das Wort »wahr«* nun auch *gleichbedeutend mit »begründet«* verwendet werden und bedeutet dann also die (effektive) Verfügbarkeit einer Begründung. – Diese Bedeutung des Wortes »wahr« ist im allgemeinen *nicht zweiwertig*.

Hier sind nämlich drei Situationen möglich: die Verfügbarkeit einer Begründung; das Wissen, daß es keine Begründung geben kann; schließlich die Situation, in der wir weder über eine Begründung verfügen noch die Möglichkeit einer Begründung (durch eine geeignete »Widerlegung«) ausschließen können.

Es ist offenbar nicht sinnvoll, das Wort »falsch« für diejenigen Situationen vorzusehen, in welchen wir einstweilen (»faktisch«) keine Begründung aufbieten (»konstruieren«) können. Eher schon läßt sich ein negativer Wahrheitswert mit der an zweiter Stelle genannten Situation verbinden, mit dem *Ausschluß* also des Falles, daß wir das Prädikat »wahr« (das heißt »begründet«) zusprechen können. Dann bleibt aber die dritte der beschriebenen Situationen neben den beiden anderen Fällen zu berücksichtigen: Tertium datur.

Ein so erhobener Wahrheitsanspruch wird im allgemeinen mit jeweils bestimmten *Begründungsverpflichtungen* verbunden. In diesem Sinne ergeben sich dann hier *Wahrheitsbedingungen* für den behauptenden Gebrauch von Sätzen; insofern das *Behaupten* eines Satzes gerade diejenige illokutionäre sprachliche Handlungsform ist, mit der wir einen Wahrheitsanspruch (das heißt hier also: einen Begründungsanspruch) erheben.

Sagen wir »Verifikation« statt »Begründung«, so zeigen die

Wahrheitsbedingungen ihr häufig so genanntes *verifikationistisches* Gesicht.

Bisher haben wir den Gebrauch des Ausdrucks »begründet«, und im selben Sinne den des Wortes »wahr«, unter anderem an *Feststellungen* geknüpft, deren praktisch sicherer (»richtiger«) Gebrauch in Frage steht. Nun können wir aber unser Verständnis von »Argumentation« und »Begründung« von solchen Ausgangssituationen ablösen, das heißt für bestimmte Aussagen rein *intern* über bestimmte Argumentations- und Begründungs*verfahren* grammatisch bestimmt sein lassen.

Dies führt uns zu Prädikaten (und entsprechenden, mit ihnen formulierten Urteilen), deren Sinn *vollständig* über das regierende Begründungsverfahren bestimmt ist. Beispiele hat man hier insbesondere bei bestimmten beweistheoretischen Urteilen (Beispiel: »... ist ableitbar«) und schließlich auch bei einer Reihe von praktischen Urteilen (zum Beispiel der Form »... ist gut«, »... ist geboten«); was noch zu betrachten sein wird.

Zusammenfassende Zwischenbemerkung

Die Begriffe der Wahrheit und Begründung zeigen in diesen Unterscheidungen offenbar ein komplexes Gesicht:

Ein elementares Verständnis von Wahrheit ist in das richtige Handeln und seine begleitende Thematisierung eingebettet. Daran schließt sich ein erster Sinn von Argumentation und Begründung an. Diese Praxis dient hier nicht der Konstitution, sondern der Stabilisierung des praktisch eingelassenen Gebrauchs von »richtig« und »wahr«. Die Sicherung des elementar-praktisch Richtigen geht allerdings umgekehrt als konstitutives Ziel in diese alltäglich vertraute Rede von Begründen ein.

Damit läßt sich als Synonym zum Prädikat »begründet« ein erweiterter Gebrauch des Wortes »wahr« verknüpfen, mit der begrifflichen Folge, daß Wahrheitsansprüche in diesem Sinne zu Begründungsverpflichtungen führen.

Schließlich lassen sich Verständnisse von Begründung entwickeln und rekonstruieren, die nicht mehr auf eine *vorgängige* Ebene richtigen Handelns sekundär bezogen sind, sondern als bestimmte Verfahren oder Weisen der Begründung direkt mit dem Sinn bestimmter Prädikate verbunden werden und damit auch die Rede von der Wahrheit oder Richtigkeit der entsprechenden Urteile erst konstituieren. – Als Rede- und Argumentations*handeln* gehören allerdings auch diese Urteile und Begründungen zu dem praktischen Kontext, auf den sich die zu Beginn genannten Verständnisse beziehen.

Die damit beschriebene begriffliche Landschaft ist zwar immer wieder gebunden an ein gemeinsames Verständnis des Handelns und seiner Orientierungen unter den Beteiligten. Gleichwohl ist dieses Verständnis nicht notwendig universal, wenn es die bisher entwickelten Unterscheidungen tragen soll. Der Preis einer partikularen Einbettung ist allerdings, daß wir solcher Lebensverhältnisse entraten müßten, die auf die Orientierung und Handlungskoordination in einer allgemeinen praktischen und realen Welt angewiesen sind.

In die Lebens- und Orientierungsformen und auch den tatsächlichen Zustand der modernen Welt ist allerdings ein universales Verständnis praktisch fundierter Gemeinsamkeit eingearbeitet, das der gesamten komplexen Grammatik von Wahrheit und Begründung noch einmal eine umfassende Orientierung hinzufügt, in welcher die bisher erörterten Unterscheidungen intakt bleiben, auch wenn sie nun in einer solchen Gesamtperspektive zu verstehen sind.

Praktische Urteile

Ich möchte mich nun den besonderen Verhältnissen bei praktischen Urteilen zuwenden.

Praktische Urteile treten uns in sehr verschiedenen Formen entgegen. Sie unterscheiden sich insbesondere nach dem *Gegenstand* der Beurteilung und nach dem diesem Gegenstande zu- oder abgesprochenen *Beurteilungsprädikat*.

Als *Gegenstände* praktischer Urteile kommt vieles in Frage: neben Einzelhandlungen zum Beispiel Rechtsnormen, soziale Regeln, Institutionen, Lebensmaximen, gesellschaftliche oder individuelle Ziele, Einstellungen, (praktische) Situationen, Lebensformen. *Prädikate* des praktischen Urteils sind Ausdrücke wie »gut«, »gerechtfertigt«, »vernünftig«, »gerecht«, »zweckmäßig« und die zugehörigen negativen Ausdrücke. Aber auch praktische Modalterme wie »geboten«, »verboten«, »erlaubt«

werden wir im allgemeinen als Prädikate praktischer Urteile begreifen.

Im Falle praktischer Urteile fällt zunächst ein Verständnis von »begründen« in die Augen, das von unseren bisherigen Unterscheidungen nicht gedeckt ist. Ein praktisches Urteil *u* zu begründen heißt nämlich häufig nicht mehr als dieses: für *u plausible Gründe anzugeben*. Dabei kann die Plausibilität dieser Gründe etwa darin bestehen, daß sie in dem gegebenen Begründungskontext *passende*, bestimmten Erwartungen entsprechende Gründe sind. Gründe dieser Art lassen uns etwa eine bestimmte Handlung verständlich erscheinen.

Ein stärkerer Begriff dieser Form praktischen Begründens besteht darin, daß sich die für ein praktisches Urteil vorgetragenen Gründe müssen als *gute* Gründe nachweisen lassen, als Gründe, heißt das, die in einer Abwägung jedenfalls zu bedenken sind. Auch damit ist dann allerdings im allgemeinen nicht ausgeschlossen, daß andere, ebenfalls gute Gründe *gegen* das betrachtete praktische Urteil sprechen. Gute Gründe in diesem uns geläufigen Begriffe gestatten es uns also häufig (einstweilen) nicht, die Begründungssituation für ein praktisches Urteil *abzuschließen*, das heißt, uns durch eine geeignete (stärkere Form der) Begründung dessen zu versichern, daß gegen das Urteil sprechende gute Gründe am Ende zurückstehen müssen.

Entsprechende Verhältnisse herrschen häufig auch im Falle unserer konstativen Weltorientierung, dann nämlich, wenn uns Begründungen im engeren, starken Sinne des Wortes nicht verfügbar sind, wohl aber Argumente, die etwa *für* oder *gegen* die Wahrheit einer bestimmten Feststellung »sprechen«. Solche Argumente, die häufig selbst wiederum die Form von Feststellungen annehmen, können uns dann dazu bewegen, uns für unser Handeln stärker oder schwächer auf das so – im Sinne einer gewissen Plausibilität – »Begründete« zu verlassen.

In meinen folgenden Untersuchungen möchte ich von diesem Verständnis begründender Rede absehen. Jedenfalls läßt sich darauf kein Verständnis von »Wahrheit« und »Geltung« stützen. Zu sagen, ein Urteil sei *wahr*, wenn lediglich einiges dafür spricht, zöge jedenfalls Unterscheidungen ein, an denen uns weiterhin gelegen sein muß. Unter der so eingeschränkten Perspektive möchte ich nun zunächst zwei Fälle näher betrachten.

Werturteile

Unter den praktischen Urteilen spielen diejenigen Urteile eine besondere Rolle, welche mit dem Urteilsprädikat »gut« formuliert sind. Wenn wir eine Situation, eine Handlung, einen Gegenstand oder eine Handlungsorientierung (eine Regel oder eine institutionelle Form etwa) als *gut* beurteilen, so geschieht dies häufig in einem Kontext, in dem sich ein bestimmter *Bezug* des Wortes »gut« von selbst verstehen muß. Die scheinbar »absolute« Ausdrucksweise, »gut zu sein«, ist also dann elliptisch, bringt die gemeinte *Relativität* nicht eigens zum sprachlichen Vorschein.

Der Bezug des Wortes »gut« können dabei bestimmte Handlungsorientierungen *O* (etwa Bedürfnisse, Ziele, Handlungspläne) sein: Daß eine Situation *s*, die Verfügbarkeit eines Gegenstandes *g* usf. in diesem Bezug *gut* ist, heißt hier, daß *s* oder *g* förderlich für ein Handeln gemäß *O* sind (so eingeschätzt werden). Bezogen auf Handlungsorientierungen einer Person, einer Gruppe von Personen, einer Institution usf., läßt sich dann ferner davon reden, daß eine Situation, die Verfügbarkeit eines Gegenstandes (kurz: ein Gegenstand) usf. gut für diese Person, Gruppe, Institution usf. sind. – Die möglichen Bezüge, in deren Kontext das Wort »gut« verstanden werden kann, sind damit selbstverständlich nicht erschöpft. Soweit sich diese Bezüge als »Zwekke« bezeichnen lassen (das heißt, soweit wir dann das Wort »Zweck« anstelle des Ausdrucks »Handlungsorientierung« verwenden), können wir das relativ Gute auch als *zweckrational* verstehen.

Mit relativen oder gar zweckrationalen Urteilen läßt sich das für uns Gute allenfalls nur sehr begrenzt artikulieren, weil der Bezug dieser Urteile dabei selbst keiner weiteren Beurteilung unterliegt. Häufig genügt uns, aus verschiedenen Gründen, eine solche Antwort auf die Frage nach dem für uns Guten nicht. Das für eine Person, für eine gemeinsame Lebenssituation oder das gesellschaftlich Gute zu begreifen wird dann als eine *kognitive* Aufgabe bestimmt, welche auch die jeweiligen Bezugspunkte des relativen Guten noch einschließt. Wir wollen hier, heißt das, wissen, was für uns im ganzen oder letztlich gut ist.

Damit verbindet sich im allgemeinen ein zweiter Gesichtspunkt: Praktische Urteile mit dem Beurteilungsprädikat »gut«

sind im allgemeinen zunächst »prima facie« zu verstehen. Das heißt, sie beurteilen ihren Gegenstand ohne Rücksicht auf die Komplexität einer konkreten Handlungsumgebung oder die Kollision mit anderen, einzubeziehenden Handlungsorientierungen. – Dem in diesem Sinne also »abstrakten« Prima-facie-Urteil steht dann das entsprechende praktische Urteil gegenüber, welches Handlungsorientierungen *eingebettet* in einen konkreten Handlungs- und Orientierungszusammenhang bewertet, in seiner Begründung also auf verschiedene Weisen der *Abwägung* zurückgreifen muß.

Praktische Urteile, welche mit dem Beurteilungsprädikat »gut« formuliert sind, möchte ich (seien sie nun »prima facie« oder »nach Abwägung« zu verstehen) als *materiale Werturteile* bezeichnen.

Dieses Verständnis materialer Werturteile steht, nebenbei gesagt, der sogenannten materialen Wertethik begrifflich fern.

Praktische Verpflichtungen

Eine weitere Gruppe praktischer Urteile verwendet als Urteilsprädikat die Ausdrücke »geboten«, »verboten«, »erlaubt« und »freigestellt«. Diese Urteile stehen im allgemeinen im Zusammenhang mit *Verpflichtungen*, die wir (bestimmte Verpflichtete) haben oder eingegangen sind.

So sagt ein Urteil der Form »*h* ist *geboten*« etwa, daß eine Verpflichtung besteht, *h* zu tun. Entsprechend ist ein *Verbot* mit der Verpflichtung verbunden, *h* zu unterlassen.

Verpflichtungen können aus sehr verschiedenen Gründen bestehen (entstehen), das heißt, die Grundlagen, welche sie konstituieren, können sehr verschiedene sein.

Viele Verpflichtungen ergeben sich aus den *Formen des Lebens*, in denen wir uns handelnd bewegen, ohne daß hier Entschlüsse oder Vereinbarungen vorhergegangen sind. Kurz: Hier gilt, daß wir das Spiel nicht zugleich spielen und uns seinen Regeln entziehen können. Die Verpflichtung ergibt sich in diesem Falle also *empraktisch*, aus unserer schlichten *Teilnahme* an diesen Formen. (Der Terminus »empraktisch« entstammt der sprachwissenschaftlichen Semantik, in welcher er, wohl zunächst durch Karl Bühler, für Situationen verwendet wird, in denen die Bedeutung eines Ausdrucks [nur] durch die Teilnahme an seinem praktisch eingebetteten Gebrauch bestimmt ist.)

Insofern unsere Lebens- und Handlungsformen im allgemeinen Formen des Handelns mit und gegenüber anderen sind, stellen die aus ihnen herrührenden Verpflichtungen dann zugleich *Verpflichtungen gegenüber* (im allgemeinen bestimmten) *anderen* dar.

Ich möchte dabei im übrigen unterscheiden zwischen *praktischen Formen* des Lebens und *Lebensformen* im engeren Sinne. Lebensformen im engeren Sinne orientieren das *ganze* individuelle oder gesellschaftliche Leben (wie es zum Beispiel bei einer moralischen oder vernunftorientierten Verfassung des Lebens der Fall ist). Davon abzuheben sind Handlungs- und Orientierungsformen, welche wir gewissermaßen »lokal« ergreifen können, wie das Versprechen (das Geben eines Versprechens), Vertragsformen im Wirtschaftsrecht oder Prozeduren und Institutionen politischen Entscheidens. – Praktische Formen des Lebens wie Lebensformen im engeren Sinne sollen hier im allgemeinen zugleich als *praktisch*, das heißt als eingerichtet, (zumindest partiell) »gelebt« verstanden werden.

Von ähnlicher Art wie der empraktische Fall sind Verpflichtungen, die auf (explizit) *vereinbartes Handeln*, etwa die Festlegung von Ort und Zeit eines Treffens, die Zusicherung abgestimmten Handelns usf., zurückgehen. Verpflichtungen auf dieser Grundlage möchte ich *kontraktarische* Verpflichtungen nennen.

(Auch praktische Formen unseres Leben können auf explizite Vereinbarung zurückgehen, wie dies im allgemeinen bei Rechtsformen der Fall ist. Häufig haben sich solche Formen jedoch auf einer Weise herausgebildet, die nicht auf einen Ursprungswillen zurückgeführt werden kann.)

Verpflichtungen *gegenüber uns selbst*, welche nicht auf vereinbartes oder praktisch geformtes Handeln gegründet sind, erwachsen aus der *Ernsthaftigkeit* unseres *Willens*. Etwas wirklich zu wollen, ernsthaft zu beabsichtigen, einen *Entschluß* gefaßt zu haben verpflichtet uns *grammatisch* dazu, prima facie verfügbare Möglichkeiten (Mittel, Wege) der Realisierung unseres Willens zu ergreifen. Wenn wir unseren Willen nicht realisieren, obwohl wir dies ohne Probleme (etwa der Kollision mit unseren sonstigen Absichten) tun könnten, so darf uns dieser Wille *abgesprochen* werden. Dies ist eine *grammatische* Bemerkung, das heißt, diese Art der Verpflichtung ist eben der *Ausdruck* ernsthaften Wollens. Wir sagen sonst nicht, daß eine Person will, was zu wollen sie beansprucht.

Insofern wir uns jedenfalls elementare Bedürfnisse und einen darauf bezogenen (rationalen) Willen zuschreiben, entstehen dann auch *allgemeine* Verpflichtungen gegenüber uns selbst. Unser rationaler Wille kann dabei *unterstellt* sein, das heißt, er muß mit unserem explizit geäußerten oder praktizierten Oberflächenwillen nicht übereinstimmen.

Es scheint, als gehörten alle anderen Verpflichtungsgründe (zum Beispiel solche religiöser oder metaphysischer Autorität) zu *voraufgeklärten* Orientierungsmustern. Es gibt dann keine andere Art der Verpflichtung als diejenige, welche sich aus vereinbarter oder sonst (»unmittelbar«) gemeinsamer, untereinander eingerichteter Praxis oder sich aus unseren ernstgemeinten Absichten, unserem Willen, ergibt.

Die Verpflichtungen, welche wir haben, können einander widerstreiten. Daher besteht hier eine ähnliche Situation wie bei den materialen Werturteilen: Wir haben im allgemeinen Anlaß zu überlegen, wozu wir *letztlich* verpflichtet sind, und wir müssen häufig zwischen verschiedenen, nicht zugleich erfüllbaren Verpflichtungen abwägen.

Praktische Urteile erster Art

Betrachten wir Urteile der Form »*P* ist verpflichtet, *h* zu tun (lassen)« oder »*x* ist gut« (im relativen Sinne) unter dem Gesichtspunkt ihrer *Begründung*:

Das Bestehen einer Verpflichtung, *h* zu tun, begründen wir primär so, daß wir die Art der Verpflichtung charakterisieren, die konkrete Verpflichtungsgrundlage benennen und schließlich dartun, daß diese Verpflichtungsgründe wirklich das Tun von *h* fordern. Andererseits müßten wir sagen, daß die Rede vom Bestehen einer Verpflichtung genau dieses *heißt*, daß die genannten Begründungs»schritte« überzeugend möglich sind. Der *Sinn* des Prädikats »verpflichtet« ist mit einem solchen Gang der Begründung also unmittelbar verbunden.

Entsprechende Verhältnisse liegen bei relativen, insbesondere »zweckrationalen« Werturteilen der Form »*x* ist gut« vor. Hier ist zunächst ein geeigneter Bezug des Urteilsprädikates »gut« beizubringen und plausibel zu machen. Danach müssen wir dann zeigen, daß der Gegenstand der Beurteilung (eine Handlung oder Situation etwa) einen in diesem Bezug förderlichen Umstand darstellt, gegebenenfalls nicht nur prima facie, sondern auch nach Abwägung. Auch in diesem Falle ist in den Sinn des Werturteils zugleich die Art der Begründung eingearbeitet, welche zu diesem Urteil, zur Behauptung also des entsprechenden Satzes, berechtigt.

Praktische Urteile, für welche die geschilderten Verhältnisse bestehen, möchte ich *praktische Urteile erster Art* nennen.

Bei diesen Urteilen ist die Behauptung des Satzes und damit die Wahrheit des Urteiles *intern* mit einem bestimmten Gang der Argumentation (»einem bestimmten Argument«) und seinem Gelingen verbunden. Zu verstehen, was die Urteilsprädikate und damit die Urteile *meinen*, heißt zu verstehen, *mit welcher Art von Argumentation sie zu begründen sind*. Sie (als wahr oder gültig) zu *behaupten* heißt, verpflichtet zu sein, solche Begründungen vorzutragen.

Hier kehrt sich also das Verhältnis von Richtigkeit und Begründung (Wahrheit) um: Ein praktisches Urteil dieser Art ist richtig gefällt, wenn es sich auf eine durch den Sinn des Urteilsprädikates festgelegte Weise (überzeugend) begründen läßt.

Gleichwohl wird natürlich im allgemeinen die Begründbarkeit solcher Urteile *latent* bleiben. Das heißt: im normalen sprachlichen Verkehr vertrauen wir darauf, daß die Proponenten ihre Urteile begründen können, ohne daß uns dies eigens gezeigt werden muß.

Praktische Urteile erster Art können zugleich *partikular* und doch mit *universal* zugänglichen und überzeugenden Begründungen versehen sein. Daß der Bezug einer Bewertung oder die Grundlage einer Verpflichtung nur für bestimmte Personen, Gruppen, Institutionen und Kontexte »gilt« (herangezogen werden kann), heißt nicht, daß uns die darauf gestützten Begründungen nicht überzeugen. Die Partikularität gehört hier zum *Urteilsinhalt*, nicht zu einem eingeschränkten *Begründungsbegriff*. Praktische Urteile erster Art tragen so wesentlich bei zur Konstitution einer über die pragmatische Übereinstimmung hinausgehenden gemeinsamen, das heißt universal zugänglichen *praktischen Welt*; einer Welt, in der Orientierungsdifferenzen und

-konflikte auf der Basis allgemein zugänglicher Gründe verstanden, wenn auch damit nicht bereits vernünftig gelöst oder bewältigt werden können.

Praktische Urteile zweiter Art (Vernunfturteile)

Grundlegend anders ist die Situation auf der Stufe derjenigen praktischen Urteile, mit denen wir die *Vernünftigkeit* einer Problemlösung artikulieren. Lassen Sie mich das hier maßgebende Verständnis von Vernunft kurz erläutern.[3]

Nennen wir eine praktische Orientierung *O rational*, bezogen auf eine (praktische) Problemsituation *P*, genau dann, wenn ein entsprechendes Handeln (ein Handeln gemäß *O*) förderlich ist für eine Lösung (oder vielleicht auch Auflösung) der *P*-Probleme. Offenbar ist dies ein »relativer« Begriff der Rationalität.

Wenn wir die Rationalität bestimmter Handlungen bewerten, dann bringen wir oft Orientierungen ein, welche *prima facie* rational in (relativ zu) *vielen* oder *nahezu allen* vorstellbaren Problemsituationen sind. Das mag uns dann veranlassen, solche Orientierungen, zum Beispiel Nutzenprinzipien oder formale Argumentationsregeln, als Rationalitäts*standards* zu verstehen und zu kennzeichnen.

Rationalitätsstandards haben hier den Charakter von wiederkehrenden Argumentations*weisen*. Zugleich *kategorisieren* sie *Gründe* oder *Begründungen*, die einsichtige Problemlösungen tragen können.

Probleme tauchen nun in einer Situation normalerweise nicht *isoliert* auf, zeigen vielmehr einen Zusammenhang mit anderen Problemen. Ferner können wir die Standards, welche eine rationale Bewältigung unserer Probleme versprechen, in der Regel nicht einfachhin, gewissermaßen je für sich, anwenden, müssen sie vielmehr gegeneinander *abwägen*, so daß sie sich in ihrer Anwendung gegenseitig einschränken oder modifizieren. Diese Struktur der praktischen Überlegung begleitet uns überall in unserem Leben, gehört zu ihrer Grammatik.

3 Die folgenden Überlegungen zum Vernunftverständnis nehmen Unterscheidungen auf, die bereits in Kambartel 1992 weiter ausgeführt sind.

Wir können nun eine Orientierungspraxis *partikular* nennen, insofern sie nur einen *Teil* der *relevanten* Probleme und Rationalitätsstandards in Betracht zieht. Mit anderen Worten: Partikulare Rationalität wendet *einige* der relevanten *Rationalitätsstandards* auf *einige* der involvierten *Probleme* an.

Partikularität in diesem Sinne stellt also nicht lediglich auf die Interessen oder Orientierungen bestimmter betroffener *Personen* oder *Gruppen* ab, wie es einem häufigen Verständnis von »Partikularität« in der *Moralphilosophie* und auch in der Diskursethik entspricht. Sie schließt »halbierte Rationalität« im Sinne von Habermas ein. – Nur »ein Teil der relevanten Probleme«, das heißt andererseits natürlich auch und häufig, daß die Probleme bestimmter Personen oder Gruppen in der Überlegung »privilegiert« sind.

Im Falle einer nicht-partikularen Perspektive der Orientierung sollten wir, erwartungsgemäß, von *Universalität* sprechen, genauer von *praktischer* Universalität.

Es ist nun zu unterscheiden zwischen bestimmten konkreten, häufig so genannten *»materialen« Orientierungen* unserer Praxis, ferner (»formalen«) *Rationalitätsstandards* und schließlich einem universalen Begriff der *Vernunft*. *Praktische Vernunft* nämlich (Vernunft im praktischen Sinne des Wortes) läßt sich kennzeichnen als das Bemühen, *partikulare Rationalität zu überwinden*, anders ausgedrückt: als das Bestreben, Universalität zu erreichen. Und entsprechend mag dann eine Orientierungspraxis *vernünftig* heißen schlicht dann, wenn sie vom Streben nach Vernunft geleitet wird.

Mit der von Kant entwickelten, von Hegel zugespitzten Unterscheidung gesagt: erscheint (praktische) *Vernunft* damit als eine *Einstellung*, die gegenüber den einseitigen Gesichtspunkten des *Verstandes* das *Ganze* im Auge hat.

Vernunft ist damit nicht definiert durch bestimmte Standards, bestimmte Regeln, bestimmte Prinzipien oder Methoden der Rationalität (etwa auch Formen oder Verfahren der Begründung), wie sie in der Philosophie vielfältig erörtert werden, vielmehr gleichsam *via negativa*, durch die Perspektive, welche wir einnehmen, wenn wir solche Standards in einer immer weniger einseitigen und parteiischen Weise handhaben. Diese Perspektive selbst läßt sich andererseits nicht noch einmal als die Anwendung eines besonderen, gewissermaßen höheren Standards verstehen.

Urteile, die Problemlösungen als in diesem Sinne *vernünftig* auszeichnen, möchte ich (praktische) Vernunfturteile nennen.

Für diese *praktischen Urteile zweiter Art* reicht die Auszeichnung eines bestimmten Ganges der Argumentation *nicht* aus, um den Reden von der Wahrheit, Geltung oder Begründung dieser Urteile einen kognitiven Sinn zu geben. Der kognitive Charakter des praktischen Urteils ist in diesem Falle weder über das überzeugende Operieren in einem durch das Urteilsprädikat festgelegten Begründungsrahmen, noch etwa über den Rückgriff auf elementare pragmatische Übereinstimmungen oder über als letzte Gründe heranzuziehende gemeinsame Gewißheiten zu garantieren.

Die normative Grammatik argumentativer Überzeugung macht auf der Ebene von praktischen Urteilen der ersten Art eine gemeinsame Lebensform (das reale Projekt eines gemeinsamen vernünftigen Lebens) aus internen Gründen noch nicht notwendig. Auf praktische Vernunfturteile gestützte Aufklärung dagegen muß zugleich in ein allgemeines vernünftiges Leben eingebettet sein, in dem sich die Beteiligten *praktisch* auf einen kognitiven Sinn der Urteile, welche dieses Leben orientieren, einlassen. Das hat vor allem zwei prinzipielle Gründe:

Die begriffliche Ausdifferenzierung praktischer Vernunft, welche uns unter Überschriften wie Selbstbestimmung, Anerkennung, Gleichheit, Gerechtigkeit usf. entgegentritt, läßt sich im Kern nur gleichsam von innen her, das heißt nur begleitend zu unserem praktischen *Eintritt in die Praxis und Erfahrung* eines bestimmten Lebensverständnisses entfalten. Die auf diese begriffliche Landschaft bezogenen Begründungen und Urteile sind daher nicht einmal angemessen *zu verstehen*, ohne daß wir bereits ein Stück weit an der Lebensform teilnehmen, in welche diese Urteile orientierend eingreifen. Dies erklärt auch, warum wir zu den Inhalten moralischer Verpflichtung im allgemeinen nicht die gleiche Distanz und emotionale Neutralität bewahren können, wie dies etwa bei rechtsvertraglichen Verpflichtungen oder Ratschlägen (bezogen auf das für jemanden Gute) häufig möglich und sinnvoll ist.

Dazu kommt ein weiteres: Wenn wir für praktische Urteile der zweiten Art beanspruchen, daß sie ein praktisches *Wissen* darstellen, bedürfen wir einer *praktischen Umgebung*, in welcher sich eine *kognitive* Grammatik wirklich ansiedeln läßt. Die Universalität von Überzeugungen kann hier nicht allein auf der *»theoretischen«* Ebene von Begründungen erreicht werden, weil diese mit differierenden Lebens- und Gesellschaftsprojekten rechnen müssen. Für eine praktisch »distanzierte« Konfliktbewältigung oder -austragung stünden ja nur die Alternativen des Kampfes und der Vereinbarung mit ihren Zwischenstufen zur Verfügung. Ein hobbesianisches Friedensmotiv allein reicht jedoch für gehobene Ansprüche an praktische Wahrheit nicht aus.

Ein stärkeres Verständnis gemeinsamer Orientierung erhalten wir hier dann, wenn die Beteiligten das Vernünftige, das heißt die Perspektive vernünftiger Problemlösung, zu ihrer gemeinsamen Handlungs- und Orientierungssache machen. Dies bedeutet insbesondere, daß sie ihre individuellen Projekte als Teil einer unter den Menschen allgemeinen Aufgabe verstehen oder doch konsistent zu dieser entwickeln. Die Möglichkeit überzeugender Moral- und Vernunftorientierungen ist also an eine bestimmte Lebensform oder die ernsthafte Teilnahme an ihrer Entwicklung gebunden.

Das bedeutet auch: Lediglich über *Diskursbedingungen*, unterhalb gewissermaßen der Ebene einer *gemeinsamen Lebensform*, einer Art »Sittlichkeit der Vernunft«, ist ein kognitives Verständnis von Moral und Vernunft nicht zu gewinnen. Dagegen lassen sich natürlich Diskursformen, ebenso allerdings auch Einstellungen und anderes mehr, als *interner Ausdruck praktischer Vernunft* begreifen. – Darum kann auch der »Kampf um Anerkennung« nie allein auf der Ebene von Diskursen seine Orientierung erfahren. Stets müssen begleitend auch Elemente veränderten Lebens bereits eingerichtet sein, die den praktischen Sinn der Diskurse, die für sie intern wesentlichen Begriffe und Beurteilungsgegenstände bestimmen.

Die Einbettung in die Orientierungsarbeit der vernünftigen Lebensform rückt auch praktische Urteile erster Art noch einmal in einen neuen Zusammenhang. Praktische Urteile erster Art beurteilen ihren Gegenstand zunächst prima facie. Die Orientierungs- und Praxisform des vernünftigen Lebens bestimmt insbesondere die Abwägungen, in denen praktische Urteile erster Art jetzt als mehr oder minder gute Gründe auftreten. Was das für uns letztlich Gute ist und wie wir mit widerstreitenden Verpflichtungen umgehen, muß nun, wenn es denn dazu etwas zu wissen gibt, in dieser umfassenden Perspektive beurteilt werden.

Selbst technische Orientierungen, wie sie etwa in der Mathematik oder teilweise in der Ökonomie auftreten, sind schließlich von einer solchen Einbettung betroffen. Das liegt dort offen zutage, wo Theorien über Deutungen ihres sprachlichen Inventars erst noch an vernünftige praktische Situationsverständnisse angeschlossen werden müssen, damit sie mehr sein können als interne oder gar formale Spielereien.

Verborgener ist häufig ein anderer Zusammenhang des Verständnisses technischer Praktiken mit einem Rahmen vernünftiger Gemeinsamkeit: wenn nämlich das technische Handeln von *Deutungen* seiner selbst überlagert ist, die zwar seinen Vollzug intakt lassen mögen, selbst aber samt ihren Konsequenzen ein Problem darstellen, dessen Bewältigung praktischer Vernunft und ihrer Kritik bedarf. Beispiele hat man hier an den sogenannten Grundlagen- und Methodenstreiten der Logik, Mathematik und Ökonomie, wenn diese Auseinandersetzungen nicht als bloß technische Dispute stilisiert oder durch »Liberalitätspostulate« à la Carnap entschärft werden.

Zusammenfassung

Lassen Sie mich den Gang meiner Unterscheidungen und Überlegungen noch einmal auf das Wesentliche zuspitzen:

Es gibt einen Gebrauch des Wortes »wahr«, welcher auf richtige Feststellungen bezogen ist. Diese Bedeutung von »wahr« gibt dann ferner der Rede von der *Begründung der Wahrheit* einer Aussage oder eines Urteils einen nichttautologischen Sinn.

In anderen Fällen, zu denen insbesondere bestimmte praktische Urteile (erster Art) gehören, sind Wahrheitsansprüche intern mit einer bestimmten Art der Begründung verbunden, so daß von der Begründung der Wahrheit oder Geltung einer Aussage zu sprechen dann im allgemeinen redundant wird.

Das Verständnis von *Begründung* (und entsprechend argumentativer *Geltung*) steht in diesen Fällen auf zwei begrifflichen Beinen, zum einen auf einem universalistischen Begriff der *Überzeugung*, zum anderen auf *Paradigmen des Begründens*, Paradigmen, die uns zugleich eine Vorstellung von der Orientierungs*sicherheit* geben, welche wir von Begründungen (jeweils) erwarten oder erwarten können.

Schließlich treten unter den Stichworten »Vernunft« und »Moral« Orientierungsprobleme in den Blick, welche wir in einem anspruchsvollen Sinne *kognitiv* nur noch dann bewältigen können, wenn wir bereits innerhalb der Form des vernünftigen Lebens auf ein gemeinsames Handeln bedacht sind.

Die pragmatische Übereinstimmung; die in die Grammatik von Überzeugungen eingearbeitete Allgemeinheit; schließlich die universalen Strukturen des vernünftigen Lebens: sie stehen nicht schlicht nebeneinander, sind vielmehr in der genannten Reihung ineinander eingebettet, so daß Probleme, welche auf einer vorgängigen Ebene der Übereinstimmung nicht gelöst werden können, sich auf eine höhere Ebene der Bewältigung heben lassen.

Literatur

Kambartel, Friedrich (1989), »Vernunft: Kriterium oder Kultur? Zur Definierbarkeit des Vernünftigen«, in: ders., *Philosophie der humanen Welt*, Frankfurt am Main, S. 27-43; ebenso in diesem Band, S. 88-105.

– (1992), »Die Vernunft und das Allgemeine. Zum Verständnis rationaler Sprache und Praxis«, in: V. Gerhard und N. Herold (Hg.), *Perspektiven des Perspektivismus. Gedenkschrift zum Tode Friedrich Kaulbachs*, Würzburg, S. 265-277; ferner in: K.-O. Apel und M. Kettner (Hg.), *Die eine Vernunft und die vielen Rationalitäten*, Frankfurt am Main 1996, S. 58-72.

– (1997 a), *Wahrheit und Begründung* (= Jenaer Philosophische Vorträge und Studien, 20), Erlangen.

– (1997 b), »Wahrheit und Vernunft. Zur Entwicklung ihrer praktischen Grundlagen«, in: Ch. Hubig (Hg.), *Cognitio Humana – Dynamik des Wissens und der Werte*, Berlin, S. 175-187.

– (1998 a), »Zur Grammatik von Wahrheit und Begründung«, in: J.-P. Harpes und W. Kuhlmann (Hg.), *Zur Relevanz der Diskursethik. Anwendungsprobleme der Diskursethik in Wirtschaft und Politik*, Münster, S. 34-51.

– (1998 b), »Vernunftkultur und Kulturrelativismus. Bemerkungen zu verschiedenen Problemen des Verstehens und Begründens«, in diesem Band, S. 212-220.

Dietrich Böhler
Dialogbezogene (Unternehmens-)Ethik versus kulturalistische (Unternehmens-)Strategik
Besteht eine Pflicht zur universalen Dialogverantwortung?

denziellen Erfolg des Moralischen unter strategischen Bedingungen der Geld- und Marktwirtschaft

2.1 Unternehmerische Verantwortungsstrategien unter (interkulturellen) Bedingungen der Korruption

3. Moralität des Wirtschafts-, Staats- und Weltbürgers: Mitverantwortung für den tendenziellen Erfolg des Moralischen bei kaum prognostizierbaren sozioökologischen Nebenfolgen

Vorbemerkung

Ist eine weder willkürliche noch bloß kulturabhängige, eine nicht partikulare, sondern universale ethische Orientierung möglich, so daß sie im Grunde von jedem eingesehen werden könnte? Sie einsehen hieße sie als verbindliche Geltungsinstanz erkennen und als Richtschnur des Verhaltens anerkennen. Wer nach einer solchen Erkenntnis und Anerkenntnis sucht, fragt nach einem universal verbindlichen und undogmatischen, weil allgemein einsehbaren normativen Fundament, auf Grund dessen sich soziale Konflikte, intrakulturelle und interkulturelle, verständigungsorientiert lösen ließen – in diesem Sinne friedlich. Er wirft damit die Begründungsfrage der Moral, genauer eines tragenden Prinzips der Moral, auf.

Jenes moralische Begründungsproblem erfährt eine zweifache Zuspitzung, wenn man es – erstens – vor dem weithin universalismuskritischen und begründungsskeptischen Hintergrund der »pragmatischen Wende«[1] bzw. hermeneutisch-pragmatischen Wende von Philosophie und Kulturwissenschaften stellt; und wenn man es – zweitens – im Blick auf wirtschaftliches Handeln diskutiert. Dann hat man als Bezugssystem einen Handlungstyp gewählt, dessen Rationalität sich nicht in der argumentativen Verständigung mit Anderen über das allgemein Zustimmungswürdige (und in diesem Sinne Moralische) verwirklicht, sondern vielmehr in einem Kalkül der Mittel und Wege zum Unternehmensgewinn, das heißt zu einem partikularen Zweck. Es entsprach daher der Logik der Sache, der Rationalität des marktwirtschaftlichen Verhaltens, daß dessen Theorie zur Abkopp-

1 Zur pragmatischen Wende und zum Diskurs über deren kulturrelativistische oder universalistische Konsequenzen vgl. Böhler 1986; McGuinness u.a. 1991; Habermas 1996.

lung von der Ethik führte und erst durch eine solche zustande gekommen ist; seit nämlich der Moralphilosoph Adam Smith den Weg zur Marktwirtschaftstheorie – als Theorie nationalen Wohlstands auf Grund partikular-strategischen Gewinnstrebens und wechselseitigen Vorteilkalküls – beschritten hat.[2]

Angesichts vielfältiger moralischer Probleme, die sich dem Unternehmer und Marktwirtschaftler heute stellen, hat aber mittlerweile die Frage Hochkonjunktur: Lassen sich – und wenn, wie – die beiden Einstellungen bzw. Denkweisen aufs neue vereinen, lassen sie sich nach der notwendigen analytischen Scheidung in ein Ergänzungs- und Kooperationsverhältnis zueinander bringen? Anderenfalls wäre eine Ethik für Marktwirtschaftler und Unternehmer zum Scheitern oder zur Ideologie verurteilt, was ich ebensowenig wie Horst Steinmann und Andreas Scherer hoffe.

Als gemeinsamen Angelpunkt für unternehmerisches Handeln und für moralische Diskurse schlagen Steinmann und Scherer die Orientierung an Frieden und Verträglichkeit vor. Ihr besonderer Kunstgriff besteht darin, daß sie mit diesem Vorschlag zugleich das angedeutete Hintergrundproblem lösen wollen: die Frage, ob die »pragmatische Wende« nicht erst dann konsequent vollzogen (»fundamentalpragmatisch« durchdacht) sei, wenn man eine normative Orientierung finde, die der multikulturellen Kritik am Universalismus Rechnung trage – eine Orientierung, die nicht auf westlichen Moralexport, sondern auf Verständigung zwischen den Kulturen abziele und auch für interkulturelles Unternehmerhandeln tauge.

In der folgenden Erörterung sollen beide Problemkreise, sowohl das Verhältnis von strategisch-zweckrationalem Unternehmerhandeln versus dialogrationalem Lösen moralischer Probleme als auch die Frage, wie nach der »pragmatischen Wende« interkulturelle Verständigung zu denken und zu realisieren ist, im Auge behalten werden. Es sind dies zwei zu *unterscheidende* Probleme, ohne deren Lösung sich freilich ein Moralprinzip weder begründen noch auf das unternehmerische Handeln und dessen neue moralische Herausforderungen anwenden läßt.

2 Dazu und zur Charakteristik der Zweckrationalität des wirtschaftlichen Verhaltens gegenüber der argumentativen Dialog- und Konsensrationalität des moralischen Fragens siehe in diesem Bande den Beitrag von Thomas Bausch, besonders Vorbemerkungen und Resümee.

1. Das Problem: reflexiv eingestellte universale Dialogethik versus dialogvergessene kulturpluralistische Verträglichkeitsstrategik

An Paul Lorenzen anknüpfend, führen die Nürnberger Unternehmensethiker als normative Richtschnur interkulturellen Unternehmerhandelns die Orientierung an Frieden bzw. Verträglichkeit ein – und damit unausdrücklich die Norm ›Sei tolerant!‹. Bereitschaft zum Frieden und zur Toleranz, Bereitschaft zur Kritik der eigenen Kultur bzw. der daraus abgeleiteten eigenen Verhaltensmaßstäbe und dementsprechend die Verständigungsbereitschaft mit Angehörigen anderer Kulturen – das sind zweifellos wichtige, mithin in Kriterienform zu gießende Forderungen jeder normativen Ethik. Daß Steinmann und Scherer diese Postulate in die Betriebswirtschaftslehre einbringen, bereichert diese um eine wichtige ethische Dimension. Freilich will das sorgsam bedacht (begründet und durchgeführt) sein, weil die BWL eben nicht von normativ ethischer, sondern von Zweck-Mittel-Rationalität getragen ist – nicht an universaler Verständigung orientiert, sondern an partikularem Gewinn. Hier liegt also ein Grundproblem der Unternehmensethik. Wie ist es rational lösbar?

Ohne Not belasten Steinmann und Scherer die Lösung dieses Grundproblems mit einer paradoxen Herangehensweise, die sie »kulturalistisch« oder »kulturpluralistisch« nennen. Wenn ich recht verstehe, überdrehen sie das Problem in die Paradoxie: Läßt sich eine normative Unternehmensethik so begründen, daß man das stillschweigende Paradigma der Betriebswirtschaftslehre, die strategische Zweckrationalität, mit einem »Kulturalismus« verbindet, der jene moralischen Postulate enthalten soll – wiewohl er die Begründung allgemein verbindlicher Kriterien dafür als unmöglich erachtet, da verbindliche Kriterien nur innerhalb einer Kultur und aufgrund der an ihren Kontext gebundenen lebensweltlichen Erfahrung möglich seien?

Meine Befürchtung ist, daß infolge jener Paradoxie die Friedens- und Toleranzpostulate ihren normativen Gehalt und damit ihre Kriterienfunktion verlieren. Fragt sich doch, ob Steinmann und Scherer nicht bereits die zugrundeliegende politisch-ethische Sollensforderung[3] Paul Lorenzens um jeden normativen Gehalt bringen, wenn sie wie Wohlrapp ansetzen: »Vernünftig ist es, die eingelebten Eigenarten, soweit sie Unverträglichkeiten generieren, in der Argumentation zur Disposition zu stellen, also sich um des Friedens willen in Distanz dazu zu bringen.«[4] Als Ziel wird gesetzt, »Verträglichkeit herzustellen«.[5]

Skeptiker würden fragen: Frieden unter welchen Bedingungen? Wann bzw. mit wem soll man Verträglichkeit herstellen? Müßten wir nicht, sofern wir auf Argumente und damit auf das argumentativ Ausweisbare setzen, eine bloß faktische Verträglichkeit oder Unverträglichkeit von einer möglichen legitimen unterscheiden; ebenso eine, zwar vom faktischen Gegenüber zurückgewiesene, aber gleichwohl argumentativ zustimmungswürdige Eigenart von einer zu Recht abgelehnten, weil nicht konsenswürdigen? Auch nach Lorenzen müßte es eigentlich darauf ankommen, daß die je angestrebte oder erzielte Verträglichkeit mehr als ein *bloß* faktischer Konsens zwischen den jeweils Beteiligten, mehr als eine *partikulare* Konsens-Einigung sein soll – nämlich eine Einigung, für die sich ein *allgemeiner* freier Konsens finden ließe.[6] Das liefe auf ein universalistisches Geltungskriterium hinaus; und zwar auf das, welches der argumentativen Dialogrolle und Dialogpraxis innewohnt, die jeder Behauptende (ob Praktiker

3 »Der ›Pluralismus unverträglicher Zwecke‹ soll in eine Pluralität miteinander verträglicher Lebensformen überführt und so der Frieden stabiler gemacht werden«; Steinmann/Scherer, in diesem Band, S. 57, mit Zitat aus Lorenzen 1987, S. 232 f.

4 Wohlrapp 1995, S. 161.

5 Ebd.

6 Diese Erinnerung verdanke ich Horst Steinmann; als Glosse zum voraufgegangenen Absatz meines Manuskripts bemerkte er:
»1. ›Frieden‹ wird nicht *gesetzt*, sondern verdankt sich einer lebenspraktischen Erfahrung als Differenz zur machtinduzierten Konfliktlösung und impliziert als »allgemeiner freier Konsens« bereits Transsubjektivität also eine normativ-ethische Kategorie. (Vgl. Lorenzen 1987.)
2. Die Feststellung eines Friedenszustandes läßt sich nicht anhand von ›Kriterien‹ von außen bestimmen, sondern ist nur aus der Teilnehmerperspektive möglich. (Vgl. Lueken 1992.)«
Ich erlaube mir, jetzt kurz auf diese Bemerkungen einzugehen – im Sinne einer Vorverständigung vor der eigentlichen Begründungsreflexion in den Abschnitten II. und III.1.

oder Theoretiker, normativer Ethiker oder Zweckrationalist, ob dialogisch eingestellt oder strategisch um Interessendurchsetzung bemüht) durch seinen Behauptungsakt und dessen Geltungsanspruch schon eingegangen ist. Dann müßte sich das universale Geltungskriterium, wie ich (in den Abschnitten II. und III.1) zeigen möchte, durch Besinnung auf die Teilnehmerperspektive des Behauptenden und Dialogpartners als verbindlich *erweisen* lassen. Nach einem reflexiven Aufweis müßte das Kriterium *angewandt* werden, um faktische Friedensschlüsse *prüfen* zu können, wie auch um den Primat der dialogisch eingestellten ethischen Vernunft gegenüber der durchsetzungsorientierten strategischen Zweckrationalität zu *gewährleisten*. Hier liegen die Streitpunkte zwischen Transzendentalpragmatikern und den kulturalistischen Philosophen sowie Unternehmensethikern, die aus Kamlahs und Lorenzens »Erlanger Schule« hervorgegangen sind.

Wenn die allgemeine, freie, argumentative Zustimmungswürdigkeit nicht als Kriterium für Gültigkeit und Verbindlichkeit einer Friedensbemühung und einer faktischen Einigung erwiesen und angewandt wird, bleiben Verträglichkeitsherstellung bzw. Friedensbemühung moralisch neutral und blind. Ein Kulturpluralismus würde dann dialogunfähig bzw. kritikunfähig. Das bedeutete: er glitte ab in einen Kulturrelativismus, der keine Verpflichtungen kennt. Diese Gefahr sieht auch Wolf Lepenies und sucht sie zu beseitigen.[7] So weist er darauf hin, daß Kulturen und Religionen von politischen Gruppen und Partikularinteressen instrumentalisiert werden; er plädiert für die »Bildung von Lerngemeinschaften« zwischen den Kulturen. In diesem Sinne – nur philosophierend einen Schritt zurücktretend – schlage ich vor: Laßt uns die dialogischen Verbindlichkeiten und Kriterien interkultureller Lerngemeinschaften sowie faktischer Friedensbemühungen aufklären und anwenden!

Denn wie sollte ohne universalistische Geltungskriterien ›Frieden‹ unterschieden werden von ›Konfliktvermeidung und Verträglichkeit um jeden Preis‹ – oder von einer Einigung zu Lasten Dritter, welche bloß auf ein augenblickliches Vorteilskalkül zurückgehen kann? Ohne Kriterien für legitimen Frieden und ohne eine einsehbare Verpflichtung zur Bemühung um (legitimen) Frieden gewinnt eine Friedensorientierung keine Verbindlich-

7 Lepenies 1995.

keit, so daß sie zu einem *Mittel* für partikulare Zwecke bzw. Interessen werden kann. Das aber wäre der Sieg eines partikularen Interessenkalküls, mithin einer (je strategisch einsetzbaren) Mittel-Zweck-Rationalität über die universale ethische Vernunft.

So vertrete ich die These: Ein Friedenskonzept, das nicht der universalen argumentativen Zustimmungswürdigkeit entspricht, ist latent ideologisch. Es taugt als Deckmantel für alles und jedes, was zwei oder mehrere Parteien wollen, sofern sie nur *untereinander* nicht unverträglich werden. Im Schatten dieser Verträglichkeit ist allerhand Unmoral möglich, zum Beispiel Unterdrükkung oder Ausbeutung Dritter.

Unbestreitbar attraktiv ist das »kulturalistische« oder »kulturpluralistische« Friedenskonzept dann, wenn ein strategisches Hintergrundinteresse besteht, auf der Basis kriterienloser Verträglichkeit (strenggenommen mit allen und jedem und jederzeit) Geschäfte zu machen. Insofern entspricht es dem zweckrational-strategischen Horizont der traditionellen Betriebswirtschaftslehre wie auch dem einer Wirtschaftsinteressen verfolgenden »Realpolititik«, die beide nicht von normativer Ethik belastet sind. Es sagt freilich nichts darüber aus, wann Verträglichkeit oder Unverträglichkeit legitim sind.

Derart kriterienlos ist das kulturalistische Verträglichkeitsziel kein normativ-ethisches Korrektiv der betriebswirtschaftlichen wie der realpolitischen Strategie.[8] Wenn es sich Unterneh-

8 Dazu schrieb mir Professor Steinmann folgende Glosse: »Sollten wir Nürnberger Unternehmensethiker damit gemeint sein, fällt diese Kritik weit hinter das erreichte Argumentationsniveau zurück. Gerade weil wir nicht bloß ›Realpolitiker‹ sind, sondern die normativ-ethische Dimension hervorheben, werden wir von den ›Realpolitikern‹ des Faches angegriffen. Die Differenz von ›real‹ und ›ideal‹ im konstruktivistischen Verständnis hat Lorenzen (1989) herausgearbeitet. Vgl. ferner Lorenzen 1992, S. 207 ff.«
Die gut gemeinte *Absicht* einer normativen Unternehmensethik steht außer Frage. Wird aber dieser Anspruch eingelöst? Wie könnte er anders eingelöst werden als dadurch, daß – erstens – die Mittel-Zweck-Rationalität der dialogisch ethischen Vernunft untergeordnet und demgemäß – zweitens – das Verträglichkeitsziel dem Kriterium universaler argumentativer Zustimmungswürdigkeit unterstellt wird und – drittens – der kulturalistische Ansatz seinerseits als ein Beitrag im argumentativen Dialog angesiedelt wird, mithin in einem solchen kritisch geprüft, nicht aber ihm dialogvergessen vorausgestellt und

mensethikern gleichwohl aufdrängen kann, dann verweist das nicht allein auf das Ausmaß der Denkungewohntheit, sondern der Denkschwierigkeit, das *zweckrational-strategische Paradigma der Betriebswirtschaft* mit dem *dialog- und vernunftbezogenen Paradigma normativer Ethik* so *zu vermitteln*, daß eine normative Unternehmensethik zureichend begründet werden kann. Daher gehören die diesbezüglichen Begründungsprobleme ganz oben auf die Agenda – gerade in einer Zeit, in der uns Handlungsprobleme wie Ökologie und Arbeitslosigkeit, Menschenrecht und Korruption auf den Nägeln brennen. Wie sollten wir diese lösen können, wenn wir nicht den Denkrahmen erarbeitet und über ihn argumentativen Konsens erzielt haben, in dem sie erst angemessen zu stellen und zu erörtern sind?

Ein Schritt in diese Richtung ist es, den Friedensbegriff durch Rückbesinnung auf das dialogische Verpflichtungsverhältnis einzuführen, das von *allem* menschlichen Reden und Handeln vorausgesetzt ist und verbindliche Kriterien für Legitimität (Richtigkeit) und für mögliche Wahrheit enthält. Das ist das argumentativ-dialogische Verhältnis des *Behauptens und Begründens*, also des Erhebens und Prüfens/Einlösens von Geltungsansprüchen. Dieses dialogische Verhältnis ist nämlich in jeder möglichen Verständigungspraxis und damit in jeder möglichen Sprache angelegt. Zudem ist jeder Sprecher/Akteur, der etwas behauptet, eben durch sein Behaupten schon eingetreten in jenes dialogische Verhältnis, das die Rechtfertigung der eigenen These mit der Anerkennung von Kritikern verbindet. *Jeder begleitet seine praktischen Tätigkeiten* immer schon und notwendigerweise *mit* (zumeist unausdrücklichen) *Behauptungen*; ganz gleich, in welcherlei praktischem Zusammenhang er jeweils tätig ist – ob in einem Zusammenhang kommunikativen Handelns oder strategischen Verhaltens oder technischen Herstellens.[9] Erinnern, er-

vorgeordnet wird? Auch eine kulturalistische These ist eine Behauptung mit Geltungsanspruch auf argumentative Zustimmungswürdigkeit. Auch ein Kulturalist muß also berücksichtigen und kann reflexiv wissen, was es *heißt*, zu argumentieren, und welche *Verbindlichkeit* er als Dialogpartner eingegangen ist, wenn er durch seine Behauptungen jeweils einen argumentativen Dialog eröffnet oder fortsetzt.

9 Jene drei Handlungstypen waren von Aristoteles über Marx bis Hannah Arendt in zwei Handlungsformen zusammengepreßt worden: Praxis versus Poiesis. Kritisch Max Weber aufgreifend, hat Jürgen

örtern und bewußt vollziehen läßt sich jedwede Tätigkeit nur, indem man mittels Behauptungen zu ihr oder auch zu ihren Bedingungen (Situation, Lage) Stellung nimmt.

Nun nehmen wir, wie Kulturalisten und Transzendentalpragmatiker gemeinsam betonen, wohl stets in dem *kulturellen Kontext* einer realen Kommunikationsgemeinschaft zu etwas Stellung – also vor dem »background« partikularer Perspektiven, Wissensbestände und Meinungen, Werte, Konventionen und Interessen. Diese fungieren als Vor-Verständnis und als Vor-Urteil, so daß sie ebenso richtiges Verständnis wie Mißverständnis, gültiges wie ungültiges Urteil ermöglichen. Das macht unser Gesagtes, den Gehalt unserer behaupteten Aussagen kritikfähig bzw. kritikbedürftig.

Aus dem kulturellen Kontextbezug von Aussagen allein lassen sich aber keine relativistischen Konsequenzen ableiten, da Aussagen nur verständlich sind, weil sich die Sprecher immer schon und unvermeidlich in eine *performative Distanz* zu ihnen bringen, indem sie für sie Geltung beanspruchen. So hat jeder, der etwas behauptet, weil seine Behauptungshandlung Geltung (mögliche Wahrheit bzw. Richtigkeit) für die Aussage unterstellt, die Ebene des argumentativen Dialogs betreten und dadurch bereits die *Rolle eines Dialogpartners* auf sich genommen. Das macht es möglich, ihn beim Wort zu nehmen, ihm Gründe abzuverlangen, ihn zur Rechenschaft zu ziehen; das ist es auch, was dem, der allein mit sich ist, Selbstreflexion als Selbstgespräch und Gewissensentscheidung ermöglicht: Einer nimmt den anderen (implizit alle möglichen anderen) und sich selbst als Partner in einem Dialog ernst, dessen Geltungssinn auf Allgemeinheit zielt, auf die Unterscheidung zwischen partikularen Meinungen und allgemein einsehbaren Argumenten.

Angelegt in der »performativ-propositionalen Doppelstruktur« jeder Sprache (Habermas) und damit in der Dualis- und Dialogstruktur einer Sprache (Wilhelm von Humboldt), transzendiert die dialogische Ur-Rolle des Behauptens den jeweiligen Kontext unserer Vor-Verständnisse und Vor-Urteile: Weil wir durch unsere Behauptungen Geltung beanspruchen, bezie-

Habermas (1981, S. 384 ff.) demgegenüber drei Handlungstypen und demgemäß drei Möglichkeiten, Handlungen rational zu erschließen und zu kontrollieren, Rationalitätstypen also, unterschieden.

hen wir uns auf eine unbegrenzte und insofern ideale Kommunikationsgemeinschaft, in der ausschließlich sinnvolle Argumente zählen und alle sinnvollen Argumente berücksichtigt würden, so daß unser Geltungsanspruch wirklich eingelöst oder als falsch erkannt würde.

Darin liegt das wechselseitige Voraussetzungsverhältnis von realer und idealer Kommunikationsgemeinschaft in jeder realen Kommunikation. Karl-Otto Apel hat diese »Dialektik« von realer Kommunikationsgemeinschaft und idealer Kommunikationsgemeinschaft als transzendentalpragmatisches Fundament des Philosophierens eingeführt.[10] Ich möchte zeigen, daß diese Dialektik das normative Fundament des Denkens ist, auch des Nachdenkens über uns, die wir als kommunikativ Handelnde etwas Verständliches sagen können – insbesondere als Behauptende, als direkt Geltung Beanspruchende und damit als Teilnehmer an einem argumentativ zu führenden Dialog.

Kulturalisten wie Kambartel können jenes wechselseitige Voraussetzungsverhältnis auf das Selbstverständnis abendländischer Vernunft relativieren, und relativistische Kulturalisten (wie Wohlrapp und Steinmann/Scherer) können es ignorieren, weil sie durch ihre mit jeder Behauptung schon eingenommene Rolle des Argumentationspartners wie durch Glas hindurchsehen, statt darauf zu achten. So können sie mehr oder weniger relativistische Theorien entwickeln, ohne zu bemerken, daß ihre relativistischen Aussagen unvereinbar mit den Ansprüchen auf Gültigkeit sind, die sie als Behauptende, als argumentativ Handelnde, erhoben bzw. unterstellt haben. Infolge der Dialogvergessenheit ihres Ansatzes schauen sie systematisch darüber hinweg, daß sie strenggenommen keine sinnvollen Äußerungen machen. Ihre Dialogrolle vergessend, bemerken sie nicht, daß sich für ihre kulturalistischen Theorien und für ihre kulturpluralistische Skepsis gegenüber Prinzipienbegründung keine prüfbaren Geltungsansprüche mehr erheben lassen, Ansprüche also, die jetzt in einem Dialog argumentativ eingelöst werden könnten. Ihr kommunikatives Handeln und ihre gegenstandsbezogenen Aussagen, also ihre Performanz (mit Geltungsanspruch) und ihre Proposition (deren Gültigkeit zu erweisen wäre), nicht ins Verhältnis zueinander setzend, bringen sie pragmatisch inkonsistente Äußerun-

10 Vgl. Apel 1973, S. 358 ff., sowie zuletzt 1993, S. 149 ff.

gen hervor – performative Widersprüche, die ihre Behauptungen als Diskursbeiträge sinnlos machen.[11]

Demgegenüber möchte ich einen sokratisch-dialogpragmatischen Ansatz vertreten und begründen: Der Rückgang auf die notwendige, alles menschliche Tun und Lassen zumeist unausdrücklich begleitende, mithin für jeden erfahrbare und erkennbare Meta-Praxis des *Etwas-Behauptens*, welche einen argumentativen Dialog eröffnet oder antizipiert, erschließt uns einen universalen »Grund der Verbindlichkeit« (Kant) und damit zureichende Kriterien für die Suche nach dem Wahren und Richtigen. Insbesondere aus dem *wechselseitigen Voraussetzungsverhältnis des Gültigkeitsanspruchs eines Behauptungsaktes*, der eine ideale Kommunikationsgemeinschaft als Geltungsinstanz voraussetzt, und andererseits der *faktischen Aussagen*, die von Vorurteilen und Vorverständnissen unserer realen Kommunikation geprägt sein mögen, *ergibt sich eine Verpflichtung* zum Dialog mit und zur Anerkennung von Anderen, die niemand sinnvoll bestreiten kann, so daß sie als absolut zu gelten hat. Im Blick auf die wohlmeinende Toleranz- und Verträglichkeitsabsicht, die sich hinter den relativistischen Formulierungen der Kulturalisten verbirgt, läßt sich diese absolute Verpflichtung vorläufig so ausdrücken: »Prüfe die von Dir behaupteten und damit geltend gemachten kulturspezifischen Normen etc. in argumentativen Dialogen darauf hin, ob sich die dafür erhobenen Geltungsansprüche angesichts aller sinnvollen Einwände, die dagegen vorgebracht werden könnten, einlösen lassen oder ob sie als unberechtigt fallen zu lassen sind.«

1. Der nicht sinnvoll bestreitbare, mithin absolut verbindliche Verpflichtungsgehalt von »Frieden« und »Toleranz«

Wer jenem Grundsatz folgt, verhält sich friedlich und tolerant; wer sich ihn bewußt macht, nimmt damit das zureichende Kriterium für Frieden, Friedlichkeit und Toleranz in Besitz. In seinem Licht lassen sich nämlich Frieden und Frieden eindeutig unter-

11 Hier beziehe ich mich auf meine Einführung und Erörterung des Satzes vom zu vermeidenden pragmatischen Widerspruch in: Böhler 1984, S. 350 ff.; 1982, S. 95 ff.; 1995 a, S. 150 ff.

scheiden: gegen den »Frieden« als Mittel eines situationsgebundenen partikularen Interesses stellt sich von vornherein die *Idee des Friedens* als Inbegriff der Existenzbedingungen von *Vernunft*, das ist von Verstehen und argumentativer Auseinandersetzung (also auch dessen, was ich jetzt schreibend tue und Sie, geneigte Leser, verstehend und beurteilend tun werden). Von der Idee eines solchen Dialogfriedens bzw. Vernunftfriedens (Frieden I) heben sich wiederum die *echten Friedensbemühungen* ab, welche einen rechtsgemäßen republikanischen, mit kommunikativer Freiheit verbundenen realen Frieden (Frieden I') allererst zu verwirklichen streben.

Demgegenüber läßt ein partikular-interessenbezogener Friedensschluß zwar die Waffen eine Zeitlang schweigen und setzt die Strategien zwischen den Parteien eine Weile aus, enthält aber den Keim der nächsten Kriegs- bzw. Kampf-»Runde«. Denn er beruht lediglich auf der fragilen Grundlage gemeinsamer Oberinteressen der Gegenspieler und kommt bloß durch ein *interessen-* und *situationsgebundenes* (morgen möglicherweise anders ausfallendes) *Vorteilskalkül* zustande.[12] Dieser *strategische Kalkül-Friede* (Frieden II) ist unvereinbar mit besagter *Idee des universalen republikanischen Friedens* (gemäß der Einsicht in die kommunikative Existenzform der Vernunft und damit der Ver-

12 Bloß ein Friedenszustand aufgrund wechselseitigen situativen Nutzenkalküls ist es, den der Kontraktualismus seit Hobbes denken kann, weil er vom zweckrationalen Vorteilskalkül ausgeht und nicht wie Kant nach einer allgemeinen Verbindlichkeit jenseits der partikularen Interessen fragt. Dieser Friedensbegriff kennt nur das Paradigma der reziprok berechnenden Interessengegner: sie bringen möglichen »Frieden« zweckrational, als unter den jetzt vorherrschenden Bedingungen effektives Mittel zur Erreichung der eigenen Zwecke, in das strategische Spiel ein, statt ihn auch ethisch rational als unbedingtes Gebot anzuerkennen, das es selbst dann einzuhalten gilt, wenn sich die Lage ändert und ein Losschlagen Erfolg und Nutzenmehrung verspricht.
Zur Unterscheidung der Zweckrationalität von ethischer Rationalität bzw. praktischer Vernunft und zur Kritik der Vertragstheorie als Ansatz bei der Zweckrationalität, welcher wie Hobbes auch das *pacta sunt servanda* nicht begründen kann, sondern aus sich heraustreten und seiner Nutzenlogik widersprechen muß, um dessen Verbindlichkeitssinn zu postulieren, sei verwiesen auf die Erörterungen von Apel 1996, S. 17 ff., und Böhler 1984.

ständigung und Argumentation) wie auch unvereinbar mit einem auf gegenseitiger Anerkennung und beiderseitigem Friedenswillen beruhenden *echten Friedenszustand*, der als situativ gerechtfertigter Vorläufer bzw. als situationsangemessener *Übergang* zur Etablierung des Friedens im Sinne jener Einsicht gelten kann (Frieden I).

Allein von »Frieden I« her läßt sich unsere Rede von Frieden klären und lassen sich gute Gründe für die Gewichtung und Abgrenzung verschiedener Friedenstypen geben. Bezeichnet er doch diejenigen Verhältnisse, die man zur Tätigkeit des Gründegebens bzw. Argumentierens braucht, und jene soziale Einstellung, die wir beim Gründegeben und bei der Berücksichtigung aller sinnvollen Einwände an den Tag legen. Dieser Begriff des vernunftgemäßen Friedens, von Kant als Idee des ewigen Friedens entworfen und gefeiert[13], enthält das Kriterium für die letztlich anzustrebenden Verhältnisse und Verhaltensweisen zwischen kulturell Fremden, zwischen Gegnern oder Konkurrenten. Insofern hat er einen Verpflichtungssinn, der unbestreitbar gültig ist.

Weshalb? Weil derjenige, der über Frieden nachdenkt und diskutiert – nunmehr Sie, geneigte Leser – nicht einerseits Gültigkeit, das heißt Prüfungswürdigkeit und Zustimmungswürdigkeit allein aus Gründen, für seine Gedanken beanspruchen kann, andererseits aber gegenüber möglichen Diskussionsteilnehmern (bzw. gegenüber sich selbst) solche Verhältnisse, die die Berücksichtigung aller möglichen Gegengründe erlauben bzw. fördern, in actu praktisch verweigern oder theoretisch bezweifeln könnte. Täte er das nämlich, so wäre seine Rede für Diskussionspartner bzw. für Sie, geneigte Leser, nicht mehr als Argumentation verständlich. Denn wir wüßten weder, wie wir seine Rede aufnehmen sollten, noch sähen wir uns von ihm als Dialogpartner ernst genommen. Wir könnten ihn (und auch er selbst könnte sich) nicht als Dialogpartner ansehen, dem es um das Geltendmachen und Prüfen einer Behauptung geht. Dialogpartner könnten seine Rede nicht als diskussionswürdigen Dialogbeitrag verstehen: als Äußerung mit prüfbarem Geltungsanspruch.

Das Kriterium für Frieden kann also nicht das Ergebnis eines Interessenkalküls sein, sondern allein die Vereinbarkeit eines Zustands mit den Dialogbedingungen, *welche Du, der Du etwas*

13 Vgl. Kant 1795.

behauptest und zu anderen redest, aufgrund Deiner Dialogrolle in Anspruch nimmst und in Anspruch nehmen mußt, damit Deine Rede für andere als Argumentationshandlung und Dialogbeitrag verständlich sein kann, so daß Du anderen als Dialogpartner begegnen kannst.

Hier deutet sich an, was im einzelnen zu beweisen bleibt: Es gibt Sinnbedingungen des Argumentierens, die zugleich solche des Verstehens (und umgekehrt) sind und die absolut gelten wie auch unbedingt verpflichten. Denn ihre Nichtberücksichtigung kommt einer Zerstörung des Dialogs gleich. Inwiefern? Nun, wer in einer aktuellen Dialogsituation einerseits durch performative Akte, wie Behauptungen, eine Dialogrolle übernommen hat, andererseits aber die absolute Geltung einer Sinnbedingung seines Argumentationshandelns durch seine behaupteten Aussagen bestreitet oder die jeweilige dialogische Verpflichtung zu unterlaufen sucht (indem er sich auf eine skeptische Haltung, eine ironische Rhetorik oder abqualifizierende Attitüde zurückzieht), der *zerstört seine eigene Dialogrolle*, so daß er als Dialogpartner unglaubwürdig wird und seine Rede ihren Kredit und Sinn als argumentativer Dialogbeitrag verliert.[14]

Der streng reflexive Bezug auf den *jeweils geführten argumentativen Dialog* ist Ansatzpunkt und Geltungsinstanz der Transzendentalpragmatik. Das mißverstehen viele ihrer Kritiker, so auch Steinmann und Scherer; meinen sie doch, es handele sich bei diesem Ansatz um die theoretische Rekonstruktion von abstrakten Regeln und deren Anwendung auf bestimmte Situationen.[15] Die Transzendentalpragmatik setzt an bei der in einer kon-

14 Im folgenden argumentiere ich zumal auf der Ebene einer *dialogreflexiv zugespitzten Sinnkritik*. Vorbereitet im Sokratisch-Aristotelischen elenchos, jedoch vom antiken Paradigma der Seinslehre, der Ontologie, sogleich verdrängt, ist dieses Denkniveau meines Erachtens die – noch uneingelöste – größte Errungenschaft eines zu Ende gedachten und daher auch seinen pragmatischen kontextualistischen Skeptizismus vollbringenden »linguistic pragmatic turn«.
Daß eine solche reflexiv diskurspragmatische Sinnkritik zugleich das Reflexionsniveau von Edmund Husserls Epoché konsequent aufheben kann, zeigt das Werk Horst Gronkes 1997. Von Husserls Epoché-Konzeption belehrt, gibt Gronke Apels transzendentalpragmatischer Argumentation eine radikal vernunftkritische Fassung.

15 Vgl. Steinmann/Scherer, in diesem Band, S. 48 ff., 51 ff.

kreten Dialogsituation durchzuführenden Besinnung auf das, was wir als Beteiligte einer solchen Verständigungssituation in Anspruch nehmen und berücksichtigen müssen, um die Geltungsansprüche unserer Behauptungen verständlich vorbringen und auch einlösen zu können. Zu dem, was wir dabei zu berücksichtigen haben, gehört auch, daß wir argumentativ über etwas streiten und den Streit dialogisch austragen, statt daß wir uns bloß strategisch (zwecks Mehrung des Eigennutzens und Durchsetzung partikularer Interessen) verhalten.

Unbemerkt arbeiten Steinmann und Scherer mit einem zweckrational-strategischen Friedens- und Verträglichkeitsbegriff. Unbemerkt, weil sie – erstens – nicht die Verbindlichkeitsfrage stellen und – zweitens – nicht in deren Lichte die Unterscheidung einführen zwischen den in einer bestimmten Kultur faktisch etablierten Konventionen bzw. Normen und jenen universalen Normen bzw. Prinzipien, denen wir entsprechen müssen, wenn unsere Behauptungshandlungen sollen gelingen und als Beiträge zu einem argumentativen Dialog anerkannt werden können. Die Verbindlichkeitsfrage »Warum soll man und wann darf man friedlich bzw. verträglich sein?« kann aber nur im Blick auf jene Unterscheidung beantwortet werden.

Bloße Verträglichkeit hier und jetzt, Konfliktvermeidung als solche, ist unter Umständen sogar unmoralisch. Kann sie doch zur Anerkennung solcher kulturspezifischer Gebräuche oder politisch eingerissener Machtpraktiken bzw. unternehmenspolitisch eingerissener Strategien führen, die in einem argumentativen Diskurs als illegitim, als argumentativ nicht zustimmungswürdig, erweisbar sind. Man denke an repressive politische Praktiken, die die Menschenrechte der kommunikativen Freiheit und Unverletzlichkeit der Person verletzen. Man denke an Bereicherungsstrategien in Administration und Wirtschaft, welche Rechtsnormen verletzen, deren Verbindlichkeit wir als argumentative Dialogpartner in Anspruch nehmen müssen und die überdies volkswirtschaftlich zu Lasten Dritter gehen: Korruption.

Zweifellos sind Politiker in internationalen politischen Beziehungen und Unternehmer im internationalen Unternehmensverkehr – wohl wissend, daß hier eine diskursive Konfliktaustragung zugunsten der Menschenrechte und im Sinne des Rechts den eigenen volkswirtschaftlichen bzw. unternehmenspolitischen Nutzen gefährden kann – stets der »realpolitischen« oder der kurzfristig unternehmensstrategischen Versuchung ausgesetzt. Freilich läßt sich diese Versuchung gar nicht mehr als solche, als Amoralität, *erkennen*, wenn man mit Steinmann und Scherer die Maxime »Friedlichkeit und Verträglichkeit jetzt!« zum obersten Maßstab macht – oder zum Beispiel mit Ziang Zemin, dem chinesischen Staatspräsidenten und Parteichef, die nationalsouveräne Maxime des »gegenseitigen Respekts und der Nichteinmischung in innere Angelegenheiten«.

Wer solche Klugheitsregeln zur Richtschnur macht – und sei es auch so gewunden wie Steinmann und Scherer[16] –, hat die Verbindlichkeitsfrage verabschiedet und nolens volens das strategische Kalkül der Eigeninteressen an die Stelle eines argumentativen Diskurses über das in der jeweiligen Situation Richtige und Verantwortliche gesetzt. Die Folgen sind moral- und legitimitätszerstörend. Das zeigte sich deutlich, als Bundeskanzler Kohl laut Nachrichtenagentur Xinhua im Juni 1995 erklärte, es müsse »respektiert [sic!] werden, daß es immer noch Unterschiede in der Form und in dem Verständnis der Menschenrechte« zwischen Deutschland und China gebe.[17]

Auf der tendenziell relativistischen Ebene eines Kulturalismus oder bloß *vermeintlichen*, nämlich kriterien- und daher grenzenlosen Kulturpluralismus schlägt der Toleranzappell um in eine mögliche Tolerierung des Nicht-Tolerierungswürdigen; dessen nämlich, was seinerseits intolerant ist und die Norm »Sei tolerant!« verletzt oder ignoriert.[18] Dieses Umschlagen bekommen

16 »Eine kulturalistische Perspektive wird [...] das Problem der Belohnung bzw. der Bezahlung von Schmiergeldern anders abarbeiten als ein prinzipienorientierter Universalismus. So kann ja die Gewährung eines kleinen ›Bakschisch‹ möglicherweise ein wichtiger Bestandteil einer Kultur sein, der wegen der im Augenblick nicht unmittelbar veränderbaren gesellschaftlichen Rahmenbedingungen zunächst einmal akzeptiert werden muß.« Steinmann/Scherer, in diesem Band, S. 70 f.
Es gibt zu denken, daß hier, abgestützt durch einen interkulturellen »Toleranz«-Appell, eine allererst diskursiv zu prüfende Praxis sogleich als »kleinen Bakschisch« geben interpretiert und – im Sinne einer kriterienlosen »Verträglichkeit« – legitimiert bzw. scheinbar legitimiert wird.

17 Vgl. Bork 1996.

18 Vgl. Apel 1984a, S. 53 f.

als erste Menschen- bzw. Bürgerrechtler zu spüren, welche die normativ gehaltvollen Rechts- und Sozialbedingungen für Pluralität einfordern: kommunikative Freiheit, politische und soziale Partizipation, Rechtsstaatlichkeit, Unverletzlichkeit der Person. Der Grund für den möglichen Umschlag des gutgemeinten kulturrelativistischen Toleranzappells in moralische Illegitimität, ja in eine (Schein-)Rechtfertigung jener moralischen Verwerflichkeit, die vom Strafrecht als unterlassene Hilfeleistung geahndet wird, ist *Dialogvergessenheit*.

Der Grund ist, genauer gesagt, fehlende Rechenschaft der Kulturalisten (als vermeintlicher Kulturpluralisten) über den Verpflichtungsgehalt ihrer eigenen Dialogrolle wie auch fehlende Besinnung auf die Bedingungen einer verständlich bleibenden, sich nicht selbst aufhebenden Verwendung von »Toleranz«. Sinnvoll ist allein eine solche Toleranzforderung, welche verlangt, die kommunikative Freiheit jedes anderen insoweit zu fördern und seine Handlungsweisen insoweit zu respektieren, wie dieser selbst die kommunikative Freiheit Dritter und deren Realisierungsbedingungen, wie die Unverletzlichkeit der Person, respektiert.

Kultur- und Kontextsensibilität[19] ist nicht zu verwechseln mit einem prinzipienlosen Kontextualismus und kriterienlosen »Kulturpluralismus«, der sich gar nicht als solcher halten, sondern jederzeit in eine Preisgabe der Pluralität innerhalb einer Kultur (und letztlich auch zwischen den Kulturen) umschlagen kann. Eine solche Verwechslung hat zur Folge, daß vernünftiger Dialogfrieden nicht mehr von strategischer Verträglichkeit unterscheidbar ist. Auf einem Klugheitsstandpunkt ist kein Halten. Jederzeit und unvermerkt kann auch der Wohlmeinende von ihm abrutschen in ein partikulares Interessenkalkül, sei es unternehmensegoistischer, sei es nationalegoistischer Art. Dem leistet der auf Kambartels praxeologischem Kulturalismus der Vernunft aufbauende Ansatz Steinmanns und Scherers wider Willen Vorschub, weil er keine moralische Verbindlichkeit erweisen und infolgedessen kein Abgrenzungskriterium von Moral und Interessenkalkül geltend machen kann. Erst wenn das gewollt wird

19 Diese ist vom Diskursgrundsatz »D« gefordert und wird als verbindliche Forderung zugleich mit »D« begründet. Siehe unten, II.4 und III.1.

und geleistet ist, läßt sich von normativer Unternehmensethik sprechen. Erst dann wird vermieden, daß eine Unternehmensethik in eine moralfreie Unternehmensstrategik abgleiten kann.

In eine derartige Entmoralisierungsfalle gerät eine Ethik wohl unweigerlich, solange sie nicht den *Primat der Dialograionalität* vor der Zweckrationalität herausarbeitet und die relativistische Suggestion des »Fremdverstehens« überwindet. Glücklicherweise ist deren Überwindung ohne weiteres möglich. Sie ergibt sich aus der Besinnung auf die (dia)logischen Bedingungen des Verstehens von Sinn überhaupt und fremdem Sinn zumal, welche die aktuellen Teilnehmer einer interkulturellen Verständigung direkt in Anspruch nehmen müssen, welche aber auch von Theoretikern, die einen Diskurs über das Fremdverstehen führen und sich dabei untereinander verständigen, notwendigerweise vorausgesetzt werden.

II. Der Grund der Verbindlichkeit liegt jeweils im Verstehen und Behaupten selbst

Bei der Demonstration dieser These gehe ich philosophisch umstandskrämerisch zu Werke. Wer daran Anstoß nimmt, dafür keine Zeit hat oder ein direkt ethisches bzw. wirtschaftsethisches Interesse verfolgt, könnte mit Abschnitt II. 2.4 oder gleich mit Abschnitt III fortfahren und gelegentlich auf diese Begründungsreflexion zurückgreifen.

1. Theoretische Rekonstruktion und dialogreflexiver Erweis der Sinnbedingungen des (Fremd-)Verstehens. Zweistufige Hermeneutik

Zunächst umreiße ich meine hermeneutische Fragestellung mit dreierlei Bemerkungen. Die ersten beiden Bemerkungen (II.1.1 und II.2.1) nehmen eine theoretisch-rekonstruktive Einstellung ein: In der Perspektive einer *theoretischen Rekonstruktion*, wie wir sie etwa einnehmen, wenn wir die Grammatik einer Sprache erarbeiten wollen, indem wir die Regeln des betreffenden Sprachgebrauchs suchen und rekonstruieren, frage ich nach konstitutiven Regeln, welchen die Interpretation fremden Sinns folgen müßte, und nach den grundlegenden Kompetenzen, die sie unter Beweis stellen müßte.

Die dritte Bemerkung (II. 2.3) ist selbstkritisch bzw. selbstverantwortend, insofern sie die geltungsreflexive Frage stellt, wie die Gültigkeit einer solchen Rekonstruktion von internen Bedingungen kommunikativer Erfahrung erwiesen werden kann. Denn eine Interpretation von Kulturen, Sinnzusammenhängen oder Texten, insbesondere solchen, die geschichtlich oder kulturell vom Interpreten getrennt und ihm daher fremd sind, sollte Rechenschaft über ihre notwendigen Voraussetzungen ablegen können: über ihre Sinnbedingungen, insbesondere über die Bedingungen der möglichen Gültigkeit und damit über die Prüfbarkeit ihrer Aussagen bzw. ihrer Interpretationsresultate. Dazu muß sie über ein dreifaches Wissen a priori verfügen, welches (in dreierlei Hinsicht) kommunikative Erfahrung erst möglich macht. Ob es sich dabei in der Tat um ein Wissen a priori handelt, also ein notwendigerweise mitzubringendes Vorwissen, das nicht widerlegbar, sondern schlechthin gültig wäre, läßt sich nur durch eine dialogreflexive Vergewisserung prüfen; und zwar durch einen sinnkritischen Test von der Form:

> »Bin ich jetzt und hier für Dich bzw. für mögliche andere *als Argumentationspartner ernst zu nehmen und verständlich*, wenn ich behaupte: ›Das dialogpragmatische Rekonstruktionsresultat R1 muß nicht unbedingt und immer gültig sein; es könnte vielmehr eine Welt bzw. Kultur geben, in der man verstünde und kommunizierte, ohne daß man der von Dir rekonstruierten – in unserer Vernunftkultur tatsächlich alternativenlosen – Bedingung des Verstehens entsprechen müßte‹. Ist diese von mir jetzt vorgebrachte These für Dich als Dialogpartner ein verständlicher Dialogbeitrag mit prüfbarem Geltungsanspruch?«[20]

20 Eine solche Position, welche die *faktische Alternativenlosigkeit* und daher die *gegenwärtige Nichtverwerfbarkeit* bestimmter normativer Bedingungen unserer Dialogpraxis, nicht aber deren unbedingte universale Gültigkeit akzeptiert, haben gegenüber Apels Letztbegründungsversuch des Diskursprinzips Jürgen Habermas und der Formalpragmatiker Knut Erik Tranøy vertreten. Vgl. Tranøy 1986, S. 36 ff.; Böhler 1986, S. 291 ff.; Habermas 1983, besonders S. 104 ff. In diesem Band dürfte es Friedrich Kambartel sein, der als vorsichtiger Skeptiker auftritt. Kambartels bisherigen Ansatz stellen in die-

Der sinnkritische Test dreht sich um den Standpunkt des vorsichtigen Skeptikers, der eine rekonstruierte Sinnbedingung nicht für sich selbst in Abrede stellt, sondern sie nur in ihrer allgemeinen Gültigkeit dahingestellt sein läßt: Zwar gelte sie für *unsere* vernunftgemäße Verständigungspraxis, welche wir als vernunftgemäß verstehen; daraus folge aber nicht, daß man sie als *absolut gültig* akzeptieren müsse. Geprüft werden soll, ob eine solche Behauptung jeweils ein sinnvoller Dialogbeitrag hier und jetzt ist. Kann dafür jeweils ein prüfbarer Geltungsanspruch erhoben, kann eine solche These jeweils als argumentativer Dialogbeitrag von Argumentationspartnern angenommen und auf ihre Gültigkeit hin geprüft werden? Wenn nicht, ist sie sinnlos.

Im dialogreflexiven Skeptikertest müßte sich nun das als unwiderlegliche und nicht dahinstellbare Sinnbedingung – also auch als Verständlichkeitsbedingung für die Argumentationshandlung des Skeptikers selbst – erweisen, was ich im folgenden als »Apriori des Vorverständnisses« und als »Apriori der Geltungsansprüche« behaupte.

1.1 Apriori des Vorverständnisses und Apriori der Geltungsansprüche

(a) Zunächst ist das Vorverständnis zu rekonstruieren, das jeder mitbringt, der einen Sinngehalt unmittelbar auffaßt oder methodisch interpretiert. Voraussetzungslosigkeit kann es hier nämlich weder in logischer Hinsicht noch in inhaltlicher oder semantischer Hinsicht geben. Ein Vorwissen von Regelhaftigkeit bzw. Konsistenz, einen logischen Maßstab also, bringt jeder Verstehende ebenso mit wie ein lebensweltlich kulturelles Hintergrundwissen, seinen Erfahrungshorizont, auf den er seinen neu-

sem Band Steinmann/Scherer und Rähme vor, wobei dieser zu einer immanenten Kritik gelangt, indem er den *universalistischen Anspruch* Kambartels mit seiner kulturalistischen Beschreibung unserer Vernunftpraxis konfrontiert, die als solche nur eine *partikulare faktische* Geltung rekonstruieren kann.
Bei der Ausarbeitung meines Beitrags haben mir Kambartels Symposionsvoten und seine Stellungnahme in diesem Band nicht vorgelegen, so daß ich die hinreichend genaue Auseinandersetzung hier noch nicht führen kann.

en Verstehensgegenstand bezieht. So und nur so kann er etwas *überhaupt* verstehen – nämlich in einem ganz unspezifischen, geltungsneutralen Sinne von »Verstehen«: unabhängig davon, ob er richtig oder falsch bzw. mehr oder weniger richtig oder falsch versteht. Etwas in diesem unspezifischen Sinne zu verstehen bedeutet: etwas semantisch und pragmatisch in irgendeiner Weise *als etwas Bestimmtes* auffassen. Und zwar *semantisch*, indem es der Interpret, »regelfolgendes« Mitglied einer Sprachgemeinschaft, in konsistenter und damit verständlicher Rede *als etwas* so und so Beschaffenes *charakterisiert*, zu dem er sich – *pragmatisch* – als besonderer Vertreter einer Lebenswelt bzw. Kultur auf die eine oder die andere Weise *verhalten* und woran er ein gewisses Interesse nehmen kann.

(b) Sodann ist das Apriori des Geltungsanspruchs zu rekonstruieren, welcher einer Interpretation bzw. einem Verstehen notwendig innewohnt. Denn jedes Verstehen will ein »*Richtig-Verstehen*« sein und kann nichts anderes sein wollen.

(c) Schließlich geht es um das Apriori der Geltungsansprüche sprachlicher Äußerungen (einschließlich Texten) und nonverbaler Äußerungen, seien es Dialogbeiträge, seien es intersubjektive Akte, über die ein Dialog geführt werden kann. Diesen wohnen nämlich die Ansprüche inne, von Dritten, und zwar von *allen* möglichen Kritikern als Argumentationspartnern, richtig *verstanden* und darüber hinaus von ihnen aus guten Gründen *anerkannt* werden zu können – sei es als *wahr*, als praktisch *legitim* oder als ästhetisch *gelungen*.

2. *Reflexive, mithin kritische Hermeneutik*

Überdies muß eine Interpretation von Texten, Kulturen, Handlungsweisen etc., welche das Wissen solcher Sinnbedingungen in ihrer Methode nicht ignorieren, sondern sich methodologisch verantworten und methodisch kontrollieren will, den Sinnbedingungen in doppelter Hinsicht Rechnung tragen. Das heißt, sie muß auf eine *reflexive* und dank Reflexion *kritische Hermeneutik*[21] verweisen und sich selbst daran messen lassen können:

ad 1.1 (a) und 1.1 (b): Zunächst muß ein Interpret im Sinne reflexiver Selbstverantwortung (auf der Meta-Ebene) wissen und

21 Vgl. Böhler 1979, S. 140 ff.; 1984, S. 293 ff.

erläutern können, was es heißt, von etwas ein *Vorverständnis* zu haben. Zudem muß er im Sinne konkreter Kontrolle eines Verstehensprozesses (auf der methodischen Ebene) sein jeweils leitendes Vorverständnis als eine bestimmte Deutung mit möglicher Wertung offenlegen, um schließlich kritischen Gebrauch davon zu machen. Anderenfalls besteht eine doppelte Gefahr, nämlich der Reflexionsvergessenheit bzw. des Selbstverantwortungsverlustes auf der Metaebene des Redens darüber, wie Verstehen überhaupt möglich ist, und des Kontrollverlustes auf der Ebene des Redens über den jeweiligen Verstehensgegenstand.

2.1 ›Vorverständnis‹ setzt Konsistenzbezug voraus

Sich bewußt auf den Anfang des eigenen Verstehens beziehen heißt zunächst dieses: Als einer, der über die Möglichkeit des Verstehens redet, muß ich mir darüber klar sein, daß ich durch die (inhaltlich vielleicht vage, vielleicht auch sachlich falsche) Leistung meines Vorverständnisses das allgemeine Kriterium der *Konsistenz* unvermeidlicherweise vorausgesetzt und eingesetzt habe. In doppelter Hinsicht gehört das Konsistenzkriterium zu meinem Vorverständnis, nämlich sowohl auf meiner Seite, im Akt meines Vorverstehens, wie auch auf seiten des Interpretandums, hinsichtlich der Beschaffenheit des Zuverstehenden selbst – nämlich als eines aus sich selbst und für sich selbst verständlichen, weil kommunikationsfähigen Etwas, das kein bloßes Ding, sondern ein virtueller Kommunikationspartner ist. Inwiefern?

Auch um etwas nur als etwas von der und der Art beschreiben, es mit anderem vergleichen und es als »in dieser und jener Hinsicht fremd« wahrnehmen zu können, bin ich auf die Prädikationsform und Satzform angewiesen und muß den logischen Grundsätzen der Identität sowie des zu vermeidenden Widerspruches folgen. Ich muß ihnen folgen, weil mein erster Verstehensakt anderenfalls für mich selbst oder mögliche Andere überhaupt nicht identifizierbar, verstehbar und dann auch nicht existent wäre. Nur das, was sich überhaupt als etwas Bestimmtes, mit sich Identisches und damit *in bezug auf Konsistenz* charakterisieren läßt, kann ich oder ein anderer (im hermeneutischen Sinne, nämlich in der Rolle eines möglichen Kommunikationspartners und Mitspielers) auch verstehen und als wirklich existierend in der sozialen Welt (zum Beispiel als möglichen Kommunikationspartner, als mögliche Botschaft, als sinnhafte Handlung, als Institution etc.) identifizieren. Daher gilt, daß Konsistenz zugleich Bedingung meines Verstehens wie auch Bedingung des Gegenstandes meines Verstehens ist. Überdies ist sie Bedingung des Verstandenwerdens meiner möglichen Rede – durch Andere und auch durch mich selbst.

Bedingungen, für die solches zutrifft, sind konstitutive Bedingungen des Verstehens und Sinnbedingungen des Argumentierens zugleich. Sätze, welche solche Sinnbedingungen formulieren, sind daher zugleich transzendentalpragmatische und transzendentalhermeneutische Grundsätze. Als solche sind sie auch sozialontologische Prinzipien, umgreifen sie doch die soziale Welt als Welt des Menschen und tragen deren Grundbegriffe, etwa ›soziale Welt‹ und ›kommunikative Erfahrung‹.[22]

Es ist wichtig, diesen sozialontologischen Charakter der transzendentalpragmatischen Grundsätze im Auge zu behalten, um ihren Status zu verstehen und einzusehen, daß sie dialogreflexiv und verstehensreflexiv prüfbar sind – also nicht etwa einen »fundamentalistischen« Charakter haben, was zuweilen noch gemeint wird.[23] Wichtig ist es auch, um einzusehen, daß bereits unsere Vorstruktur des Verstehens von Sinnhaftem nicht allein eine inhaltlich-semantische Deutungsfunktion hat, die in der Nachfolge Heideggers und Gadamers meist historisch relativierend bzw. relativistisch verstanden wird, sondern zunächst eine dialogpragmatische Verständigungsfunktion, welche eine universalistisch kriteriologische Bedeutung hat, da sie auf absoluten, kulturtranszendenten Geltungskriterien wie dem der Konsistenz beruht. In diesem Sinne kommt es gegenüber der argumentationsvergessenen, daher zur Selbstverantwortung des Denkens als Argumentieren unfähigen Hermeneutik Heideggers und Gadamers darauf an, die geltungslogische bzw. kriteriologische Implikation des Begriffes »Vorverständnis« als Inbegriff meines Zugangs zu sinnhaften Gegenständen herauszuarbeiten.

Auch jeder Verstehensgegenstand, jeder Sinnzusammenhang, muß sich selbst als etwas Bestimmtes verstehen können, damit

22 Eingeführt in Böhler 1985, besonders S. 299 ff.

23 Vgl. noch Steinmann/Löhr 1994, S. 71, Anm. 118; ähnlich Steinmann/Scherer, in diesem Band, S. 23 ff., 47 ff., 51 ff. und 65 ff.

die daran Beteiligten (zum Beispiel die Angehörigen einer anderen Kultur oder die zeitgleichen Leser Platons) den betreffenden Sinnzusammenhang (zum Beispiel einen fraglichen Ritus oder eine jeweilige Problemstellung bzw. Problemlösung) regelmäßig »als etwas von einer bestimmten Art« nachvollziehen und sich aneignen können. Als Interpreten können wir einen Zugang zum »Fremden« nur finden, weil dieses nicht totaliter aliter, sondern etwas regelhaft Verständliches ist, welches sich auf Grund des Konsistenzkriteriums selbst präsentieren kann und sich von uns regelmäßig als etwas Bestimmtes beschreiben läßt. Hinsichtlich des Kriteriums der Konsistenz müssen Subjekt und Objekt des Verstehens einen gemeinsamen Geltungshorizont haben, und zwar schon, damit sie sich zunächst wechselseitig als »fremd« identifizieren können, das heißt als etwas, das sich im Gegensatz zu bestimmten vertrauten Handlungsweisen oder Problemstellungen und Sichtweisen charakterisieren läßt. Erst recht bedarf es des Kriteriums der Konsistenz, um später konkret weltbezogene Gemeinsamkeiten entdecken oder erarbeiten zu können.

Offenbar vergessen Steinmann, Scherer und Wohlrapp, wenn sie über das Verstehen des Fremden reden, sich Rechenschaft darüber abzulegen, daß sie dabei – kraft der Dialogizität ihrer Redepraxis – schon das erste geltungslogisch universalistische Kriterium der Transzendentalpragmatik in Anspruch nehmen müssen. Das vergessen sie auch, wenn sie es für möglich halten, daß überhaupt keine gemeinsame praktische Basis zwischen Angehörigen verschiedener Kulturen bzw. jeweils zwischen Subjekt und »Objekt« oder Subjekt und Ko-Subjekt des Verstehens bestehen kann[24], so daß eine solche allererst »herzustellen« sei. In gewisser Weise besteht aber eine gemeinsame Metapraxis der gegenseitigen kommunikativen Erfahrung immer schon; dazu gehört das *Etwas-mit-Hilfe-des-Konsistenzkriteriums-als etwas-Bestimmtes-Verstehen*. Hier haben wir eine erste Sinnbedingung des Verstehens, die zugleich Sinnbedingung des Argumentierens ist, also der Metapraxis des Dialogs. Aus diesem Grunde schlagen die Transzendentalpragmatiker kein methodisch konstruktivistisches, sondern ein zunächst rekonstruktives, dann reflexives Verfahren vor.[25]

24 Vgl. Meløe 1986, S. 113 ff.; dazu meine Bemerkungen, vgl. Böhler 1986, S. 274 ff.

25 Vgl. Böhler 1978, besonders S. 357 ff. und S. 366 ff.

2.2 Rekonstruktion von Sinnbedingungen des Dialogs und reflexiver Test ihrer Unbestreitbarkeit. Dreistufige Transzendentalpragmatik

Den Ausgangspunkt bildet der intuitiv-pragmatische Zugang zu den Bedingungen unserer Dialogpraxis. Diese Intuitionen lassen sich mit Hilfe eines jeweiligen Vorverständnisses erläutern, welches Angehörige einer Kulturgemeinschaft von ›Dialog‹, ›Vernunft‹ usw. haben. In diesem Falle handelt es sich um »unser« Vorverständnis, das »wir« als Angehörige der abendländischen, durch Sokratik und Aufklärung geprägten Kulturgemeinschaft teilen. Die Beschreibung der in *dieser* Kulturgemeinschaft gepflogenen argumentativen Dialogpraxis, die einer Offenlegung und Präzisierung »unseres« Vorverständnisses von Argumentation und Vernunft gleichkommt, wäre eine *erste Stufe des transzendentalpragmatischen Verfahrens* – gewissermaßen die unentbehrliche hermeneutische Vorstufe. Sie ist redlicherweise unentbehrlich, weil sie den Motivationshintergrund und kulturellen Kontext offenlegt, aus dem leitende Annahmen und Perspektiven einer Theorie bzw. einer rekonstruktiven Pragmatik des Dialogs hervorgehen dürften. In diesem Sinne habe ich auch Kambartels praxeologische Erläuterung der Dialogpraxis als Vernunftkultur gelesen.[26] Die Ausarbeitung eines Vorverständnisses ist aber nicht universal theoriefähig, geschweige zur Begründung universaler Kriterien für »vernünftige« und universaler Normen für »richtige« Argumentation usw. fähig. Denn sie bietet keinerlei Gewähr dafür, daß sie mehr als die – nicht verallgemeinerbare, nicht universal zustimmungswürdige, schlimmstenfalls kulturhegemonistische – Hochstilisierung einer partikularen Kulturform und also eine Erschleichung der Universalität ist. Ein abendländisches Faktum könnte auf diese Weise als universale Norm, ein partikulares Sein als universales Sollen gesetzt werden.[27]

Damit ein solcher kulturalistischer bzw. kulturzentrischer Sein-Sollens-Fehlschluß von vornherein vermieden werde, fragt die Transzendentalpragmatik nach den Bedingungen, welche

26 Vgl. Kambartel 1989.

27 Einem solchen Sein-Sollens-Fehlschluß leistet übrigens Kambartels praxeologisch kulturalistischer Ansatz Vorschub. Siehe unten, Fußnote 34.

eine Rede überhaupt als Behauptung verständlich machen, gleich in welchem kulturgemeinschaftlichen und lebensweltlichen Kontext sie vorgebracht wird. In der theoretischen Einstellung einer Rekonstruktion sucht sie die geltungslogisch universalen Bedingungen der kommunikativen Erfahrung auf: Sinnkriterien, welche zugleich dialogische Normen seien, weil jedes (auch das virtuelle) Sich-zu-Anderen-Verhalten nur als *ein Geltung beanspruchendes und dadurch Andere implizit als Geltungsprüfer anerkennendes Sozialverhalten* möglich sei.[28]

Das ist die *zweite Verfahrensstufe* der Transzendentalpragmatik. Sie nimmt durchgehend Bezug auf die performativ-propositional verwobene Dialogpraxis einer Sprache und fragt, ob sich aus dieser moralische Verpflichtungen ergeben. Denn solche lassen sich nur andemonstrieren, wenn es Verhältnisse von normativer Bindekraft gibt, denen sich auch der Skeptiker nicht zu entziehen vermag, sofern er überhaupt noch etwas beansprucht und geltend macht[29] – oder sofern er von jemandem in dessen Argumentation als Beispiel angeführt wird.

Die Generalthese der Rekonstruktion der Kommunikationsbedingungen ist also, daß in der Kommunikation immer schon ein Wechselverhältnis mit moralischer Bindekraft besteht, in welchem sich Kommunizierende hinsichtlich ihrer Rollen anerkennen bzw. eine solche Anerkennung wechselseitig voraussetzen (hier: Personen in der Rolle gleichberechtigter Argumentationspartner) und in dem sie jene Normen als bindend anerkennen, ohne die ihr Kommunikationsverhältnis (hier der argumentative Dialog) und dessen Rollen (hier die Rollen argumentativer Dialogpartner) überhaupt nicht zustande kämen und nicht aufrechterhalten werden könnten.[30]

Aus einem solchen strikten Bezug auf die Dialogpraxis, welche wir alle schreibend oder redend als (affirmativ oder zweifelnd) Behauptende oder als Begründende immer schon vollziehen, ergibt sich *die dritte Stufe*, der *sinnkritische Beweisgang* der Transzendentalpragmatik: die reflexive Konfrontation unserer selbst

28 So Böhler 1985, besonders S. 296 ff. und S. 365 ff.; und 1995 a, S. 145 ff.

29 Vgl. das sokratisch-dialogrekonstruktive Königsargument von Aristoteles im dritten Buch der *Metaphysik*, 1006. Dazu Kuhlmann 1985, S. 267 ff.

30 In diesem Sinne jüngst Kuhlmann 1993, S. 212 ff.; Böhler 1995 a.

als Verstehender, als Behauptender und Begründender mit den Sinnbedingungen dieser kommunikativen Handlungen und Rollen. Die Konfrontation besteht darin, daß wir die Rollen unserer (realen oder möglichen) Dialogpartner einnehmen, indem wir uns fragen: Was müssen wir tun, um für einen Dialogpartner in unseren kommunikativen Handlungen verständlich zu sein und um ihm bei der Einlösung bzw. Prüfung unserer Geltungsansprüche (zum Beispiel bei einer Problemlösung) als Partner zur Verfügung zu stehen?

Der durch diese Frage eingeleitete, jeweils in der aktuellen Argumentationssituation anzustellende, reflexiv-sinnkritische Test auf Dialogbasis ist der beweisfähige Zug der Transzendentalpragmatik.[31] Allein durch einen reflexiven Test auf dem Boden des Dialogs, den *jeder* etwas zu verstehen Behauptende oder etwas zu wissen Behauptende – auch ein Skeptiker – unweigerlich schon betreten hat, kann ein »Grund der Verbindlichkeit« (Kant) für jeden aufgezeigt werden. Nur auf diesem universalen Dialogboden läßt sich auch die Fehlerhaftigkeit einer theoretischen Rekonstruktion überwinden, weil man hier nicht mehr von Theorien und damit indirekt von Vorverständnissen abhängig ist, sondern nur von der Praxis des argumentativen Dialogs, der man sich unbedingt gewiß sein kann. Warum? Weil jeder dieser absoluten Gewißheit, selbst wenn er sie skeptisch bestreitet oder dahingestellt sein läßt, von seinen Dialogpartnern sokratisch »überführt« werden kann. Wie? Indem diese den normativen Gehalt der Dialogrolle, die der Skeptiker selbst eingenommen hat, als Zeugen gegen dessen skeptische Aussage bzw. Theorie aufrufen.

Im reflexiven Dialogtest werden nicht etwa von außen Forderungen an uns, die wir zweifeln bzw. skeptische Behauptungen aufstellen, herangebracht, sondern nur die Normen unserer Dialogrolle artikuliert, welche wir durch eine Behauptungshandlung unausdrücklich schon akzeptiert haben, so daß wir sie auch ausdrücklich anerkennen und konsequent befolgen müssen. Denn durch eine Bestreitung dieses implizit Anerkannten würden wir die Möglichkeit eines Dialogs und damit auch die der Einlösung unserer Geltungsansprüche im vorhinein zunichte machen.

31 Die Transzendentalpragmatik sucht nicht etwa »letzte Gründe«, sondern unbedingt *verbindliche Kriterien* zur Beurteilung von Gründen und insofern *gültige Verpflichtungen zur Vernunft*.

Das A und O der philosophischen Erkenntnis im allgemeinen und der Moralbegründung im besonderen scheint mir darin zu bestehen, daß wir zunächst möglichst weitgehende skeptische Positionen einnehmen, indem wir versuchsweise alles bestreiten oder dahingestellt sein lassen, was wir als nicht sicher oder absolut gültig ansehen, um alsdann diese skeptischen Behauptungen einem dialogreflexiv sinnkritischen Test zu unterziehen. Deshalb bitte ich Sie, meine Leserinnen und Leser, jetzt die Rolle erkenntnisbemühter Skeptiker zu übernehmen, so daß ich Ihnen gegenüber folgende These aufstellen und dann dialogreflexiv begründen kann:

»Ich behaupte Ihnen gegenüber:
Sie können *nicht sinnvoll bestreiten*, daß die folgende Aussage *absolut gültig* ist:
›Die Sinnbedingungen des *Verstehens* sind zugleich die Sinnbedingungen des *Argumentierens über* die Sinnbedingungen des Verstehens.‹«

Der transzendentalpragmatische bzw. dialogreflexive Beweis lautet:

»Als Dialogpartner können Sie *die absolute Gültigkeit dieser Aussage nicht sinnvoll bestreiten*, weil die Sinnbedingungen Ihres *Argumentierens* (und damit Ihres Bestreitens, das selbst ein Argument ist) *zugleich* die Sinnbedingungen unseres *Verstehens* Ihres Argumentierens (Bestreitens) sind.«[32]

2.3 ›Vorverständnis‹ setzt Geltungsanspruch voraus

Dieses Beispiel eines reflexiven Dialogs zeigt, daß man in den besagten Verbindlichkeitszusammenhang des Dialogs bereits eingetreten ist, daß man das wechselseitige Anerkennungs- und Verpflichtungsverhältnis des Miteinander-Argumentierens schon eingegangen ist, wenn man etwas zu *verstehen* beginnt. Denn die Erfahrung von Sinn in Kommunikation mit einem Gegenüber oder virtuellen Gegenüber ist mit einem Geltungsanspruch verwoben, der den Verstehenden rechenschaftspflichtig

32 Dieses Beispiel ist ebenso wie die Formeln auf Seite 168, Kap. III.1, aus einem Kolloquium mit Horst Gronke erwachsen, dem ich für seine Kritik und Anregung danke. Vgl. auch sein unveröffentlichtes Manuskript Gronke 1996.

gegenüber möglichen Anderen macht: Es ist der elementare Geltungsanspruch, *richtig* zu verstehen.

Dementsprechend hat das Postulat, sein jeweiliges inhaltlich-semantisches Vorverständnis offenzulegen und einen kritischen Gebrauch davon zu machen, den Grund seiner Verbindlichkeit darin, daß wir von »Verstehen« nicht anders reden können als im Blick auf »Richtig-Verstehen«. Ohne diesen Geltungsanspruch würde nämlich die Rede »Ich habe das verstanden« oder »Ich will das verstehen« unverständlich, das heißt sinnlos. Aufgrund dieses Geltungsanspruchs wird auch erst die Gefahr bzw. das Problem sichtbar, daß ein Vorverständnis die Bedeutung des Interpretandums verzerren und wie ein bloßes Vorurteil wirken kann. So ist es dieser Geltungsanspruch, auf Grund dessen sich die transzendental-hermeneutische Einsicht ergibt: Zwar läßt sich ein Sinnzusammenhang allein mit Hilfe eines Vorverständnisses *überhaupt* als etwas Bestimmtes verstehen; aber erst durch Selbst- und Kontextdistanzierung in Form eines kritischen Gebrauchs des Vorverständnisses läßt das je Vorverstandene sich *richtig* verstehen. Nur auf eine kontext- und selbstkritisch explikative Weise, nur wenn der »Zirkel im Verstehen« kritisch durchlaufen wird[33], läßt sich das Vorverständnis zu einem treffenden *Verständnis* ausarbeiten, so daß sich die Anderen darin selbst wiedererkennen können und so, daß es kompetente Interpreten als angemessene Interpretation akzeptieren würden.

Damit eine Interpretation ihrem inhärenten Geltungsanspruch, etwas richtig zu verstehen, gerecht werden kann, muß sie diesen als Kriterium im Auge behalten. Anderenfalls geriete sie in einen praktischen Widerspruch zwischen jenem und ihrem (dann bloß vorurteilsmäßigen) Verfahren. Wer aber eine solche unkritische Verfahrensweise als wahrheitsfähig behaupten würde, verwickelte sich in einen performativen Widerspruch zwischen seinem Geltung beanspruchenden Behauptungsakt und seiner Aussage.

ad 1.1 (c): Schließlich muß der Interpret in einen argumentativen Quasi-Dialog mit dem Interpretandum eintreten, um dessen Geltungsansprüche als Ansprüche auf intersubjektive Anerkennungswürdigkeit ernst nehmen zu können. Voraussetzung dafür ist, daß er jene Ansprüche zunächst auf der Verstehens-Ebene

33 Vgl. die unübertroffene Verfahrens- und Problemanalyse Wolfgang Kuhlmanns (1975, S. 169 ff.).

(C1) sorgfältig herausarbeitet, um dann zu prüfen, ob das Interpretandum den rekonstruierten Ansprüchen gerecht geworden ist (C2).

(C1) Jede Äußerung (zum Beispiel Rede, Text, Artefakt) ist als etwas Bestimmtes und nicht als x-Beliebiges zu verstehen; dahinter steht ihre Authentizität und Individualität, welche von Anderen (vom Publikum) beachtet und nicht verfälscht werden soll. Es geht hier um den doppelseitigen bzw. reziproken Anspruch,

- richtig verstanden zu *werden* (die Adressaten sollen sich um das richtige Verständnis bemühen)
- und selbst *verständlich* zu sein (die Äußerung will richtig verstanden werden können).

(C2) Neben solch einem Anspruch auf der Ebene des Verstehens bzw. der intersubjektiven Charakterisierbarkeit als etwas Bestimmtes erhebt jede Äußerung Ansprüche auf der Geltungsebene der intersubjektiven Prüfbarkeit und Anerkennungswürdigkeit hinsichtlich guter Gründe. Diese *Geltungsansprüche im engen Sinn* fordern von den Interpreten die kritisch dialogische Rolle des Prüfers, des nach guten Gründen Urteilenden. Wer diese kritische Dialogrolle nicht einzunehmen und auszufüllen bereit ist, hat das Interpretandum nicht ernst genommen. Ignoriert er doch, daß es virtuell und letztlich *auch ihm selbst gegenüber* den Anspruch erhebt, *anerkannt werden zu können* (nicht aber zu müssen): als *wahre* Aussage über Sachverhalte oder als *legitime* Aufforderung zu einer Handlungsweise, als *gelungenes* Artefakt (sei es ästhetisch, sei es funktional gelungen) etc.

3. Der dialogreflexive Gültigkeitstest von Sinnbedingungen des (Fremd-)Verstehens als eines Quasi-Dialogs mit Interpretanda

Die Gültigkeit und damit auch die Verbindlichkeit hermeneutischer Grundsätze steht und fällt damit, ob zweifelsfrei erweisbar ist, daß diese wirklich *interne Sinnbedingungen* des Quasi-Dialogs mit Interpretanda formulieren. Es fragt sich also, ob und wie sich zeigen läßt, daß eine vorgenommene Rekonstruktion tatsächlich interne, mithin unbestreitbare Bedingungen für den Umgang mit Interpretanda eruiert hat.

Ein solcher Erweis ist, wie mir scheint, nur als reflexiver Skeptikertest auf Dialogbasis möglich: Eine zuvor durch theoretische Rekonstruktion gewonnene, vermeintliche Sinnbedingung der Erschließung eines Interpretandums (Si) wird von mir als Argumentationspartner bestritten, indem ich behaupte, sie sei nicht dialognotwendig und daher denknotwendig. Dann prüfe ich gemeinsam mit anderen Argumentationspartnern, ob ich (oder ein anderer) behaupten kann, (Si) sei nicht notwendige Bedingung meines Umgangs mit einem Interpretandum, wiewohl ich dabei voraussetzen muß, daß diese These in einer Argumentationsgemeinschaft als Dialogbeitrag verstanden, geprüft und gegebenenfalls akzeptiert werden kann.

Ein solcher dialogreflexiver Skeptikertest verbindet den Vorteil, die Letztgültigkeit einer rekonstruierten Sinnbedingung (durch Nachweis ihrer Unbezweifelbarkeit) zu demonstrieren, mit dem Nachteil einer möglichen Unvollständigkeit der rekonstruierten Bedingungen. Wenn man nämlich etwas nur durch einen jeweiligen *reflexiven Test* als unbezweifelbare Sinnbedingung erweisen kann, läßt sich nicht, in *theoretischer* Einstellung, der Anspruch auf ein System aufrechterhalten, welches *alle* Sinnbedingungen vollständig enthielte. Wir können dann lediglich durch eine Folge reflexiver Tests, Schritt für Schritt, Letztgültigkeit für eine offene Menge von Sinnbedingungen zeigen. Wie sollte man auf diesem – oder einem anderen? – Wege Gewißheit darüber erlangen können, daß sämtliche internen Sinnbedingungen vollständig aufgewiesen worden sind? Wenn aber eine Vollständigkeits- oder Systemgewißheit nicht erreichbar, die Rede von einem »vollständigen System der Sinnbedingungen des Argumentierens« also sinnlos ist, dann bleibt nur die bescheidene Feststellung: Der Rekonstruktionsprozeß von Sinnbedingungen der kommunikativen Erfahrung ist prinzipiell unabschließbar, weil er allein mit Hilfe dialogreflexiv sinnkritischer Tests vorankommt. Deren Verfahren, das A und O der Transzendentalpragmatik, sei zum Schluß dieses Kapitels pointiert und resümiert.

Es geht um eine reflexive Prüfung, ob die Behauptung eines Skeptikers, der bestreitet, daß x (zum Beispiel »Verstehen erfordert eine Charakterisierung, die das logische Konsistenzkriterium voraussetzt«) eine Sinnbedingung des Verstehens und Redens, mithin eine Säule seines eigenen aktuellen Argumentierens ist, überhaupt von Anderen als argumentativer Dialogbeitrag angenommen und als Wahrheitskandidat geprüft werden kann oder ob die skeptische Behauptung *als Argument* für Andere keinen Sinn haben kann. Der Test besteht darin, daß ein solcher Skeptiker von seinen Dialogpartnern auf die von ihm selbst eingenommenen bzw. prätendierten Rollen als Verstehender und Argumentierender im Dialog verwiesen wird: man spricht ihn an als einen, der wissen muß, daß er mit anderen einen Dialog führt, in dem allein prüfbare Behauptungen und gute Gründe für behauptete Aussagen zählen. Ganz elementar, aber schon normativ belangvoll, bedeutet das zuallererst: Der Zweifler muß einsehen, daß er – erstens – in seinen eigenen Argumentationsakten den Anderen verständlich bleiben und *zur Verfügung stehen* muß *als Dialogpartner*, der für seine Aussagen prüfbare Geltungsansprüche erhebt, und daß er – zweitens – die Anderen *als Gleichberechtigte anerkennen* muß, denen gegenüber er argumentativ rechenschaftspflichtig ist.

Der Witz ist, daß man eine dialogische, und zwar argumentationsreflexive Einstellung einnimmt, indem man auf die internen Bedingungen der je eigenen Behauptungshandlung als eines wahrheitsfähigen Diskursbeitrags in der bestehenden Dialogsituation reflektiert. Dadurch wird auch ein Skeptiker, welcher in theoretischer Einstellung von sich abzusehen gewohnt ist und nur über die Thesen (hier über die Rekonstruktionsresultate) des angegriffenen Philosophen reden will, ohne auf den Geltungssinn seiner eigenen Behauptungen zu achten, auf seine Selbstverantwortung als Argumentationspartner verwiesen. Ihm wird nämlich die argumentationsreflexive Rückfrage gestellt:

»Kannst Du – könnten Sie, meine Leserinnen und Leser – mir (bzw. uns) als Argumentationspartner, der mich (bzw. uns) als gleichberechtigt anerkennt und mir Gründe gibt etc., zur Verfügung stehen,

und kannst Du – könnten Sie – *zugleich* mir und allen möglichen Argumentationspartnern gegenüber Geltung beanspruchen für:

– die These ›non 1a‹, also etwa für ›Ich kann oder irgendeiner könnte Platons Text bzw. einen anderen fremden Text bzw. Eure vielleicht exotisch anmutende Rede *ohne Vorverständnis verstehen*; das heißt ohne eine vorgreifende Charakterisierung des Textes bzw. der Rede *als* einen Text bzw. *als* eine Rede (vielleicht von der Art A), und zwar mit Hilfe des logischen Bezugssystems der Konsistenz und im Blick auf den Sinnhorizont einer Gemeinschaft (zum Beispiel von Platon-Lesern)‹,

- die These ›non 1b‹, also etwa ›Ich kann oder irgendeiner könnte Platons Text bzw. einen anderen fremden Text oder Eure Rede verstehen, *ohne den Geltungsanspruch*, Platon usw. oder Euch *richtig* zu verstehen‹,
- für die These ›non 1c‹ also etwa ›Ich kann oder einer könnte einen fremden Text (bzw. ein Artefakt X bzw. Eure Rede) richtig verstehen, ohne daß ich oder jener auf Begriffe wie ‚Geltungsanspruch', ‚intersubjektive Gültigkeit', ‚unbegrenztes Argumentationsuniversum' etc. Bezug nehmen müßte und ohne daß ich oder jener zu einer argumentativen Prüfung meiner Interpretation mit Bezug auf solche gleichsam idealisierenden Begriffe bereit sein müßte‹?«

Die letzte These (›non 1c‹) läuft darauf hinaus, daß jemand behauptete:

»Ich kann oder ein Denkbarer kann X richtig verstehen, *ohne* zu bemerken und in meinem bzw. seinem Verfahren zu berücksichtigen, daß die Behauptungen von X bzw. Platon Ansprüche auf Gültigkeit einschließen.«

Das entspräche der Behauptung:

»Jemand kann Platon oder X richtig verstehen und angemessen würdigen, *ohne* sich selbst als Adressaten von Platons bzw. von X' Behauptungen und damit als möglichen Prüfer von dessen Geltungsansprüchen ins Spiel zu bringen, also gegebenenfalls Urteile zu fällen wie: ›Platon oder X hat recht‹ oder ›Platon bzw. X hat nicht recht‹ oder ›Es sprechen folgende gute Gründe für Platons bzw. für X' These, folgende gute Gründe aber dagegen‹ etc.«

Offensichtlich führt das ad absurdum. Denn ein Zweifler, welcher Sinnbedingungen bestreitet, die zugleich Bedingungen für die Verständlichkeit bzw. Prüfbarkeit seines eigenen Zweifels sind, beraubt die Anderen und sich selbst der Möglichkeit, seine Behauptungshandlung überhaupt als *Geltungsanspruch* zu verstehen. So macht er einen argumentativen Dialog zur Prüfung der von ihm behaupteten Thesen unmöglich. Immer wenn das der Fall ist, immer wenn eine pragmatische Inkonsistenz bzw. ein performativer Widerspruch in der aktuellen Argumentationshandlung desjenigen nachgewiesen werden kann, der eine rekonstruierte Sinnbedingung bezweifelt, ist diese – durch einen solchen Sinnlosigkeitserweis – ihrerseits als unbezweifelbar und absolut gültig andemonstriert. Dann läßt sich von einem absoluten sinnkritischen Erweis und einem gültigen transzendentalpragmatischen Argument sprechen.

4. Die Sinnbedingungen des Argumentierens sind der Grund der Verpflichtung zu konsenswürdigem Verhalten und zur Bemühung um argumentativen Konsens

Lassen Sie uns nun, ohne daß ich hier eine Rekonstruktion von Kandidaten für moralisch belangvolle Argumentationsbedingungen oder Dialognormen geleistet hätte[34], zur Hauptsache kommen. Unterziehen wir den normativen Kern einer rekonstruktiven und reflexiven Pragmatik, den Verpflichtungsgehalt des argumentativen Konsensprinzips, dem sinnkritischen Härtetest: *Besteht eine unbedingte, weil von jedem Behauptenden als*

34 Ich hoffe, diese Schuld andernorts einigermaßen abgetragen zu haben. Vgl. Böhler 1982, S. 89 ff.; 1985; 1995 a. Freilich hat das rekonstruktive Verfahren, der zweite Schritt der Transzendentalpragmatik, manche Interpreten zu einer Mißdeutung im Sinne des Sein-Sollens-Fehlschlusses geführt, weil sie dessen dialogreflexiven Duktus außer acht gelassen haben. In der Tat wird dieser erst im dritten Schritt der Transzendentalpragmatik, dem sinnkritischen Skeptikertest, zur Methode gemacht. Jene Mißdeutung liegt nahe, wenn man der Transzendentalpragmatik eine theoretische Einstellung unterstellt, wie es Steinmann und Scherer (in diesem Band, S. 66 ff.), tun: »Sie [die Transzendentalpragmatik, D. B.] fragt nämlich danach, ob es ein universelles Verständnis von Vernunft *gibt* und zielt auf eine Rekonstruktion bereits *bestehender*, kulturell akzeptierter Regeln ab.«
Wenn dem so wäre, machte sich die Transzendentalpragmatik eines naturalistischen Fehlschlusses schuldig, weil sie von einem theoretischen Diskurs über das, was *ist* und *faktisch* als Regel besteht, hinübersprängе in einen praktischen bzw. moralischen Diskurs über das, was als *richtig* anerkannt und beachtet werden *soll*. Dieser Sprung von der Analyse einer bestehenden Praxis zur begründeten Verpflichtung, eine Regel ausdrücklich anzuerkennen und zu beachten, stünde in Widerspruch zu der transzendentalpragmatischen Unterscheidung der Diskursebenen. Vgl. Böhler/Gronke 1994, besonders S. 815 f., 812 f. Einer solchen *Vermengung der Diskursebenen* bleibt hingegen Kambartels Kulturalismus verhaftet, wie Boris Rähme in diesem Band zeigt.

solchem vorausgesetzte und für seine Dialogrolle konstitutive, daher (in ihrer uneingeschränkten Gültigkeit) *nicht sinnvoll bestreitbare Verpflichtung, sich um argumentativ konsenswürdige Behauptungen und Handlungen zu bemühen?* Allein die Sinnkritik eines dialogreflexiven Tests, welcher im Kontext des aktuellen Dialogs (oder eines fingierten aktuellen Dialogs) vorgenommen wird, kann die absolute Gültigkeit oder Ungültigkeit des Kriteriums der Konsenswürdigkeit und die Verbindlichkeit bzw. Unverbindlichkeit des Prinzips der argumentativen Konsensbildung erweisen.

Versetzen wir uns also wieder in die Dialogsituation mit einem vorsichtigen Skeptiker, welcher einen Vorbehalt geltend macht wie: ›Es könnte doch sein bzw. richtig sein, daß ...‹ oder ›Man kann nicht von vornherein ausschließen, daß ... und also ist denkbar, daß ...‹ Ein solcher gegen die absolute Gültigkeit des argumentativen Konsensprinzips gerichteter Vorbehalt müßte als sinnlos verworfen werden können. Das wäre nur möglich, wenn dem vorsichtigen Skeptiker, der die Denkbarkeit eines Gegenbeispiels ins Spiel bringt, eben dieser Vorbehalt als Widerspruch in seiner dialogförmigen Argumentationshandlung und als Zerstörung ihrer Verständlichkeit im aktuellen Dialog nachgewiesen wird; also eine »pragmatische Inkonsistenz« bzw. ein »performativer Widerspruch«.[35]

Für die Transzendentalpragmatik geht es hier ums Ganze. Wenn in diesem Punkt eine Skeptikerwiderlegung nicht gelingt, der Versuch also scheitert, den skeptischen Vorbehalt als sinnlosen Dialogbeitrag zu erweisen und ihn somit aus dem Diskursuniversum, der Menge aller möglichen verständlichen Geltungsansprüche und prüfbaren Argumentationshandlungen, auszuschließen, dann ist ein Gültigkeitserweis der bezweifelten moralischen Pflicht unmöglich, dann besteht hier kein Grund der Verbindlichkeit. Gelingt hingegen diese Skeptikerwiderlegung, so ist dadurch die Forderung, sich argumentativ konsenswürdig zu verhalten, als unbestreitbar und somit als absolute Pflicht erwiesen.

35 Vielleicht sollte man, wie Horst Gronke vorschlägt, besser von einer *»hermeneutisch-pragmatischen* Inkonsistenz« sprechen, weil auf diese Weise das Kriterium der Verbindlichkeit einer These als Akt der Verständigung, eben als Argumentationshandlung im Dialog, zum Ausdruck gebracht wird.

Da die Prüfung bzw. der Nachweis nur in einem aktuellen Dialog möglich ist, entspricht es der Logik der Sache, entbehrt also rhetorischer Suggestion oder autoritativer Belehrung, wenn man je selbst zur Dialogteilnahme und Reflexionsteilnahme aufgefordert wird. So bitte ich wieder darum, daß Sie, geneigte Leserinnen und Leser, die Rolle eines Dialogpartners und »for the sake of argument« auch die Perspektive eines Skeptikers einnehmen, um die dialogische Prüfung durchzuspielen:

»Eine aktuelle Dialogsituation eröffnend oder fortsetzend, behaupte ich Ihnen gegenüber:

Sie können nicht sinnvoll bestreiten, also in keiner aktuellen Dialogsituation in Frage stellen, daß die folgende Aufforderung eine absolut gültige normative Aussage und daher als Prinzip verbindlich ist:

›Handelt prinzipiell so, daß Ihr alle potentiell argumentationsfähigen Wesen als gleichberechtigt anerkennt (so daß ihr deren mögliche Argumente zur Sprache kommen laßt oder sie selbst aufsucht und zur Sprache bringt, um sie gleichermaßen als Kandidaten für Wahrheit bzw. Richtigkeit zu berücksichtigen)!‹

Der Versuch, die absolute Gültigkeit dieser Aussage und ihre prinzipielle Verbindlichkeit zu bestreiten, müßte eine Behauptungshandlung sein, die zu einem (aktuell geführten) argumentativen Dialog beiträgt. Demgemäß müßte er diese Form haben:

›Ich behaupte (und insofern meine Behauptung als Behauptung und damit als Beitrag zu einem argumentativen Dialog verstanden werden kann, erkenne ich damit Dich und alle anderen potentiell argumentationsfähigen Wesen als gleichberechtigte Argumentationspartner an, deren mögliche Argumente ich gleichermaßen etc. zu berücksichtigen habe),
daß es denkbar ist, daß nicht alle potentiell argumentationsfähigen Wesen[36] als gleichberechtigt anerkannt werden sollen.‹«

36 Diese Formulierung erlaubt die – medizinethisch wichtige – Erweiterung des advokatorischen Mandats der Diskursethik auf alle Mitglieder jener Gattungen von Lebewesen, welche Argumentationsfähigkeit hervorgebracht haben; und zwar auch auf solche Gattungsmitglieder, die nicht mehr im Besitz der Argumentationsfähigkeit sind, wie schwerstkranke Alte und Sterbende, oder die aufgrund frühester Entwicklungskatastrophen *niemals* zur Ausübung der Argumentationsfähigkeit werden gelangen können, wie zum Beispiel im

Wenn wir in dieser Gesprächssituation die Rolle eines Argumentationspartners einnehmen, so zeigt sich: Der Bestreitungsversuch der absoluten Gültigkeit und somit der Verbindlichkeit obiger Aufforderung führt in eine hermeneutisch-pragmatische Inkonsistenz, und zwar unausweichlich. Er mißglückt notwendigerweise, weil er von den angesprochenen Argumentationspartnern nicht als ernsthaftes Bestreiten verstanden werden kann. Die oben vorgebrachte Behauptung kann in einem argumentativen Dialog nicht als Bestreiten verstanden werden, weil sowohl der »for the sake of argument« angenommene Skeptiker wie auch alle jeweils aktuellen Argumentationspartner, welche die skeptische Position übernehmen, im propositionalen Teil der Behauptung eben das bestreiten, was zu den Sinnbedingungen des performativen Teils der Behauptung gehört, und zwar zu dem Geltungsanspruch.

Sinn haben, verständlich sein kann eine Behauptung nur, insofern der von ihr erhobene bzw. unterstellte Anspruch auf (mögliche) Gültigkeit ernst gemeint und prüfbar ist. Die Prüfung eines Geltungsanspruchs besteht aber darin, *alle* möglichen (sinnvollen) Gegenargumente zu *berücksichtigen*; ergo: *alle* potentiell argumentationsfähigen Wesen, die Gegenargumente hervorbringen könnten (und in deren Namen schon hier und jetzt sinnvolle Einwände gemacht werden können), als Dialogpartner *anzuerkennen*. Genau das aber bestreitet unser Skeptiker – und er tut es, indem er diese Bestreitung oder skeptische Einklammerung behauptet, mit Anspruch auf Geltung, auf (mögliche) Wahrheit.

Wir sind damit zu folgendem Ergebnis gelangt:

Ein als argumentativer Dialogbeitrag nicht verständlicher Einwand bzw. Vorbehalt ist sinnlos, ist kein Kandidat für mögliche Geltung und Anerkennungswürdigkeit, weil er sich gar nicht prüfen läßt; er disqualifiziert sich selbst als Dialogbeitrag, macht sich immun gegen eine Prüfung seines Geltungsanspruchs.

Ein solcher dialogischer Sinnlosigkeitsnachweis der Bestrei-

Falle schwer hirndefizitärer Säuglinge. Für alle diese besteht dann eine absolute Verantwortungspflicht. Solange uns nur die Menschengattung als argumentationspotentielle Gattung bekannt ist, können wir jene absolute Verantwortungspflicht als die Pflicht, die Menschenwürde aller, auch der sterbenden und schwerstbehinderten, *Glieder der Spezies Mensch* zu achten, verstehen. Dazu die bahnbrechenden Erörterungen Gunnar Skirbekks (1995).

tung bzw. skeptischen Geltungseinklammerung einer als transzendental behaupteten Dialogbedingung ist deren unbestreitbarer Beweis, der absolute Gültigkeitserweis des Bestrittenen. Ein festerer Grund intersubjektiver Geltung und Verpflichtung läßt sich nicht sinnvoll denken, weil ein solcher Gedanke nicht dialogisch vertretbar und nachvollziehbar wäre. Folglich ist die transzendentalpragmatisch-hermeneutische Doppelthese, die Gelingensbedingungen des Verstehens seien zugleich die Sinnbedingungen des Argumentierens, und diese seien (im Kantschen Sinne) der Grund der Verbindlichkeit für ein argumentativ konsenswürdiges Verhalten, ohne Wenn und Aber gültig – uneinschränkbar.

III. Universale Dialogethik als Verantwortungsethik: Die normativen Perspektiven des Diskursgrundsatzes und die ökosozialen Gefahren

Welches sind die praktischen Konsequenzen der Dialog- und Verstehensreflexion? Solche Konsequenzen würden begründete Zustimmung zu deren Hauptergebnissen voraussetzen. So nehme ich »for the sake of argument« an, daß meine Leser jene Resultate anhand ihrer skeptischen Vorbehalte sinnkritisch getestet und diese schließlich (durch Konfrontation mit der von ihnen selbst eingenommenen Diskursrolle des Erhebens prüfbarer Geltungsansprüche) als sinnlos eingesehen haben. Dann hätten wir argumentationsreflexiv darüber Einigkeit erzielt, daß folgender ›*Diskursgrundsatz*‹ (»D«) in einem Dialog nicht mehr mit sinnvollen Argumenten bestreitbar ist und daher als unbedingt verbindlich anerkannt werden sollte:

> »Verhalte Dich so, daß Deiner Behauptung/Deiner Tat alle auf Grund von sinnvollen, situationsbezogenen und wohl informierten Argumenten zustimmen würden (so daß kein sinnvolles sachliches Argument damit unvereinbar wäre, sondern ein begründeter Konsens in der unbegrenzten Argumentationsgemeinschaft dafür zu erwarten ist).«

»D« erlegt dem Handelnden zuallererst auf, daß er sich um eine *zutreffende Erkenntnis* seiner Handlungssituation einschließlich der Folgen und unerwünschten Nebenwirkungen seiner geplanten Handlung bemühe. Bereits diese Forderung ist erheblich und erweitert den moralischen Bereich um die Pflicht, sich komplexes Zusammenhang- und Folge*wissen* zu beschaffen, und zwar vielfach ein Wissen von räumlich globaler sowie zeitlich (fast) unbegrenzter Dimension. Das aber ist teilweise nicht möglich, so daß sich wiederum neuartige Vorsichts- und Vorsorge-Anforderungen an die Praxis samt Verfahren und Institutionen ergeben, wenn man »D« zu befolgen versucht. In der Analyse und der philosophischen Beantwortung dieser allerdings paradox anmutenden, völlig neuartigen Problemsituation zeigte sich eine Wahlverwandtschaft und entwickelte sich eine kritische Kooperation zwischen den technologie- und ökologiebezogenen Verantwortungsperspektiven von Hans Jonas und jenen der Transzendentalpragmatiker.[37]

Leider spielt besagte Problemsituation in manchen unternehmensethischen und wirtschaftsethischen Ansätzen noch immer keine Rolle, wiewohl die *moderne Unternehmung* und das *globalisierte Wirtschaften* wesentliche Faktoren ebendieser Problemsituation sind. Es ist die Entscheidungspraxis aller Wirtschaftsbürger, zumal aber die Politik und Entscheidungspraxis von Unternehmung und Finanzkapital, welche die globale Gefahrensituation unserer hochtechnologisch experimentierenden und produzierenden Industriegesellschaft bestimmt. Das tut unsere Praxis sowohl direkt wie auch vermittels von Regierungen und internationalen Institutionen, indem sie die Dinge treiben läßt und einfach Gewinnoptimierung betreibt oder aber, indem sie Betroffene berücksichtigt und Zukunftsverantwortung wahrnimmt. Im folgenden skizziere ich den Orientierungssinn des Diskursgrundsatzes mit Blick auf diesen Hintergrund; wenngleich notgedrungen in ganz allgemeiner Weise, nur diskurseröffnend, nicht schon die nötigen konkreten Diskurse führend.

37 Vgl. Hans Jonas 1979, S. 17-91, 184-227, 388 ff.; Apel 1984 b, besonders S. 626 ff.; 1988, S. 56 ff., 108 f., 141 ff., 179-216, 412 ff.; Böhler/Neuberth 1993, besonders S. 31 ff., 49 ff., 90 ff., 102 ff.; Böhler 1994; Kuhlmann 1994; Werner 1994; Apel 1994; Gronke 1994. Inzwischen noch: Böhler 1993; 1995 b; sowie im vorliegenden Text , S. 172 ff.

1. Moralität: Bemühung um das argumentativ Zustimmungswürdige

Vor dem Hintergrund der globalen sozioökologischen Gefahren und Miseren und der sich darauf beziehenden ersten Forderung von »D«, sich *bestmögliches Situationswissen* einschließlich *Folgenwissen* zu beschaffen, gewinnt ein alter Einwand gegen eine Prinzipienethik der Vernunft an Schärfe und Aktualität. Er drängt sich unserem Common sense geradezu auf. Angesichts der hohen Komplexität und der globalen Vernetztheit der ökonomisch-technologischen Handlungszusammenhänge und ihrer ökologisch-gesellschaftlichen Wirkungsbereiche wäre es eine heillose Überforderung und käme einem wirklichkeitsfremden moralischen Rigorismus gleich, von der Einzelperson, vom Staats- und Wirtschaftsbürger, von einer mittelgroßen Unternehmung zu fordern, was allenfalls eine multidisziplinäre Diskursgemeinschaft leisten kann: eine zureichende Situationsanalyse und Handlungsfolgenabschätzung, für die in der unbegrenzten Argumentationsgemeinschaft ein argumentativer Konsens zu erwarten ist. Angesichts einer solchen Forderung würden alle Einzelpersonen und zumindest die Verantwortlichen mittelgroßer Unternehmen zwangsläufig als moralisch schuldig gelten müssen.

Zum Glück ist ein solcher Rigorismus im Diskursgrundsatz nicht angelegt; denn dieser ist offen für die immer schon aufgrund unserer Endlichkeit gegebenen Grenzen des Wissens und damit der persönlichen Verantwortung und moralischen Schuldfähigkeit. Er verlangt nämlich nicht mehr und nicht weniger, als daß wir uns in unserer jeweiligen Situation so verhalten, daß *im Hinblick auf unsere Situation und auf unser situationskritisches Verhalten* begründete universale Zustimmung erwartet werden kann. Denn das Kriterium ist ja, daß alle möglichen Argumentationspartner mit »sinnvollen, situationsbezogenen und wohlinformierten Argumenten« unserem Verhalten in unserer Situation – das heißt so, wie wir sie mit unseren Mitteln und nach unseren Kräften erkennen *und* verantwortlich verändern könnten – »zustimmen würden«. Richtschnur kann also weder sein, daß wir selbst das bestmögliche Argument für unsere Situation finden noch daß wir vorgefundene kontramoralische Handlungsbedingungen (zum Beispiel kurzfristige Gewinnmaximierungserwartungen von Aktionären und Aufsichtsratsmehrheit – auf Kosten der Gesellschaft und/oder zukünftiger Lebensbedingungen) erfolgreich in moraladäquate Verhältnise umwandeln, wohl aber, daß wir uns nach Kräften darum bemühen. Auch das Sichbemühen ist ein Verhalten, aus dem eine jeweilige Tat bzw. ein Projekt und deren Behauptung hervorgeht. Es wäre kein sinnvolles Argument, zu urteilen: Weil NN das beste Argument bzw. die zutreffende Situationseinschätzung nicht erreicht und dem in seinem Handeln nicht entsprochen hat, ist er schuldig. Was »D« von uns verlangt, ist nicht mehr als das: Verhaltet euch *jetzt* so, daß eurer Verhaltensweise *alle* aufgrund sinnvoller und situationsbezogener Argumente zustimmen könnten, daß sie also eurem *Bemühen* zustimmen könnten.

Der Diskursgrundsatz zielt also nicht auf eine Ethik des faktischen Erfolgs, welche auf der Grundlage von »D« vielmehr als eine sinnlose Argumentation zurückzuweisen wäre, sondern auf eine Ethik der Verantwortung, die durchaus die Errungenschaften der kantischen Gesinnungsethik bewahrt, indem sie das Bemühen um Verantwortung, nicht aber den Erfolg beurteilt. Wenn allerdings Aktienanalysten, Banker oder Konzernleitungen ein Verhalten praktizieren und es überdies als »ethisch einwandfrei« ansehen, das allein »die Wahrung der Interessen des Anlegers« zur »Richtschnur« des Handelns macht[38], dann kann weder von einer Bemühung um Situationserkenntnis die Rede sein (weil die handlungsbetroffenen Dritten von vornherein aus der Handlungssituation ausgeschieden werden), noch liegt eine Bemühung um moralfähiges Handeln vor, weil eine solche gruppenegoistische Richtschnur die Berücksichtigung der guten Gründe (externer) Betroffener nicht einmal erlaubt. Was derart Anspruch auf Geltung erhebt, ist kein Kandidat für Zustimmungswürdigkeit sondern von vornherein dialogunfähig – eine schamlos als Rechtfertigung drapierte Umgehung der argumentativen Rechtfertigung.

Ein anderer Rigorismuseinwand gegen »D« könnte lauten: Setzt »D« nicht eine Welt voraus, in der sich, normalerweise, alle um ein argumentativ zustimmungswürdiges Verhalten bemühen? In der realen Alltagswelt haben wir es aber vielfach mit einem Verhalten zu tun, das sich eher *strategisch* und *zweckrational* an der eigenen *Durchsetzung* orientiert. Im Bereich des öko-

38 Vgl. Fleischhauer 1997, S. 105.

nomischen Handelns gilt das in ganz besonderem Maße, weil hier nicht allein die Rivalitätsbedingungen der Marktwirtschaft gelten, sondern nochmals deren Zuspitzung durch die globale Geld- und Aktienwirtschaft. Zumal Banker, Unternehmer und Manager sind eben nicht unabhängig von Aktienkursen, Shareholder-value und anderen Mechanismen der Geldwirtschaft. Diese erlegen ihnen ein strategisch-zweckrationales Verhalten auf. Eine Ethik, die dem nicht Rechnung trägt, ist naiv.

Letzteres trifft in der Tat zu. Daher muß eine angewandte normative Ethik, hier eine normative Ethik des Wirtschaftens, den systematischen Ort der strategischen Zweckrationalität *innerhalb der moralischen Urteilsbildung selber* angeben können. Das kann die transzendentalpragmatische Diskursethik. Denn ihr Grundsatz »D« setzt keineswegs ideale Gleichberechtigungsverhältnisse und ideale Dialogverhältnisse voraus, denen wir uns auf einem Symposion oder in einem Universitätsseminar annähern. Vielmehr verlangt »D« *zunächst* die bestmögliche, die zutreffende Analyse der Situation, in der wir uns befinden, der Bedingungen, unter denen wir jeweils zu handeln haben. Das sind etwa für den Unternehmer und Banker die Bedingungen der Geld- und Marktwirtschaft. Diese stellen eine *Zuspitzung der Grundsituation sozialen Lebens* dar, welche Kant als »*gesellige Ungeselligkeit*« charakterisiert hat.[39] Solange Menschen und ihre Welt nicht einfach gesellig, sondern zugleich ungesellig sind – antagonistisch rivalisierend, auf den je eigenen Vorteil bedacht, geldwirtschaftlich gewinnorientiert etc. –, muß die Moralphilosophie und muß jeder moralisch Handelnde mit der Tendenz rechnen, daß moralische Normen ebenso wie Rechtsnormen von vielen Akteuren ihres eigenen Vorteils halber unterlaufen werden. Es stellt sich also die Frage einer Heuristik der »ungeselligen Geselligkeit«: Wie müssen für die jeweilige Handlungssituation die Bedingungen der ungeselligen Geselligkeit – und damit die Unvermeidlichkeit strategisch-zweckrationaler Verhaltensweisen – berücksichtigt werden, wenn die angestrebte moralische Orientierung nicht eine weltferne der reinen Gesinnung sein soll, sondern eine zustimmungswürdige Orientierung des Handelns in der wirklichen sozialen Welt?

Wenn diese Frage im Lichte von »D« beantwortet wird, ergibt sich der zweistufige diskurs-verantwortungsethische Impera-

39 Kant 1784, S. 37 ff.

tiv. Es ist der kategorische Imperativ der Verantwortung für den *langfristigen Erfolg des gemäß »D« Moralischen*, also des in unbegrenzter Argumentationsgemeinschaft Zustimmungswürdigen. Er sei hier abgekürzt als »DV«. Dieser unbedingt verpflichtende Imperativ gibt eine Richtungsorientierung für Konfliktfälle bzw. Dilemmata, hervorgerufen von dem *Spannungsverhältnis* zwischen einer antagonistischen, mehr oder weniger strategisch zweckrational regulierten Sozialpraxis (insonderheit der Praxis geldwirtschaftlicher und marktwirtschaftlicher Strategien) *und* einer strikt dialogförmigen, den argumentativen Konsens unter gleichberechtigten Dialogpartnern suchenden Rechtfertigung/Prüfung der möglichen Auswirkungen einer Handlungsweise auf Dritte in Raum und Zeit. Diese kategorische Richtungorientierung hat einen konservativen und einen progressiv verändernden Aspekt. Der konservative Teilimperativ (»DV I«) lautet:

»Unterlasse in moralisch relevanten Konfliktsituationen alle Handlungen, die Bedingungen (insbesondere gesellschaftliche Strukturen, Institutionen, kulturelle Traditionen und Motivationen) gefährden, welche einen Fortschritt in der Annäherung an dialogförmige Gerechtigkeits- und Verantwortungsverhältnisse (zugunsten argumentativer Konsensbildung) bedeuteten!«

Der progressive, kritisch evolutionäre Teilimperativ (»DV II«) besagt:

> »Bemühe dich in moralisch relevanten Konfliktsituationen unter Berücksichtigung von ›DV I‹ um Handlungsweisen, die solche Gerechtigkeits- und Verantwortungsbedingungen schaffen, welche eine größere Annäherung an die Idee des unbegrenzten argumentativen Dialogs darstellen!«

Zu einer Kurzformel zusammengezogen, würde der zweistufige diskursverantwortungsethische Imperativ etwa lauten:

> »Handle im Zweifel so, daß die Wirkungen deiner Handlungen die gegebenen Dialogmöglichkeiten schonen und die bestehenden Dialogstrukturen erhalten« (DV I);
>
> »prüfe, revidiere oder ergänze diese Handlungen alsdann mit dem Ziel, die gegebenen Dialogmöglichkeiten auszuschöpfen und die bestehenden Gerechtigkeitschancen sowie Verantwortungsmöglichkeiten gemäß der Idee des argumentativen Dialogs zu verbessern!« (DV II).

2. Moralität des Unternehmers: Mitverantwortung für den tendenziellen Erfolg des Moralischen unter strategischen Bedingungen der Geld- und Marktwirtschaft

Der diskursethische Imperativ formuliert also einen Primat für den Erfolg des Moralischen, einen Primat der Anwendung des geltungslogisch Universalen, gegenüber einer *bloß* strategisch zweckrationalen Orientierung an dem partikularen Gewinn hier und jetzt, also einem partikularen Unternehmererfolg bzw. Bankererfolg, welcher mit nachhaltiger Zerstörung der Umwelt und massenhafter Vernichtung von Arbeitsplätzen einhergehen kann. Unter jenem Primat gibt »DV« Raum für strategisch zweckrationale Verhaltensweisen: Er erkennt deren sozialanthropologisches Recht an – gemäß der ungeselligen Geselligkeit als einer *condition humaine.* Zudem differenziert er »D« in eine »moralische Langzeit-Strategie« (Apel), welche der strategischen Zweckrationalität auch moralische Bedeutung zuerkennt. Wie das?

»D« selbst hat den Status *eines regulativen Prinzips.* Demgemäß besteht der *Sinn* von »DV« darin, den langfristigen Erfolg des Moralischen so anzustreben, daß vermittels der eigenen Entscheidungen und Handlungen die *Anwendungsbedingungen des Moralischen* bewahrt werden, soweit sie schon vorhanden sind, und geschaffen werden, soweit die rechtlichen Rahmenbedingungen, die terms of trade des Weltmarktes und die Durchschnittspraxis des Managements von argumentativer Zustimmungswürdigkeit mehr oder weniger entfernt sind, sofern sie also ungerecht sind.

Vom Unternehmer verlangt »DV« also, daß er als Unternehmer, als Staatsbürger und als Weltbürger nach der Maxime handelt: *Gewährleiste den Primat des tendenziellen Erfolgs des Moralischen, indem Du nach Kräften dazu beiträgst, die schon bestehenden, aber noch nicht argumentativ konsenswürdigen Anwendungsbedingungen der Moral zu bewahren und zu verbessern.*

2.1 Unternehmerische Verantwortungsstrategien unter (interkulturellen) Bedingungen der Korruption

Was bedeutet »DV« also für das drängende Problem der Korruption[40]? Steinmann und Scherer haben die Zahlung von Schmiergeldern als Problem des internationalen und damit auch interkulturellen Managements aufgeworfen. Wiewohl das zudem eine intrakulturelle, die europäischen Volkswirtschaften äußerst belastende Praxis ist, sei sie hier ausschließlich als interkulturelles Problem angesprochen. Im Sinne von »D« und »DV« geht es dann darum, die Folgen und Nebenwirkungen zu berücksichtigen, welche der Transfer einer Norm oder Handlungsorientierung aus der Kultur und Gesellschaftsform A in eine Kultur- und Gesellschaftsform B mit sich bringen kann.

Und zwar dann, wenn in der Gesellschaft B

- (noch) nicht ein vergleichbares universalistisches Normenbewußtsein vorherrscht und (noch) nicht ein Rechtssystem besteht, welches Grundrechte und Minderheitenschutz, Gleichbehandlung jedes Menschen als Rechtsperson gewährt, Rechtssicherheit gewährleistet, Korruption verbietet und auch (relativ) wirksam sanktioniert etc.;
- oder wenn die Kritik- und Kontrollmöglichkeit einer freien Öffentlichkeit (noch) nicht besteht bzw. eine rechtstaatlich verfaßte Demokratie (noch) nicht funktioniert.

Hier können sich zunächst Verstehensprobleme hermeneutischer Art ergeben. Diese wären im Einklang mit dem Diskursgrundsatz »D« durch distanzierten, selbstkritischen Einsatz des eigenen Vorverständnisses, also durch kontrollierten Vollzug der hermeneutischen Spirale zu lösen[41], damit die Situation der Kultur und Gesellschaft B nicht vorurteilsartig verzerrt, sondern als das verstanden werde, was sie ist. Allemal stellen sich erfolgsver-

40 Auf der Jahrestagung des IWF im Oktober 1996 erklärte Weltbankpräsident James D. Wolfensohn zur Korruption in Entwicklungsländern und im Handel dieser mit Industrienationen: »Korruption nimmt Geld von den Armen und gibt es den Reichen, verteuert die Geschäftstätigkeit, verzerrt die öffentlichen Ausgaben und hält ausländische Investoren fern.« Zitiert nach: *Badische Zeitung*, 4. Oktober 1996, »Weltbank will Korruption bekämpfen«, WIR O2.

41 Vgl. Böhler 1984. Vgl. die detaillierte Analyse von Kuhlmann 1975, S. 171-202.

antwortungsethische Probleme (im Sinne von »DV«). Gemäß dem Verpflichtungsrahmen von »D« und »DV« sind sie folgendermaßen zu lösen:

»Wenn Du in B Verhältnisse vorfindest, in denen *Korruption die Regel* und damit zur Zeit die Erfolgsbedingung unternehmerischer Aktivitäten ist, *und* wenn Dein Unternehmen kurzfristig auf Aufträge aus B angewiesen, ansonsten aber ertragsfähig und zukünftig existenzfähig ist, dann kann es zustimmungswürdig sein, ein Schmiergeld zu zahlen. Freilich kann eine solche Handlung nur insoweit zustimmungswürdig sein, als sie Teil einer moralischen Strategie gemäß ›DV‹ ist. Das heißt:

– Du mußt als Diskurspartner wissen, und als Adressat von ›D‹ sollst Du Dir ein Gewissen daraus machen, daß Du, indem Du zum Beispiel Schmiergelder zahlst, strenggenommen eine Schuld übernimmst;
– Du sollst Dich mit allen Kräften darum bemühen, die Realisierungsbedingungen des Gerechten und Moralischen in der Kultur oder Gesellschaft B so zu verbessern, daß der rechtlichen Ungleichheit, der Korruptionspraxis und anderem Unrecht mittelfristig der Boden entzogen wird!«

Für das Verhalten in derartigen Konfliktsituationen gibt »DV« folgende zweistufige Orientierung:

– (DV I) »Unterlasse in moralisch relevanten Konfliktsituationen alle Handlungen, die den tendenziellen Erfolg des Moralischen (Gerechtigkeit und Verantwortung) gefährden!«
– (DV II) »Bemühe dich (in interkulturellen Konfliktsituationen) um Handlungsweisen und fördere solche Handlungsweisen, Institutionen usw., die den (tendenziellen) Erfolg des Moralischen (nämlich der Gerechtigkeit und Verantwortung gemäß der Idee des unbegrenzten Dialogs)[42] ermöglichen!«

42 Als moralisch gilt gemäß »D« eine Handlungsweise, für deren Rechtfertigung sich im unbegrenzten Diskurs ein argumentativer Konsens ergeben würde, welcher ›ideal‹ genannt werden kann, da er durch Entfaltung und Prüfung sämtlicher situationsrelevanter Argumente zustande gekommen sein würde.

3. Moralität des Wirtschafts-, Staats- und Weltbürgers: Mitverantwortung für den tendenziellen Erfolg des Moralischen bei kaum prognostizierbaren sozioökologischen Nebenfolgen

Im hochtechnologischen Zeitalter kann gesellschaftliche Praxis im allgemeinen, können zumal unternehmerische und politische Entscheidungen zeitlich wie räumlich unbegrenzte Fernwirkungen haben, welche prognostisch nur unzureichend erfaßbar sind. Aus der Einsicht, daß ein Spannungsverhältnis besteht zwischen der prognostischen Beurteilbarkeit sozioökologisch riskanter Einzelprojekte und der *globalen Verantwortungspflicht für die Bio- und Soziosphäre* als Zukunftsraum der Menschheit ergibt sich eine besondere *Vorsorgepflicht.* Als Beispiel dafür hebe ich die sozioökologische Verträglichkeit von Technologien hervor. Dialogmethodisch läßt sich eine diesbezügliche Vorsorgepflicht als skeptisches Regulativ der Zukunftsverantwortung (»DV-skep«) fassen:

»Verhaltet euch in dem Maße methodisch-skeptisch gegenüber sozioökologisch riskanten Entwicklungen/Projekten, wie diese zu irreversiblen Schädigungen der Lebensbedingungen, zu irreversiblen Schädigungen von Natur (als Inbegriff der ökologischen Lebensbedingungen künftiger Generationen) und damit oder auf andere Weise zu irreversiblen Schädigungen der Annäherungsbedingungen an dialogförmige Gerechtigkeits- und Verantwortungsverhältnisse führen können. Prüft solche Entwicklungen/Projekte nach der Beweislastregel ›in dubio pro humanitate – in dubio pro continuatione consilii‹.«

Prima vista scheint die Bemühung um Bewahrung und Verbesserung der sozioökologischen Menschheitsbedingungen eine starke Wissensvoraussetzung zu haben; nämlich die, sich ein sozioökologisches Prognosewissen zu beschaffen, das zur Folgenbeurteilung der Konsumpraktiken, politischen sowie unternehmerischen Entscheidungen und zumal der High-tech-Projekte ausreicht.

Bekanntlich stößt die projektbezogene Beschaffung prognostischen Wissens jedoch an schmerzliche Grenzen, weil sich jede Technologie etc. in komplexen sozioökologischen Gesamtsituationen auswirkt. Vor allem Kumulativwirkungen in offenen, lebendigen und sich geschichtlich wandelnden Zusammenhängen, ökologische Fernwirkungen zumal, entziehen sich der exakten bedingten Prognose, wie sie in einem geschlossenen System möglich ist. Die Kluft zwischen unserem beschränkten sozioökologischen Prognosewissen und der virtuell unbeschränkten Wirkungsmacht unserer hochtechnologischen Projekte, unserer hochtechnologisch vermittelten Produktionen, Praktiken und Lebensgewohnheiten ist als Problem des theoretischen Wissens unlösbar.

Es ist aber nicht allein und nicht einmal primär ein theoretisch bzw. prognostisch wissenschaftliches, sondern ein Problem der praktischen Vernunft. Sich diesem Problem zu stellen, macht eine besondere Herausforderung der Philosophie, sodann des interdisziplinären Diskurses, schließlich der Gesetzgebung und Rechtsprechung aus. Frühzeitig und entschlossen hat Hans Jonas diese Herausforderung angenommen: Die Kluft zwischen Prognosewissen und Wirkungsdimension bedeute eigentlich »ein neues ethisches Problem. Anerkennung der Unwissenheit wird ... die Kehrseite der Pflicht des Wissens und damit ein Teil der Ethik.«[43]

Aus diesem Grund plädiert Hans Jonas für eine Heuristik der Furcht, für »eine Furcht geistiger Art«, die uns fähig machen soll, das nichterfahrbare »Unheil kommender Geschlechter« vorauszudenken und uns davon betreffen zu lassen.[44] Daraus hat er für die öffentlichen Dialoge über das, was zu tun sei, und damit für die Forschungsplanung, für die Produktions- und Marktstrategien wie auch für politische Entscheidungen die Vorschrift abgeleitet, »der Unheilsprophezeiung mehr Gehör zu geben ... als der Heilsprophezeiung«[45], also der schlechten Prognose einen methodischen Vorrang vor der guten einzuräumen.

Diese Forderung läßt sich im Sinne von »DVskep« als Dialogregel rekonstruieren, die den Befürwortern eines Projekts und den Anwendern einer Technik die Beweislast für deren Verantwortbarkeit und Zustimmungswürdigkeit auferlegt. »In dubio pro humanitate« und damit *»in dubio pro continuatione consilii«* würde das Regulativ für unsere öffentlichen Diskurse lauten müssen. Genaugenommen wäre es das Verfahrenskriterium für die Anerkennungswürdigkeit sowohl der verhandelten Vorschläge wie auch der Diskursresultate selbst; denn diese sind fallibel

43 Jonas 1979, S. 28.
44 Ebd., S. 64 f.
45 Ebd., S. 70.

und daher unter Umständen revisionsbedürftig. Jenes Kriterium ist kein fixer Maßstab, den wir einfach »anlegen« und als direktes Entscheidungskriterium einsetzen könnten; wohl aber kann es Gültigkeit als Verfahrensregel im Diskurs beanspruchen. Seine Anwendung wäre durch zweckmäßige Verfahrensvorschriften sicherzustellen, die gewährleisten, daß ein Projekt keinesfalls durch einen bloßen Verdacht zu Fall gebracht werden kann.

Es geht um Verfahrensrationalität in der hochtechnologischen Gefahrenzivilisation, nicht etwa um Willkürherrschaft eines technologiefeindlichen Kassandrismus. Demzufolge kann »in dubio pro continuatione consilii« die unternehmens-, forschungs- und ökologiepolitischen Entscheidungen gegebenenfalls im Sinne eines Moratoriums oder Verbots orientieren – freilich allein in dem Maße, als es durch Institutionalisierung konkreter Diskurse wirksam wird. In diesem Sinn geht es um eine Verbesserung der Diskussions- und Kontrollbedingungen auf der Ebene der Unternehmen, auf der Ebene der politischen Entscheidungsfindung und um Verbesserungen der Urteils- und Sanktionsbedingungen der Justiz. Solche Verbesserungen müßten offenbar ergänzt und gestützt werden durch ein neues ökologisches Steuer- und ein ökologisch orientiertes Schadensersatzrecht. So gewönnen wir meines Erachtens einen Orientierungs- und Rechtsrahmen, der die unternehmerische Entscheidungsfindung und die Managementpraxis im Sinne einer Verantwortung für die Zukunft fördert[46], mithin die Anwendungsbedingungen der Moral – gemäß »D«, »DV II« und »DVskep« – nachhaltig verbessert. Vor allem aber gilt: Jeder Handelnde, auch der unternehmerisch Handelnde, soll moralisch sein; jedem Handelnden, auch dem Unternehmer, muß es aber zumutbar sein, sich moralisch zu verhalten. Der Diskursgrundsatz, von vornherein angelegt auf seine verantwortungsethische Differenzierung, enthält beides, das regulative Sollen und die situative Zumutbarkeit: In steter Kritik des Erreichten orientiert er auf das Ideal einer universal konsenswürdigen Praxis, die wahrhaft gerecht und allseits folgenverantwortlich wäre; in Berücksichtigung dessen, was uns jeweils möglich und aufgrund dessen zumutbar ist, fordert er, nach bestem Wissen zu urteilen und mit geschärftem Gewissen zu handeln.

46 Vgl. Böhler 1993, 1994, Erbguth 1994.

Literatur

Apel, K.-O. (1973), »Das Apriori der Kommunikationsgemeinschaft und die Grundlagen der Ethik«, in: ders., *Transformation der Philosophie*, Band II, Frankfurt am Main, S. 358-435.

– (1984 a), »Kann der Historismus-Relativismus den Sinn der Verschiedenheit kultureller Normen der Moral verständlich machen?«, in: K.-O. Apel, D. Böhler und G. Kadelbach (Hg.), *Funkkolleg Praktische Philosophie/Ethik*, Studientexte, Band 1, Frankfurt am Main, S. 53 f.

– (1984 b), »Ist die Letztbegründung moralischer Normen auf die reale Praxis anwendbar?«, in: K.-O. Apel, D. Böhler und K. Rebel (Hg.), *Funkkolleg Praktische Philosophie/Ethik*, Studientexte, Bd. 2, S. 606-634.

– (1988), *Diskurs und Verantwortung*. Frankfurt am Main.

– (1993), »Das Anliegen des anglo-amerikanischen ›Kommuninatarismus‹ in der Sicht der Diskursethik«, in: M. Brumlik und H. Brunkhorst (Hg.), *Gemeinschaft und Gerechtigkeit*, Frankfurt am Main, S. 149-172.

– (1994), »Die ökologische Krise als Herausforderung für die Diskursethik«, in: D. Böhler (Hg.), *Ethik für die Zukunft. Im Diskurs mit Hans Jonas*, München, S. 369-404.

– (1996), »Die Vernunftfunktion der kommunikativen Rationalität«, in: ders. und M. Kettner (Hg.), *Die eine Vernunft und die vielen Rationalitäten*, Frankfurt am Main, S. 17-41.

–, D. Böhler und G. Kadelbach (Hg.) (1984), *Funkkolleg Praktische Philosophie/Ethik. Dialoge*. Band 2, Frankfurt am Main.

–, D. Böhler und K. Rebel (Hg.) (1984), *Funkkolleg Praktische Philosophie/Ethik*. Studientexte, 2 Bände, Frankfurt am Main.

Aristoteles (1970), *Metaphysik*, übersetzt und herausgegeben von F. F. Schwarz, Stuttgart.

Böhler, D. (1978), »Zoon logon echon – zoon koinon. Sprachkritische Rehabilitierung der philosophischen Anthropologie: Wilhelm Kamlahs Ansatz im Licht rekonstruktiven Philosophierens«, in: J. Mittelstraß und M. Riedel (Hg.), *Vernünftiges Denken. Studien zur praktischen Philosophie und Wissenschaftstheorie*, Berlin/New York, S. 342-373.

– (1979), »Das dialogische Prinzip als hermeneutische Maxime«, in: *Man and World* 11, No. 1/2, S. 131-164; unter dem Titel »Philosophische Hermeneutik und hermeneutische Methode« ebenfalls erschienen in: M. Fuhrmann u.a. (Hg.), *Text und Applikation. Poetik und Hermeneutik*, Bd. IX, München 1981, S. 483-511.

– (1982), »Transzendentalpragmatik und kritische Moral. Über die Möglichkeit und die moralische Bedeutung einer Selbstaufklärung der Vernunft«, in: ders. und W. Kuhlmann (Hg.), *Kommunikation und*

Reflexion. Zur Diskussion der Transzendentalpragmatik: Antworten auf Karl-Otto Apel, Frankfurt am Main, S. 89-123.
– (1984), »Hermeneutische Philosophie und kritisch-hermeneutische Methode«, in: K.-O. Apel, D. Böhler und K. Rebel (Hg.), *Funkkolleg Praktische Philosophie/Ethik*. Studientexte. Band 1, Weinheim, S. 293-299.
– (1985), *Rekonstruktive Pragmatik. Von der Bewußtseinsphilosophie zur Kommunikationsreflexion: Neubegründung der praktischen Wissenschaften und Philosophie*, Frankfurt am Main.
– (1986), »Wohin führt die pragmatische Wende? Norwegische Diskussionsbeiträge in transzendentalpragmatischer Sicht«, in: D. Böhler, T. Nordenstam und G. Skirbekk (Hg.), *Die pragmatische Wende*, Frankfurt am Main, S. 261-316.
– (1993), »Gebt der Zukunft ein Recht! Plädoyer für Technologie- und Zukunftsverantwortung im Sinne des dialogischen Prinzips«, in: *Zeitschrift für Rechtspolitik* 26, H. 10, S. 389-394.
– (1994), »In dubio contra projectum. Mensch und Natur im Spannungsfeld von Verstehen, Konstruieren, Verantworten«, in: D. Böhler (Hg.), *Ethik für die Zukunft. Im Diskurs mit Hans Jonas*, München, S. 244-276.
– (1995 a), »Dialogreflexion als Ergebnis der sprachpragmatischen Wende. Nur das sich wissende Reden und Miteinanderstreiten ermöglicht Vernunft«, in: J. Trabant (Hg.), *Sprache denken*, Frankfurt am Main, S. 145-162.
– (1995 b), »Ethik für die Zukunft erfordert Institutionalisierung von Diskurs und Verantwortung«, in: M. Jänicke u.a. (Hg.), *Umwelt Global, Veränderungen, Probleme, Lösungsansätze*, Berlin u.a., S. 239 bis 248.
– und H. Gronke (1994), Artikel »Diskurs«, in: *Historisches Wörterbuch der Rhetorik*, Band 2, Tübingen, S. 764-819.
– und R. Neuberth (Hg.) (1993), *Herausforderung Zukunftsverantwortung, Hans Jonas zu Ehren*. Münster.
Bork, H. (1996), »Wie Premier Li Peng Außenminister Kinkel abbürste-te«, in: *Frankfurter Rundschau*, 8. Oktober 1996, S. 12, Sp. 6.
Erbguth, W. (1994), »Umweltrecht im Gegenwind: die Beschleunigungsgesetze«, in: *Juristen-Zeitung* 49, S. 477-485.
Fleischhauer, J. (1997), ›Wir handeln die Zukunft‹, in : *Der Spiegel*, 51. Jg., Heft 12, 1997, S. 105.
Gronke, H. (1994), »Epoché der Utopie. Verteidigung des ›Prinzips Verantwortung‹ gegen seine liberalen Kritiker, seine konservativen Bewunderer und Hans Jonas selbst«, in: D. Böhler (Hg.), *Ethik für die Zukunft. Im Diskurs mit Hans Jonas*, München, S. 407-427.
– (1996), »Ein neuer Versuch zur Architektonik der Diskursethik«. Vortrag im Rahmen des Kolloquiums »Probleme der Diskursethik«

an der Erziehungswissenschaftlichen Fakultät, Abteilung Philosophie, der Universität zu Köln am 13. 6. 1996. Unveröffentlichtes Vortragsmanuskript.

– (1997), *Das Denken des Anderen. Führt die Selbstaufhebung der Intersubjektivitätstheorie Husserls zur transzendentalen Sprachpragmatik?*, Würzburg.

Habermas, J. (1981) *Theorie des kommunikativen Handelns*, Band 1, Frankfurt am Main.

– (1983), *Moralbewußtsein und kommunikatives Handeln*, Frankfurt am Main.

– (1996), »Rortys pragmatische Wende«, in: *Deutsche Zeitschrift für Philosophie* 44, S. 715-741.

Jonas, H. (1979), *Das Prinzip Verantwortung*, Frankfurt am Main.

Kambartel, F. (1989), »Vernunft: Kriterium oder Kultur?«, in: ders., *Philosophie der humanen Welt*, Frankfurt am Main, S. 27-43.

Kant, I. (1784), »Idee zu einer allgemeinen Geschichte in weltbürgerlicher Absicht«, in: *Werke in zwölf Bänden,* Bd. XI, hg. von W. Weischedel, Frankfurt am Main 1968, S. 31-50.

– (1795), »Zum ewigen Frieden«, in: *Werke in zwölf Bänden*, Bd. XI, hg. von W. Weischedel, Frankfurt am Main 1968, S. 193-251.

Kuhlmann, W. (1975), *Reflexion und kommunikative Erfahrung*, Frankfurt am Main.

– (1985), *Reflexive Letztbegründung*, Freiburg.

– (1993), »Bemerkungen zum Problem der Letztbegründung«, in: A. Dorschel u.a. (Hg.), *Transzendentalpragmatik*, Frankfurt am Main, S. 212-237.

– (1994), »›Prinzip Verantwortung‹ versus Diskursethik«, in: D. Böhler (Hg.), *Ethik für die Zukunft. Im Diskurs mit Hans Jonas*, München, S. 277-302.

Lepenies, W. (1995), »Das Ende der Überheblichkeit«, in: *Die Zeit*, Nr. 48, 24. November 1995, S. 62; unter dem Titel: »Selbstkritische Moderne. Neue Leitbilder. Im Kontakt der Kulturen«, in: W. Dettling (Hg.), *Die Zukunft denken. Neue Leitbilder für wirtschaftliches und gesellschaftliches Handeln*, Frankfurt am Main, S. 50-68.

Lorenzen, P. (1987), *Lehrbuch der konstruktiven Wissenschaftstheorie*, Mannheim.

– (1989), »Philosophische Fundierungsprobleme einer Wirtschafts- und Unternehmensethik«, in: H. Steinmann und A. Löhr (Hg.), *Unternehmensethik*, Stuttgart, S. 25-57.

– (1992), »Diesseits von Idealismus und Realismus«, in: P. Janich (Hg.), *Entwicklungen der methodischen Philosophie*, Frankfurt am Main, S. 207-217.

Lueken, G.-L. (1992), *Inkommensurabilität als Problem rationalen Argumentierens*, Stuttgart-Bad Cannstadt.

McGuinness, B., u.a. (1991), »*Der Löwe spricht ... und wir können ihn nicht verstehen*«, Ein Symposion an der Universität Frankfurt anläßlich des hundertsten Geburtstags von Ludwig Wittgenstein, Frankfurt am Main.

Meløe, J. (1986), »Über Sprachspiele und Übersetzungen«, in: D. Böhler, T. Nordenstam und G. Skirbekk (Hg.), *Die pragmatische Wende*, Frankfurt am Main, S. 113-130.

Øfsti, A. (1986), »Rationale Argumentation, Erklären und Verstehen. Zum Universalitätsanspruch der hypothetisch-deduktiven Methode«, in: D. Böhler, T. Nordenstam und G. Skirbekk (Hg.), *Die pragmatische Wende*, Frankfurt am Main, S. 73-90.

– (1994), *Abwandlungen. Essays zur Sprachphilosophie und Wissenschaftstheorie*, Würzburg, S. 193-215.

Skirbekk, G. (1995), »Ethischer Gradualismus«, in: *Deutsche Zeitschrift für Philosophie* 43, S. 419-424.

Steinmann, H., und A. Löhr (1994), *Grundlagen der Unternehmensethik*, 2. Auflage, Stuttgart.

– und A. G. Scherer (1998), »Interkulturelles Management zwischen Universalismus und Relativismus. Kritische Anfragen der Betriebswirtschaftslehre an die Philosophie«, in diesem Band, S. 23-87.

Tranøy, K. E. (1986), »Pragmatik der Forschung«, in: D. Böhler, T. Nordenstam und G. Skirbekk (Hg.), *Die pragmatische Wende*, Frankfurt am Main, S. 36-54.

Werner, M. H. (1994), »Dimensionen der Verantwortung. Ein Werkstattbericht zur Zukunftsethik von Hans Jonas«, in: D. Böhler (Hg.), *Ethik für die Zukunft. Im Diskurs mit Hans Jonas*, München, S. 303 bis 338.

Wohlrapp, H. (1995), »Konstruktive Anthropologie als Basis eines Konzepts von Kulturpluralismus?«, in: E. Jelden (Hg.), *Prototheorien – Praxis und Erkenntnis?*, Leipzig, S. 149-163.

Hans Julius Schneider
Das Allgemeine als Zufluchtsort
Eine kritische Anmerkung zur Diskursethik

1. Ich möchte mit der Schilderung einer Lektüre-Erfahrung beginnen, um vorweg die grundlegende Intuition offenzulegen, die hinter meinen Ausführungen steht. In einem Vortrag aus dem Jahre 1987 berichtet Karl-Otto Apel, wie er nach dem Zusammenbruch der Nazi-Diktatur (er war als achtzehnjähriger Abiturient 1940 freiwillig in den Krieg gegangen) für sich und seine Generationsgenossen das Gefühl hatte, »daß ›alles falsch war‹, für das wir uns eingesetzt hatten«.[1] Mit dieser persönlichen Katastrophe konfrontiert, war sein nächster Schritt, Ausschau zu halten »nach einer normativ-verbindlichen Rekonstruktion der menschlichen Geschichte überhaupt«[2], nach einer »objektiven Vergleichbarkeit im Sinne universalgültiger normativer Prinzipien«.[3] Und er äußert die Vermutung, eine »Instanz der rationalen Begründung eines universalgültigen normativen Prinzips«[4] hätte Heidegger davor bewahren können, sich Hitler auszuliefern. Man darf wohl sagen, daß ein wesentlicher Teil von Apels philosophischem Lebenswerk dem Aufbau und der Befestigung einer solchen Ethik gegolten hat in einer Form, die dem modernen Denken standhält, insbesondere dort, wo es auf neuartige Weise die Sprache mitreflektiert. Wo Kant an den Menschen als Vernunftwesen appelliert, richtet sich Apel an das sprachbegabte Wesen.

Diesen Schritt des Autors, vom ganzheitlichen Erlebnis[5] des persönlichen Versagens zur Ethik allgemeinster universaler Prinzipien, konnte ich als Leser nicht mitvollziehen. Wenn ich selbst (ein Angehöriger der ersten Nachkriegsgeneration) gefragt würde, was wohl mein nächster, konstruktiver Schritt nach dem Stoßseufzer ›Wir haben alles falsch gemacht!‹ gewesen wäre, hie-

1 Apel 1988, S. 94.
2 Ebd., S. 96 f.
3 Ebd.
4 Ebd., S. 103.
5 Apel schreibt: »das zunächst noch dumpfe Gefühl«, ebd., S. 94.

ße meine (freilich nur hypothetisch zu formulierende) Antwort: nicht die Ausarbeitung universalgültiger Prinzipien und die Rekonstruktion der menschlichen Geschichte überhaupt, sondern das Überdenken meiner konkreten Handlungen und Unterlassungen, die bestimmte, namhaft zu machende Personen betroffen haben: Eltern, Freunde, Nachbarn, Lehrer, mit Bezug auf die ich mich zum Beispiel fragen müßte, warum ich ihnen nicht widersprochen habe, warum ich vor ihnen Zweifel unterdrückt und sie vielleicht an falschen Stellen bewundert und nachgeahmt habe, etwa in der Herabsetzung oder Verachtung anderer. Das aus dem Versagen erwachsende Bestreben, es nun richtig zu machen, würde sich als das Bemühen äußern, konkrete Fälle von Bequemlichkeit, verwirrten Gefühlen, Herzlosigkeit, Geltungssucht, Schadenfreude und Bosheit als mir zugehörig zu verstehen. Nicht daß meine Prinzipien die falschen waren, wäre mein erster Gedanke, nicht in meinen Instrumenten oder Meßlatten lag der Fehler. Vielmehr würde ich meinen, daß in mir selbst als Person der Makel gelegen haben müsse, den es nun gründlich loszuwerden gelte.

Was einen allenfalls davor schützen könnte, auf Jahre zurückblicken zu müssen, in denen man alles falsch gemacht hat, scheint mir also weniger ein Satz von Prinzipien oder Verfahrensregeln zu sein als die in sehr konkreten Situationen sich zeigende ganzheitliche Fähigkeit, zu sehen und zu empfinden, daß der jüdische oder türkische oder politisch oppositionelle Nachbar in allen ethisch relevanten Belangen ist ›wie ich selbst‹. Davon untrennbar ist die Fähigkeit, diejenigen immer wieder auftretenden Momente zu bemerken, in denen mir das nicht gelingt. Diese kritische Sicht auf sich selbst bedarf der Kommunikation mit anderen; im Selbstgespräch wird sie kaum zu erarbeiten und zu befestigen sein. Entsprechend meine ich, daß nur der mit anderen geteilte Blick auf die Einzelheiten des eigenen Spiegelbildes die als notwendig empfundene Art des Sichänderns in Gang setzen kann, nicht die Zuflucht zu den ›richtigen‹ abstrakten Prinzipen als denjenigen Instrumenten oder Verfahren, die nun endlich moralisch gute Resultate verbürgen können. Gewiß können sie eine wichtige Hilfsfunktion erfüllen. Sie können das Gute aber weder definieren, noch teile ich Apels Hoffnung, daß sie es sind, die unter Bedingungen der Diktatur die Kraft haben, einen davor zu bewahren, ›alles falsch zu machen‹.

Ich täusche mich nicht darüber, daß Versuche, sich in eine selbst nicht real erlebte Situation hineinzuversetzen, sehr wenig darüber aussagen können, wie man tatsächlich gehandelt oder gedacht hätte oder in kommenden Situationen handeln oder denken wird. Unvergessen ist mir die Aufrichtigkeit, mit der der jugoslawische Praxis-Philosoph Mihailo Marković bei einem Gastsemester in Konstanz Ende der siebziger Jahre darauf bestand, daß man sogar bei engen Freunden nicht, ja nicht einmal bei sich selbst, mit Sicherheit hätte voraussagen können, auf welcher Seite der Parteien des Zweiten Weltkriegs sich jemand finden würde, wenn es einmal soweit wäre, daß die Entscheidung praktisch (im Handeln und Unterlassen) fällt. Man könne es auch für sich selbst nur hoffen. Und er hat damals wohl nicht ahnen können, welche Relevanz dieser Gedanke für ihn noch einmal bekommen würde.[6] Es liegt mir daher fern, Apel oder seine Generationsgenossen in besserwisserischer Manier belehren zu wollen. Ich möchte meine Lektüreerfahrung, daß ich den Schritt zum Prinzipiellen gerade für die geschilderte Situation als nicht naheliegend empfinden konnte, hier nur zum Anlaß nehmen, die Frage aufzuwerfen, wo der Griff zu allgemeinen Prinzipien seinen rechten Ort hat in Relation zur Vergegenwärtigung konkreter Handlungen und Unterlassungen. Meine These lautet, daß das Allgemeine auf eine für das zukünftige Handeln nicht förderliche Weise zum ›Zufluchtsort‹ wird, wo es an die Stelle einer gründlichen öffentlichen Durcharbeitung des Konkreten tritt oder wo es eine differenzierte Wahrnehmung des Konkreten behindert. Allgemeine Prinzipien haben durchaus ihren Ort; ich will ihnen das Existenzrecht nicht bestreiten. Sie sollten aber nicht dazu dienen, demjenigen, der sie sich aneignet, die vermeintliche Sicherheit zu geben, nun endlich auf der richtigen Seite zu stehen. Es erscheint mir nicht legitim, sich unter ihren Schutz zu flüchten, ohne den Einzelheiten dessen, was in dem Satz ›Wir haben alles falsch gemacht‹ zum Ausdruck kommt, gemeinschaftlich, in einem moralischen Diskurs, ins Gesicht zu sehen. Der Ort der Prinzipien ist nach meinem Verständnis am Ende eines solchen Diskurses; sie funktionieren als formelhafte Erinnerungshilfen. Sie stehen nicht am Anfang und funktionie-

6 Es heißt, er habe sich auf unvertretbare Weise nationalistisch engagiert, eine Nachricht, die ich nicht überprüfen konnte.

ren nicht als Rechenregeln, als Verfahren zur Feststellung des Guten.

Die oft beklagte Ungeeignetheit der Justiz als Instrument der Auseinandersetzung mit dem Unrecht des DDR-Regimes scheint mir damit zusammenzuhängen. Was sich nach meiner Erfahrung immer wieder als dringend nötig und einzig hilfreich erweist, ist ein über den juristischen hinausgehender moralischer Diskurs, ist die geduldige Schilderung der ganzen Komplexität der Lebensumstände in ihrer Konkretheit. Ein solcher Schritt muß das moralische Selbstverständnis des Fragenden, der den Befragten moralisch zur Verantwortung zieht, notwendigerweise einbeziehen, und dieser wird dadurch selbst zum Befragten.

Das liegt daran, daß die moralische Identifizierung einer Handlung immer ein personenbezogenes und in diesem Sinne nichtobjektives Verstehen erfordert: Eine nach Verständnis suchende Person A will die ihr unverständliche Handlung einer anderen Person B verstehen (zum Beispiel ein Verhalten, das A als Bestechung klassifizieren würde). Aus der Perspektive von A erscheint das, was er für Bs Handlungen eines gewissen Typus hält (›Bestechung‹), also notwendigerweise in einem bestimmten Licht. Da A aber sein Nichtverstehen einräumt (zum Beispiel weil manche Umstände, wie etwa die selbstverständliche Akzeptanz durch dritte Personen, gegen diese Klassifikation sprechen), kann B gegen die Sichtweise von A Einwände erheben, und folglich steht As Perspektive stets selbst zur Debatte. Daher ist ein differenzierter Vergleich von verschiedenen Sichtweisen auf die strittigen Handlungen erforderlich, und erst durch die Einigung auf eine dieser Sichtweisen kann die Handlung überhaupt als identifiziert gelten. Nur eine ausdrückliche Einbeziehung verschiedener Perspektiven kann also zu einer angemessenen Bestimmung der Handlung führen, welche wiederum eine Voraussetzung für ihre abschließende moralische Beurteilung ist. Hier liegt ein wesentlicher Unterschied zur Gerichtsverhandlung. Wenn es zum Beispiel darum geht, eine Handlung als Mord oder Totschlag zu identifizieren, steht die Perspektive des Gesetzes nicht zur Debatte, sondern einzig die korrekte, dem Sinn des Gesetzes entsprechende Applikation. Die Handlung muß identifiziert werden, aber die Gesichtspunkte der Identifizierung sind nicht Gegenstand der Auseinandersetzung.

Bei einem moralischen Diskurs (wie er wohl den sogenannten ›Wahrheitskommissionen‹ zum Teil als Ideal vorschwebte) werden dagegen alle Beteiligten kritisch befragbar und müssen mit schmerzlichen Einsichten rechnen; es gibt (anders als vor Gericht) keine garantierte Trennung von Fragenden und Befragten. Der Rückgriff auf nicht zur Debatte stehende allgemeine Prinzipien kann vor diesen Schmerzen zwar schützen. Gleichwohl scheint mir der gemeinsame Blick in den Spiegel für die ethische Orientierung wichtiger und in der zeitlichen Abfolge dringlicher zu sein als der Versuch, das strittige Feld nach Prinzipien zu beurteilen und als Taten und Unterlassungen dann auch im rechtlichen Sinne zu verurteilen bzw. die Täter freizusprechen. (Die ›Wahrheitskommissionen‹ hatten zum Teil auf eine juristische Verfolgung ausdrücklich verzichten wollen.) Der prinzipienorientierte juristische Schritt hat seinen Ort *nach* dem moralischen Diskurs, den er nicht ersetzen kann. Wo es um die Fähigkeit geht, sich zu ändern, gälte das auch dann, wenn sich auf apriorischem Wege tatsächlich unangreifbare universale Prinzipien auszeichnen ließen, denen eine moralische Relevanz zugesprochen werden darf.

2. Mir scheint nun, daß die Situation, in der jemand sagt: ›Wir haben alles falsch gemacht‹ in gewisser Hinsicht vergleichbar ist der Situation, in der man bei der Begegnung mit einer fremden Kultur sagt: ›Hier ist alles ganz anders‹. Und wenn es richtig ist, daß Prinzipien und Verfahren sekundär sind gegenüber dem genauen Blick auf die Einzelheiten und der Frage nach der Bedeutung einer Handlung für den Handelnden (und also der Frage, was für eine Handlung überhaupt vorliegt), dann gilt das Entsprechende auch im Fall der interkulturellen Kommunikation. Auch hier ist die hermeneutische Bemühung, die Perspektive des Fremden durch einen Vergleich mit der eigenen Perspektive allererst kennenzulernen, methodisch der Beurteilung nach Prinzipien vorgeordnet. Dies bedeutet, daß die eigene Perspektive in einem solchen Moment als ebenfalls frag-würdig gelten muß. Wird mit dieser Aussage eine relativistische Position bezogen? Und ist es ein sinnvoller Schritt, vor dieser Gefahr des Relativismus Zuflucht zu nehmen bei allgemeinen Prinzipien, deren notwendige universale Geltung wir glauben demonstrieren zu können? Was schützt mich vor dem Gedanken, vielleicht einer Kultur anzuge-

hören, als deren Mitglied ich in Zukunft einmal werde sagen müssen: ›Wir haben alles falsch gemacht‹, und sei es auch nur mit Bezug auf einen begrenzten Bereich?

Nichts kann mich davor schützen; auch mein jeweils bestes und aufrichtigstes Verständnis meines Lebens in seiner konkreten Situiertheit zum Leben anderer wird frag-würdig bleiben. Führt man sich die ›Irrtümer‹ auch der moralisch Wohlmeinenden in der Geschichte der westlichen Kultur, von der Sklaverei über die Hexenverfolgung bis zur Kolonialgeschichte, vor Augen, oder denkt man an die modernen Dilemmata etwa in der Tierhaltung oder der Embryonenforschung, so erscheint es naiv, zu meinen, wir verfügten über universale, zwingend gültige Prinzipien (oder seien doch kurz davor), die uns die Erfahrung, ›alles falsch gemacht‹ zu haben, ein für allemal ersparen könnten.

Diese Sicht möchte ich nicht ›relativistisch‹ nennen, weil sie nicht meint, ›von außen‹ auf verschiedene Kulturen oder Lebensformen blicken zu können und dann zu dem distanzierten Urteil zu kommen, sie seien alle gleichwertig.[7] Mein Plädoyer zugunsten des Konkreten, zugunsten des genauen Blicks auf die Einzelheiten des eigenen Spiegelbildes (und des Selbstbildes des Fremden), leugnet gerade, daß es eine Sicht von außen überhaupt geben kann. Die Anerkennung der Fragwürdigkeit der eigenen Sehweise bedeutet dann nur die Anerkennung der Möglichkeit, sich zu täuschen. Sie entbindet nicht von der Pflicht, alle Anstrengungen zu unternehmen, Täuschungen zu vermeiden. Sie wiegt sich aber nicht in der Sicherheit, über ein Instrument zu verfügen, das Täuschungen verläßlich ausschließt, und gar noch die Täuschungen derjenigen, die mir zur Zeit noch unverständlich und fremd sind. ›Im alten Stil‹ (Samuel Beckett) gesprochen: An eine solche Sicherheit zu glauben wäre vermessen.

3. Vor diesem Hintergrund erscheint es nicht als zufällig, daß Apels transzendentalpragmatischer Versuch der Moralbegründung philosophiehistorisch als das Aufsuchen eines letzten Zufluchtsortes für normatives Denken vor dem Ansturm des Szientismus zu sehen ist. Diese Form der (Natur-)Wissenschaftsgläubigkeit hatte behauptet, rationale Argumentation sei nur im Bereich der Tatsachenfeststellungen möglich; alle Formulierungen von Normen, alle Behauptungen über Gut und Böse (oder

7 Vgl. Schneider 1995.

Schön und Häßlich), seien als Scheinaussagen anzusehen, zum Beispiel als Gefühlsbekundungen oder Empfehlungen, die der rationalen Erörterung nicht zugänglich seien, weil sie sich nicht auf intersubjektiv zugängliche Tatsachen bezögen. Wenn dem so wäre, könnte der Appell an die Vernunft einen Menschen nur dazu bewegen, sich an die Tatsachen, nicht aber dazu, sich an bestimmte moralische Orientierungen zu halten oder überhaupt sich moralisch zu orientieren. Wenn man die Problemlage so definiert, dann erscheint die Frage naheliegend, ob es denn überhaupt einen Grund gibt, moralisch zu sein.

Der Grundgedanke der transzendentalpragmatischen Moralbegründung antwortet auf diese Frage. Er benutzt das Faktum, daß es keine Tatsachenfeststellungen geben kann, ohne daß Normen der Sprachverwendung in Geltung sind, als Argument dafür, daß auch der Szientist den Bereich des Normativen nicht als völlig außerhalb der Rationalität liegend betrachten kann. Wer die Möglichkeit von Tatsachenfeststellungen zugesteht (und dies ist ja der ganze Stolz des szientistischen Verteidigers der Vernunft), der hat damit auch zugestanden, daß er die für die Tatsachenfeststellung nötigen Normen der Sprachverwendung anerkennt und anerkennen muß, um seinen Begriff von Rationalität aufrechterhalten zu können. Wenn der eine das ›Fisch‹ nennen darf, was der andere ›Fleisch‹ nennt, hat eine rationale Unterscheidungspraxis keine Chance. Folglich kann nicht der Gesamtbereich des Normativen außerhalb des Bereichs des Rationalen liegen. Wenn dies zugestanden wird, werden die konstitutiven Normen für das wissenschaftliche Sprachspiel (besser: die wissenschaftlichen Sprachspiele) zu einem Zufluchtsort für Normen überhaupt.[8] Und nun bietet sich der Versuch an, aus diesen auch für den Szientisten unvermeidlichen Sprachspielnormen wie aus einem Samenkorn die ganze Fülle des Moralischen wieder hervorzuzaubern. Die Intuition dahinter scheint mir zu sein, daß die Anerkennung eines Gegenübers als Verwender derselben (wissenschaftlichen) Sprache notwendigerweise bereits seine Anerkennung in einem moralisch relevanten Sinn bedeutet, seine Anerkennung als moralisches Subjekt.

Das Allgemeine, das hier als Zufluchtsort des Normativen (und als Brückenkopf für die Errichtung einer rationalen Ethik in der Wüste der Wissenschaftsgläubigkeit) dienen soll, besteht also aus

8 Vgl. Schneider 1974.

im höchsten Grade inhaltsleeren, formalen Regeln (Konstanz der Wortverwendung, zu vermeidender Widerspruch, etc.), ohne die eine Tätigkeit, in der wir eine rationale Kommunikation wiedererkennen können, schlechterdings undenkbar ist. In einem Verständigungsversuch mit dem Angehörigen einer fremden Kultur würde man nach dieser Konzeption wohl mit dem Aufweis beginnen, daß auch der Fremde jenen Regeln notwendigerweise folgt, und wenn man diesen Fuß in der Tür des Normativen hat (so die Hoffnung der Transzendentalpragmatiker), wird man ihn bald, falls er rational ist, von den Menschenrechten (›und dem ganzen Rest‹) überzeugt haben. Der Szientist gibt hier das Muster ab für den ›Eingeborenen‹.

Ich sehe nicht, wie die allgemeinen Kommunikationsnormen, soweit sie tatsächlich konstitutiv für alle Geräuschproduktionen sind, die wir als Sprache sollen wahrnehmen können, diese Aufgabe erfüllen. Ich sehe nach wie vor das folgende Dilemma[9]: Entweder der Begriff der ›Anerkennung als Kommunikationspartner‹ wird moralisch so aufgeladen, daß er das Verhältnis zum anderen im Sinne des ›Er ist wie ich‹ schon enthält; dann haben wir eine petitio principii vor uns, das heißt, das zu Beweisende wurde bereits vorausgesetzt, und es entsteht ein Satz ohne Informationsgehalt: Wer den anderen moralisch anerkennt, der erkennt ihn moralisch an.

Oder der Begriff wird so schwach benutzt, wie er dem Argument nach auch nur zur Verfügung stehen sollte, nämlich im Sinn einer Spielregel, die bestimmte Arten von Spielen ermöglicht, nicht mehr und nicht weniger. Dann bedeutet die Anerkennung als Kommunikationspartner aber nur die Behandlung des Gegenüber als Spielkumpan in diesem begrenzten Spiel. Der Terrorist, der als Zeitvertreib mit seiner Geisel im Versteck Schach spielt, der die Waffe aber schon griffbereit hat, mit der er sie erschießen würde, sobald sich von außen jemand näherte, wird gegen die Regeln des Schach nicht verstoßen, wenn er sich die Sache nicht verderben will. Er handelt rational, wenn er von seinem Gegenüber nicht die Ablieferung der Dame mit dem Hinweis verlangt, schließlich verfüge nur er über eine Waffe. Aus dieser ›Anerkennung als Spielpartner‹ wird sich aber schwerlich deduzieren oder durch Schritte des Konkretisierens ableiten las-

9 Vgl. Schneider 1982.

sen, daß das Verhältnis eigentlich schon eines der Anerkennung im moralisch relevanten Sinn sei und daß nur ein Mangel an Rationalität auf der Seite des Terroristen ihn dazu bringen könnte, das zu übersehen.[10]

4. Das Völkchen der Szientisten eignet sich schlecht als Exempel für die Probleme der interkulturellen Kommunikation auf dem Feld der Wirtschaftsethik, denn sie gehören ja unserer Kultur an, sie benehmen sich auch entsprechend und tun nur um der Argumentation willen so, als hätten sie ihre Lebensform willkürlich gewählt. Wo sich tatsächlich unterschiedliche Kulturen begegnen, hat man es mit verschiedenen Sichten auf die richtige Ordnung des menschlichen Lebens zu tun, mit fremden Gebräuchen und unterschiedlichen Verhaltenserwartungen, mit Vorwürfen, ausbleibenden Lieferungen ohne verständlichen Grund, mit Äußerungen des Befremdens, mit Verstummen oder ungläubigem Nachfragen. Es gibt also bereits ein Gespräch über richtig und falsch, und zwar in einem konkreten Handlungsfeld, dem des Wirtschaftens; es geht nicht um die sprachtheoretische Behauptung eines Erkenntnistheoretikers, ein solches Gespräch sei im Rahmen empiristisch orientierter Rationalitätsvorstellungen nicht möglich.

Ich möchte vorschlagen, als ein wichtiges Element in solchen Gesprächen die Artikulation des jeweiligen Selbstverständnisses der Beteiligten anzusehen. Damit ist gemeint, daß die Beteiligten zur Sprache bringen, wie sie sich selbst und ihre Handlungen in Relation zu den Handlungszielen und -umständen, insbesondere zu den mithandelnden oder auf andere Weise betroffenen Personen, verstehen. Das Wort ›Artikulation‹ soll andeuten, daß hier nicht an eine distanzierte, wissenschaftliche ›Beschreibung von außen‹ zu denken ist, auch nicht an die Formulierung eines Satzes von Normen im Sinne konstitutiver Regeln für einen Praxisbereich. Die Weise, in der hier ein Selbstverständnis zur Sprache kommt, ist daher weder ›deskriptiv‹ noch ›normativ‹; beide Aspekte sind ungetrennt. Die Perspektive dessen, der sich artikuliert, ist nicht distanziert. Diese Art des Sprechens wichtig zu nehmen heißt daher nicht, eine relativistische Position zu beziehen.

10 Vgl. Schneider 1974; 1994.

Was hier gemeint ist, kann am besten durch Beispiele klargemacht werden[11]: Die Ostasiatin, die ihren kleinen Laden unter höflichen Verbeugungen rückwärts zu ihren Räumen hin verläßt, wenn der fremde Kunde ihn vorn betritt, würde ihre Handlung als Ausdruck der ›Höflichkeit‹ beschreiben, als die für sie verpflichtende Weise, dem Fremden zu ermöglichen, ›sein Gesicht zu wahren‹. Sie erspart beiden Beteiligten die peinliche Situation, sich nicht auf angemessenem Niveau verständigen zu können. – Der asiatische Zulieferer, der die Mahnschreiben des westlichen Partners angesichts der verspäteten Lieferung unbeantwortet läßt, sieht seine Unterlassung als großzügiges Hinwegsehen über eine grobe Unhöflichkeit des Europäers: Einmal in eine seriöse Handelsbeziehung getreten, sieht er es als seine selbstverständliche Pflicht an, alles zu tun, um die Verträge zu erfüllen. Mahnen heißt, an dieser Selbstverständlichkeit zu zweifeln, also an der Respektabilität, der Ernsthaftigkeit des Partners.

Diese Form ›H_1 zu tun heißt, H_2 zu tun‹ ist typisch für das, was ich hier ›Artikulation des Selbstverständnisses‹ genannt habe. Ich meine, daß hier die Hauptarbeit für moralische Diskurse liegt, und diese Form läßt sich mühelos auf näherliegende Bereiche der Kommunikation über Grenzen hinweg übertragen: Wenn ein Mitarbeiter eines akademischen Auslandsamtes einer DDR-Universität mit den Herren von der Stasi, die ihn aufsuchten, gesprochen und allen seiner Beurteilung anvertrauten Personen stets politisches Wohlverhalten attestiert hat, ist ihm dann notwendigerweise vorzuwerfen, er habe Informationen an eine auf verwerfliche Weise tätige Behörde weitergegeben und sei als deren Mitarbeiter folglich moralisch zu verurteilen? Oder ist die ungeprüfte Entlastung der Betroffenen, die unterschiedslose Ausstellung von Unbedenklichkeitserklärungen, gerade *kein* Fall von ›Information geben‹ und die Handlung folglich in Wirklichkeit eine Form der Verweigerung der Zusammenarbeit? Es scheint mir deutlich, daß die Frage hier lautet: Unter welchen Umständen heißt, H_1 zu tun, H_2 zu tun? Es mag sein, daß am Ende eines konkreten Diskurses darüber für die Teilnehmer die universale Regel steht, man solle unter allen Umständen jedes Gespräch mit diesen Mitarbeitern vermeiden. Es gab Personen, für die diese

11 Diese verdanke ich Matthes 1991, der an dieser Stelle auch weitere theoretische Fragen erörtert; vgl. auch Schneider 1991.

Regel in der Tat handlungsleitend war, und manchen von uns nötigt diese Prinzipientreue eine besondere Achtung ab. Ich sehe aber nicht, wie man die Geltung einer solchen Regel aus konstitutiven Bedingungen für Kommunikation ableiten könnte.

Auch in der Wirtschaftsethik werden die Hauptarbeit und die wirklich weiterführenden Schritte darin bestehen, an den Artikulationen der jeweiligen Selbstverständnisse zu arbeiten. Die allgemeinen Prinzipien, die in unserer eigenen Kultur während Jahrhunderten entwickelt wurden, sollen dabei nicht einfach aufgegeben oder in einem distanzierenden Sinne relativiert werden. Dies dürfte in vielen Fällen auch gar nicht gelingen; man kann die eigene Identität nicht nach Belieben verändern. Gerade dieser Tatsache wird man gerecht, wenn man in Formeln wie dem christlichen Gebot der Nächstenliebe nicht Richtschnüre und Ausgangspunkte für Deduktionen sieht, sondern Versuche, eine in langer Erfahrung über Generationen hinweg erarbeitete Sehweise knapp und einprägsam zu formulieren. Die Aufgabe bei der interkulturellen Kommunikation besteht daher darin, zunächst die fremde Sehweise überhaupt erst einmal in der erforderlichen Gründlichkeit kennenzulernen; erst dann werden vielleicht die fremden Formeln verständlich. Und so scheint mir, daß auch der Sinn der Wendung ›Anerkennung als Kommunikationspartner‹, wenn es denn ein moralisch relevanter Sinn sein soll, nur durch ausführliche Bemühungen um eine Artikulation der Traditionen, aus der er kommt, verständlich gemacht werden kann. An sehr weit fortgeschrittener Stelle mag dann dem Fremden auch erklärt werden, daß all dies im Westen gegenwärtig mit dem Stichwort ›Anerkennung‹ verbunden ist. Allgemeine Kommunikationsnormen als Ausgangspunkt zu nehmen erscheint mir dagegen als Zuflucht: vor den Schrecken der Vergangenheit, vor den Leugnern der praktischen Vernunft und vor den Mühen, die es bringt, sich selbst aus der Perspektive einer fremden Kultur wahrnehmen zu lernen.

Literatur

Apel, K.-O. (1988), »Zurück zur Normalität? Oder könnten wir aus der nationalen Katastrophe etwas Besonderes gelernt haben? Das Problem des (welt-)geschichtlichen Übergangs zur postkonventionellen

Moral in spezifisch deutscher Sicht«, in: Forum für Philosophie Bad Homburg (Hg.), *Zerstörung des moralischen Selbstbewußtseins: Chance oder Gefährdung? Praktische Philosophie in Deutschland nach dem Nationalsozialismus*, Frankfurt am Main, S. 91-142.

Matthes, J. (1991), »›Das Gesicht wahren‹: eine kulturelle Regel im interkulturellen Vergleich«, in: *Universitas* 46, S. 429-439.

Schneider, H. J. (1974), »Der theoretische und der praktische Begründungsbegriff«, in: F. Kambartel (Hg.), *Praktische Philosophie und Konstruktive Wissenschaftstheorie*, Frankfurt am Main, S. 212-222.

– (1982), »Gibt es eine ›Transzendental-‹ bzw. ›Universalpragmatik‹?«, in: *Zeitschrift für philosophische Forschung* 36, S. 208-226.

– (1991), »Objectivism in Pragmatics as a Hindrance to Intercultural Communication«, in: J. Blommaert und J. Verschueren (Hg.), *The Pragmatics of Intercultural and International Communication.* Selected Papers of the International Pragmatics Conference, Antwerp, August 17-22, 1987 (Volume III), and the Ghent Symposium on Intercultural Communication, Amsterdam, S. 163-172.

– (1994), »Ethisches Argumentieren«, in: H. Hastedt und E. Martens (Hg.), *Ethik. Ein Grundkurs*, Reinbek, S. 13-47.

– (1995), »›Spiegel der Natur‹ oder Sprachspiel-Relativismus: Eine falsche Alternative«, in: C. Demmerling, G. Gabriel und Th. Rentsch (Hg.), *Vernunft und Lebenspraxis. Philosophische Studien zu den Bedingungen einer rationalen Kultur. Für Friedrich Kambartel*, Frankfurt am Main, S. 103-122.

Boris Rähme

Ethischer Universalismus und interkulturelles Lernen

Kulturalistische versus transzendentalpragmatische Perspektiven

Im folgenden wird es um eine Konfrontation zweier Auffassungen von moralischer Universalität und Normativität gehen, wie sie einerseits in Friedrich Kambartels Grammatik der Vernunftkultur, andererseits in der von Karl-Otto Apel, Dietrich Böhler, Wolfgang Kuhlmann und anderen verfochtenen transzendentalpragmatischen Diskursethik zur Geltung gebracht werden.[1] Bezugspunkt meiner Überlegungen ist das von Steinmann und Scherer aufgeworfene Problem interkultureller Verständigung und interkulturellen Lernens im Rahmen des internationalen Managements. Allerdings werde ich vorerst einen Schritt hinter die Problematik der konkret-situationsbezogenen Anwendung moralischer Normen in ökonomischen Handlungskontexten zurücktreten. Ausgehend von einer vorläufigen Bestimmung des Sinns der Forderung nach interkulturellem Lernen (I) soll zunächst nach den Möglichkeiten und Grenzen einer kulturalistischen Ethikbegründung *überhaupt* (II), sodann nach den Stärken und Schwächen der von Steinmann und Scherer vorgeschlagenen Umsetzung des kulturalistischen Ansatzes im Rahmen einer Ethik des interkulturellen *unternehmerischen* Handelns (III) gefragt werden. Den Schluß (IV) bildet eine Erwiderung auf Kambartels Kritik des transzendentalpragmatischen Universalitätsbegriffs.

1 Dem entsprechenden Vorschlag von Steinmann und Scherer folgend, werde ich Kambartels Ansatz als Kulturalismus bezeichnen. Vgl. Steinmann/Scherer, in diesem Band, S. 47 ff.

1. Die Forderung nach interkulturellem Lernen und ihre Sinnbedingungen

Der Ruf nach interkulturellem Lernen läßt sich zur Zeit aus den verschiedensten Richtungen und Diskussionskontexten vernehmen. Nicht selten wird er als Resultat einer Kritik der eurozentrischen Überheblichkeit und des kulturellen Hegemoniestrebens der westlichen Industriegesellschaften präsentiert. Als ideologischer Ursprung dieser Überheblichkeit wird im wesentlichen zweierlei genannt: einerseits die Fortschreibung der Geschichte abendländischer Kolonialisierungsbestrebungen, andererseits eine Tendenz zur Abschottung und Selbstgenügsamkeit, welche die europäische Aufklärung und somit das Projekt der Moderne überhaupt kennzeichne. Kritik sei bisher ausschließlich in Form von *Selbstkritik* bzw. ›Aufklärung der Aufklärung über sich selbst‹ zugelassen worden, und es sei an der Zeit, diese Beschränkung aufzugeben. So schreibt der Kultursoziologe Wolf Lepenies:

> »Die Industriegesellschaften des Westens, die sich traditionell als Belehrungsgesellschaften verstanden, müssen zu Lerngesellschaften werden. Im Bereich der auswärtigen Kulturpolitik ist der Primat des Exports längst überholt: jetzt geht es um die Stärkung einer importorientierten Kulturpolitik.«[2]

Trotz seiner äußerst provokativen Formulierung klingt dieser Appell vertraut. Gerade deshalb bietet er einen guten Ausgangspunkt für die Frage nach den Sinnvoraussetzungen und impliziten Behauptungen, die in jeder Forderung nach einer lernorientierten Überschreitung des jeweils eigenen kulturellen Horizonts stillschweigend und oftmals unreflektiert wirksam sind. Ich beschränke mich hier auf die Erläuterung einiger wesentlicher, das heißt für die Entwicklung einer sinnvollen und verstehbaren Konzeption interkulturellen Lernens maßgeblicher Voraussetzungen. Ihren Ausgang nimmt diese Erläuterung von der (quasi)reflexiven Frage: »*Was tut ein Sprecher, indem er die Forderung nach interkulturellem Lernen erhebt, und welche konstitutiven Bedingungen seines Tuns unterstellt er damit als gültig?*«

2 Lepenies 1996, S. 67.

Zunächst ist festzustellen, daß es sich bei der Aufforderung zum interkulturellen Lernen um eine normativ gehaltvolle Handlungsaufforderung handelt, die ein *Sollen* zum Ausdruck bringt. Wer diese Aufforderung ernsthaft vorbringt, tut damit zumindest zweierlei:

1. Er beansprucht, daß das Geäußerte sinnvoll und verstehbar ist, und verpflichtet sich somit gegenüber allen möglichen Argumentationspartnern, seine Forderung gegebenenfalls zu erläutern, zu präzisieren etc.
2. Er erhebt den Anspruch auf praktische Gültigkeit der geltend gemachten Aufforderung und verpflichtet sich somit gegenüber allen möglichen Argumentationspartnern, die Gründe für seine Forderung offenzulegen und der Kritik auszusetzen.

Zwischen dem Anspruch auf Sinnhaftigkeit/Verständlichkeit und demjenigen auf praktische Gültigkeit besteht ein Implikationsverhältnis. Die Sinnhaftigkeit der vorgebrachten Handlungsaufforderung ist eine notwendige, aber nicht hinreichende Bedingung für ihre praktische Gültigkeit. Mit anderen Worten: Eine *sinnlose* Forderung, das heißt eine Forderung, die nicht als solche verstehbar ist und insofern *prinzipiell* nicht erfüllt werden kann, scheidet aus dem Kreis der prüfungswürdigen Handlungsorientierungen von vornherein aus. Bezogen auf die Forderung nach interkulturellem Lernen bedeutet dies, daß derjenige, der sie geltend macht, eine Reihe von impliziten Behauptungen als gültig unterstellen muß, welche antizipativ und idealisierend auf die Gelingensbedingungen konkreter Verständigungsversuche vorausgreifen. Diese Behauptungen zu bestreiten liefe darauf hinaus, die Forderung nach interkulturellem Lernen selbst unverständlich zu machen.

So ist es eine Gelingensbedingung für konkrete Versuche der interkulturellen Verständigung, daß die am Verständigungsprozeß Beteiligten ihre Kulturtraditionen nicht dogmatisch als sakrosankte Legitimationsgrundlagen für institutionalisierte und habitualisierte Ethos-Formen, sondern als Repertoires von prinzipiell kritisierbaren Konventionen und Problemlösungsstrategien ins Spiel bringen. Jede Forderung nach interkulturellem Lernen, die auf eine reziproke Verständigung und nicht auf eine einseitige Belehrung nach dem Muster ›Lehrmeister und Schüler‹ abzielt, setzt insofern schon voraus, daß die Begegnung und Auseinandersetzung mit dem kulturell Fremden den Zugang zu relevanten Aspekten und Perspektiven eröffnen kann, die sich *als Argumente* zur Geltung bringen lassen. Von diesen Argumenten, die bis dahin aufgrund der perspektivischen Begrenzungen des eigenen kulturellen Horizonts nicht berücksichtigt werden konnten, muß sodann antizipativ unterstellt werden, daß sie als *potentiell* zustimmungswürdige geeignet sein könnten, das eigene Repertoire von Überzeugungen und Handlungsorientierungen zu ergänzen, zu modifizieren oder – zumindest teilweise – als nicht (mehr) legitimierbar zu erweisen. Diese Voraussetzung läßt sich genauer explizieren als Einsicht in die geltungslogische Kontingenz der lokalen und geschichtlichen Genese von kulturspezifischen Formen ›substantieller Sittlichkeit‹ und von Konventionen des guten oder richtigen Lebens. Das faktische soziale Gelten von Konventionen und Wertvorstellungen verbürgt nicht deren Gültigkeit. Die Tatsache, daß ein Repertoire von Handlungsorientierungen auf breite Akzeptanz stößt, kann nicht zur Begründung seines normativen Gehalts herangezogen werden.

Die Einsicht in die Kontingenz des Eigenen verweist aus der Perspektive dessen, der interkulturelles Lernen einfordert, auf die *Verpflichtung*, das kulturell Fremde sowohl als alternativen Entwurf von Sinn und Welterschlossenheit zu verstehen wie auch als Potential relevanter Argumente ernst zu nehmen. Kurz: Es wird vorausgesetzt, daß die Lernenden sich wechselseitig als gleichberechtigte Argumentationspartner in einem gemeinsamen Projekt anerkennen und insofern bereit sein müssen, gegebenenfalls Ansprüche auf Gültigkeit, die für eigene Positionen erhoben werden, als unberechtigt einzusehen und preiszugeben. Gefordert wird also von vornherein die Bereitschaft zur kritischen Distanzierung der eigenen Vorstellungen. Was bedeutet hier aber »Distanzierung des Eigenen«? Offenbar kann damit nicht die blinde Preisgabe der Geltungsansprüche für eigene Meinungen und Traditionsinhalte gemeint sein, sondern nur ein Zur-Disposition-Stellen ihrer Gültigkeit nach Maßgabe der Frage: »Lassen sich die von mir erhobenen Geltungsansprüche angesichts neuer Argumente und Einwände (noch) einlösen?«

Sinnvoll vertreten läßt sich die Forderung nach einer Distanzierung der eigenen Meinungen und Vorstellungen allein auf der Grundlage einer Unterscheidung zwischen zwei Ebenen des kommunikativen Handelns, nämlich einerseits der propositionalen Ebene der – nicht nur inter-, sondern auch intrakulturellen –

Vielfalt von inhaltlichen (materialen) Vorstellungen vom guten Leben, und andererseits der immer schon als kulturinvariant in Anspruch genommenen performativen Ebene des Erhebens von universalen Gültigkeitsansprüchen auf Wahrheit, Richtigkeit, Verständlichkeit und Wahrhaftigkeit. Universalität bedeutet hier zunächst nur, daß derjenige, der eine Aussage mit Gültigkeitsanspruch behauptet, den Kreis der Adressaten und potentiellen Kritiker nicht willkürlich einschränken kann, ohne durch diese Einschränkung den Gültigkeitsanspruch selbst zurückzunehmen und somit nichts mehr zu behaupten. Die reflexive Vergewisserung der »performativ-propositionalen Doppelstruktur der Rede« (Habermas) ermöglicht es also allererst, die geltungslogische Kontingenz der kulturspezifischen Entwürfe des guten und richtigen Lebens und somit eine Grundvoraussetzung jeder sinnvollen Forderung nach interkulturellem Lernen zu *behaupten*, das heißt Geltung zu beanspruchen etwa für die These: *Die Berufung auf eine Kultur oder Tradition kann nur in solchen Fällen eine allgemein verbindliche Legitimationsfunktion erfüllen, in denen die kulturspezifischen Handlungsorientierungen, auf die man sich beruft, selbst legitimierbar sind, also der argumentativen Kritik offenstehen und standhalten.*

Werden nun jedoch das Erheben von universalen Geltungsansprüchen in Behauptungen und die damit intern verbundenen Verpflichtungen selbst noch zu den Perspektiven einer kultur- und epochenspezifischen, insofern *partikularen* Form von Argumentationspraxis gezählt, dann wird dieser These der Boden entzogen, und die Forderung nach interkulturellem Lernen verliert ihren Sinn. Genau dies ist der Fall, wenn Steinmann und Scherer als Vertreter des kulturalistischen Ansatzes gegenüber der Transzendentalpragmatik den Einwand erheben, daß besonders im Kontext interkultureller Verständigungsbemühungen »der Argumentationsbegriff selbst zum Streitgegenstand erhoben«[3] werde, weil die am Verständigungsprozeß Beteiligten als Mitglieder verschiedener kultureller Traditionen verschiedene Verständnisse von ›Argumentation‹ *erlernt* hätten.

Kann aber der Argumentationsbegriff überhaupt zum Gegenstand eines sinnvollen, rational entscheidbaren Streites werden?

Prima facie: ja. Beispielsweise können verschiedene Sprecher, die jeweils für sich den Anspruch erheben, über das richtige oder

3 Steinmann/Scherer, in diesem Band, S. 50.

zumindest über das zum aktuellen Zeitpunkt beste Verständnis des Argumentationsbegriffs zu verfügen, in Streit geraten. Wie aber kann ein solcher Streit sinnvollerweise beschaffen sein? Offenbar doch nur *als* argumentative Prüfung der jeweils von den Parteien ins Spiel gebrachten Verständnisvorschläge. Sofern dieser Streit das Ziel verfolgt, eine Antwort auf die Frage »Was ist das richtige/gültige Verständnis von ›Argumentation‹?« zu finden, stellt er selber schon eine Form des Argumentierens dar. Die Streitenden müssen demnach, um mit dem Streit überhaupt beginnen zu können, auf ein unhintergehbares Verständnis dessen, was es heißt zu argumentieren, zurückgreifen.

Aus der vorläufigen Bestimmung des möglichen Sinns der Forderung nach interkulturellem Lernen läßt sich nun ein Verständnis von ›Universalität‹ gewinnen, welches in folgendem Imperativ formuliert werden kann: *Distanziere die von dir oder anderen vertretenen Meinungen, Wertvorstellungen und Interessen und stelle sie, im Wissen, daß sie unberechtigt sein können, in argumentativen Prüfungen zur Disposition!*

Einer universalistischen Ethik, welche dieses Verständnis von Universalität für sich in Anspruch nimmt, kann es offenbar weder um die Etablierung einer nach Maßgabe westlicher Rationalitätsvorstellungen standardisierten Globalkultur noch um die »Herstellung eines weitgehend konturlosen, westlich geprägten Kultureinheitsbreis«[4] gehen. Gefordert ist vielmehr die Lösung des ethisch und politisch relevanten Problems, Kriterien zu begründen, die es ermöglichen, einen legitimierbaren Rahmen des friedlichen Neben- und Miteinanders soziokultureller Lebensformen zu denken, um dadurch eine *regulative Orientierungshilfe* für konkrete Verständigungsversuche zu eröffnen. Erst solche regulativen Orientientierungskriterien können beispielsweise der Forderung nach einer »Verbesserung der Argumentationspraxis« im Rahmen interkultureller Verständigungsversuche, deren Erfüllung von Steinmann und Scherer als »Aufgabe ethisch-politischer Theorien« bezeichnet wird, einen verstehbaren Sinn verleihen.[5]

4 Wohlrapp 1995, S. 149.
5 Steinmann/Scherer, in diesem Band, S. 57.

11. Ethikbegründung durch Rekurs auf lebensweltliche Sittlichkeit?

In seinen neueren Arbeiten wendet sich Kambartel[6] unter anderem kritisch gegen das transzendentalpragmatische Unternehmen, ein kultur- und kontextinvariant gültiges prozedurales Metakriterium für die Begründung moralischer Normen in konkreten praktischen Diskursen auszuweisen.[7] Dieser nicht zuletzt im Interesse der Überwindung von Partikularität unternommene Versuch müsse zwangsläufig scheitern, da seine mit dem Anspruch auf universelle Gültigkeit belasteten Resultate nicht zu einer Überwindung, sondern vielmehr zu einer Etablierung von Partikularität auf der Ebene der Moralphilosophie führten. Das transzendentalpragmatische Diskursprinzip komme nur durch eine unzulässige Reduktion der lebensweltlichen Mannigfaltigkeit von Rationalitätsformen zustande und sei letztlich nichts anderes als eine zum Originalmodus stilisierte Sonderpraxis der ethischen Vernunft.[8] Dieser Einschätzung folgend, hält Kambartel dem prinzipienethischen Unternehmen der Transzendentalpragmatik das Programm einer »vielfältigen Phänomenologie«[9] der lebensweltlichen Rationalitätsformen entgegen. Letztere läuft hinaus auf eine deskriptiv verfahrende Klärung unseres kulturgeschichtlich und bildungssprachlich durch die europäische Aufklärung geprägten Verständnisses von vernünftiger Praxis.

Bevor ich mich der Frage nach Möglichkeiten und Grenzen einer kulturalistischen Ethikbegründung zuwende, sollen hier einige wichtige Aspekte von Kambartels Überlegungen zum Begriff der Vernunftkultur skizziert werden.

(1) Im bisherigen Verlauf des »›Projekt[s] der Aufklärung‹, das sich auf dieser Erde aus bestimmten Traditionen heraus historisch entwickelt und zur Zeit in den westlichen Demokratien seine einstweilen letzte Form gefunden hat«[10], sind Standards des praktisch Vernünftigen entwickelt worden, die in Form eines

6 Vgl. zum Beispiel Kambartel 1989 a sowie in diesem Band, S. 88 ff.

7 Vgl. zum transzendentalpragmatischen Metakriterium Böhler 1995 und in diesem Band, S. 163-168.

8 Zum Diskursprinzip vgl. Gronke 1993; zur Frage »Ist diskursive Vernunft nur eine Sonderpraxis?« vgl. Øfsti 1994.

9 Kambartel 1989 a, S. 43, sowie in diesem Band, S. 104 f.

10 Kambartel 1996, S. 249.

aufgeklärten Lebensverständnisses, eines aufgeklärten Begriffs vom vernünftigen Leben, in die soziale Praxis zumindest partiell Eingang gefunden haben. Zu diesen Standards des praktisch Vernünftigen zählen unter anderem die Orientierung an argumentativer Rechtfertigung von Handlungszielen und -mitteln sowie die begriffliche Verknüpfung des moralisch legitimen mit dem transsubjektiv begründbaren Handeln. Was jedoch *jeweils* als Begründung einer Handlung oder Orientierung angesehen werden kann und was nicht, ist abhängig von dem kontextuellen Rahmen, in dem sich eine Verständigung über praktische Geltungsansprüche abspielt. Die Maßstäbe und Konventionen, die in den verschiedenen Ausprägungen des Sprachspiels ›einen praktischen Geltungsanspruch rechtfertigen‹ zur Anwendung gelangen, lassen sich nicht auf ein zugrundeliegendes Prinzip, nicht einmal auf einen genau beschreibbaren Bestand von Regeln zurückführen. Der Begriff »Vernunftkultur« bezieht sich hier also auf die immanente Vielfalt von Regeln und Rationalitätsmaßstäben *einer* Kulturgemeinschaft, nämlich der »unsrigen«.

(2) Die aufgeklärte Kultur der Vernunft transportiert im Medium sprachlicher Institutionen wie ›Behaupten‹, ›Begründen‹ und ›Rechtfertigen‹ ein *Vorverständnis* von vernünftiger Praxis. Dieses Vorverständnis, das sich in konkreten Situationen immer wieder zu bewähren hat, konstituiert den Rahmen, mit Kambartel gesprochen: das »Netzwerk«[11], innerhalb dessen sich alle Bemühungen um die Bestimmung des Vernünftigen bewegen. Ebenso wie den Versuchen, das in einer lokalen Problem- oder Konfliktsituation vernünftige und angemessene Handeln zu bestimmen, durch das jeweils kulturell tradierte Repertoire von Handlungsorientierungen faktisch Grenzen gesetzt sind, ist auch die philosophisch-ethische Reflexion als Äußerungsform und Bestandteil der letztlich unhintergehbaren Vernunftkultur anzusehen. Das von der philosophischen Ethik Hinzunehmende, so könnte Kambartel mit Wittgenstein formulieren, sind die Lebensformen, Sprachspiele und Bewertungsstandards, welche das tradierte Gefüge der Vernunftkultur konstituieren. Um sinnvoll zu bleiben, hat die philosophische Rede dem Umstand Rechnung zu tragen, daß sie die Bedeutung der Begriffe ›Vernunft‹ und ›Moralität‹ aus dem lebensweltlichen Sprachgebrauch bezieht.[12]

11 Kambartel 1989 a, S. 43, sowie in diesem Band, S. 105.
12 Vgl. Kambartel 1991, S. 135 ff.

(3) Die Kultur der Vernunft umfaßt verschiedene, teilweise inkommensurable Rationalitätstypen. Zweckrationalität, technische, strategische und ethische Vernunft stellen die einschlägigen Maßstäbe und Problemlösungsstrategien für die Koordinierung der sozialen Praxis zur Verfügung. Wir, die Mitglieder der abendländischen Vernunftkultur, sind eingebunden in eine Sprach- und Handlungsgemeinschaft, die bestimmte Regeln und Orientierungen *als Ziele der Sozialisation* vorgibt. Die individuelle Kenntnis der Bestandteile dieser Vernunftkultur und der individuelle Sinn für ihre situative Angemessenheit entwickeln sich nicht in selbstgenügsamer Isolation, sondern werden *ausgebildet*. Die Bildung zur Vernunft geschieht durch Teilnahme an der etablierten Sprachpraxis, durch Einübung von praktischen Gepflogenheiten und somit durch das Erlernen der Fähigkeit, die richtigen (angemessenen) Bewertungsmaßstäbe und Rationalitätstypen in den richtigen Situationen anzuwenden: »Die ›Vernunft‹ ist auf unsere ›Urteilskraft‹ angewiesen und auf die Lebenserfahrung, welche ihr im allgemeinen zugrunde liegt.«[13] Eine solchermaßen plural verfaßte Vernunftkultur erschließt sich einem adäquaten Verständnis nur über die phänomenologisch-deskriptive Erläuterung der internen Zusammenhänge und Verschiedenheiten ihrer Bestandteile. Das Ziel dieser Erläuterung ist die Offenlegung des in der ›aufgeklärten Welt‹ etablierten Vorverständnisses von vernünftiger Praxis.

Zusammenfassend läßt sich das Hauptargument[14] Kambartels folgendermaßen formulieren: Als Mitglieder einer ›Kultur der Vernunft‹ kommen wir auch im philosophischen Diskurs über Rationalität nicht umhin, das tradierte Gefüge von Rationalitätsstandards immer schon in Anspruch zu nehmen. Wir können unser Vorverständnis von ›Vernunft‹ nicht in dem Maße distanzieren, daß wir *hinter* das Gefüge der in unseren Lebenszusammenhängen etablierten Vorstellungen von vernünftiger Praxis *zurücktreten* könnten, um es von einem Standpunkt *jenseits* der Vernunftkultur ›objektiv‹ zu beurteilen und zu kritisieren. Aus diesem Befund folgert Kambartel, daß es überhaupt unmöglich ist, »unser (Vor-)Verständnis von Moralität über Formen der All-

13 Kambartel 1989 a, S. 34 f., sowie in diesem Band, S. 96.

14 Im folgenden werde ich dieses Argument als metaphysikkritisches Argument bezeichnen.

gemeinheit sprachlicher und argumentativer Handlungen zu präzisieren«.[15]

Trotz dieser Einschätzung will Kambartel die Idee moralischer Verbindlichkeit nicht preisgeben und betont, daß sein kulturalistischer Ansatz nichts mit Relativismus zu tun habe. Der Universalitätsbegriff werde nicht als sinnlos verworfen, sondern auf seine kulturelle Basis zurückgeführt und dadurch allererst richtig verstanden: »Universalität als Lebensform«.[16] Ist aber ein solchermaßen kontextualisierter Universalitätsbegriff überhaupt verstehbar? Mit Carl Friedrich Gethmann muß man die Konsequenz ziehen, daß Universalität, verstanden als Lebensform, »immer nur partikulär, wenn auch vielleicht auf sehr große Gruppen bezogen«[17], gedacht werden kann. ›Partikuläre Universalität‹ aber ist eine gänzlich sinnlose Begriffsverknüpfung. Die kulturalistische Einebnung der Differenz zwischen partikularem Gelten aufgrund von Tradition und Konvention einerseits und universaler Geltung im Sinne von argumentativer Zustimmungswürdigkeit, die über traditionelle und konventionelle Grenzen hinweggeht, andererseits löst Universalität in Partikularität auf.

Seinem Anspruch nach ist der Kulturalismus keine relativistische Position, weil sich durch die grammatische Klärung des lebensweltlichen Gefüges von Bewertungsmaßstäben, Regeln und Handlungsorientierungen zeigen lasse, daß bestimmte universelle Züge bereits zum Bestand der (unserer) Vernunftkultur gehören. Die Rekonstruktion des aufgeklärten Verständnisses von Moralität soll die moralischen »Grundgewißheiten unseres Lebens«[18] aufdecken. Diesen kommt, so Kambartel, *für uns* der Status unbestreitbarer Verbindlichkeiten zu, insofern sie als das »nicht anders Denkbare«[19] konstitutiv zu unserem Verständnis des guten und vernünftigen Lebens gehören. Auf die Frage, inwiefern hier etwas nicht anders Denkbares und somit Denknotwendiges vorliegt, antwortet Kambartel mit einem Hinweis auf die Üblichkeiten und Gepflogenheiten unserer Lebenszusammenhänge: »Es hängt so vieles Selbstverständliche davon ab.«[20]

15 Kambartel 1989 b, S. 15.
16 Ebd.
17 Gethmann 1992, S. 167.
18 Kambartel 1989 c, S. 136.
19 Ebd., S. 137.
20 Ebd.

Auf diese Weise aber wird den moralischen Selbstverständlichkeiten der im Laufe der europäischen Aufklärung erreichten Kulturstufe eine Legitimationsfunktion aufgebürdet, die sie aus geltungslogischen Gründen nicht erfüllen können. Den Aufweis eines Grundes der Verbindlichkeit moralischer Normen kann eine kulturalistisch ansetzende Ethik aufgrund ihrer deskriptiven Methode nicht leisten. Denn diese erlaubt es nur, das faktisch etablierte Verständnis des moralisch Vernünftigen zu erläutern. Aus deskriptiven Aussagen über die Grammatik einer Vernunftkultur lassen sich jedoch keine verbindlichen moralischen Normen gewinnen. Auch Kambartels quasi-transzendentale Argumentationsfigur, welche den transzendentalen Letztbegründungsanspruch zurücknehmen und durch einen Hinweis auf das moralische Selbstverständnis einer Vernunftkultur ersetzen will, vermag den geltungslogischen Hiatus zwischen der Beschreibung eines Ethos und der Begründung verbindlicher moralischer Normen nicht zu überbrücken. Der Versuch einer kulturalistischen Moralbegründung kann den naturalistischen Fehlschluß nicht umgehen und ist insofern von vornherein zum Scheitern verurteilt.[21]

III. Warum moralisch sein? Aporien in Steinmanns und Scherers Ethik des internationalen Managements

Das Desiderat einer normativen Ethik zeigt sich gerade im Zusammenhang der Thematisierung interkulturellen unternehmerischen Handelns. Denn dieses geht über kulturelle Grenzen ebenso wie über die Grenzen wirtschaftspolitischer Binnenordnungen hinweg und bewegt sich somit in Kontexten, die oftmals weder durch hinreichende Gesetzesregelungen noch durch ein bereits vorhandenes Repertoire von gemeinsamen moralischen Standards orientierend präformiert sind. Zugleich zeigt sich am Spannungsverhältnis zwischen Ökonomie und Moral jedoch auch der erhebliche Begründungsdruck, der auf jedem moralphilosophischen Versuch lastet, das lebensweltliche Handeln zu orientieren. Denn vom Standpunkt des Unternehmers aus kann die

21 Den Begriff »naturalistischer Fehlschluß« verwende ich hier im Sinne von »Sein-Sollen-Fehlschluß«.

Befolgung moralischer Normen geradezu *irrational* erscheinen. Es muß demnach eine Antwort auf folgende berechtigte Frage des ökonomisch Handelnden gegeben werden: »Warum soll ich überhaupt mein Handeln nach moralischen Kriterien orientieren, zumal wenn diese Orientierung von vornherein Möglichkeiten effizienten Wirtschaftens blockiert, die mir sonst offenstehen?«

Zu den zentralen Aufgaben einer Ethik, die über unverbindliche Empfehlungen hinaus zu gerechtfertigten Orientierungen unternehmerischen Handelns im Rahmen fremder Kulturen gelangen will, gehört der Nachweis, daß es überhaupt geboten ist, in eine echte, an Verständigung und nicht an Gewinn orientierte Kommunikation mit den Mitgliedern der fremden Kultur einzutreten. Denn erst eine solche Kommunikation würde es ermöglichen, die nicht im Blick auf einen ökonomischen Nutzen quantifizierbaren Interessen und Ansprüche der von einer ökonomischen Entscheidung Betroffenen angemessen zu berücksichtigen. An einem Beispiel aus dem Bereich des interkulturellen unternehmerischen Handelns läßt sich der Rede von einer ›angemessenen Berücksichtigung‹ ein präziser Sinn zuweisen: Sofern es um die Verlagerung von Produktionsstätten in fremde Kulturbereiche oder auch um Import- und Exportbeziehungen geht, müßte eine Unternehmensethik zeigen können, daß die zu solchen Entscheidungsprozessen gehörenden Standortanalysen nicht ausschließlich nach Maßgabe des Effizienzkriteriums (»Minimierung von Rohstoff-, Transport- und Lohnkosten/Optimierung des Gewinns«) durchgeführt werden dürfen, sondern daß der Versuch unternommen werden soll, die von einer Entscheidung potentiell Betroffenen als das anzuerkennen und zu verstehen, was sie von sich aus zu sein beanspruchen: moralische Subjekte, die für ihre Interessen, Handlungsorientierungen und Wertmaßstäbe Geltungsansprüche erheben. Kurz: Es müßte erwiesen werden, daß die Einbeziehung ethischer Vernunft in das Gefüge ökonomischer Planungen, Entscheidungen und Handlungen zu Recht eingefordert wird.

Unter diesem Aspekt sollen hier einige Möglichkeiten und Grenzen der von Steinmann und Scherer vorgeschlagenen Umsetzung des kulturalistischen Ansatzes in einer Konzeption interkultureller Unternehmensethik beleuchtet werden. Dabei werde ich mich ausschließlich an der Frage orientieren, ob und inwieweit der kulturalistische Ansatz imstande ist, einen hinreichend tragfähigen Boden für die folgende unternehmensethische Forderung abzugeben:

Die von der Realisierung eines unternehmerischen Projekts direkt und indirekt Betroffenen sollen als moralische Subjekte anerkannt werden, deren Bedürfnisse und Interessen es in verständigungsorientierter Kommunikation aufzusuchen, argumentativ zu prüfen und im Entscheidungsprozeß zu berücksichtigen gilt.

Vom moralphilosophischen Standpunkt aus ist diese Forderung mit Bedacht ›bescheiden‹ formuliert. Sie enthält keine Vorentscheidungen über eine etwaige Hierarchisierung verschiedener kriterieller Ebenen, etwa die Voraussetzung eines Primats der ethischen Vernunft vor der ökonomischen Zweckrationalität. Insofern läßt sie sich als *Minimalforderung* einer Ethik des interkulturellen unternehmerischen Handelns kennzeichnen.

Zunächst müssen zwei Ebenen unterschieden werden, auf die sich eine unternehmensethische Aufforderung, den *moral point of view* einzunehmen, berufen könnte:

1. die Motivationsebene, die durch die Beschaffenheit des Repertoires von moralischen Orientierungs- und Bewertungsmaßstäben derjenigen Kultur bestimmt ist, zu welcher der Adressat der Aufforderung gehört;
2. die Gültigkeitsebene, die derjenige ausdrücklich betritt, der *unabhängig* vom faktischen Gelten bestimmter Wertvorstellungen, sei es im kulturspezifischen Ethos, sei es in Form gesetzlicher Institutionen, nach einem Grund der Verbindlichkeit fragt, wogegen sie jeder unausdrücklich schon betreten hat, der eine Aussage als gültig und daher anerkennungswürdig behauptet.

zu 1. Der Rekurs auf eine breite Akzeptanz bestimmter Handlungsorientierungen in einem politischen und kulturellen Gemeinwesen kann sehr wichtig sein, wenn es um die Motivierung der Bereitschaft geht, solche Forderungen, deren Erfüllung sich negativ auf die Durchsetzung eigener Interessen auswirken könnte, tatsächlich zu erfüllen. Mitglieder einer Vernunftkultur, zu deren Orientierungsrepertoire das Transzendieren partikularer Subjektivität im Rahmen von Argumentationen gehört, können sich auch in der Begegnung mit einer fremden Kultur dazu motivieren lassen, eine gemeinsame Basis konfliktfreien oder sogar friedlichen Miteinanderlebens anzustreben. Dazu würde dann auch die Bereitschaft zählen, tiefsitzende kulturelle ›Eigenheiten‹ selbstkritisch zu distanzieren, zur Disposition zu stellen und gegebenenfalls preiszugeben. Dies kann der Kulturalismus zeigen.[22]

Selbst dann jedoch, wenn man eine kulturelle Motivationsbasis auf beiden Seiten als gegeben unterstellt – wobei man schon voraussetzen müßte, daß in beiden Kulturen, die sich begegnen, eine Orientierung an argumentativer Verallgemeinerbarkeit als Metakriterium für die Begründung konkreter Normen faktisch etabliert ist –, drängt sich die Frage auf, *welche* ›kulturellen Eigenheiten‹ man zur Disposition stellen und gegebenenfalls, im Interesse an friedlicher Kooperation etwa, preisgeben soll.

Diese Frage verweist auf das Erfordernis, Kriterien zu begründen, welche die Unterscheidung von faktisch geltenden kulturspezifischen Normen und Konventionen einerseits und universalen Normen andererseits ermöglichen. Letztere wären solche Normen, die schlechthin nicht preisgegeben werden können, ohne durch diese Preisgabe die Basis für konkrete Diskurse und Beratungen über das, was in einer bestimmten Situation geltungswürdig ist, zu zerstören und somit jede argumentative Bemühung um eine friedlich koordinierte gemeinsame Praxis unmöglich zu machen. An der Begründung von Kriterien, die diese Unterscheidung ermöglichen, bemessen sich zumal Gestalt und Qualität der angestrebten und eventuell erzielten friedlichen Kooperation. Wie problematisch das Fehlen dieser Unterscheidungsmöglichkeit tatsächlich ist, zeigt die Umsetzung des kulturalistischen Ansatzes in Steinmanns und Scherers Unternehmensethik-Konzeption, deren einseitige Orientierung am Ziel der Konfliktvermeidung und deren tendenzielle Gleichsetzung von Frieden und aktueller Verträglichkeit offenbar einen blinden Fleck bedingt. Über die aktuelle Verträglichkeit, die Steinmann und Scherer mit Paul Lorenzen als Ziel der ›Herstellung einer gemeinsamen Praxis‹ unterstellen, verlieren sie folgende, im universalistischen Sinn ethisch zu nennende Fragestellung aus den Augen: *Welcher Friedenszustand ist jeweils vereinbar mit den Argumenten, die für die Bedürfnisse möglicher Betroffener geltend gemacht werden könnten?*[23]

Mit der kulturalistischen Auflösung des Universalitätsbegriffs

22 Vgl. Wohlrapp 1995, S. 161.

23 Vgl. dazu Steinmann/Scherer, in diesem Band, S. 62.

geht auch die Möglichkeit verloren, zwischen bloß partikularer Interessenverträglichkeit und legitimierbarem Frieden, der die Bedürfnisse und Lebensansprüche aller möglichen Betroffenen berücksichtigen würde, zu unterscheiden. Es muß ja nicht immer zum offenen Konflikt kommen – gerade in solchen Fällen nicht, in denen die jeweilige Unternehmung bereit ist, sehr viel von dem preiszugeben, was im eigenen Kulturkreis als moralisch geboten angesehen wird oder gar gesetzlich gefordert ist. Und es ist offensichtlich, daß solches Preisgeben ›kultureller Eigenheiten‹, zu denen nötigenfalls auch noch die Menschenrechte gezählt werden, in vielen Fällen nicht durch eine respektvolle Toleranz fremder Lebensgepflogenheiten als Äußerungen menschlicher Kultur, sondern durch das Interesse an möglichst reibungsloser, eben faktisch konfliktfreier Realisierung der jeweils angestrebten Projekte motiviert wird.

Da ich im Rahmen dieses Beitrags nicht näher auf den Begriff ›Frieden‹ eingehen kann, muß hier der Hinweis genügen, daß es doch äußerst kontraintuitiv wäre, jeden Zustand aktueller Konfliktfreiheit als moralisch legitimen Frieden zu bezeichnen.[24]

zu 2. Der Hinweis auf die kulturspezifische Erwartung, das eigene Handeln an argumentativer Zustimmungswürdigkeit zu orientieren, kann zwar eine Motivation, nicht aber eine Verpflichtung zur Erfüllung der – von mir so genannten – unternehmensethischen Minimalforderung erweisen. Die Resultate einer Ethik, die eine Verpflichtung zur Orientierung unternehmerischen Handelns an argumentativer Zustimmungswürdigkeit nicht begründen kann, verbleiben im Status ›hypothetischer Imperative‹, das heißt bloßer Empfehlungen der Form: *Wenn* du moralisch legitim handeln willst, *dann* orientiere dich an der argumentativen Zustimmungswürdigkeit deines Handelns.

Freilich wäre die willentliche Entscheidung eines Akteurs für den *moral point of view* dann allenfalls als begrüßenswerte Befolgung einer kulturrelativen Erwartung, nicht jedoch als explizite Anerkennung eines moralischen Sollens zu bewerten.

Für die von Steinmann und Scherer vorgeschlagene kulturalistische Unternehmensethik ergeben sich also zwei problematische Konsequenzen. 1. Sie kann keinen Aufweis eines Grundes der moralischen Verbindlichkeit leisten und bleibt insofern hypothetisch. 2. Aufgrund der kulturalistischen Einebnung der

24 Vgl. dazu Böhler, in diesem Band, S. 136-143.

Differenz zwischen universalen Metanormen und partikularen bzw. kulturrelativen Konventionen kann sie keinerlei Orientierungshilfen für konkrete Versuche der interkulturellen Verständigung geben.

Der Aufweis, daß der kulturalistische Ansatz an der Begründung des normativen Gehalts der Forderung nach interkulturellem Lernen scheitern muß, kann (zumindest) zweierlei bedeuten: Der Ansatz ist zu schwach, deswegen zu verwerfen. Oder: Die Begründungsforderung kann gar nicht erfüllt werden, sie ist vielmehr Ausdruck einer Selbstüberschätzung der praktischen Vernunft, die noch nicht eingesehen hat, daß das Kantische Projekt des Letzterweises eines kategorischen Sollens gescheitert ist. Man müsse sich also mit den hypothetischen Imperativen der kulturalistisch fundierten Ethik zufriedengeben. Im folgenden Abschnitt werde ich im Sinne des ersten Befundes argumentieren und – freilich nur skizzenhaft – zu zeigen versuchen, auf welche Weise die transzendentalpragmatische Diskursethik die Verbindlichkeitsbegründung der Forderung nach einer argumentativen Überschreitung des eigenen kulturellen Horizonts leisten kann. Zugleich wird sich aber zeigen, daß der kulturalistische Ansatz trotz seiner begründungslogischen Defizite in einem noch darzulegenden Sinn mit der transzendentalpragmatischen Diskursethik vermittelt werden kann.

IV. Universalität und Normativität

Die transzendentalpragmatische Diskursethik beansprucht, die Forderung nach einer Überschreitung sowohl der subjektiven *als auch der gruppen- bzw. kulturspezifischen* Interessen und Meinungen als sinnvoll nicht bestreitbare Verpflichtung zum Argumentieren zu begründen. ›Universalität‹ verweist hier als dialogischer Begriff auf eine *unbegrenzte*, also konsequenterweise auch interkulturelle Geltungsgegenseitigkeit – auf ein Niveau der Geltungs*prüfung*, von welchem aus sich das faktische Gelten aller Lebensperspektiven und auch aller Beschreibungen der Lebenswelt distanzieren und hinsichtlich seiner Berechtigung beurteilen lassen müßte.[25] Auf den ersten Blick mag es so scheinen, daß Kambartels metaphysikkritisches Argument als Ein-

25 Vgl. dazu Apel 1990 und Böhler 1992.

wand auch gegen die transzendentalpragmatische Konzeption universalistischer Ethik gewendet werden könnte. Beansprucht nicht auch die Transzendentalpragmatik eine theoretisch-metaphysische Globalperspektive und macht sich so eines Mangels an ›historischem‹ und ›kulturpluralistischem‹ Bewußtsein schuldig?

Das metaphysikkritische Argument setzt voraus, daß mit der Einsicht in die Unmöglichkeit, einen *extramundanen* Beobachterstandpunkt jenseits aller lebensweltlichen Bezüge einzunehmen, zugleich die Unmöglichkeit der Begründung einer universalistischen Ethik erwiesen ist. Dem ›Blick von außen‹ bzw. ›von oben‹ wird somit der Status einer notwendigen Bedingung nicht allein der Ethikbegründung, sondern auch der rationalen Kritik der jeweils etablierten ›substantiellen Sittlichkeit‹, der in einer Kultur etablierten moralischen Selbstverständlichkeiten, zugewiesen. Aus der zutreffenden Behauptung, daß diese (angebliche) Bedingung der Begründung einer universalistischen Ethik prinzipiell nicht erfüllt werden kann, folgert der Kulturalismus die fragwürdige These, daß die in einer Kultur etablierten moralischen Selbstverständlichkeiten und Üblichkeiten die unüberwindbaren Grenzen auch noch der philosophisch-ethischen Reflexion darstellen müssen. Selbst dann also, wenn sich zeigen läßt, daß die Transzendentalpragmatik keine im angegebenen Sinn metaphysischen Voraussetzungen machen muß, ist der kulturalistische Einwand noch nicht vollständig widerlegt. Es bliebe dann noch immer zu zeigen, daß die nicht-metaphysische Begründung der Diskursethik, die die Transzendentalpragmatik zu leisten beansprucht, tatsächlich eine Begründung *ist*. Erst damit wäre auch erwiesen, daß der metaphysisch-theoretische ›Blick von außen‹ eben keine notwendige Bedingung der Begründung einer universalistischen Ethik darstellt. Dieser Doppelstruktur des metaphysikkritischen Arguments gemäß gliedert sich die folgende Erwiderung.

Gegen die kulturalistische Kritik des transzendentalpragmatischen Verständnisses von Universalität läßt sich zunächst geltend machen, daß das universalistische Niveau der Geltungsprüfung und kritischen Distanzierung von Geltungsansprüchen von jedem Teilnehmer an kommunikativer Erfahrung immer schon virtuell betreten ist. Es wird nicht als ein theoretisch-metaphysisches Konstrukt von außen oder, wie es die von Steinmann und

Scherer verwendete »Top-down/bottom-up«-Metaphorik suggeriert[26], von oben an die Lebenspraxis herangetragen, sondern läßt sich aus der kommunikativen Erfahrung im Hier und Jetzt gewinnen. Der Übergang vom kommunikativen Handeln zum Diskurs als seiner Reflexionsform ist überall dort prinzipiell angelegt, wo überhaupt Geltungsansprüche erhoben werden. Nun lassen sich die Probleme interkultureller Verständigung und interkulturellen Lernens nur dann *als Probleme* formulieren und verstehen, wenn vorausgesetzt wird, daß die jeweils sich begegnenden Kulturen wechselseitig Geltungsansprüche aneinander richten. Das Erheben von Geltungsansprüchen, welches konstitutiv zum Begriff menschlicher Kultur überhaupt gehört, verweist von sich aus (intern) auf den argumentativen Diskurs als allein gültiges Verfahren der Einlösung und Kritik dieser Ansprüche.[27] Wer dies bestreitet, hat damit selbst schon eine argumentative Handlung vollzogen und ist nolens volens in einen Diskurs eingetreten. Er bestätigt so implizit die These von der Unhintergehbarkeit der Argumentationssituation, jene These also, die er explizit bestreitet. Durch den Aufweis der Sinnlosigkeit solcher »performativ selbstwidersprüchlichen« Sprechhandlungen (Apel, Habermas) begründet die Transzendentalpragmatik die Verbindlichkeit der moralisch gehaltvollen Präsuppositionen des Argumentierens. Diese Begründung erfolgt ohne die metaphysische Voraussetzung einer philosophischen Globalperspektive allein im Rekurs auf die aktuelle Argumentationssituation.[28]

Für die Problematik konkreter interkultureller Verständigungsversuche folgt daraus freilich nicht, daß der interne Zusammenhang von kommunikativem Handeln und argumentativem Diskurs in dem Sinn schon verfügbar wäre, daß er sich mühelos aktualisieren ließe. Seine Realisierung stellt hier zunächst eine Aufgabe dar. Dem Geltungsdiskurs über Normen- und Interessenfragen muß ein großes Stück hermeneutischer Arbeit vorangehen, wobei der Verstehensversuch sich in zwei Richtungen zu erstrecken hat. Zunächst muß er sich reflexiv auf seine eigenen kulturell bedingten Voraussetzungen richten, um als praktische Selbstverständigung mögliche Mißverständnisse der eigenen

26 Vgl. Steinmann/Scherer, in diesem Band, S. 68.
27 Vgl. Øfsti 1994.
28 Vgl. dazu Böhler, in diesem Band, S. 150-153, und 1995.

Kultur und Tradition aufzudecken, sodann hat er sich auf das Verstehen der anderen Kultur als Ausdruck einer fremden, das heißt noch nicht bekannten Weltansicht und -erschlossenheit zu richten. Die fremde Kultur ist selbst ein ›sprechendes‹ und insofern verantwortliches Interpretandum. Das Verstehen fremder Repertoires von moralischen Normen, dessen Ziel eine als richtig oder gültig behauptete Interpretation ist, kann sich somit an dem Kriterium orientieren, daß auch die Mitglieder der interpretierten Kultur dem Resultat des Verstehensversuchs als einer zutreffenden Interpretation prinzipiell müßten *zustimmen* können. Der »Vorgriff der Vollkommenheit« (Gadamer) des Interpretandums erstreckt sich allerdings nur auf die Ebene seines möglichen Sinns. Das Verstehen einer moralischen Norm bedeutet insofern nicht schon ihre Anerkennung. Hier wird deutlich, daß die Durchführung konkreter praktischer Diskurse nicht die Preisgabe der eigenen, möglicherweise kulturspezifischen Normen und Interessen erfordert, sondern allein die Einklammerung ihres faktischen sozialen Geltens angesichts neuer Perspektiven und Argumente. Die Normen, Wertvorstellungen und Interessen bleiben als Gegenstände des praktischen Diskurses und somit auch als lebensweltliche Ansatzpunkte der diskursiven Geltungsprüfung erhalten.

Im Hinblick auf die jeweils zu leistende hermeneutische Vorarbeit eröffnet sich somit die Möglichkeit einer Vermittlung des kulturalistischen Ansatzes mit der Transzendentalpragmatik. Die deskriptive Erläuterung kulturell etablierter Vorverständnisse von moralisch vernünftiger Praxis ist und bleibt ein Ausgangspunkt sowohl der philosophisch-ethischen Reflexion als auch der konkreten Geltungsprüfung in praktischen Diskursen. Hier kann die Grammatik der moralischen Vernunftkultur, die Kambartel vorschlägt, gute Dienste leisten. Denn eine moralische Norm läßt sich erst dann sinnvollerweise zum Gegenstand einer Geltungsprüfung machen, wenn die Orientierungsfunktion, die sie in ihrem jeweiligen soziokulturellen Kontexten erfüllen soll, richtig verstanden worden ist.

Die Hauptdifferenz zwischen Transzendentalpragmatik und Kulturalismus besteht in deren unterschiedlichen Einschätzungen der Reichweite philosophischer Ethik. Wenn auch die deskriptive Offenlegung kultureller Selbstverständlichkeiten und moralisch relevanter Meinungen einen Ausgangspunkt der moralischen Reflexion darstellt, so ist sie doch – und hier geht die Transzendentalpragmatik über den Kulturalismus hinaus – nicht schon ihr Endpunkt, sondern erst die Schwelle zur argumentativen Prüfung der Geltungswürdigkeit jener Selbstverständlichkeiten und Handlungsaufforderungen.

Literatur

Apel, K.-O. (1990), »Der postkantische Universalismus in der Ethik im Lichte seiner aktuellen Mißverständnisse«, in: ders., *Diskurs und Verantwortung. Das Problem des Übergangs zur postkonventionellen Moral*, Frankfurt am Main, S. 154-178.

Böhler, D. (1992), »Diskursethik und Menschenwürdegrundsatz zwischen Idealisierung und Erfolgsverantwortung«, in: K.-O. Apel und M. Kettner (Hg.), *Zur Anwendung der Diskursethik in Politik, Recht und Wissenschaft*, Frankfurt am Main, S. 201-231.

– (1995), »Dialogreflexion als Ergebnis der sprachpragmatischen Wende. Nur das sich wissende Reden und Miteinanderstreiten ermöglicht Vernunft«, in: J. Trabant (Hg.), *Sprache denken. Positionen aktueller Sprachphilosophie*, Frankfurt am Main, S. 145-162.

– (1998), »Dialogbezogene (Unternehmens-)Ethik versus kulturalistische (Unternehmens-)Strategik. Besteht eine Pflicht zur universalen Dialogverantwortung?«, in diesem Band, S. 126-178.

Gethmann, C. F. (1992), »Universelle praktische Geltungsansprüche. Zur philosophischen Bedeutung der kulturellen Genese moralischer Überzeugungen«, in: P. Janich (Hg.), *Entwicklungen der methodischen Philosophie*, Frankfurt am Main, S. 148-175.

Gronke, H. (1993), »Apel versus Habermas: Zur Architektonik der Diskursethik«, in: A. Dorschel u.a. (Hg.), *Transzendentalpragmatik. Ein Symposion für Karl-Otto Apel*, Frankfurt am Main, S. 273-296.

Kambartel, F. (1989 a), »Vernunft: Kriterium oder Kultur? Zur Definierbarkeit des Vernünftigen«, in: ders., *Philosophie der humanen Welt*, Frankfurt am Main, S. 27-43; ferner in diesem Band, S. 88-105.

– (1989 b), »Universalität als Lebensform. Zu den (unlösbaren) Schwierigkeiten, das gute und vernünftige Leben über formale Kriterien zu bestimmen«, in: ders., *Philosophie der humanen Welt*, Frankfurt am Main, S. 15-26.

– (1989 c), »Bemerkungen zum praktischen Selbstverständnis des Menschen, in Kantischer Perspektive«, in: ders., *Philosophie der humanen Welt*, Frankfurt am Main, S. 132-145.

– (1991), »Versuch über das Verstehen«, in: B. McGuinness u.a., *»Der Löwe spricht … und wir können ihn nicht verstehen«*, Frankfurt am Main, S. 121-137.

– (1996), »Universalität, richtig verstanden. Bemerkungen zu Rortys verwirrendem Umgang mit Wahrheits- und Geltungsansprüchen«, in: *Deutsche Zeitschrift für Philosophie* 44, Nr. 2, S. 249-254.
Lepenies, W. (1996), »Selbstkritische Moderne. Neue Leitbilder im Kontakt der Kulturen«, in: W. Dettling (Hg.), *Die Zukunft denken: neue Leitbilder für wirtschaftliches und gesellschaftliches Handeln*, Frankfurt am Main/New York, S. 50-68.
Øfsti, A. (1994), »Ist diskursive Vernunft nur eine Sonderpraxis? Betrachtungen zum Verbindlichkeitstransfer von transzendental-reflexiv (letzt)begründeten Normen«, in: ders., *Abwandlungen. Essays zur Sprachphilosophie und Wissenschaftstheorie*, Würzburg, S. 139-157.
Steinmann, H., und A. G. Scherer (1998), »Interkulturelles Management zwischen Universalismus und Relativismus. Kritische Anfragen der Betriebswirtschaftslehre an die Philosophie«, in diesem Band, S. 23 bis 87.
Wohlrapp, H. (1995), »Konstruktive Anthropologie als Basis eines Konzepts von Kulturpluralismus?«, in: E. Jelden (Hg.), *Prototheorien – Praxis und Erkenntnis?*, Leipzig, S. 149-163.

Friedrich Kambartel
Vernunftkultur und Kulturrelativismus
Bemerkungen zu verschiedenen Problemen des Verstehens und Begründens

1. Zum Begriff der Kultur

Es gibt einen doppelten Gebrauch des Wortes »Kultur«: Zum einen bezeichnen wir damit den Fall, daß bestimmte Lebens- und Gesellschaftsorientierungen unter den Beteiligten praktisch eingeübt sind, im gemeinsamen Leben verbreitete Anerkennung genießen. In diesem Sinne sprechen wir etwa von der demokratischen (politischen) Kultur einer Gesellschaft. In diesem selben Sinne ist der Ausdruck auch in meinen eigenen vernunftanalytischen Untersuchungen erläutert und also so zu lesen.[1] Wir könnten diesen Kulturbegriff *praxiologisch* nennen.

Der Terminus »praxiologisch« markiert insbesondere die Differenz zur *kultursoziologischen* Verwendung von »Kultur«. Dabei geht es im allgemeinen um eine gesellschaftlich verbreitete Lebensform, die Gesamtheit der für sie wesentlichen Orientierungen und Praktiken also, wie es auch etwa Wohlrapp im Anschluß an Lorenzen ausführt.[2] Es ist dieser soziologische Gebrauch von »Kultur«, der im allgemeinen Bildungen wie »Kulturrelativismus«, »Multikulturalismus« zugrunde liegt. In meiner Untersuchung »Vernunft: Kriterium oder Kultur?«[3] spielt er zunächst keine Rolle.

Eine Kultur im praxiologischen Sinne des Wortes läßt sich auf einen universalistischen Orientierungshintergrund ebenso beziehen, wie sie partikularer Natur sein kann. »Kultur« in diesem Sinne ist also nicht an eine partikularistische Perspektive gebunden. Eine Kultur im praxiologischen Sinne kann »kulturinvariant« im Sinne des soziologischen Kulturbegriffs sein.

Viele falsche Verständnisse meiner Überlegungen gehen nun

1 Vgl. zum Beispiel Kambartel 1989 a, 1992; zur Abgrenzung von Rortys Ansatz jetzt auch 1996.

2 Vgl. Wohlrapp 1995.

3 Vgl. Kambartel 1989 b.

darauf zurück, daß dem praxiologischen Kulturbegriff trotz meiner klaren Kommentare eine kultursoziologische Wortbedeutung unterlegt wird. In einer Reihe gegenwärtiger Diskussionen ist der Ausdruck »Kultur« wohl so sehr relativistisch konnotiert, daß ein neutraler Wortgebrauch offenbar chancenlos wird.

Was ist der Sinn meiner Rede von einer *Kultur der Vernunft*? – Wesentliche Bestände einer vernünftigen Lebensform lassen sich nicht gewissermaßen »von außen« lehren, im Sinne von Regeln oder Prinzipien, die von den bereits Aufgeklärten theoretisch entwickelt und dann zum Beispiel an eine »fremde« Praxis als Aufforderung herangetragen werden. Sie sind darauf angewiesen, daß sich vor oder gleichzeitig zu ihrer theoretischen Darstellung eine Kultur der Vernunft im praxiologischen Sinne des Wortes entwickelt, die insbesondere der Sprache und den philosophischen Formeln, in welchen das Vernünftige bestimmt wird, einen strengen Sinn gibt. Der Ausdruck »Kultur der Vernunft« steht in meinen Untersuchungen also nicht für eine Bestandsaufnahme faktischer Rationalitätsformen, er soll vielmehr eine Unterscheidung in der *Grammatik* der Vernunft artikulieren. Überhaupt nicht gemeint ist also eine Abkehr von Verständnis und Möglichkeit kultur- oder kontextinvarianter praktischer Begründungen[4]: Wo es mir um die *vernünftige Rekonstruktion* einer praktischen Kultur der Argumentation und Urteilsbildung geht, die uns, wenn auch in gemischte Verhältnisse eingebettet, vertraut ist, sieht Rähme *bloße Deskription* am Werke.[5] Wo ich mich in begrifflichen Kommentaren auf die *Grammatik* der Vernunftpraxis und ihrer universalen Strukturen beziehe, mischt Rähme Gesichtspunkte ihrer *faktischen* (universalen oder partikularen) *Verbreitung* und *Entstehung*, also eine eher *kultursoziologische* Perspektive, hinein.[6] Der Eindruck, den Rähme vermittelt, entsteht insbesondere dadurch, daß er Zitate meiner Formulierungen von ihren Kontexten isoliert und dann als Belege in die hier notierten Mißverständnisse hineinmontiert.

(Eine ähnliche Verstellung des Gemeinten liegt übrigens der

4 Dies insinuiert Boris Rähme, in diesem Band, S. 197 f. Auch in den nicht durch einen Text von mir belegten (vgl. ebd., S. 198 f.) Formulierungen vermag ich meine Intentionen nicht wiederzufinden.

5 Ebd., S. 199 f.

6 Ebd., S. 197 f.

kulturrelativ orientierten Deutung des Gebrauchs von »Sprachspiel« und »Lebensform« bei Wittgenstein zugrunde, wenigstens für die weitaus größte Zahl der Fälle, in denen Wittgenstein mit diesen Ausdrücken operiert.)

2. Zur Kritik der Vernunftkultur

Urteile der Art, daß bestimmte Praktiken oder Lebensformen mit einer Kultur der Vernunft nicht vereinbar, in diesem Sinne also unvernünftig sind, gehören wesentlich zur Kultur der Vernunft, sind eine Folge ihrer internen Grammatik, in der es überzeugende Begründungen und daher in verschiedener Hinsicht Einsichten gibt. Die Einsichten, welche eine vernünftige Lebensform ermöglichen kann, können wir nicht einfach multikulturalistisch zur Verfügung stellen, ohne der Vernunftperspektive selbst zu entsagen zugunsten einer urteilslosen Orientierungsmelange.

Insbesondere Mord und Unterdrückung können in den teilaufgeklärten Gesellschaften des sogenannten »Westens« im allgemeinen und sinnvoll nicht die Entschuldigung des »Anderen der Vernunft« in Anspruch nehmen. Nicht anders sollten wir die entsprechenden Verbrechen in islamischen Gesellschaften beurteilen, und zwar auch dann nicht anders, wenn diese Verbrechen durch religiöse Texte oder Organisationen legitimiert erscheinen oder in fundamentalistisch geprägtem Recht eine Basis finden. Hier können wir nach allem, was wir (auch aus unserer eigenen vergleichbaren Geschichte) wissen, nicht auf ein gemeinsames vernünftiges Begreifen, eine Korrektur *unserer* Urteile hoffen und sollten dann auch nicht so tun, als sei diese zu erwarten.

Auch daß unsere Vernunfturteile in eine Kultur vernünftigen Lebens (im praxiologischen Sinne) eingebettet sein müssen und daß diese Kultur auf dieser Erde nur sehr begrenzt existiert, beschert uns keinen von Vernunftansprüchen entlasteten Umgang mit vernunftfremden Orientierungs- und Praxisformen. Eine Kultur der Vernunft ist ein auf dieser Erde in bestimmter Weise situiertes, unvollendetes und unabschließbares *Projekt.* Daß dies so ist, kann nicht gegen den Universalismus seiner Perspektiven, Aufgaben und die damit einhergehenden Urteile angeführt werden.

Es gibt nun eine Kritik der Aufklärung, welche auf ihre *negativen Folgen* verweist, mit dem Interesse, vernunftfremden und vernunftwidrigen Orientierungen Raum zu schaffen. Eine Kritikperspektive dieser Art ist allerdings im allgemeinen nicht berechtigt. Die Negativität, welche hier gegen Vernunft, Aufklärung, Moderne usf. angeführt werden, beruht bei den bekannten Beispielen auf Gründen, die für eine stets zur Entwicklung der Vernunft gehörende Selbstkritik erreichbar sind:

Es geht dabei zum einen um mißverständliche Deutungen des Vernünftigen, wie etwa den *Szientismus*, zum anderen um die Erhebung bestimmter Rationalitätsstandards zu einem *einseitigen allgemeinen* Begriff vernünftiger Problemlösung, wozu uns etwa verbreitete Formen des Utilitarismus ein Beispiel liefern. – Vielfach haben wir es auch mit Verhältnissen zu tun, in welche Vernunftorientierungen nur sehr gebrochen oder partiell eingegangen sind: Bestimmte Betroffene können etwa nicht einbezogen sein; wichtige Praxisfelder mögen sich noch naturwüchsig entwickeln usf.

Wir sollten in diesem Zusammenhang nie ausschließen, daß das in einer vernünftigen Perspektive fremd Erscheinende ein noch bestehendes Selbstmißverständnis der Vernunft deklariert oder auf unerwartete Folgen aufmerksam werden läßt, die Erweiterungen der vernünftigen Lebensform begleiten. Der Hochmut des Abendlandes zeigt sich daher nicht in einer hinreichend selbstkritischen Vernunft, vielmehr gerade bei den postmodernen Renegaten der Aufklärung. Sie sind es, welche der fremden Kulturerscheinung die Perspektive des vernünftigen Begreifens und damit der Teilnahme an einer Entwicklung vernünftiger Verhältnisse auf dieser Erde, gewissermaßen aus fundamentalhermeneutischen Gründen, verweigern. Die Diagnose des »Anderen der Vernunft« ist dann nur die inverse Fortsetzung der unseligen Barbarentheorie der griechischen Aufklärung oder der Stigmatisierung des Heiden durch den »wahren Glauben«.

Daß unser Verstehen von Problembewältigung auf eine universale Kultur der Vernunft angewiesen ist, legt es also wesentlich auf einen *Lernprozeß* durch interne wie externe Erweiterung an. Dabei mögen wir im allgemeinen unser Verständnis der *Grammatik* des Vernünftigen ebenso entwickeln wie auch die bisher als vernünftig begriffenen oder als vernunftverträglich eingeordneten *Orientierungsbestände*.

3. Zum Verstehen fremder Praxis

Daß wir eine Handlung oder eine ganze Praxis nicht verstehen, sie uns in diesem Sinne *fremd* ist, kann in verschiedenen Bedeutungen gemeint sein:

Zum einen mögen wir nicht in der Lage sein, ein Handeln zu *identifizieren*, das heißt zu sehen oder zu sagen, um welches wohlbestimmte Handeln es geht. Dieser Fall liegt etwa vor, wenn wir einer Gebärde begegnen, die wir nicht weiter einordnen können (als Gruß oder als Warnung zum Beispiel).

In anderen Fällen mag es zwar klar sein, was bestimmte Personen tun, ohne daß wir jedoch sehen, in welchen *Orientierungszusammenhang* dieses Tun gehört (welche Zwecke etwa damit verfolgt, welche Bedürfnisse so befriedigt werden oder welcher institutionelle Rahmen in einer bestimmten Weise wirksam wird und dergleichen). Wir wissen zum Beispiel nicht, wohin eine Reise geht oder warum sie unternommen wird; wobei die Identifizierung der betrachteten Praxis als Reisen unproblematisch erscheinen mag.

Die genannten beiden Fälle gehen ineinander über; insbesondere gehört häufig die Einbettung in bestimmte Orientierungen bereits zur Identifizierung einer bestimmten Handlung.

Schließlich mag uns ferner die Zuordnung von Handlungsorientierungen zu einigermaßen sicher identifizierten Handlungen zwar gelingen. Wir könnten aber mit dem Versuch, diese Handlungsorientierungen als *vernünftig zu begreifen*, in Schwierigkeiten geraten.

Die Probleme des Verstehens und Begreifens, welche sich hier auftun, müssen nun nicht so bewältigt werden, daß wir ein Handeln als eine uns bereits *vertraute* Praxis einordnen, ihren Orientierungskontext als uns bereits *bekannt*, als etwas überdies, für das uns ein vernünftiger praktischer Zusammenhang bereits zur Verfügung steht. – Das Verstehen des zunächst Fremden kann eben unsere Welt, das, was in ihr praktisch möglich ist, vernunftverträglich erweitern – oder zu einer Einsicht in die Unvernunft des »Eigenen« führen. Unter Umständen werden damit unsere positiven oder negativen Vorurteile widerlegt.

Für die gegenwärtige vernunftkritische Auseinandersetzung ist der Fall wesentlich, daß wir eine gesellschaftliche oder kulturelle Praxis (einstweilen) nicht vernünftig begreifen können. Und hier sind dann wiederum zwei Fälle möglich: Was wir nicht vernünftig begreifen können, mag uns zum einen, auf dieser Stufe des Verstehens, nur schlicht *unzugänglich bleiben*. In anderen Fällen zeigt es sich als unvernünftig, insofern es *mit vernünftigen Problemlösungen kollidiert*.

Tiefgreifende und eindeutige Verletzungen der Menschenrechte sind in aller Regel von der letzten Art. Fast alle handfesten Beispiele, welche in unseren Diskussionen eine wesentliche Rolle spielen, der Fall Rushdie, die Unterdrückung der politischen Opposition in China oder die wirklich harten Menschenrechtsverletzungen gegenüber Frauen im Islam, verlangen, denke ich, daß wir die Sicherheit, die unsere moralischen Vernunfturteile hier mit sich führen, auch vertreten. Die Tatsache, daß wir nicht selten ähnliche problematische Praktiken und Orientierungen in unserer eigenen Geschichte identifizieren können, kann hier unser Urteil nicht einschränken, möglicherweise allerdings unseren Umgang damit. An die Leichen im Keller der eigenen Geschichte denken wir eben nicht *guten* Gewissens.

Daß wir Einsichten haben, die uns die *Verurteilung* bestimmter Lebensformen (oder von Ausprägungen solcher Lebensformen) zur Pflicht machen, ist nun allerdings wohl zu unterscheiden von Urteilen, welche den *praktischen* Umgang, insbesondere den machtpolitischen oder unternehmerischen Umgang mit solchen Einsichten zum Gegenstand haben (vgl. unten 4.2, 4.3).

Die in die vernünftige Lebensform grammatisch eingearbeitete Universalität macht es notwendig, das vernünftige Leben stets als eines *im Werden* zu begreifen. Weder nehmen bereits alle jeweils Betroffenen daran teil, noch erstreckt sich die Vernunft bereits auf alles in unserem Leben.

4. Idealität und Realität des Vernünftigen

In der Perspektive der Vernunft werden weder der Problemzusammenhang (das heißt insbesondere der Einbezug Betroffener) noch die relevanten Rationalitätsstandards *einseitig* verstanden, auf einen *Teil* des »Ganzen« beschränkt. Das Vernünftige erscheint in diesem Sinne als eine »ideale« Form der Problemlösung. Mit der *Idealität der Vernunft* sind allerdings verschiedene Schwierigkeiten verbunden:

1. Häufig verwechseln wir diese Idealität mit einer Art von *Rigorismus*, so etwa wie uns das Moralische oft als keiner Einschränkung fähig erscheint. – Es zeichnet aber die vernünftige Bewältigung einer Situation gerade aus, daß sie keinem einzelnen Rationalitätsstandard eine »absolute« Position gibt. So betrachtet, ist die Vernunft immer »pragmatisch«.

2. Eine »an sich« vernünftig begründete Lösung kann in unvernünftigen Verhältnissen *nicht zustimmungsfähig* sein oder werden. Dies, so ließe sich sagen, stellt ein *neues* Problem dar, das gewissermaßen auf den Schultern des ersten steht (für das wir dann nur »abstrakt« zu *wissen* meinen, was vernünftigerweise zu tun ist). Das neue Problem hat seine *eigenen* vernünftigen Lösungen, die wir zum Beispiel in bestimmten Fällen »Kompromisse« nennen.

3. Oder wir müssen uns zu einem *»strategischen«* Vorgehen gegenüber bestimmten Personen oder Gruppen entschließen, um etwa eine Veränderung zum Vernünftigeren zu erreichen. Auch hier stellt sich, wie im vorhergehenden Falle, eine *neue* Problemlage, mit ihrer *eigenen* vernünftigen Bewältigung.

In die geschilderten »sekundären« Problemsituationen gelangen wir nur dann, wenn wir uns bereits um eine vernünftige Bewältigung des Ausgangsproblems bemühen. Diese Bemühung dann aus »pragmatischen« oder »strategischen« Gründen etwa einzuziehen, ließe uns auch den Boden für die Bestimmung vernünftiger pragmatischer oder strategischer Lösungen verlieren. Die Idealität der Vernunft, daß wir sie im Auge haben, ist also die Grundlage auch ihres (eines vernünftigen) Pragmatismus.

5. Transzendentalpragmatische Begründungen

Die sogenannten transzendentalpragmatischen Begründungen sind, wenn sie überzeugen, Begründungen wie andere überzeugende begrifflich-praktische Begründungen auch. Der Sonderstatus einer *letzten* Begründung läßt sich ihnen nicht zusprechen oder nur in dem Sinne, daß es in bestimmten Situationen absurd wäre, eine präsuppositionale Argumentation praktischer Art noch einmal in Frage zu stellen. Das gilt jedoch für viele andere Argumentationen auch, im alltäglichen Leben ebenso wie etwa in der elementaren mathematischen Beweispraxis.

In geeigneten Situationen liefert andererseits die Transzendentalpragmatik offensichtlich keine Begründung. Eine versuchte transzendentalpragmatische Begründung, etwa des von Apel bevorzugten Tu-quoque-Typs, läßt sich schließlich mit dem Einwand in Frage stellen, die vom Proponenten der Begründung herangezogene Grammatik sei falsch bestimmt oder dargestellt, oder mit dem Hinweis bezweifeln, die bestehende und für die Begründung in Anspruch genommene Grammatik sei für das gute Leben der Beteiligten hinderlich.

Wo eine Begründung sinnvoll enden kann (und daher nicht mehr befragt werden sollte), hängt von den Situationen und Problemlagen ab, in denen sie operiert. Daher leisten auch die Letztbegründungsargumente, wie sie Böhler in dem Band *Philosophie als Zeitdiagnose* vorträgt[7], nicht das, was sie leisten sollen.

6. Nachbemerkung[8]

Die Unterstellung von Horst Gronke, der nicht von mir so genannte »Kulturalismus« (der nichts, aber auch gar nichts mit einem Kulturrelativismus zu tun hat[9]) sei drauf und dran, den Kern der Menschenrechte aufzugeben, ist abwegig und angesichts des oben von mir Gesagten an der Grenze des Denunziatorischen.[10] Im übrigen haben die Herausgeber vieles gesagt, was ich zu Gronkes Verständnisschwierigkeiten auch sagen könnte.[11]

7 Vgl. Böhler 1991, S. 150 f.

8 *Anmerkung der Herausgeber:* Diese Nachbemerkung wurde von Friedrich Kambartel in Reaktion auf den Beitrag Horst Gronkes in diesem Band, S. 384-401, verfaßt.

9 Vgl. in diesem Beitrag oben, S. 212 ff.

10 Vgl. in diesem Beitrag oben, S. 214.

11 Vgl. Steinmann/Scherer, in diesem Band, S. 402 ff.

Literatur

Böhler, D. (1991), »Philosophische Meta-Normenbegründung durch Argumentationsreflexion. Über die Möglichkeit einer praktisch relevanten Vernunft in der technisch-wissenschaftlichen Zivilisation«, in: H.-L. Ollig (Hg.), *Philosophie als Zeitdiagnose. Ansätze der deutschen Gegenwartsphilosophie*, Darmstadt, S. 147-168.

Gronke, H. (1998), »Kulturalismus: Relativismus wider Willen? Ein Versuch, die Bedingungen für einen sinnvollen argumentativen Dialog zwischen Transzendentalpragmatikern und Kulturalisten zu klären«, in diesem Band, S. 384-401.

Kambartel, F. (1989 a), *Philosophie der humanen Welt*, Frankfurt am Main.

– (1989 b), »Vernunft: Kriterium oder Kultur? Zur Definierbarkeit des Vernünftigen«, in: ders., *Philosophie der humanen Welt*, Frankfurt am Main, S. 27-43; ebenso in diesem Band, S. 88-105.

– (1992), »Die Vernunft und das Allgemeine. Zum Verständnis rationaler Sprache und Praxis«, in: V. Gerhard und N. Herold (Hg.), *Perspektiven des Perspektivismus. Gedenkschrift zum Tode Friedrich Kaulbachs*, Würzburg, S. 265-277, ferner in: K.-O. Apel und M. Kettner (Hg.) (1996), *Die eine Vernunft und die vielen Rationalitäten*, Frankfurt am Main, S. 58-72.

– (1996), »Universalität, richtig verstanden«, in: *Deutsche Zeitschrift für Philosophie* 44, S. 249-254.

Rähme, B. (1998), »Ethischer Universalismus und interkulturelles Lernen. Kulturalistische versus transzendentalpragmatische Perspektiven«, in diesem Band, S. 191-211.

Steinmann, H., und A. G. Scherer (1998), »Epilog. Zugleich mit einer Stellungnahme zum Rückblick von Horst Gronke«, in diesem Band, S. 402-416.

Wohlrapp, H. (1995), »Konstruktive Anthropologie als Basis eines Konzepts von Kulturpluralismus?«, in: E. Jelden (Hg.), *Prototheorien – Praxis und Erkenntnis?*, Leipzig, S. 149-163.

Hans G. Ulrich

An den Grenzen der Verständigung

Oder: Was heißt es, den Anderen einzubeziehen?

1. An den Grenzen der Verständigung? Zur Problemdisposition

Die folgenden Überlegungen und Anfragen sind auf einige Vergewisserungen darüber ausgerichtet, wie sich die Praxis der Verständigung zu der Aufmerksamkeit verhält, die gewahrt werden muß, damit sich die Verständigung gegen – noch allgemein gesagt – Erneuerungen, aber auch Störungen, nicht abschließt und undurchlässig wird. Wie vollzieht sich in der Verständigung das Lernen, wie weit reicht dieses Lernen? Wie weit nivelliert die Praxis der Verständigung das Gefälle des Lernens? Michael Walzer formuliert zur Kennzeichnung des von ihm so genannten »wiederholenden« Universalismus, den er von einem »Universalismus des allumfassenden Gesetzes« unterscheidet: »Wir stehen da, wo wir stehen, und wir lernen aus unseren Begegnungen mit anderen Menschen. Was wir lernen, ist, daß wir keine besondere Stellung haben. Die von uns erhobenen Ansprüche werden auch von ihnen geltend gemacht, von den Kindern Israels und den Kindern der Äthiopier. Aber es ist selbst eine moralische Handlung, Anderssein auf diese Weise anzuerkennen.«[1] Wird dies zur Kennzeichnung des Lernens in der Praxis der Verständigung genügen? Immerhin ist die Frage auf einen wichtigen Punkt gebracht. Weiter gefaßt könnte sie lauten: Wie wird beides zusammengehören, die Arbeit an der – vernünftigen – Übereinstimmung und die Aufmerksamkeit auf den Anderen, auf die Anderen, sofern die Anderen mit dem, was sie betrifft, was sie mitzuteilen haben, nicht außerhalb der Übereinstimmung bleiben müssen. Was wird es heißen, den Anderen einzubeziehen?[2] Auf der einen Seite wird es darum gehen, wie wir, bezogen auf diese oder jene Aufgabe, miteinander zurechtkommen, auf der

1 Walzer 1996, S. 161 f.
2 Vgl. Habermas 1996 a.

anderen Seite aber auch darum, ob wir und wie wir dem Anderen – und der Andere uns – und seiner Artikulation Raum geben, in dem, was ihm (vorläufig gesagt) lieb und teuer ist, so daß wir nicht nur unter vielleicht tragfähigen Bedingungen des Zurechtkommens stehen, sondern gemeinsam an dem Anteil haben, was das »gute Leben« zu nennen wäre. Wäre darin nicht auch eine verbindende Praxis zu finden oder nur Grund für den Konflikt?

Diese ausführlich verhandelte Streitfrage nehmen wir hier unter dem spezifischen Aspekt auf, wie das Verhältnis zwischen Verständigung und Lernen zu sehen ist. Was kann diesbezüglich auch für die Ökonomie gesagt werden? Eine Ökonomie, die als Konkurrenz- oder Wettbewerbswirtschaft zu kennzeichnen ist, könnte sozusagen davon leben, daß man einerseits das Lernen voneinander intensiviert, zum anderen aber könnte gerade dieses Lernen intransigent werden gegenüber dem, was außerhalb der in eine bestimmte Richtung dynamisierten Lernvorgänge und gegen sie zu berücksichtigen wäre. Die Rede von Innovation gibt immer neu dafür das Signal. Worauf ist die Suche nach Innovation aufmerksam, was wird ihre Reichweite, was ihre Grenze sein?

Die generelle Frage also ist, wie sich die Praxis der Verständigung, die das Zusammenleben aller potentiell Beteiligten gewährleisten soll, zur Berücksichtigung dessen verhält, was für die Beteiligten das gute Leben ist.[3] Wir haben damit nicht sofort eine Trennlinie gezogen zwischen dem, was wir mit anderen teilen (was wir das Politische nennen könnten), und dem, was jenseits

3 Das gute Leben ist – mit Kambartel 1989 a – zu verstehen nicht als bestehend aus bestimmten Lebenszielen, sondern als die »Art und Weise, wie die ›Form‹, in der das Leben im ganzen seine Inhalte gewinnt« (S. 21). Kambartel fährt fort: »Selbstverwirklichung ist eine Form menschlichen Lebens« und bemerkt in der Anmerkung, daß es ihm wegen der »Inflation der problematischen therapeutischen Verwendung des Ausdrucks« geraten erscheine, »statt dessen von moralischer ›Selbstbestimmung‹ zu sprechen.« Diesem Vorschlag werden wir in veränderter Form folgen, sofern das »Selbst«, von dem zu reden ist, als dasjenige zu beschreiben ist, das sich durch das bestimmt weiß, was es als gutes Leben gewonnen hat, worin es seine *Form* gefunden hat. Walzer 1996 schreibt: »Beobachten wir ... wie die Juden ... über die Auslegung der göttlichen Gesetze streiten und sich dadurch eine Lebensform schaffen, dann wird uns klar, was zu Recht als Prozeß der Selbstbestimmung bezeichnet werden darf« (S. 151).

der politischen Verständigungspraxis gilt, wie auch immer dieses Jenseits thematisiert wird: als Tradition, als Lebenswelt, als Lebenskontext. Das gute Leben würde sich nicht auf diese Seite der Trennlinie stellen lassen. Wir würden außerdem daran festhalten, daß die übergreifende Verständigung auch der Ökonomie auf eine politische Öffentlichkeit bezogen ist, sofern sich die beteiligten Menschen zugleich als Bürger begegnen. Diese Verständigung zielt darauf, mit allen Menschen, die uns begegnen, darin Übereinkunft zu gewinnen, wer für wen welche Aufgaben übernimmt usf. Sie würde die Zuschreibung und Verteilung von Macht regeln. Die Verständigung wäre auf die Prozeduren demokratischer Praxis ausgerichtet. Nach dieser Seite wäre auch für die Ökonomie hier keine Grenze gezogen: die darin Beteiligten würden sich als Wirtschaftsbürger ansprechen lassen, ohne daß damit schon entschieden ist, wie stark, wie substantiell und dicht die anvisierte Demokratie ist oder sein soll.[4]

1. Die Präsenz des Anderen in der Verständigung

Nun ist aber auf der anderen Seite zugleich zu sagen, daß die Teilnehmer in dieser Verständigung nicht nur als Bürger erscheinen, sondern daß sie – mehr oder weniger – präsent sind mit allem, was ihnen lieb und teuer ist. Das können wir ihr Eingefügtsein in ein gutes Leben nennen, das für dieses Gute durchlässig ist. Das gute Leben sei als das Leben verstanden, das immer neu die Erfahrung des Guten und die Liebe zum Guten mit dem Anderen präsent sein läßt[5], der es bezeugt und zur Mitteilung bringt. Letzteres könnten wir auch das Person-Sein der Beteiligten nennen. »Person« meint hier ein Selbst, das in der Form des guten Lebens lebt und sich damit zu Wort meldet. Auch die Bürger sind auf diese Weise als Personen präsent. »Präsent« sein heißt dann vor allem, daß diese Person keine *black box* bleibt, die nur von außen betrachtet, wahrgenommen, identifiziert oder befragt wird, sondern daß sie als ein Selbst begegnet, auftritt und sich artikuliert.[6] Damit soll nicht nur gefordert werden, den An-

4 Zur Diskussion vgl. Barber 1994.

5 Daraufhin hat Taylor 1994 das moralische Selbst traditionsgeschichtlich und genealogisch rekonstruiert.

6 Dies ist das entscheidende Kennzeichen des moralischen Selbst bei

deren immer als Person zu achten, sondern es soll die Frage festgehalten werden, womit in dieser oder jener Situation der Andere mir begegnet. Mit »Person« wäre der Andere – mit der Tradition des Begriffs – als der gekennzeichnet, der mit dem präsent wird, was sein Leben als ein gutes ausmacht. Er wäre präsent mit demjenigen guten Leben, das für die Präsenz des Guten im Leben einsteht, das immer neu erfahren, artikuliert, gesucht und erhofft wird.[7] Dies wäre das gute Leben, das nicht in den Gewohnheiten, den Sitten und Regeln aufgeht. Es wäre das gute Leben, auf das hin sich diese Gewohnheiten selbst immer neu verändern. Es wäre das gute Leben, in dem Menschen ihre Lebensform[8] gewinnen, auf das hin sie urteilen, ohne es in Prinzipien oder Zielen erfassen zu können. Sie werden vielleicht Geschichten davon erzählen und werden sagen: »So ist es gut gewesen.« Das Person-Sein, das so zur Mitteilung kommt, wäre nicht aus der beobachtenden Perspektive zu erfassen und die »Identität« eines Menschen zu nennen, das, was der eine am Anderen als identisch (»idem«) wahrnimmt, sondern es wäre das, worin der Andere mir in dem begegnet, was sein Leben ausmacht (sein »ipse«). Mit dem Anderen auf Verständigung hin zu verhandeln ist das eine, den Anderen präsent sein zu lassen das andere. Argumentieren wäre das eine, etwas mitzuteilen das andere. Die Regel »audiatur et altera pars« wäre damit in dieser Reichweite aufgefaßt. Der Andere sollte nicht nur als die andere Partei, als die Gegenpartei, mit dem zu Gehör kommen, was für das bestehende politische Zusammenleben zu verhandeln ist, weil es auf diesen oder jenen Widerspruch stößt, den es im Blick auf das Zurechtkommen zu bearbeiten gilt, sondern der Andere soll mit allem, was ihm lieb und teuer ist, worin er lebt und sein Leben aufgehoben weiß, Aufmerksamkeit finden.

Taylor (1994). Von ihm zu reden heißt, sich in seinen Artikulationen zu bewegen.

7 Hier würde die Diskussion darüber einsetzen, was das »gute Leben« heißen soll. Mit Taylor ist kritisch zu verhandeln, weil er die jüdisch-christliche Tradition verkürzt, sofern sie nicht nur einen namenlosen Gott kennt, der dem »Guten« gleichzusetzen ist.

8 Zu dieser Thematik im Kontext der christlichen Tradition vgl. Ulrich 1995.

2. *Was heißt es, den Anderen einzubeziehen?*

Die Frage ist also, was es heißen kann, den Anderen einzubeziehen, wenn und sofern dieser Andere eben keine *black box* bleibt oder nur als der erscheint, der eine Weltanschauung hat, die wohl zu respektieren, nicht zu verletzen ist, die aber nur und nicht anders als eine Ressource für das politische Zusammenleben in den Blick kommt.[9] Eine Weltanschauung oder eine gelebte Tradition wäre sonst, wie lebenstragend sie auch sein mag, möglichst verschlossen zu halten, und wenn sie geöffnet wird, dann mit der Maßgabe, daß die Praxis der Verständigung selbst nicht geändert werden muß. Die Praxis der Verständigung *soll* davon unabhängig bleiben.[10]

Inwiefern ist aber dann nach dieser Seite hin die Berücksichtigung der Anderen abgeschnitten? Wäre die Pointe einfach die, daß schließlich doch alles nivelliert werden müßte, was im vielfältigen Profil des guten Lebens enthalten ist, weil es keine entsprechende Prozeduren gibt, dies im (politischen) Zusammenleben zu berücksichtigen, oder weil auch kein Interesse besteht? Was also hieße, den Anderen zu berücksichtigen oder einzubeziehen?[11]

Die Pointe könnte ja auch in anderer Richtung verlaufen. Wir könnten auch darauf setzen, daß alles, worin uns Personen begegnen, in dem, was ihnen lieb und teuer ist, und in dem, was ihr Leben trägt, von dieser Seite, der politischen Seite aus gesehen, ein notwendiges Korrektiv bleibt gegenüber einer sich wie auch immer abschließenden Verständigung. Die Idiosynkrasie der politischen Verständigung gegenüber dem Anderen ist das Pro-

9 Siehe dazu die einschlägige Kritik an der Diskursethik von Eickelpasch 1996. In dieselbe Richtung ging schon die Kritik von Waldenfels 1985.

10 Vgl. Habermas 1996 c in Auseinandersetzung mit Rawls.

11 Vgl. dazu Schneider 1994, S. 46: »Einzubeziehen ist dabei [sc. in der ethisch-moralischen Kommunikation] sowohl das Persönliche, Gefühlsmäßige, auf die eigene Gruppe bezogene Konventionelle als auch das anders geformte Konventionelle des bislang Fremden mit seinen eigenen persönlichen Zügen, das als neuer Anspruch oder neu wahrgenommene Bedürftigkeit in den Blick tritt.« Das ist umgreifend formuliert, ohne Alternativen aufzurichten, auch nicht die Alternative zwischen dem »Anspruch« des Anderen und der »Wahrnehmung« seiner Bedürftigkeit.

blem, das hier aufgenommen werden sollte. Damit bliebe der Blick dafür offen, worauf Menschen sich einlassen, wenn sie versuchen, miteinander zurechtzukommen. Nicht daß es hier nur ein Überschießendes gibt, das es irgendwie zu respektieren gilt, oder daß es ein Reservoir an wirklichem Leben noch gibt, daß es vielleicht – in anderer Disposition – noch etwas gibt, was das »Private« genannt worden ist, sondern daß ebendieses Private, sofern es durch den Anderen präsent wird, etwas sein kann, was jeden angeht. Das gute Leben selbst könnte bei aller vielfältigen Artikulation, das es hervorbringt, ebendas sein, was schließlich verbindet, weil es durchlässig ist für die Präsenz des Anderen. Warum wird in bezug darauf der Konflikt, die Differenz vermutet und nicht der Konsens, die Einstimmung in das, was gut ist? Warum muß ausgeschlossen werden, daß sich am Ende das gute Leben als das Band des Friedens erweist?[12]

Die Frage bleibt: Wo verläuft die Grenze zwischen dem, worin politische Einigung und Übereinstimmung erzielt werden sollen, und dem anderen, dem guten Leben, das mit dem Anderen präsent wird? Damit muß nicht die Unterscheidung zwischen dem Universalen und dem Kontingenten traktiert werden, sondern es wird zu erörtern sein, wie denn das gute Leben in seiner Form das Kontingente übergreift. Vom barmherzigen Samariter wird erzählt, er habe die kontingente, von Konventionen bestimmte Situation von dem Erbarmen durchbrechen lassen, das ihn ergriffen hat. Aufgrund der Konventionen hätte er nicht helfen brauchen, aber er läßt sich davon nicht leiten. Darin wird er nicht nur als ein einmaliger Fall gekennzeichnet, sondern eben als derjenige Nächste, zu dem jeder immer wieder neu berufen werden kann. Darin liegt das Universale dieses elementaren Aspekts des guten Lebens.[13]

Wenn wir schon alle Hände voll zu tun haben damit, diejenigen Differenzen zu bearbeiten und zu überbrücken, die das politische Zusammenleben betreffen, Fragen der Verteilung von Macht, Gütern und Glücksanteilen, wie sollten wir nun auch noch das, was doch als das gute Leben mit dem Anderen uns begegnet, in die Verständigung einbeziehen? Oder fragen wir

12 Vgl. demgegenüber Habermas 1996 b: »Versöhnung durch öffentlichen Vernunftgebrauch«.

13 Daraufhin also werden die »guten Werke« interpretiert, vgl. Lukas 10, 25-37.

anders: Welche »Kultur« der Verständigung wird dafür geeignet sein? Verlassen wir damit den Bereich, der überhaupt – vernünftigerweise, das heißt im Sinne eines *gemeinsamen* guten Lebens – verhandlungsfähig ist, der auch der Bereich der politischen Gerechtigkeit genannt wird? Was umgreift die Verständigungspraxis, die wir dafür nötig hätten? Wir könnten auch generell fragen: Sollen und können die religiösen und sonstigen Überzeugungen, die kulturellen Bindungen, eben doch *black boxes* bleiben, weil ihre Artikulation, auch wenn sie vernünftigem Nachvollzug zugänglich ist, quer verläuft zur politischen Verständigung? Die politischen Konflikte könnten freilich selbst danach verlangen, daß geklärt wird, wie das, was in den *black boxes* der gelebten Überzeugungen[14] verschlossen ist, möglicherweise tatsächlich präsent sein könnte. Und möglicherweise wären diese Fragen nicht nur deshalb zu stellen, damit dies alles nicht als Verdrängtes aus einem unartikulierten Hintergrund hervorbricht und Konflikte erzeugt, sondern weil darin die Artikulation des guten Lebens enthalten ist, die – auch – ein Zugang zur Versöhnung ist.

3. Was heißt es, vom Anderen zu lernen?

Jedenfalls wäre zu klären, warum nicht doch auf die Weltanschauungen, Überzeugungen, kulturellen Bindungen und Loyalitäten zu hören wäre, nicht um daraus eine übereinstimmende Anschauung vom guten Leben abzuleiten, sondern deshalb, weil durch diese Praxis von den Menschen, die darin leben, etwas zu lernen ist in bezug auf ein gutes Leben, das wir miteinander teilen könnten. Die allgemeine Einsicht, daß es notwendig und gut ist, voneinander zu lernen, würde das nicht erfassen. Die entschei-

14 Habermas (1996 c) formuliert in seiner Kritik an Rawls: »Der Begriff der praktischen Vernunft kann offenbar nicht moralisch entkernt, die Moral nicht in die black box der Weltbilder abgeschoben werden. Zur Kantischen Vorwärtsstrategie sehe ich keine plausible Alternative. Es scheint kein Weg daran vorbeizuführen, den moralischen Gesichtspunkt mit Hilfe eines dem Anspruch nach kontextunabhängigen Verfahrens zu erklären« (S. 124 f.). Habermas' Formulierung zeigt, daß er sich nur in die eine Richtung bewegt, nur in die Richtung der Unabhängigkeit von allen *black boxes* der Weltbilder, Traditionen, Lebenswelten. Vgl. dazu die Kritik von Waldenfels 1985.

dende Frage ist, was hier »lernen« heißt, woraufhin das Lernen erfolgt.[15] Schließt dieses Lernen ein, daß der eine den Anderen am Ende wirklich gehört hat? Inwiefern schließt dies die Möglichkeit ein, daß sich der eine und der Andere nicht allein auf der (weltanschaulich, überzeugungs-) neutralen (politischen) Bühne treffen, sondern doch auch dort, wo einer dem Anderen als Person begegnet? Wir würden hier von einem *radikalen Lernen* reden, das für den einen oder den Anderen bedeuten kann, seinen Ort wirklich auch zu verlassen oder, noch radikaler formuliert: selbst anders, vielleicht gar ein Anderer zu werden.[16] Was aber könnte mich überhaupt veranlassen, mein Leben zu verändern, wenn nicht das gute Leben, mit dem und in dem der Andere mir begegnet? Es würden kaum seine Interessen, seine Wertschätzungen sein. Inwiefern aber wäre es das, was er mitzuteilen hat? In diesem Sinne also fragen wir nach der Reichweite der Verständigung, insbesondere aber danach, ob das Allgemeine jemals ohne den unabsehbaren Vorgang des Miteinander- und Aneinander-Lernens zu gewinnen ist – welches Allgemeine könnte das sein? Die Frage ist, inwiefern um der Verständigung willen denn ausgeschlossen werden muß, daß sich Menschen darauf einlassen, dem Anderen in dem, was sein Leben trägt, tatsächlich Gehör zu verschaffen und nicht ein Lernen anzuvisieren, das genau dieses Hören umgeht.

Gewiß – das sei hier schon angezeigt –, damit meldet sich eine Anfrage zu Wort, die selbst aus einer der *black boxes* kommt,

15 Vgl. dazu Steinmann/Scherer in diesem Band, die auch den Aspekt des riskanten Lernens im Anschluß an Kambartel (1989 b) aufnehmen.

16 Die Diskussion um das »Selbst als ein Anderer« in den Philosophien von Ricœur (1996) und Lévinas ist hier einzubeziehen. Der Beobachter fragt sich, warum diese in der Diskussion über die politische Theorie weitgehend ausgefallen ist, auch wenn sie unter dem Titel »Einbeziehung des Anderen« (Habermas 1996 a) steht. Oder anders gesagt: Wenn man die Phänomenologie des »Selbst als ein Anderer« in die politische Theorie einliest, ergeben sich weitreichende Modifikationen. Sie betreffen noch einmal die Kernfrage, nicht nur, was die politische Verständigung trägt, was die Ressourcen sind, die sie tragen, sondern was die Reichweite dieser Verständigung ist. Gibt es eine Nötigung dazu, die politische Verständigung ebenso für intransigent gegenüber dem Anderen in seinem umfassenden Selbst zu halten, wie die Weltanschauungen als *black boxes* zu verstehen?

sagen wir aus einer Tradition, deren entscheidendes Kennzeichen es ist, Verständigung und Veränderung auf das gute Leben hin wohl zu unterscheiden, aber nicht zu trennen. Die jüdisch-christliche Tradition hat so von »Gerechtigkeit« als der Form des Aufmerksamseins auf den Anderen gesprochen. Ungerecht wäre es, den Anderen nicht zu hören, ihn nicht zu erkennen. Diese hörende und erkennende Gerechtigkeit ist außerdem dadurch qualifiziert, daß der, der sie ausübt, sich selbst dem Erkanntwerden nicht entzieht und sich dadurch verändern läßt, daß ihn selbst ein Anderer – in Gerechtigkeit – richtet.[17] Aber auch in mannigfachen anderen Thematisierungen erscheint diese Logik, etwa dort, wo in der jüdisch-christlichen Tradition die Unterscheidung zwischen einer politischen Öffentlichkeit und einem »privaten« guten Leben aufgehoben ist, nicht weil die Gesellschaft als ganze einem bestimmten guten Leben folgen müßte, sondern weil sich das gute Leben nicht anders leben läßt als dadurch, daß es einander mitgeteilt wird. Die jüdisch-christliche Tradition, mit der hier das Gespräch aufzunehmen ist, wenn denn die Kultur der Verständigung sich doch auch konkret mit der einen oder anderen Stimme dieser Art auseinandersetzt, lassen wir hier freilich nur unter dem angezeigten begrenzten Aspekt zu Wort kommen: Was heißt es, vom Anderen zu lernen?

Mit der Aufmerksamkeit in diese Richtung würde jedenfalls nicht ausgeschlossen werden, daß sich der eine mit dem Anderen in dem trifft, was dieser als das Gute erfahren hat, so daß er mit ihm zusammentrifft jenseits und unabhängig davon, was sie sonst aushandeln können. Es würde nicht ausgeschlossen sein, daß dies quer zu dem Einverständnis erfolgt, das für das politische Zusammenleben gewonnen worden ist.[18] Diese Aufmerksamkeit auf den Anderen, mit dessen Erfahrungen das präsent wird, was ins Spiel kommen soll, ist dann aber *nicht* als Altruismus zu verstehen. Vielmehr wäre diese Berücksichtigung des Anderen das immer neu geschehende Durchbrechen der Idiosynkrasie der schon gewonnenen Wahrnehmung und Kompetenzen – wenn wir ihm denn Raum geben. Lernen wäre nicht als Fortschritt jenseits dessen aufzufassen, sondern als die Beständigkeit in die-

17 Vgl. dazu die Interpretationen von Buber 1994, besonders zu Psalm 82.

18 Diese Unterscheidung läßt sich an der Geschichte des Konsensbegriffs zeigen; vgl. Sauter 1981.

ser Praxis. Es wäre die Beständigkeit in einem radikalen Lernen, welches immer neu das gute Leben erprobt. Dies offenzuhalten und das Lernen nicht idiosynkratisch zu verstehen bleibt entscheidend. Dieses Lernen wäre von der Art von Anpassung unterschieden, von der Rorty sagt, sie mache den moralischen Fortschritt aus, sofern dieser darin besteht, eine »zunehmende Sensibilität und wachsende Empfänglichkeit für die Bedürfnisse einer immer größeren Vielfalt der Menschen und der Dinge« zu gewinnen.[19] Er begreift dies als die horizontale Erweiterung der Verständigung gegenüber der vertikalen, die nach immer neuen fundamentalen Begründungen sucht. Doch das ist nach unserer Auffassung nicht die Alternative. Das Lernen wäre nicht auf die Bedürfnisse einer immer größeren Vielfalt bezogen, die wiederum eine *black box* bleiben sollen, sondern auf das gute Leben, das sie prägt und das sie artikulieren. Menschen darin ernst zu nehmen hieße, weder auf ein Gutes jenseits ihrer Erfahrung zurückzugreifen noch aber dabei stehenzubleiben, sie in ihren Bedürfnissen zu berücksichtigen und sie auf diese hin nur wahrzunehmen.

Ein solches Lernen also würde nicht darauf begrenzt sein, das Zurechtkommen in den Prozeduren des politischen Zusammenlebens zu gewährleisten, sondern es würde sich auf das richten, was Menschen glauben, lieben und hoffen. Dieses Lernen würde nicht von vornherein durch eine Trennung zwischen diesem und jenem Bereich, dem Bereich der Politik und der Moral oder dem Bereich der Politik und der Religion, dem Bereich der Gerechtigkeit und des guten Lebens, nur in eine einzige Richtung gelenkt, weder in die Richtung, in der die Moral durch Politik ersetzt wird, noch freilich in die Richtung, in der auf die Politik verzichtet würde. Die Forderung, daß niemand im Zusammenleben mit anderen einer Überzeugung folgen muß, die er nicht teilt, würde nicht ausschließen, daß der Andere mit dem, was ihn prägt, zu Wort kommt und gehört wird und daß darin die Beteiligten einstimmen können.

19 Rorty 1994, S. 79.

11. Lernen oder Wettbewerb? – Aspekte zur Wirtschaftsethik

Die Spannung zwischen Verständigung und gutem Leben und das Problem, dies ineinander aufzulösen oder voneinander zu trennen, betrifft ebenso wie das politische Zusammenleben das gemeinsame Wirtschaften. Auch von der Ökonomie ist immer wieder gesagt worden, sie lebe von Voraussetzungen oder auch auf Ziele hin, die sie nicht selbst hervorbringt, und das heißt auch von moralischen Voraussetzungen und Perspektiven. Doch das zu sagen beruhte schon auf einer anderen Fragestellung. Sie hätte mit dem Aspekt zu tun, wie das Wirtschaften als gemeinsames *begründet* werden kann. Sie wäre fixiert auf das Problem der Begründung. Demgegenüber bleibt auch hier zu fragen, wie denn das, was wir das »gute Leben« nennen können, das Menschen prägt, in der Ökonomie vorkommt – und eben auch hier nicht nur als die Ressource, auf die als Lebensboden[20] zurückgegriffen wird, sondern als ein präsenter Anteil an dem, was Menschen mitzuteilen haben und was sie prägt.

Wie wäre in dieser Perspektive das Zusammenspiel von Eigennutz und Gemeinwohl zu sehen? Es ginge dann nicht um die Überwindung des Eigennutzes oder um seine Umlenkung auf das Gemeinwohl, sondern darum, wie der Andere mit dem Guten ins Spiel kommt, dem er sich ausgesetzt hat, das er erprobt hat und das wir mit ihm teilen könnten. Was würde sich ändern, wenn das Gemeinwohl dadurch ins Spiel käme, daß es mit jenem guten Leben verbunden bleibt und nicht die *black box* eines immer unbekannten Gesamtwohls ist? Was würde es bedeuten, wenn doch um das gute Leben gestritten würde? Oder sind solche Versuche obsolet, weil sie den Verdacht auf sich ziehen, ein dem Wirtschaften jenseitiges Gutes nur einzufordern, nicht aber zu zeigen, wie es im Wirtschaften präsent ist?

20 Die Metapher »Boden« ist verführerisch, vgl. Eickelpasch 1996. Inwiefern genügt es nicht, davon zu reden, daß wir auf einen solchen Boden als etwas gegebenes Gemeinsames angewiesen sind – vielleicht auch auf »gemeinsame Erfahrungen«? Vgl. Steinmann/Scherer, in diesem Band, S. 65 ff.

1. Wettbewerb um die Nivellierung kultureller Differenzen?

Bei einem Kolloquium über »Ethik des Wettbewerbs«[21] (das zum Teil der Ausgangspunkt dieser Überlegungen war) wurde von mehreren Teilnehmern aus international operierenden Firmen gesagt, daß »wir Europäer« in einem »Konflikt der Kulturen« stünden. Es wurde gesagt, daß das interkulturelle Problem darin bestehe, daß wir uns in Europa oder Deutschland auf eine Ethikdiskussion etwa um Gerechtigkeit oder Strategien von Gerechtigkeit, aber auch um Fragen der sozialen Verantwortung von Unternehmen eingelassen hätten und auch weiterhin einlassen wollten, daß dies aber im Konflikt stehe mit einem (internationalen, vor allem US-amerikanischen) Wettbewerbsverhalten, das eher ein »Kampf« zu nennen sei, der zum Teil als ein Vernichtungskampf geführt und als solcher auch akzeptiert werde. Dieser Kampf könne sich nicht auf kulturelle Differenzen einstellen, im Gegenteil, er bestehe geradezu in einem Wettlauf darum, wer am weitestgehenden bereit ist, seine eigenen kulturellen, europäischen Bindungen aufzugeben. Diese seien vor allem durch jene Ethik gegeben, die die politische Verständigung sucht und die Einbeziehung des Anderen kultiviert. Der Wettbewerb jedoch bestehe darin, solche kulturellen Differenzen zu nivellieren, und das heiße, die Trennung zwischen politischer Verständigung und Wettbewerb müsse hingenommen werden.

Zugleich wurde in dieser Diskussion deutlich, daß diejenigen, die das Problem so darstellen, zu diesem Wettbewerb selbst in Distanz gehen können. Den Kampf führen ist das eine, in Distanz gehen dazu ist das andere. Das bleibt zumindest eine Arbeitsteilung, die beides berücksichtigt, die aber beides auch getrennt halten soll, die Verständigung im gemeinsamen Geschäft und die Kritik außerhalb, auf der politischen Bühne als Bürger, sofern diese das thematisieren läßt. Vorausgesetzt bleibt, daß der Wettbewerb als Kampf davon lebt, daß es zugleich eine solche weitergreifende Normalität gibt, die ihn schließlich auch sein läßt, was er ist, und die Ökonomie nicht mit fremden Anforderungen belastet. Diese Normalität der Arbeitsteilung wird von denen namhaft gemacht, die sich mit dem herumschlagen, was man Wettbewerb nennt, und zugleich die Formen des politischen Zusammenlebens und das, was darin artikulierbar ist, nicht auf-

21 Veranstaltet vom VDI, München.

geben wollen. Die Lösung besteht deshalb in einer – in vielen Variationen existierenden – Zwei-Reiche-Lehre wie der von Ökonomie und Politik, aber auch der von öffentlicher (die Politik und die Ökonomie umfassender) Verständigung und persönlicher Überzeugung. Von dieser Arbeitsteilung aus ist es möglich, vom Kampf zu sprechen und sich dann, *daneben*, auch mit seinem Gegner zu verständigen – wenn sie sich denn als Bürger überhaupt treffen. Differenzen und Distanznahmen fänden in bezug auf dieses Arrangement zwischen Politik und Ökonomie statt. Das wäre ihr begrenzter Bewegungsraum.

2. Streit um das gute Leben?

Aber: Die Rede vom Kampf kann auch aus einer anderen Distanznahme erfolgt sein, die nicht nur die Differenz zwischen Wettbewerb, Kampf und Politik im Sinn hat, sondern in der Auffassung gründet, daß in einem Wettbewerb Menschen beteiligt sind, die nicht in dem berücksichtigt werden, *was* sie mitzuteilen haben. Es könnte gesagt werden, daß es nicht gut sei, darüber hinwegzugehen. Und dies sei nicht gut, weil die Verständigung um die Nivellierung dessen erkauft wäre, was doch im Spiel bleiben *sollte*, und zwar nicht nur dieses oder jenes Interesse, diese oder jene Präferenz, sondern diejenige Erfahrung mit dem guten Leben, die Menschen prägt und in ihren Präferenzen nicht aufgeht. Wichtig bleibt die Frage, *was* denn möglicherweise zu lernen wäre, und nicht nur, worin unter den gegebenen Voraussetzungen Übereinstimmung erzielt werden kann. Was wäre es, das darüber hinaus auf das hin zu erproben ist, was das gute Leben erschließt?

Diese Distanznahme würde auch die politische Verständigung betreffen. Sie würde auch für sie eine Umkehrung der Perspektive fordern: nicht nur zu fragen, worin sie noch gründet und worauf sie begründet werden kann, sondern was sie erprobt, riskiert – um des Anderen und und seiner Erfahrungen willen[22],

22 Dies wäre etwas anderes als das, was Rorty (1994) mit der »Erprobung des Unerprobten« als Kennzeichen der Moralität geltend macht, zumal er dies mit der der fragwürdigen Unterscheidung zwischen dem Moralischen und dem Natürlichen verbindet. Rorty formuliert (S. 73): »Die spezielle Pflicht, die wir spüren, wenn wir den

um dieses Anderen willen, der noch nicht vorkommt. Es würde damit geltend gemacht, daß die politische Verständigung um dieser Artikulation willen zu verändern ist. Gerade auch in der politischen Verständigung sind die Personen möglicherweise nicht mit dem präsent, was sie mitzuteilen haben. Durch das Profil einer Kompetenz, einer Wettbewerbsfähigkeit, wird dies nicht gewährleistet. Die Frage ist: Wird um des guten Lebens willen auch ein Streit geführt – oder werden eher die Bedingungen so eingerichtet, daß es eben zu *diesem* Streit und dem damit verbundenen Lernen nicht kommt oder nicht kommen muß? Was in der Politik nicht möglich ist – wie und warum sollte es in der Ökonomie einen Ort finden?

Aber – so wird man fragen müssen – ist es denn zwingend, einen programmierten (vielleicht theoretisch faßbaren) Konflikt überhaupt anzunehmen und vorauszusetzen, daß es undurchlässige und undurchdringliche Kontexte gibt, in die die Welt aufgeteilt ist? Inwiefern ist es zwingend, in einen Wettkampf um die Nivellierung des guten Lebens einzutreten, das Menschen prägt und erfahren haben? Vielleicht ist die Sicht der Beteiligten eine andere. Ihre Sicht könnte sein, daß sich der Vorgang des Wirtschaftens wie die politische Verständigung in vielfältigen Übergängen – abgekürzt gesagt – zwischen Politik und moralischer Artikulation vollzieht und daß das Zusammenleben in dieser Hinsicht immens lernfähig ist, weil diese Übergänge intensiviert werden können. Es kann immer versucht werden, Politik und Moral sich stärker durchdringen zu lassen.

Was aber heißt hier – noch einmal gefragt – »Moralität«? Nach unserer Betrachtung wäre damit der Bezug auf dasjenige gute Leben gemeint, das nicht in den Moralia aufgeht, die das Zurechtkommen stützen, wie Vertrauen vielleicht, Wahrhaftigkeit oder Tugenden wie die Gerechtigkeit. Das gute Leben achten hieße vielmehr, präsent sein zu lassen, was Menschen Gutes widerfahren ist, das sie selbst keineswegs von ihren Wertschätzungen bestimmt sein ließen. Nicht bei Gefährdungen der Moralia

Ausdruck ›moralisch‹ verwenden, ist nichts weiter als das von uns empfundende besondere Bedürfnis, in relativ unvertrauter und noch nicht ausprobierter Weise zu handeln, also in einer Weise, die unvorhersagbare und gefährliche Folgen nach sich ziehen kann.« Hier bleibt offen, woraufhin das Risiko erfolgt, die Bestimmung bleibt formal.

also und auch nicht bei der Frage nach ihrer Reichweite sollte die Rückfrage hier einsetzen, sondern dort, wo nicht zur Sprache kommt, worauf sich Menschen eingelassen haben, wenn sie einander begegnen. Sie haben sich – eben damit – nicht nur auf bestimmte Moralia eingelassen, etwa darauf, für die Bedürfnisse möglichst vieler empfänglich zu sein. Das Reklamieren von Lebenswelten, in denen diese Moralia gepflegt werden, und die Rücksichtnahme darauf wäre das eine. Das andere aber wäre die Kritik daran, daß die erlernten guten Gewohnheiten, die erprobten Prozeduren, auch die des Lernens, in den vielfältigen Übergängen nur darauf hin reflektiert werden, wie Konflikte vermieden werden. Es wäre aus dem Blick geraten, *worin und woraufhin* das Zurechtkommen zu erproben, ja auf die Probe zu stellen und auch dem Risiko des Konflikts auszusetzen ist. Nicht die identifizierte und bearbeitete Differenz wäre das Problem, sondern umgekehrt die nicht erkannte Differenz, die Anpassung, die Unfähigkeit zur Distanznahme, die Idiosynkrasie.

III. Von den Moralia zur Erkenntnis des Anderen

In seiner Kritik an der Verfahrensethik hat Charles Taylor[23] dargelegt, daß Menschen, wenn sie miteinander zu tun haben, nicht nur damit befaßt sind, miteinander zurechtzukommen. Es geht nicht nur um eine Vermittlung zwischen einem unveräußerlichen Eingebundensein (Kontextualität) und einem Lernen, das immer neu darüber hinausführt: dies bleibt Aufgabe einer prozeduralen Ethik. Sie lotet dieses Lernen aus. Entscheidend aber ist, wie und daß zur Sprache kommt, was Menschen für sich als das Gute und Wahre gelten lassen können. Hier geht es um ein anderes Universale, das Universale des guten Lebens, das mit jedem Menschen präsent wird, der sich ihm aussetzt.

Menschen bringen durchaus nicht nur Interessen oder Präferenzen zur Geltung, die sie durchzusetzen suchen, sondern sie treten auf den Plan mit all dem, was ihnen Gutes widerfahren und begegnet ist, dem sie sich nicht verschließen und das sie prägt, das zu ihnen gehört. So wird in das permanente gegenseitige Lernen, so wird in diesen Normalzustand die Möglichkeit einer anderen

23 Vgl. Taylor 1986; 1995.

Revision oder Innovation eingeführt: sie läßt es auf die Mitteilung dieses guten Lebens ankommen. Dies kann bedeuten, darüber in eine Auseinandersetzung einzutreten, sofern eben auch darüber zu verhandeln ist und nicht nur über die Bedingungen, es zu leben. Taylor beklagt, »daß Erörterungen des guten Lebens an den Rand der politischen Auseinandersetzung verbannt werden«.[24] Welchen Konfliktstoff generiert das?

Die jüdisch-christliche Tradition, um darauf zurückzukommen, nennt das Hören auf den Anderen die Praxis der Gerechtigkeit. Am deutlichsten wird diese Tradition gegenwärtig von Emmanuel Lévinas zur Sprache gebracht. Er formuliert: »Im Namen der Verantwortung für den Nächsten, der Barmherzigkeit, der Güte, wozu das Antlitz des anderen Menschen auffordert, setzt sich der ganze Diskurs der Gerechtigkeit in Bewegung, wie einschränkend und streng die *dura lex* auch sei, die er dem unendlichen Wohlwollen gegenüber dem Nächsten hinzugefügt hat. Unvergeßliche Unendlichkeit, stets zu mildernde Strenge. Gerechtigkeit, die sich immer kundiger machen muß im Namen von, in Erinnerung an die ursprüngliche Güte des Menschen gegenüber seinem Anderen, in der, in einer ethischen Entinteressiertheit, die interessierte Anstrengung des rohen, in seinem Sein verharrenden Seins unterbrochen wird: Wort Gottes!«[25]

Gerechtigkeit ist das Gegenteil von Anonymität, Gerechtigkeit ist Rechenschaft im Vis-à-vis, Gerechtigkeit ist Hören des Anderen. Das meint nicht die Berücksichtigung der privaten Angelegenheiten, sondern das sich Einlassen auf die *öffentliche* Sache des guten Lebens, die mit dem Anderen präsent wird. Diese Gerechtigkeit durchbricht immer neu, was sich als Regel und Gewohnheit eingestellt hat. Diese Gerechtigkeit hat ihren Kern darin, den Anderen zu erkennen[26], ihn nicht als diese oder jene »altera pars« zu identifizieren.

Was ist mit dieser Praxis der Gerechtigkeit ins Spiel gekommen? Wie gehört sie in die »Kultur der Vernunft«? Ich denke jedenfalls, daß sie in diese hineingehört, sofern sie auf die Artiku-

24 Taylor 1995, S. 25.

25 Lévinas 1995, S. 272 f.

26 »Erkennen« ist hier in dem spezifischen Sprachgebrauch der biblischen Tradition gemeint. Es schließt ein, sich auf den Anderen in seiner Bedürftigkeit einzulassen und sich in diesem Sinne etwas sagen zu lassen.

lation zielt, die dem guten Leben zugehört, in dem sich die Personen, die sich hier begegnen, aufhalten. Dieses kann ausgelotet werden auf das hin, was sich mitteilen läßt. Die Praxis des »audiatur et altera pars« im genannten Sinne insinuiert keine dichtere Sittlichkeit. Sie verspricht keine intakte Lebenswelt. Sie verspricht keine Ressource. Sie rechnet damit, daß der Andere noch nicht gehört worden ist. An dieser Grenze eines radikalen, aber nicht ziellosen Lernens sucht sie sich aufzuhalten und das gute Leben um keiner anderen Zielsetzung willen aufzugeben. Das gute Leben würde als Universale zu erkennen sein, das nicht anders präsent ist als darin, daß der Andere zu Gehör kommt und daß Andere darin – auch um den Preis eines radikalen Lernens – einstimmen können. Das kommt jenem Universalismus der Wiederholung nahe, von dem Walzer gesagt hat: »Er erfordert Achtung vor den anderen, die nicht weniger Bildner von Moral sind als wir selbst. Das heißt nicht, daß die von ihnen und die von uns geschaffenen Moralen den gleichen Wert (oder Unwert) haben. [...] Wir müssen einen Weg finden, diese streitbare Tätigkeit auszuüben und zugleich mit den anderen Akteuren in Frieden zu leben.«[27] Man könnte sagen, daß in dieser Tätigkeit der Frieden bewahrt wird.

Damit wäre nicht nur ein gegenseitiges Lernen empfohlen, sondern das Lernen wäre darauf verwiesen, daß es zum guten Leben gehört, auf das Gute zu achten, das Andere uns mitteilen. Diese Praxis, die das gute Leben ausmacht, könnte ihre eigene versöhnende Kraft entfalten – warum nicht auch darauf setzen?

Dies, aus einer bestimmten Tradition gesagt, nämlich der jüdisch-christlichen, ist gewiß nur ein Ansatzpunkt dafür, wie das gute Leben ins Spiel kommt. Dies mag aber als Beispiel dafür dienen, wie sich die Problemdisposition verändern könnte, wenn wir nicht ausschließlich danach fragen, ob die Prozeduren der *Begründung* von oben nach unten, von unten nach oben oder horizontal verlaufen, sondern die Frage festhalten, *was* denn überhaupt zur Sprache kommen kann.

27 Walzer 1996, S. 167 f.

Literatur

Barber, B. (1994), *Starke Demokratie. Über Teilhabe am Politischen*. Mit einem Vorwort des Autors zur deutschen Ausgabe, Berlin.

– (1994), *Recht und Unrecht. Deutung einiger Psalmen*, Gerlingen.

Eickelpasch, R. (1996), »Bodenlose Vernunft. Zum utopischen Gehalt des Konzepts kommunikativer Rationalität bei Habermas«, in: ders. und A. Nassehi, *Utopie und Moderne*, Frankfurt am Main, S. 11-50.

Habermas, J. (1996 a), *Die Einbeziehung des Anderen. Studien zur politischen Theorie*, Frankfurt am Main.

– (1996 b), »Versöhnung durch öffentlichen Vernunftgebrauch«, in: ders., *Die Einbeziehung des Anderen. Studien zur politischen Theorie*, Frankfurt am Main, S. 65-94.

– (1996 c), »›Vernünftig‹ versus ›wahr‹ – oder die Moral der Weltbilder«, in: ders., *Die Einbeziehung des Anderen. Studien zur politischen Theorie*, Frankfurt am Main, S. 95-127.

Kambartel, F. (1989 a), »Universalität als Lebensform. Zu den (unlösbaren) Schwierigkeiten, das gute und vernünftige Leben über formale Kriterien zu bestimmen«, in: ders., *Philosophie der humanen Welt. Abhandlungen*, Frankfurt am Main, S. 15-26.

– (1989 b), »Friede und Konfliktbewältigung, handlungstheoretisch und ethisch betrachtet«, in: ders., *Philosophie der humanen Welt. Abhandlungen*, Frankfurt am Main, S. 79-89.

Lévinas, E. (1995), *Zwischen uns. Versuche über das Denken an den Anderen*, München/Wien.

Ricœur, P. (1990), *Liebe und Gerechtigkeit. Amour et justice*, hg. von O. Bayer, Tübingen.

– (1996), *Das Selbst als ein Anderer*, München.

Rorty, R. (1994), *Hoffnung statt Erkenntnis. Eine Einführung in die pragmatische Philosophie*. IWM-Vorlesungen zur modernen Philosophie, Wien.

Sauter, G. (1981), Art. »Consensus«, in: G. Krause und G. Müller (Hg.), *Theologische Realenzyklopädie*, Bd. 8, Berlin/New York, S. 182 bis 189.

Schneider, H. J. (1994), »Einleitung: Ethisches Argumentieren«, in: H. Hastedt und E. Martens (Hg.), *Ethik. Ein Grundkurs*, Reinbek, S. 13-47.

Steinmann, H., und A. G. Scherer (1998), »Interkulturelles Management zwischen Universalismus und Relativismus. Kritische Anfragen der Betriebswirtschaftslehre an die Philosophie«, in diesem Band, S. 23 bis 87.

Taylor, Ch. (1986), »Die Motive einer Verfahrensethik«, in: W. Kuhlmann (Hg.), *Moralität und Sittlichkeit. Das Problem Hegels und die Diskursethik*, Frankfurt am Main, S. 101-135.

– (1994), *Quellen des Selbst. Die Entstehung der neuzeitlichen Identität*, Frankfurt am Main.
– (1995), *Das Unbehagen an der Moderne*, Frankfurt am Main.
Ulrich, H. G. (1995), »Heiliger Geist und Lebensform«, in: W. Brändle und R. Stolina (Hg.), *Geist und Kirche. Festschrift für Eckhard Lessing*, Frankfurt am Main, S. 55-78.
Waldenfels, B. (1985), *In den Netzen der Lebenswelt*, Frankfurt am Main.
Walzer, M. (1996), *Lokale Kritik – globale Standards*, Hamburg.

Harald Wohlrapp

Die Suche nach einem transkulturellen Argumentationsbegriff

Resultate und Probleme

Problemstellung

Normal gebildete Europäer haben durch Anschauung und Teilnahme ein Vorverständnis von argumentierender Redepraxis, das ausreicht, um das Argumentieren für einen Weg der Problementscheidung und Konfliktlösung zu halten, der gegenüber arbiträren, autoritären oder gar gewaltsamen Vorgehensweisen als »vernünftig« ausgezeichnet ist. Explizite Begriffe oder Theorien von »Vernunft« und »Argument« sind für dieses Vorverständnis nicht nötig und auch aus ihm nicht unmittelbar zu entnehmen. Irgendeine Beschränktheit auf den abendländischen Kulturkreis wird dabei nicht empfunden. Argumentierendes Reden scheint natürlicherweise universell zu sein. Nun stößt aber wirtschaftliches oder politisches Handeln, besonders im Zuge der sogenannten Globalisierung, häufig auf Probleme, bei denen Kulturdifferenzen eine wesentliche Rolle spielen und die auch durch Einschwenken auf die Argumentationspraxis nicht befriedigend gelöst werden. Damit steht dann deren Eignung für Klärungen, Lösungen und Entscheidungen bei Kulturkonfrontationen in Frage. Bei der Beantwortung scheiden sich die Geister.

Die einen denken so: Das vernünftige Argumentieren gehört intrinsisch zur griechisch-okzidentalen Kultur. Andere Kulturen haben andere Wege der Entscheidungsfindung ausgebildet. Wenn nun ein Europäer zum Beispiel einem Westafrikaner mit vernünftiger Argumentation kommt, dann ist das der Versuch, die ihm eigene Form der Auseinandersetzung vorzugeben bzw. aufzudrängen. Nicht auszuschließen, daß damit auch inhaltliche Vorgaben angebahnt sind. Ein fairer, für die Kulturdifferenz sensibler Austausch müßte deshalb sozusagen in einer kommunikativen Schicht unterhalb des Argumentierens ansetzen und nach Wegen suchen, auf denen die verschiedenen Weisen der Entscheidungsbildung gleichermaßen zum Zuge kämen. Diese Antwort läuft auf einen kulturrelativistischen Begriff der argumentierenden Vernunft hinaus.

Die konkurrierende Antwort besagt, daß das vernünftige Argumentieren zwar in Europa entstanden ist, aber keine spezifisch europäische Prägung an sich hat. Es könnte, ähnlich wie die gesamte europäische Wissenschaft und Technik, in jede andere Kultur (zu deren Vorteil) implantiert werden. Auf diesem Weg ergibt sich ein universalistischer Begriff von Argumentation. Der argumentative Geltungserweis wäre kulturinvariant: Er hätte keine (wesentlichen) kulturspezifischen Voraussetzungen oder Eigenarten. Im weiteren Verlauf dieses Weges könnten auch gewisse inhaltliche, mit der Argumentationspraxis eng verbundene Institutionen, wie die Menschenrechte und die demokratische Staatsverfassung, Universalität beanspruchen.

Wie soll zwischen diesen beiden Antworten entschieden werden? Bei Annahme der relativistischen Antwort würde im konkreten Fall ein vernünftig diskutiertes Urteil gleichrangig neben eines gestellt, das nicht vernünftig zustande gekommen ist. Dies liefe offenbar auf eine unvernünftige Qualifizierung des Vernünftigen hinaus, wäre inkonsistent. Ist aber damit die zweite Antwort schon gewonnen? Sind wir uns darüber, was Kulturdifferenzen überhaupt sind, hinreichend im klaren, um eine Alternative der beschriebenen Art gesichert etablieren zu können? Wird aber die zweite Antwort ohne ausreichende Gründe akzeptiert, dann ist der Verdacht einer kulturimperialistischen Ausdeutung des Universalismus schwer von der Hand zu weisen.

Ich will mich in meinem Beitrag für eine vermittelnde Präzisierung dieser Denkwege einsetzen, mit der dieser Alternative die Schärfe genommen wird. Sie soll sich als Ausdruck des Festhaltens an einigen unnötigen, aber eingeschliffenen Denkweisen erkennen lassen. Der Weg dahin ist die Entwicklung einer auf diese Problematik hin reflektierten Akzentuierung des Argumentationsbegriffs. Sie arbeitet nicht mit neuen Gesichtspunkten, sondern vollendet nur die dem Argumentieren inhärente Tendenz, Voraussetzungen, die eingebracht werden, wo sie problematisch werden, selber auch zur Disposition zu stellen. Gewöhnlich endet dies ja bei Gegebenheiten, die so selbstverständlich sind, daß eine ernsthafte Frage nach Alternativen nicht mehr auftritt. Gerade das scheint nun aber in der Konfrontation mit einer anderen Kultur zu geschehen: Selbstverständlichkeiten werden unterminiert und wären daher, falls das Argumentieren nicht abbrechen soll, in Frage zu stellen.[1]

Die so anvisierte Akzentuierung des Argumentierens bezeichne ich als »transkulturell«. Sie formt eine Perspektive, in der die Alternative überwunden wird, indem die richtigen Einsichten beider Seiten herausgearbeitet und in einer prozessualen Sichtweise zusammengestellt sind. Um diese Perspektive einzurichten, führe ich einen Gedankengang durch vier Stationen durch. Ich beginne unter dem Titel »Natürliches Argumentieren« mit einer Bestandsaufnahme unseres oben angegebenen Vorverständnisses vom argumentierenden Reden, dabei insbesondere herausarbeitend, wieweit wir damit hinsichtlich der Frage nach relativer oder universeller Geltung kommen. Danach untersuche ich – niemand spielt ja ohne Not den Narren auf eigene Faust –, was die beiden hier konkurrierenden Positionen der Böhlerschen Transzendentalpragmatik und des Kambartelschen Kulturalismus zur Klärung dieser Aspekte des Argumentationsbegriffs beitragen. Es ergeben sich eine Reihe wichtiger Einsichten, die aber durch etliche Beschränkungen geschmälert sind. Das gewichtigste Desiderat ist ein Kulturbegriff, der anspruchsvoll genug wäre, die Fragestellung überhaupt in ihrer ganzen Bedeutung aufzunehmen. Um einen solchen Begriff bemühe ich mich im dritten Teil. Der vierte formuliert dann die Resultate für die Theorie des vernünftigen Argumentierens und weist auf die Probleme hin, die sich aus einer solchen konsequenten Dynamisierung der Vernunft ergeben.

1 Ihr Infragestellen läuft immer Gefahr, für nicht mehr rational und argumentativ, sondern für abwegig und irrational zu gelten (vielleicht auch zu sein). Daß das selten sichtbar wird, liegt daran, daß man sich gewöhnlich dieser Herausforderung nicht stellt. Die Andersartigkeit irgendwelcher Sicht- oder Verhaltensweisen wird teils gar nicht wahrgenommen, teils bewußt in die eigene Handlungsstrategie einbaut, womit also die Kulturdifferenzen umstandslos instrumentalisiert werden. Viele der Publikationen zur interkulturellen Kommunikation zwischen Geschäftsleuten, die zur Zeit Konjunktur haben – vgl. zum Beispiel Maletzke 1996 oder die Bücher des Stern-Anzeigenmarketing zu interkulturellen Kommunikationsproblemen, darin zum Beispiel Hall/Hall 1985 – und in denen kulturelle Eigenarten zwar respektvoll, aber letztlich doch wie exotische Marotten ohne Sinn und Bedeutung beschrieben werden, drängen eine Instrumentalisierung geradezu auf.

1. Natürliches Argumentieren

Wie läßt sich die gewöhnliche, jedem allgemein gebildeten Angehörigen des okzidentalen Kulturkreises vertraute Praxis des Argumentierens charakterisieren? Schon eine flüchtige Umschau zeigt, daß sie nicht einheitlich ist, sondern in diversen Formen auftritt, was sich an verschiedenen Bezeichnungen wie Diskussion, Debatte, Disput, Verhandlung, Auseinandersetzung usw. ablesen läßt. Diese Formen grenzen sich nicht von selber gegeneinander ab, sondern laufen beliebig ineinander, solange sie nicht durch explizite begriffliche Anstrengungen daran gehindert werden. Solche können zu Definitionen, Unterscheidungen und Normierungen aller Art führen, welche dann mehr oder weniger Einfluß auf die Argumentationspraxis gewinnen. Dergleichen ist geschehen und geschieht weiter, zur Zeit ist eine veritable akademische Disziplin »Argumentationstheorie« im Entstehen.[2] Das kann den Anschein erwecken, als hätten wir es hier mit dem gewöhnlichen Theorie-Praxis-Verhältnis wie, sagen wir, im Gartenbau oder im Boxsport zu tun. Dem ist aber nicht so. Vielmehr ist es einer der bemerkenswertesten Züge des Argumentierens, daß hier die Aufstufung zu einer theoretischen Ebene nicht eine äußerliche Angelegenheit, sondern dem argumentierenden Reden selbst inhärent ist. An jeder beliebigen Stelle können ja Bedenken von der Art »Ist dies ein (gutes, geeignetes) Argument?« laut werden, und dann müssen die (eventuell differierenden) Meinungen dazu wiederum in argumentierender Rede – nun auf der Metastufe – behandelt werden. Argumentieren ist der außerordentlich interessante Fall einer reflexiven oder selbstreferentiellen Praxis, die sich durch den Selbstbezug in Frage stellen und stabilisieren kann.

Beim Aufnehmen des Vorverständnisses tun wir daher gut daran, möglichst nur so viel an Theorie zu bilden, wie sich im argumentierenden Selbstbezug leicht ergibt bzw. reproduzieren läßt.

Was ist argumentierendes Reden? Worum geht es dabei und wie wird, worum es geht, verfolgt? Unter diesen beiden Fragen bekommt unser Vorverständnis zwei Aspekte, einen »ideellen«, nämlich die Charakterisierung der Idee oder des Wesens, und

2 Vgl. Eemeren 1996. Zu einer Einordnung der jüngeren Argumentationstheorie in die Gesamtgeschichte von Theorie und Praxis des argumentierenden Redens vgl. die Einleitung zu Wohlrapp 1995 a.

einen »strukturellen«, der die für die Realisierung der Idee typischen Strukturen zeigt. Es sollte (um die durch den Anklang an Platons Idee ermöglichten Mißverständnisse abzuwehren) deutlich gesagt sein, daß dies keine voneinander separierbaren Teile sind, auch nicht etwa in einem gewöhnlichen Zweck-Mittel-Verhältnis zueinander stehen, sondern wirklich nur Aspekte oder Seiten ein und desselben, im Selbstbezug angetroffenen Sachverhaltes, eben der argumentierenden Rede, sind.

Beginnen wir mit dem Strukturellen: Zwischen zwei Partnern (zur Not befinden sie sich in einer Person) ist eine Unklarheit oder Kontroverse darüber aufgetreten, wie irgendein für beide relevanter Sachverhalt (normativ oder deskriptiv) zu bestimmen sei. Die dazu gegeneinanderstehenden Meinungen werden in Sätzen geäußert, die dann als Thesen mit dem Anspruch auf Gültigkeit behauptet werden. Der Geltungsanspruch wird mit Argumenten einzulösen versucht. Dabei gibt es typischerweise zwei Grundformen, das Begründen und das Widerlegen. Mit begründenden Schritten bzw. Gründen wird die Gültigkeit einer These zu erweisen versucht, mit widerlegenden bzw. Einwände erhebenden Schritten deren Ungültigkeit. In beiden Argumenttypen werden stets gewisse Voraussetzungen in Anschlag gebracht, die als sichere Grundlage unter der Kontroverse zur Verfügung stehen sollen. Das sichernde Potential der vorausgesetzten theoretischen Basis sowie der gelingende oder mißlingende Anschluß der These an die Basis geben den Ausschlag dafür, ob die These als gültig oder als ungültig (oder unentscheidbar) zu beurteilen ist. Ich denke, dies ist das strukturelle Minimum.

Gehen wir zur ideellen Seite: Hier ist zu explizieren, was eigentlich ein Geltungsanspruch ist bzw. worin die besondere Rationalität des argumentierenden Erhebens und Einlösens von Geltungsansprüchen besteht. Sicherlich ist es gewagt, darauf eine eindeutige Antwort zu geben. Zu vielfältig scheinen die Ansichten bzw. die Akzentuierungen zu sein, als daß ein generelles, unmittelbar nachvollziehbares Verständnis artikuliert werden könnte. Geläufig ist, daß es um einen gewalt- bzw. willkürfrei hergestellten Konsens geht. Für manche Angelegenheiten ist das auch völlig zureichend (zum Beispiel bei der Diskussion über die Annahme einer Vereinssatzung). Für ein allgemeines, möglichst alle Fälle und Typen des argumentierenden Redens übergreifendes Vorverständnis kann jedoch Konsens nicht das letzte sein. Es läßt sich ja immer noch fragen, weshalb denn jemand einem anliegenden Konsens zustimmt. Weil er seine Interessen, Vorlieben, seine Ansichten darin gewahrt sieht? Ja, aber können wir unterstellen, daß das gültige, sichernde Voraussetzungen im obigen Sinne sind? Ich glaube, im allgemeinen können wir das nicht, und deshalb muß die Besinnung auf die Idee der argumentativen Geltung tiefer ansetzen. Mir scheint dabei die folgende Frage zentral: Was geschieht am Übergang von der Meinung zur These? Da machen die Äußerungen eine Art Statuswechsel durch. Von der naiven oder kecken Selbstoffenbarung wird übergegangen zum Aufstellen einer sachbezogenen These, die dann für eine Geltungsprüfung zur Disposition steht. Es wird also die eigene bisherige Neigung oder Gewißheit zurückgenommen, der Sachverhalt wird in Distanz gebracht und das (Wieder-)Annehmen der These bzw. Konklusion davon abhängig gemacht, daß sie vor einem Forum als gültig beurteilt wird, welches in irgendeinem Sinne eine »höhere Allgemeinheit« darstellt. Dieses Zur-Disposition-Stellen der Meinung als These bzw. die Konzeption des »Forums«, das ist offenbar der entscheidende Punkt. Im schlichtesten Fall des argumentierenden Zwiegesprächs ist das Forum einfach die Dyade der Sprecher. Zwei Intelligenzen sind im Regelfalle weniger beschränkt als eine. Ob allerdings die Dyade wirklich das letzte Wort ist, ist wiederum fraglich. Oft besteht Veranlassung, über sie hinauszugehen. Weshalb und wieweit, das kann vorläufig dahingestellt bleiben. Soviel ist aber nun doch sichtbar: Der Konsens spielt deshalb eine Rolle für die Idee des Argumentierens, weil eine höhere Allgemeinheit des Urteils gefragt ist.

Argumentieren ist, um es zusammenfassend zu sagen, so charakterisiert, daß es das Einlösen eines Geltungsanspruchs für eine zur These erhobene Meinung ist, indem, ausgehend von einer theoretischen Basis, über Gründe und gegen Einwände gezeigt wird, daß die These vor einem Forum höherer Allgemeinheit Bestand hat.

Soweit also der Versuch, die gängige und allseits bekannte Argumentationspraxis auf einen bestimmten Vorbegriff zu bringen, der noch keinem theoretischen Ansatz verpflichtet ist, vielmehr sich eignet, verschiedene Ansätze als Ausgestaltungen und Präzisierungen zu tragen.

Auch eine Entscheidung hinsichtlich der Frage »Universalismus oder Relativismus?« ist noch nicht gefallen. Es kann aber angegeben werden, an welchen Stellen nach Entscheidungskriterien zu suchen wäre. Nämlich:

(a) in der Konzeption der Voraussetzungen (Worin besteht ihre Sicherheit? In faktischer Akzeptanz seitens der Sprecher, in praktischem Eingebettetsein in eine bestimmte Lebensform, in universeller Einsichtigkeit?),

(b) im Charakter der für gültig befundenen Thesen (Sind sie gleichsam Wissen und damit allgemeinverbindlich, oder bedürfen sie, da sie theoretische Konstrukte sind, denen bisher die Integration in die Praxis fehlt, noch des Vertrauens oder Glaubens derer, die von ihnen überzeugt sind?),

(c) in der Reichweite der Gültigkeit (Gilt eine gültige These für alle Menschen oder nur für diejenigen, welche die eingearbeiteten Voraussetzungen teilen – für die anderen aber nicht? Oder ist vielleicht die argumentative Gültigkeit, wie zum Beispiel bei den mathematischen Wahrheiten, überhaupt nicht relativ zu irgendwelchen Menschengruppen?),

(d) in der Konzeption des »Forums« (In welchem Sinne ist die Instanz, vor der die These geprüft wird, »von höherer Allgemeinheit«?).

Im folgenden Teil wird nun der Frage nachgegangen, wie die beiden in unseren Verhandlungen maßgeblichen Aufstellungen der Transzendentalpragmatik und des Kulturalismus sich als Ausarbeitungen je verschiedener Vernunft- und Argumentationsbegriffe lesen lassen und mit welchen Mitteln und welcher Berechtigung für diese Begriffe Universalität beansprucht wird.

II. Zwei Ausarbeitungen zur Universalität der argumentierenden Vernunft

1. Die Transzendentalpragmatik

Der Entwurf und die wesentlichen Gedanken des transzendentalpragmatischen Argumentationsbegriffs sind von Karl-Otto Apel in den letzten 30 Jahren aufgestellt worden.[3] Dietrich Böhler hat einen großen Abschnitt dieser Entwicklung begleitet

3 Vgl. Apel 1973.

bzw. mitvollzogen, seine Einlassungen unterscheiden sich nur in Formulierungsvarianten bzw. -konkretisierungen von den Apelschen Vorgaben.

Argumentieren ist hier, wie ich das oben auch formuliert habe, ein Einlösen von Geltungsansprüchen. Es ist aber, und darin besteht die spezifische Leistung dieses Ansatzes, durch eine bemerkenswerte Verknüpfung transzendentalphilosophischer mit sprachpragmatischen Einsichten als ein »Argumentationshandeln« charakterisiert, dessen Verbindlichkeit durch ein Mitbedenken seiner »Sinnbedingungen« erreicht wird.[4]

Einstieg ist der Grundgedanke aus Kants Transzendentalphilosophie: Erkenntnis ist durch die vom erkennenden Subjekt mitgebrachten Erkenntnisformen bedingt und läßt sich im Rückblick auf diese sie ermöglichenden Bedingungen kritisch sichern. Dieser Gedanke wird nun mit zwei differenzierenden Überlegungen ausgestaltet. Die erste besagt, daß Erkenntnis vernünftigerweise Geltung nur dann beanspruchen kann, wenn sie nicht monologisch, sondern intersubjektiv ist bzw. wenn sie sich argumentativ rechtfertigt. Und die zweite: Erkenntnis ist immer sprachlich artikuliert, daher sind Erkennntnisbedingungen zunächst einmal Bedingungen der sprachlichen Kommunikation.

Es ist besonders dieser zweite Zusatz, der weitreichende Implikationen mitführt. Sprachliche Kommunikation ist nämlich dabei kein Geschehen zwischen einem Sender und einem Empfänger, sondern sie ist menschliche Interaktion, die auf Verständigung abzielt und dabei die wechselseitige Anerkennung der Subjekte als Mitglieder einer tendenziell unbeschränkten Kommunikationsgemeinschaft unterstellt. Mit der von Peirce, Wittgenstein und Austin/Searle inspirierten Pragmatik fließt dann die Auffassung von Sprache als einem Handeln ein. Dadurch hat sprachliche Kommunikation immer zwei Dimensionen, eine semantisch-inhaltliche und eine pragmatisch-regelhafte. Sprechen, das sinnvoll vonstatten gehen soll, muß sich so auf gewisse Regeln verpflichten lassen. Ganz besonders gilt das für das erkenntnissichernde bzw. das Geltungsansprüche einlösende, argumentierende Reden. Was in Kants Philosophie die subjektiven Erkenntnisbedingungen waren, sind also hier die »Sinnbedingungen des Argumentierens«[5] geworden.

4 Böhler 1991, S. 150 und S. 167.
5 Böhler 1996.

Die primäre Sinnbedingung des Argumentierens ist, daß es nicht »pragmatisch widersprüchlich« sein darf: Die inhaltliche Dimension muß sich im Einklang mit den pragmatischen Regelanforderungen befinden, besonders mit der Forderung nach Anerkennung des Andern als einem Repräsentanten der »unbegrenzten Argumentationsgemeinschaft«.[6]

Für die Transzendentalpragmatik ist mit der Forderung, das Argumentieren sei in Rücksicht auf seine Sinnbedingungen auszuüben, der Boden der argumentierenden Vernunft erreicht.[7] Dessen Unbedingtheit kann durch eine Überlegung erwiesen werden, die der Kantschen sogenannten transzendentalen Deduktion nachgebildet ist, sich jedoch aufgrund der eingebrachten Differenzierungen ungleich eleganter und eindrucksvoller ausnimmt. Es wird nämlich ein potentieller Bezweifler dieser Thesen nicht mehr (wie bei Kant) einfach damit beschieden, er müsse die exponierten Bedingungen gelten lassen, weil er sie für alle seine Erkennntnisse immer schon brauche, sondern es wird ihm die Sache am aktuellen Vollzug seines Zweifelns selbst andemonstriert: Ein seriöses Zweifeln bedeute einen Eintritt in die Argumentation und nehme damit eben die Sinnbedingungen, die es zu bezweifeln gedenke, in Anspruch.

Diese Konstruktion hat als die »transzendentalpragmatische Letztbegründung« Furore gemacht. Sie soll absolute, von keinen weiteren Voraussetzungen abhängige Gültigkeit haben und gegenüber jedem Adressaten erzwingbar sein. Das sind allerdings ungewöhnliche und genau zu bedenkende Versicherungen, mit deren Berechtigung ich mich unten näher beschäftige. Hier sei noch kurz der Frage nach dem Universalitätsanspruch gestellt:

Wird das Argumentieren im Sinne der Transzendentalpragmatik als vernünftig verstanden, dann kann tatsächlich ohne irgendwelche weiteren Zusatzüberlegungen die Universalität der argumentierenden Vernunft reklamiert werden. Der Adressat einer solchen Behauptung kann sich ja allein dadurch als ernstzuneh-

6 Böhler 1991, S. 158. Die unbegrenzte Argumentationsgemeinschaft ist die Stilisierung der Kommunikationsgemeinschaft im Hinblick auf Kommunikation als Geltungsprüfung.

7 Die philosophischen Strömungen, die dem argumentierenden Reden diese fundamentale Bedeutung beimessen, firmieren unter dem etwas blassen Namen ›Diskurstheorie‹. Außer der Apelschen Riege gehören hauptsächlich Habermas und seine Anhänger dazu.

mender Gesprächspartner qualifizieren, daß er sich auf das Argumentieren einläßt. Sein Verpflichtetsein auf dessen Sinnbedingungen kann aber dann nicht mehr mit einer eventuell kulturellen Andersartigkeit variieren, weil für derartige Variationen in den »Sinnbedingungen« überhaupt kein Platz ist. Trotzdem scheint Böhler eine Spezifizierung des Argumentationshandelns angesichts der Kulturdifferenzen für nötig zu halten. Dazu bespricht er den Fall, daß ein Verständnis des Fremden strittig werden könnte[8]: Es sollten dann explizite Verstehensbehauptungen aufgestellt werden, und für diese sollte, ausgehend von einem Vorverständnis und unter Berücksichtigung eventuell vorgebrachter Einwände, argumentiert werden. Ich kann an diesem Gedanken (außer gutem Willen) nichts finden, was ihn einer besonderen Würdigung wert machen würde. Bemerkenswert ist allenfalls, daß für eine derartige Argumentation keine der sonst unter dem Titel »Interkulturalität« traktierten Probleme erwartet werden; jedenfalls werden keine besonderen Vorkehrungen dafür getroffen.[9]

So läßt sich zu der aufgeworfenen Frage abschließend nur feststellen, daß der Universalitätsanspruch dem transzendentalpragmatischen Ansatz inhärent ist und, solange wir uns an seine Vorgaben halten, auch überhaupt nicht in Frage oder Abrede gestellt werden kann.

8 Vgl. Böhler 1996.

9 Ich stütze mich hier auf den Text Böhler 1996, der auf der Konferenz ausgeteilt, teilweise verlesen und diskutiert wurde. Der jetzt veröffentlichte Beitrag (in diesem Band, S. 126-178) ist in der Aussage viel differenzierter – und was mich, ehrlich gesagt, wurmt: er geht mit den Kontrahenten viel schlechter um. Ich habe den Text nach Fertigstellung meines eigenen zu lesen bekommen und kann und will mich nicht mit einer umfassenden Verteidigung einlassen. Nur eine kleine Bemerkung:
Der Unterschied zwischen Friede I und Schein-Friede II (in diesem Band, S. 136 ff.) ist ja eine grundlegende, solide und auch ziemlich einfache Sache. Eine andere ist es, diesen Unterschied als einen kontradiktorischen Gegensatz aufzuziehen, in welchem Böhler natürlich die richtige Seite vertritt, so daß dann ich zusammen mit Steinmann/Scherer und eventuell auch Kambartel, möglicherweise sogar ohne es zu wollen oder auch nur zu merken, auf den Scheinfrieden aus bin. Bleibt einem da eigentlich noch etwas anderes, als sich zu schämen, daß man so dumm ist?

Mit der Bezeichnung »Kulturalismus« lassen sich zur Zeit gewisse Weiterentwicklungen des methodischen Konstruktivismus ansprechen, insbesondere die Denkweise von Friedrich Kambartel.[10] Kambartels Impuls ist der Befund, daß die Philosophie, und zwar augenscheinlich gerade in einer konstruktivistischen, jeden Schritt sorgfältig auf seine eigenen Voraussetzungen reflektierenden Perspektive, nicht in der Lage ist, einen Begriff der Vernunft in Gestalt von Definitionen, Kriterien oder Prinzipien abschließend zu formulieren und damit die reklamierte Vernünftigkeit des eigenen Vorgehens begrifflich einzuholen.[11]

Daß er damit im Gegensatz zur Transzendentalpragmatik steht, ist evident. Kambartels Konsequenz ist die Bestimmung der Vernunft als »Kultur« (eine Bestimmung, die viele Mißverständnisse provoziert hat, was Kambartel aber nicht seinen Texten, sondern deren Lesern zuschreibt). Eine Kultur ist dabei keineswegs eine ethnische Einheit – von diesem »kultursoziologischen« Kulturbegriff grenzt sich Kambartel ausdrücklich ab –, sondern eine Form eingeübter Praxis[12], in der Orientierungen nicht bloß theoretisch für richtig gehalten werden, sondern praktisch eingeübt sind. Das Anschauungsbeispiel ist die »demokratische Kultur«. Charakteristisch für diesen »praxeologischen Kulturbegriff« sind zwei Komponenten:

(a) Es wird dabei die gemeinsame Lebenspraxis (ganz oder teilweise) in bestimmten Hinsichten »kultiviert«, das heißt so gestaltet, daß bestimmte Zweck-Mittel-Verhältnisse bzw. bestimmte Standards für richtiges oder gelingendes Handeln sich bilden.

(b) Eine derartige »Kultur« ist nie zur Gänze objektivierbar. Es läßt sich, was sie ausmacht, nicht in beobachtender Distanz erfassen. Der angemessene Zugang zu ihr ist nicht Empirie, sondern Teilnahme.

Ich denke, es ist sichtbar: Wir haben so einen Sprachgebrauch.

10 Vgl. Kambartel 1989. Zu einer zweiten, allerdings mit anderer Akzentuierung arbeitenden Weiterentwicklung vgl. Peter Janich; vgl. Hartmann/Janich 1996. Auch Jürgen Mittelstraß nimmt inzwischen den Ausdruck »Kultur« gern in seine Überschriften; vgl. Mittelstraß 1989 a.

11 Vgl. Kambartel 1989 a; 1989 b.

12 Vgl. Kambartel, in diesem Band, S. 96, 212.

Allerdings enthält er auch eine Doppeldeutigkeit. Es ist nicht deutlich, ob das Präfix das Kultivier*ende* oder das Kultivier*te* bezeichnet. Beispiele für ersteres sind die demokratische Kultur oder die Verlagskultur, für das zweite die politische Kultur, die Eßkultur. Manchmal ist es auch kaum zu entscheiden, zum Beispiel bei Unternehmenskultur, Bürokultur. In der »Vernunftkultur« dürfte aber wohl die Vernunft das Kultivierende sein. Das bedeutet also, daß eine Praxissphäre als durch Vernunft kultiviert verstanden wird, zu der eine unkultivierte, rohe Entsprechung wenigstens denkbar ist. Vernunft verhielte sich dann zu Unvernunft wie Essen zu Fressen und nicht etwa wie Essen zu Hungern. In einer Hinsicht wäre das erhellend, in anderer, nämlich im Bezug auf traditionale Lebensformen, jedoch problematisch. Ich werde darauf unten noch genauer eingehen. Hier immerhin soviel: Die traditionale Lebensform wird meist als durch Religion integriert verstanden. Entweder wäre also die Religion eine primitive Vorstufe der Vernunft und könnte eigentlich keine Kultur im emphatischen Sinne bilden. Oder die Religion vollbrächte auch eine Kultivierung der Lebenspraxis. Dann wäre aber die Vernunft nur eine kultivierende Instanz unter anderen und hätte ihre Überlegenheit sehr wohl noch eigens auszuweisen.

Jedenfalls hält Kambartels Behauptung, dieser praxeologische Kulturbegriff sei gegenüber der Universalismus-Relativismus-Frage noch neutral, nur so lange, wie wir den Gedanken nicht ausführen und konkretisieren. Geschieht das, dann steht die Verbindung zum »kultursoziologischen« Kulturbegriff sozusagen auf dem Bahnsteig gegenüber: Die meisten der als »Kulturen« angesprochenen Praxisformen unterscheiden sich ja spezifisch in verschiedenen Kulturen (jetzt »kultursoziologisch« verstanden). Auch für die zur Illustration herangezogene demokratische Kultur gilt das. Man bedenke nur, wie diese in Europa, den USA, Indien usw. variiert.

Es bleibt aber immerhin noch die Bestimmung, daß eine als »Kultur« qualifizierte Praxisform nicht dem Beobachten, sondern nur dem Teilnehmen zugänglich sein sollte. Damit ist ohne Zweifel ein platter Kulturrelativismus abgewehrt, eine Intention, die ich nachdrücklich teile und die in die Bildung jedes anspruchsvollen Kulturbegriffs eingehen sollte. Aber gegen die obengenannte Konsequenz ist Kambartel damit nicht abgesichert, und eine universalistische Perspektive – im Sinne einer

Perspektive oberhalb solcher Differenzen – ist dadurch nicht schon eröffnet. Dies sollten wir im Blick behalten, wenn wir nun Kambartels Ausführungen etwas näher betrachten.

Statt irgendwelcher definitorischer oder prinzipienhafter Bestimmungen werden hier »Erläuterungen« zur »Grammatik« der Vernunft gegeben, die unsere Bewegungen »in ihr und mit ihr«[13] zur Darstellung bringen sollen. Obwohl das nicht ausdrücklich gesagt wird, denn Kambartel bildet keinen expliziten Begriff des Argumentierens, wird doch deutlich, daß er als das Zentrum der Vernunftkultur das argumentierende Reden ansieht.[14] Was die strukturelle Seite betrifft, ist in den Erläuterungen vom Behaupten, Begründen und Kritisieren die Rede. Dies ist nicht weitergehend ausdifferenziert als das, was im Teil I über die strukturelle Seite des »natürlichen Argumentierens« gesagt worden ist. Auf der ideellen Seite wird eine Erneuerung des Begriffs der »Transsubjektivität« entwickelt. Diese ist nun bestimmt als eine in doppelter Hinsicht nicht-partikulare Form der Orientierungsbildung, nämlich eine, die »die Probleme aller Betroffenen und alle für die anstehende praktische Orientierung relevanten Rationalitätsstandards ein[bezieht]«.[15] Diese Form heißt auch »transsubjektive Universalität«, und das Bestreben, sie zu erreichen, heißt »Vernunft«.[16]

Für die hier zu behandelnde Frage ist schließlich von entscheidender Bedeutung, daß Kambartel in seinen Reflexionen zur

13 Kambartel 1989 b, S. 41, sowie in diesem Band, S. 102.

14 »Die Kultur der Vernunft entwickelt und bewegt sich großenteils in und mit den Formen unparteiischen Überlegens, Beurteilens und Beschließens.« Kambartel 1989 b, S. 32 f., sowie in diesem Band, S. 94.

15 Kambartel 1992, S. 275.

16 Ebd. Der Ausdruck »Transsubjektivität« ist von Lorenzen in die praktische Philosophie eingeführt worden und bezeichnet die Überwindung der Subjektivität als oberstes Prinzip des vernünftigen Argumentierens; vgl. Lorenzen 1987. Kambartel füllt nun die Transsubjektivität offensichtlich anders aus (zu den Unterschieden vgl. Mittelstraß 1989 b), aber daß seine Ausführungen weniger von einem Prinzip oder Kriterium an sich hätten als die von ihm dahingehend kritisierten Fassungen des älteren Konstruktivismus, kann ich nicht erkennen. Allenfalls sind sie geeignet, ein instrumentalistisch verdinglichtes Verständnis von »Prinzip« oder »Definition« abzuwehren.

Grammatik der Vernunft den Ausdruck »universal« so einsetzt, daß Vernunft »transsubjektive Universalität« ist, also per definitionem (bzw. per grammaticam) universal. Kann das aber als Antwort auf unsere Fragestellung gelten? Können wir sicher sein, daß das darunter gefaßte Berücksichtigen »aller Betroffenen« und »aller Rationalitätsstandards« angesichts anderer Kulturen den Sinn ergibt, den wir jetzt in Kambartels Sätzen damit verbinden? Können wir sicher sein, daß es überhaupt Sinn hat? In Kambartels Überlegungen kommen jene anderen Kulturen (genau wie bei Böhler) unter der Bezeichnung »das Fremde« vor. Das Fremde, so heißt es dort, kann fremd sein, insofern Handlungen entweder nicht identifizierbar, nicht verortbar oder nicht auf Vernünftigkeit hin bewertbar sind. Und gegenüber dem so anvisierten »Fremden« sollten wir mit Kambartel lernen, unsere Welt »vernunftverträglich zu erweitern«[17] oder gegebenenfalls zur Einsicht in die Unvernunft des Eigenen zu kommen. Damit soll die Vernunft als »selbstkritisch« und die Vernunftkultur als prozedural faßbar sein.[18] Offenbar deuten diese Formulierungen eine viel stärkere innere Strukturiertheit und Selbstbezüglichkeit der Vernunft an, als das Kambartels bisherigen Formulierungen über das immer vorausgesetzte »vernünftige Leben« zu entnehmen gewesen wäre.

Ich würde gern glauben, daß sie, wenn Kambartel sie einmal ausführen würde, zu großen Teilen mit dem kompatibel wären, was ich hier unter der Bezeichnung »transkulturelles Argumentieren« darzustellen versuche. Sehe ich allerdings die (politisch verständlichen, philosophisch aber in der Luft hängenden) Befestigungen »unserer Vernunfturteile« gegen problematische Bestrafungen politischer Oppositioneller in Staaten mit anderen Rechts- und Moralsystemen, dann kommen mir doch Zweifel, ob nicht Kambartel die Probleme dieser selbstkritisch sich entwickelnden Vernunftkultur unterschätzt. Dazu unten mehr. Ich schließe jetzt an die Darstellung der beiden Positionen einen kritischen Teil an, indem ich diese zunächst konfrontiere und danach auf einige Beschränkungen hinweise, die ich bei beiden finde und die mir einer sachgemäßen Behandlung unserer Problematik abträglich zu sein scheinen.

17 Vgl. Kambartel, in diesem Band, S. 216.
18 Ebd., S. 217.

Bemerkenswert an der Konstellation ist folgendes: Beide Positionen reklamieren für sich den Universalismus, und zwar auch in der durch die Kulturdifferenzen akzentuierten Hinsicht. Beide führen diese Ansicht damit aus, daß Universalität unserer Praxis des vernünftigen Lebens und insbesondere des Argumentierens schon inhärent sei. Zugleich artikulieren beide eine ausdrückliche Kritik daran, wie die andere Position zu dieser Ansicht gelangt. Und bei alledem entwickeln beide weder einen für die Problematik einschlägigen Kulturbegriff noch einen expliziten Argumentationsbegriff, der in der Lage wäre, den Vorrang des Universalismus zu sichern bzw. den Dissens zwischen dessen Befürwortern aufzuklären.

Kambartel kritisiert bei der Diskurstheorie die Überschätzung des transzendentalpragmatischen Arguments. Hier liege ein verkürztes Verständnis von Pragmatik als bloßer Sprachpragmatik vor. Vernunft lasse sich nicht im Sprechhandeln und nicht in der Zustimmung eines skeptischen Argumentationspartners fundieren. Sie sei vielmehr etwas, das durch praktische Teilnahme an Lebensvollzügen zugänglich werde. Nur wenn auf diese abgestellt werde, sei Kants transzendentales Argument in einer Variante brauchbar. Allerdings könne auch diese Variante wiederum nicht mit allgemein anwendbaren Prinzipien arbeiten.[19] Jede bestimmte Argumentationsfigur sei nämlich nur »situativ« oder »lokal« beurteilbar.[20] Daß irgend etwas eine »letzte Begründung« sei, könne daher nicht situationsinvariant behauptet werden.

Das ist eine ernstzunehmende Kritik. Dennoch verfehlt sie gleich mehrere Pointen des transzendentalpragmatischen Ansatzes, die alle mit der exponierten Stellung des Argumentierens zu tun haben.

Wie oben dargestellt, spielt in Kambartels Kulturalismus das argumentierende Reden durchaus eine Sonderrolle für die vernünftigen Lebensvollzüge. Hier, bei der Konfrontation mit der Diskurstheorie, wäre es angebracht, dazu deutlicher zu werden.

19 Vgl. Kambartel 1989 b, S. 37 f., sowie in diesem Band, S. 98 f.

20 »[...] ob etwa bestimmte [...] Argumentationsweisen der gegebenen grammatischen Umgebung entsprechen – all das werden wir sozusagen ›lokal‹ beurteilen müssen«. Kambartel 1989 c, S. 57.

Das unterbleibt. Daß wir uns mit Argumenten über Thesen auseinandersetzen, deren Status und Sitz innerhalb unserer Kultur noch durchaus fraglich sein kann, daß also vernünftiges Argumentieren nicht nur in Lebenspraxis eingebettet, sondern insbesondere auch über sie erhoben, von ihr distanziert und unter Umständen kritisch gegen sie gewendet ist, das ist aus Kambartels Reflexionen weder eindeutig zu entnehmen, noch ist es leicht darin unterzubringen. Die Einsicht in eine solchermaßen exponierte Stellung des Argumentierens innerhalb der Vernunftkultur gehört aber zu Böhlers unabdingbaren Voraussetzungen.

Des weiteren artikuliert Kambartel seine Reflexionen mit dem lesereinschließenden »wir«. Das ist ein unter philosophierenden Autoren beliebtes Stilmittel. In diesem Text wird ja ebenfalls Gebrauch davon gemacht. Solange etwas gesagt wird, was »wir« ohne weiteres einsehen, weil es sozusagen vor unserem geistigen Auge liegt, ist das auch in Ordnung. Wenn sich nun Kambartel für die Aufklärung der Vernunftkultur einsetzt, dann sagt er – gerade deshalb ist das der Rede wert – durchaus unübliche Dinge. Für diese Aussagen wird also implizit ein Geltungsanspruch erhoben. Die Frage, welcher Art er sei und wie er einzulösen wäre, wird von Kambartel nicht aufgeworfen, ist aber ganz legitim. Wenn ich die Sache richtig verstehe, sollen diese »Erläuterungen« geeignet sein, uns Leser gleichsam in die Vernunft unserer Lebenspraxis hinein »erwachen« zu lassen. Ist dies aber wirklich etwas anderes als ein Appell an die Einsicht des Adressaten? Dieser soll sich doch mit seinen – individuellen – Rede-, Handlungs- und Lebensweisen in den Erläuterungen wiedererkennen. Kambartel sagt zwar nicht »tu quoque«. Er sagt »wir«. Aber insofern sein Text beim Leser die beabsichtigten Folgen zeitigt, merkt dieser sozusagen »ego quoque«. Und das ist ganz in Ordnung so, denn Einsicht ist nun einmal etwas Individuelles. Setzt eine vernünftige Einsicht »sich« durch, dann bedeutet das, daß zahlreiche Individuen sich in ihr begreifen.

Die dritte verfehlte Pointe hängt mit der behaupteten einzigartigen Unabweisbarkeit des transzendentalpragmatischen Arguments zusammen. Wenn Kambartel hier einwendet, dieses Argument habe keinen Sonderstatus, weil alle Argumentationsweisen nur lokal zu beurteilen seien, dann reklamiert er eine immer schon bestehende Distanz zu Argumentationen. Damit versperrt er sich aber zum einen den Zugang zu neuen Argumentationsweisen, in denen nämlich diese Distanz erst unter Umständen herauskommen könnte. Zum andern ist leicht zu zeigen, daß es in der Grammatik der Vernunft nicht nur lokale, sondern sehr wohl mehr und weniger lokal gebundene Argumente gibt. Es gibt auch welche, an denen überhaupt keine Situativität zu bemerken ist. Das sind etwa die, die Kambartel »grammatisch« nennt. Insbesondere ist ja Kambartels eigenes Argument von der Situativität aller Argumentationsformen, mit dem er sich gegen das transzendentalpragmatische Argument wendet, in keinem erkennbaren Sinne mehr situativ. Kambartel möchte anscheinend Situativität als einen grammatischen Zug der Vernunft etablieren. Aber ich finde, »wir« sollten ihm dabei nicht folgen: Es ergeben sich nur unnötige Probleme mit der Selbstanwendung eines derartigen Satzes.

Böhler, der in diesem Ringen bislang zu obsiegen scheint, findet bei Kambartel eine Nähe zum Relativismus bzw. eine Schutzlosigkeit gegen ihn. Soweit sich das auf die quasiprinzipielle Situativität aller argumentativer Geltung stützt, hat auch dieser Einwand ein gewisses Recht. Wenn die Bindung des Vernünftigen an Lebensvollzüge so eng sein soll, daß das Vernünftige so etwas wie eine Eigenschaft ist, die gewissen Lebensformen eignet, andern (wie den vormodernen oder den technizistisch mißverstandenen) aber äußerlich ist, dann läßt sich durchaus fragen, wodurch wohl die nicht-vernünftigen Lebensformen regiert werden und ob sich also nicht auch andere Steuermechanismen finden ließen. Ich habe nicht erkannt, ob Böhlers Verdacht zu Kambartels Relativismus-Verträglichkeit wirklich so aussieht. Leider ist es ja gerade dieser Kontext, der wegen der Undeutlichkeit des praxeologischen Kulturbegriffs so viele Mißverständnisse gebiert. Wenn aber die Transzendentalpragmatik aus der Konsequenz, daß die kulturalistisch begriffene Vernunft gegen den Relativismus schutzlos sein könnte, einen Vorwurf machen will, dann zeigt das, welch übermäßige Sicherheit sie für die Sache der Vernunft zu brauchen bzw. zu haben wähnt.

Es ist nun eben diese Sicherheit, die sie aus dem transzendentalpragmatischen Argument bezieht. Aber ist sie daraus wirklich zu gewinnen? Das Argument soll zwingend, unabweisbar, absolut gültig sein.[21] Der Adressat soll in der Reflexion auf seine skepti-

21 Vittorio Hösle, genialischer Anhänger und Überbieter der Transzendentalpragmatik (Hösle 1990 S. 144), bemerkt, die Gereiztheit, mit

sche oder ablehnende Distanz nicht anders können als zu bemerken, daß er dabei ins »Sprachspiel Argumentieren« eingetreten ist, auf den Konsens der unbegrenzten Argumentationsgemeinschaft abstellt usw. Ich lasse ganz dahingestellt, was ich als Adressat des Arguments hier einwenden könnte. Viel wichtiger ist, daß der Transzendentalpragmatiker, insofern er das Ergebnis meiner Reflexionstätigkeit zu wissen behauptet, diese Reflexionstätigkeit – trotz aller gegenteiliger Versicherungen (»niemals ganz objektivierbar« usw.) – objektiviert.[22] Er thematisiert sie als einen überschaubaren Gegenstand mit einer Anzahl von Möglichkeiten, die er für sein Argument strategisch abgeschlossen hat. Dabei handelt es sich um nichts weniger als eine grundsätzliche Verkennung des vernünftigen Argumentierens, welches hier dem Vorbild der formalen Logik, besonders in spieltheoretischer Stilisierung, nachgebildet ist.[23]

der die Versicherungen des Transzendentalpragmatikers abgewehrt werden, rühre »aus der in der Tat zutreffenden Einsicht, daß das Problem der Letztbegründung nicht ohne Folgen für unser Leben sein kann [...] Man ahnt dumpf, daß die eigene Lebensführung durch eine absolutistische Position in einer Weise in Frage gestellt wird, die innerhalb einer pluralistischen Gesellschaft ganz ungewöhnlich ist [...]« Soweit dies die Geltungsfrage betrifft, ist es eine typische Ad-hominem-Entgegnung, die schon von Aristoteles als fallaziös markiert worden ist. Dennoch würde ich Hösle in der Sache recht geben, wenn Apels Botschaft lediglich mit Rilke hieße: »Du mußt dein Leben ändern«. Sie heißt aber: »Ich durchschaue dein Spiel: du kannst nicht anders als in der von mir beschriebenen Weise vernünftig sein.« Und dies kann doch auch jemanden ärgern, der nicht bloß dumpf ahnt.

22 Wer an so etwas Spaß hat, kann hier eine veritable Retourkutsche abschicken, nämlich anprangern, daß der Transzendentalpragmatiker ebenden Fehler selber begeht, den er dem Skeptiker vorwirft: Indem er dessen Reflexionstätigkeit objektiviert, widerspricht er auf der Handlungsebene dem Anerkennungsgebot, das er auf der verbalen Ebene fordert.

23 Formulierungen wie ›Argumentationsspiel‹, ›Sprachspiel Argumentieren‹ usw. sind verbal an den späten Wittgenstein angelehnt, verkehren aber in der Bedeutung, die sie durch Bezug auf diese absolute Argumentationsfigur bekommen, das Wittgensteinsche Sprachspielkonzept ins genaue Gegenteil. Diese Verkennung des Argumentierens, seine Konzeption als ein Zwangs- statt als ein Aufklärungsmedium, ist natürlich nicht nur bei Böhler und der Transzendental-

Würde die strategische Schließung aus der transzendentalpragmatischen Figur herausgenommen, dann könnte das Argument etwa so lauten: »Wir, die Transzendentalpragmatiker, haben unser argumentierendes Reden so begriffen, daß wir uns dabei wechselseitig als Repräsentanten einer unbegrenzten Argumentationsgemeinschaft anerkennen usw. Und wir glauben, daß du, der Adressat, deine argumentative Praxis in unserer Stilisierung wiedererkennst, wenn du es ernsthaft versuchst.«

In dieser Form wäre das ein gutes Argument und bestimmt geeignet, den einen oder andern latent vernünftigen Menschen zu einer bewußteren Praxis des vernünftigen Redens erwachen zu lassen. Genauso wie Kambartels grammatische Reflexionen.

4. Beschränktheiten beider Positionen

Ungeachtet der wertvollen Gesichtspunkte in beiden Positionen und der Lehren, die sich aus der Konfrontation ziehen lassen, kommen wir meines Erachtens mit ihnen nicht zu einer wirklichen Einsicht in die Probleme der Universalismus-Relativis-

pragmatik anzutreffen. Es ist das gewöhnlichste Alltagsverständnis, welches darin erhärtet wird: Ein gutes Argument ist ein »starkes« Argument. Es zwingt den Widerstrebenden, bringt ihn zur Räson. Am besten geht das durch die von allem Inhalt, allem Persönlichen und Subjektiven unabhängigen Strukturen der formalen Logik. Im Abendland ist dies seit Aristoteles die dominante Denklinie. Und sie ist gut in der okzidentalen Metaphysik verankert: Das Besondere, Inhaltliche, Emotionale will die irrationale Auflösung und muß durch das Allgemeine, Formale, Geistige bezwungen werden. Die neuere Argumentationstheorie versucht seit 40 Jahren, sich davon zu lösen. Der Erfolg ist eher mäßig. Es sind nun einmal lange Wege nötig, um derart weit in die Hintergründe zurückzusteigen. Die mittlerweile agierenden kommerziellen Argumentationstrainer haben dafür keine Zeit. Zudem braucht es einen gewissen philosophischen Weit- und Tiefblick, womit sich auch kein Marktstand aufmachen läßt. Um so bedauerlicher ist, daß ausgerechnet die Transzendentalpragmatiker, die eigentlich die besten Voraussetzungen für die Entwicklung eines neuen, angemessenenen Argumentationsbegriffs mitbringen, die alten Fahnen hochhalten. Aber es wird schon noch. Vgl. zu diesem Punkt auch unten Teil IV.2, besonders die Fußnote 65.

mus-Fragestellung. Und das liegt an immanenten Beschränktheiten, die ich jetzt noch kurz ansprechen möchte. Sie hängen im Grunde damit zusammen, daß in den Positionen kein Begriff von Kultur anzutreffen ist, sondern bloß die mit »das Fremde« usw. angesprochenen Schwundformen. Kulturen sind aber quasi-individuelle soziale Einheiten, für deren wirkliche Begegnung und Integration ein mindestens ebenso großer Aufwand zu treiben ist wie für die Begegnung individueller Einzelmenschen. Kulturen sind nicht schon dadurch miteinander im Kontakt, daß einige ihrer Angehörigen Geschäfte miteinander machen oder denselben TV-Musikkanal gucken; genausowenig wie einzelne Menschen durchs Fahrscheinlösen mit dem Busschaffner in Kontakt wären oder durchs Beieinanderstehen im fahrenden Bus mit den anderen Passagieren. Solange die Eigenart von Kulturen und Kulturdifferenzen nicht ernst genommen wird, kann es keine Lösungen für die gegenwärtigen und zukünftigen Kulturkonflikte geben.[24] Und so lange kann auch die Versicherung, unsere in Griechenland entsprungene Vernunft sei universell, kaum Besseres ausdrücken als einen mehr oder weniger (meistens wohl weniger) frommen Wunsch.

Die dürftige Begrifflichkeit in Sachen Kultur wird regelmäßig überspielt mit Appellen zur Entschiedenheit bei »eindeutiger Verletzung der Menschenrechte« wie »Mord und Unterdrükkung«.[25] Hier sollten wir, weil wir auf vernünftige Korrektur unserer Urteile ja doch nicht hoffen können, uns nicht offen und lernbereit zeigen, sondern firm in der Verurteilung. Gewiß, wenn wir mit unserem philosophischen Nachdenken fertig sind und zur politischen Aussage übergehen wollen, ist das richtig. Aber sind wir denn fertig? Haben wir dafür überhaupt Platz gehabt? Wir sollten, heißt es, die eindeutigen Fälle von Mord und Unterdrückung verurteilen, statt sie mit Kulturdifferenzen zu ent-

24 Samuel Huntington (1993) hat bekanntlich den »Krieg der Zivilisationen« prognostiziert, und Bassam Tibi hat, die Medienwirksamkeit des Themas erkennend, in die gleiche Kerbe geschlagen; vgl. Tibi 1995. Die Aussage, die Kulturdifferenzen trennten uns dermaßen, daß sie die Quelle künftiger Kriege abgäben, ist eine Übertreibung bzw. ein Ausblenden des wahrlich konfliktträchtigen ökonomischen und machtpolitischen Rahmens, in dem Kulturdifferenzen hochgespielt werden.

25 Kambartel, in diesem Band, S. 217 un d 214.

schuldigen.[26] Aber was ist das für eine Alternative! Sind die eindeutigen Fälle per se eindeutig, oder sind sie es nicht vielmehr aufgrund unserer Qualifikation als »Mord und Unterdrükkung«? Mord ist nicht einfach Tötung, sondern illegitime Tötung, Unterdrückung ist nicht einfach Einschränkung, sondern illegitime Einschränkung. In allen Kulturen wurden und werden Menschen getötet und eingeschränkt. In allen sind illegitime Formen des Tötens und Einschränkens verboten. Diese letzte Aussage ist analytisch wahr, und deshalb wird die Entschiedenheit unserer Verurteilung nicht auf ihr beruhen. Vielmehr wird sie die Ansicht ausdrücken, daß jene Fälle, trotz gegenteiliger Versicherung der jeweiligen Machthaber, Fälle von eindeutig illegitimem Töten und Unterdrücken sind. Wer diese Ansicht nun fallbezogen und genau diskutieren will, den trifft die oben genannte Alternative. Er entschuldigt, statt zu verurteilen. Die Alternative unterstellt also den Universalismus als Voraussetzung. Aber hatten wir uns auf dieser Tagung nicht zusammengefunden, um über die Berechtigung dieser Voraussetzung zu diskutieren?[27]

Die zweite grundlegende Beschränkung in beiden Positionen ist die Selbstverständlichkeit der Lokalisierung der Vernunft in der Moderne. Vormoderne Lebensformen sind nicht vernünftig strukturiert, denn es gibt dort Instanzen, die höher sind als der Mensch. Genaugenommen können wir uns auf eine Sozietät, in der es so aussieht, gar nicht vernünftig beziehen. Die vernünftige Autonomie, die im anderen anzuerkennen wäre, ist ja nicht anzutreffen, statt dessen gibt es irgendeine Form der Theonomie. Diese kann aber der Vernünftige nicht im Ernst für eine Möglichkeit halten, muß vielmehr darauf bestehen, daß der Andere seinerseits die »Modernitätsschwelle« überschreite. Ich nenne dies mit Paul Lorenzen die Voraussetzung der »Posttraditionalität« der Vernunft.[28] Um diese disponibel zu machen, hätten wir uns die religiösen Gehalte der Vernunft klarzumachen. Das ist nicht so abwegig, wie es klingt. Zu dieser Aufgabe ließe sich aus der Philosophie des deutschen Idealismus, namentlich von Kant und

26 Derartige Appelle waren auf der Konferenz auch von transzendentalpragmatischer Seite zu hören.

27 Die Tatsache, daß mit Sicherheit Beifall von der falschen Seite einsetzen wird, sollte uns nicht schrecken. Das ist bei solcher Sachlage immer so.

28 Vgl. Lorenzen 1987, S. 231 und S. 274.

Hegel, manches gebrauchen. Sogar bei Kambartel selber steht eigentlich alles Nötige, um daraus den Standpunkt einer »aufgeklärten Religiosität« zu konstruieren.[29] Eigenartigerweise wird aber kein Versuch gemacht, für die Interkulturalitätsdebatte – bzw. um den Universalismus auszuweisen – auf diesem gedanklichen Wege eine gemeinsame Basis herzustellen.[30] Es herrscht vielmehr die selbstverständlichste Ausgrenzung der »vormodernen« Gedankenwelt.[31]

Eine weitere Beschränkung liegt in dem, was ich als »fehlende Substanz des Vernunftbegriffs« titulieren möchte. Ich will damit sagen, daß über die Vernunft, das vernünftige Argumentieren und Leben, lediglich im Hinblick auf Formen und Verfahrensweisen überlegt wird. Die anthropologische Innenseite dieser Formen und Prozeduren, das darin sich artikulierende Menschenbild oder Selbstverständnis, das ein bestimmtes Verhältnis des Menschen zu anderen Menschen und zur (inneren und äußeren) Natur festschreibt, bleibt unberücksichtigt. Der aufgeklärte Mensch, das »gelernte Vernunftwesen«[32], ist nämlich, trotz der dialogischen Ausrichtung, welche die Vernunft im 20. Jahrhundert bekommen hat, hauptsächlich individualisiert, ein Einzelwesen, dem die anderen Menschen äußerlich sind, mit denen er sich gleichsam nachträglich zu sozialen Formationen zusammenschließt.[33] Noch fundamentaler, weil praktisch in die gesamte Naturwissenschaft und Technik eingearbeitet, ist dem modernen Vernunftmenschen die Natur äußerlich. Daß eine solche Heraustrennung und Vereinzelung des Individuums in anderen Kulturen nicht (in diesem Maße) gegeben ist (und auch vom Inhalt der Philosophien von Böhler oder Kambartel gar nicht erzwungen wird), dürfte evident sein.

Es gibt schließlich noch einen Punkt, auf den ich bei der Frage,

29 Vgl. Kambartel 1989 e, 1989 f.

30 Ich habe mich (in Wohlrapp 1995 d) um Konstruktion einer solchen Basis bemüht.

31 Vgl. etwa Kambartel 1992.

32 Kambartel 1989 b, S. 34, sowie in diesem Band, S. 95.

33 Für die genauere Differenzierung ist hier mit Ferdinand Tönnies' Unterscheidung zwischen Gemeinschaft und Gesellschaft weiterzudenken, vgl. Tönnies 1991. Der Mensch ist danach primär gemeinschaftlich organisiert, aber in der aufgeklärten Gesellschaft ist dieser Zug ins Private (Familie) zurückgenommen.

wieweit die beiden Protagonisten durch die Universalismus-Relativismus-Problematik leiten können, gestoßen bin. In beiden Positionen findet sich sozusagen ein »kantianischer Rest« in der Unterstellung, wir könnten uns der Vernunft intern versichern. Obwohl sie beide, belehrt durch den »linguistic turn«, viel wacher für die sprachliche Seite dieser Selbstvergewisserung sind, als Kant es war, arbeiten sie doch mit einer erkenntnistheoretischen Form der Reflexion, sind vor Hegel stehengeblieben: Es gibt hier kein »Anderes«, durch das die Vernunft hindurchgehen müßte, dabei gerade nicht bleiben könnend, was sie ist, sondern eine Entwicklung betreibend, bei der das jeweils Erreichte immer wieder zu riskieren wäre.

Und damit soll dieser II. Teil beendet sein. Das Resultat ist, daß die Konzeptionen von Vernunft und Argument, zu denen in der Transzendentalpragmatik und im Kulturalismus erhebliche und über die philosophische Tradition deutlich hinauslangende Einsichten gewonnen sind, für eine adäquate Behandlung unserer Fragestellung in mehreren Hinsichten noch überschritten werden müßten. Insbesondere durch die Bildung eines Kulturbegriffs, der hinreichend anspruchsvoll sein muß, um die Problematik kulturspezifischer Einsichts- und Geltungsdifferenzen überhaupt erst einmal ernst nehmen zu können.

III. Zur Kulturtheorie

1. Ein konstruktivistischer Kulturbegriff

Kulturtheorie ist ein weites Feld. Die drei bis fünf akademischen Disziplinen, die es bestellen, leisten eine Unmenge an begrifflicher und empirischer Arbeit. Zwei amerikanische Kulturanthropologen, Kroeber und Kluckhorn, haben schon 1952 mehr als hundert Kulturdefinitionen aufgefunden und zu synthetisieren versucht.[34] Kulturanthropologie und Ethnologie produzieren, wie andere empirische Sozialwissenschaften, einen kontinuierlichen Ausstoß an Resultaten; wobei ihnen allerdings mehr und mehr das authentische Objekt abhanden kommt. Statt dessen ist »Interkulturalität« als Thema in Linguistik, Sozialpsychologie, Philosophie usw. aufgetaucht.

34 Vgl. Kroeber/Kluckhohn 1952.

Hier möchte ich nun versuchen, die bei meinen Sichtungen jener Gefilde gewonnenen Einsichten zu einem theoretischen »Ansatz« zusammenzusetzen. Er soll erlauben, kulturelle Besonderheit als eine Form der nicht vorwerfbaren Partikularität (in Kambartels Nomenklatur ist Partikularität immer unvernünftig) ernst zu nehmen, so daß anschließend überlegt werden kann, wie damit vernünftig umzugehen wäre. Zu diesem Zweck ist es ratsam, die Kulturtheorie konstruktivistisch aufzuziehen. Sie hat dann nicht mit einem vorfindlichen, objektiv gegebenen Gegenstand zu tun, sondern »mit uns« als Kulturwesen, ist also ein Resultat der Selbstreflexion des seiner differenzierten praktischen Verhältnisse (zu Mensch und Natur) bewußten Menschen.[35]

Beginnen wir mit der Vergegenwärtigung dessen, was »vor« der Kultur liegt, also dem Menschen als Naturwesen. Es gibt triebhafte Reize, auf die Reaktionen spontan erfolgen. In diesen Triebreizen sind äußere Veranlassung und innere Regung zuerst

35 Für eine solche explizit reflexive konstruktivistische Sichtweise kann nur bedingt an zeitgenössische Kulturtheorien angeschlossen werden. Am ehesten tauglich scheint mir noch Cassirer 1990. Was den Konstruktivismus betrifft, so ist die Wichtigkeit einer kulturellen Fundierung des Denkens durchaus gesehen, deren bisherige Durchführung aber noch nicht befriedigend. Der methodische Konstruktivismus arbeitet bislang mit einem Kulturbegriff, der einerseits die hier bei Kambartel angetroffene »praxeologische« Ausprägung hat, andererseits (bei Hartmann/Janich 1996) ein etwas breiteres Verständnis der Kultivierung durch zweckgemäße Gestaltung des Lebens anvisiert. Die Bestimmung der Zwecke ist dabei Aufgabe ethisch-politischer Setzung. Dies ist pragmatisch auf der Höhe, kappt aber die historische Gewordenheit der modernen Zivilisation ab und richtet eine Barriere gegenüber traditionalen Kulturen auf. Mein Bestreben hier ist eine Erneuerung des Gedankens, die derartige Konsequenzen vermeidet. Der radikale Konstruktivismus, dessen Stärke in der Thematisierung des Selbstverhältnisses liegt, findet, daß Kulturen Sinnmuster sind, die nicht gegeben, sondern Ergebnis konstruierender Betätigung der Kulturteilhaber seien. Vgl. Schmidt 1994, Teil V. Leider folgt aber die Durchführung dem kognitivistischen *mainstream*, und so ist die vielversprechende Radikalität ständig von einer naturalisierenden Betrachtungsweise gefährdet, die einen kontinuierlichen Übergang von Natur- zu Kulturentwicklung sehen will. Auf diese Weise läßt sich aber ein wirklich reflexiver Standpunkt nicht gewinnen bzw. durchhalten.

noch ungetrennt. In den Aktionen um Nahrung, Paarung, Flucht, Kampf usw. herrscht einfaches Benutzen und Benutztwerden, Fressen und Gefressenwerden. Diese animalische Ebene teilen wir mit allen höheren Lebewesen. Als Menschen wachsen wir in der Regel über diese unsere Natur hinaus. Doch wenn wir müde, unaufmerksam, betrunken sind, fallen wir in gewissem Maße auf den primitiven Reiz-Reaktions-Mechanismus zurück. Entscheidend für das Hinauswachsen ist der Riß, der entsteht, wenn wir die Triebregung bemerken und uns dazu verhalten, indem wir sie zum Beispiel hinauszögern, gestalten, modifizieren oder gar unterlassen. Dadurch entsteht das »Selbstverhältnis«. Der Mensch findet sich in der Zweiheit von Reiz-Reaktions-Geschehen auf der einen Seite und einem Beobachter, der das wahrnimmt, auf der anderen. Dieses Selbstverhältnis, das sich an der Lücke im Automatismus von Trieb und Realisierung eröffnet, ist die Quelle der menschlichen Kultivierung.

Entscheidend dafür ist, daß das Selbstverhältnis sprachlich artikuliert wird; und zwar nicht nur in einem Signalsystem, wie zum Beispiel dem Bienentanz[36], sondern in einem abstrakten Symbolismus, in dem der sprechende Mensch die Welt und sich selber zum Gegenstand der Rede machen kann.

Das sprachlich artikulierte Verhältnis zum eigenen Reiz-Reaktions-Verhalten macht uns zu Handelnden. Handelnd entkoppelt der Mensch Reiz und Reaktion, stilisiert die Reaktion zum gezielten Tun, das dann keine Reiz-Veranlassung mehr braucht. Zwecke und Ziele können »autonom« gesetzt, Handlungen als Mittel und Wege zu deren Realisierung unternommen werden.

Das Zweck-Mittel-Verhältnis bzw. das Bestreben, die Mittel zu optimieren, ist der große Motor der Theoriebildung. Mittel werden eingesetzt, und die dabei eventuell auftretenden Störungen bedürfen der erklärenden Theorie, damit sie beseitigt werden können. Über die Theorie treten die zweckrationalen Handlungsmöglichkeiten in Zusammenhänge, es entsteht ein Geflecht von technischen Praxen, resultierend in einer Fülle von Artefakten, insbesondere Werkzeugen und Gestaltungen der Erdoberfläche durch Gebäude, Äcker, Straßen, Schlachtfelder usw.

36 Die tanzende Biene berichtet nicht »über« die Nahrungsquelle und den Weg zu ihr. Sondern sie hat Teile der Nahrung an ihrem Körper und führt Bewegungen aus, die eine Kurzform ihres eigenen zurückgelegten Weges sind.

Das technische Handeln ist eingebettet in die sozialen Beziehungen. Diese bringen wir schon aus dem Naturzustand mit, sehen sie bei Tieren noch in Kollektivbildungen mit Rangfolgen, Hackordnungen usw., die offenbar auf körperlicher Überlegenheit beruhen. Die traditionale Sozialisierung scheint mitunter kaum darüber erhoben. Mit zunehmend bewußter Vergesellschaftung werden explizite Normenkodizes formuliert.[37] Auch deren Gestaltung ist zum Teil noch zweckrational bestimmt, wobei zunächst heteronome (von Machthabern gesetzte), dann immer deutlicher autonome Zwecke (Gemeinwohl) maßgeblich sind.

Mit Blick auf die Gestaltungen und Auswirkungen der zweckrationalen Handlungskompetenz läßt sich nun in einem vorläufigen (an die ursprüngliche Bedeutung von »cultura« = Ackerbau angelehnten) Sinne von Kultur reden: Der Mensch »kultiviert« so die roh bzw. primitiv vorgefundene »Natur«, indem er sie nach seinen Zwecken formt und steigert. Dabei werden tendenziell alle technischen und sozialen Handlungsweisen unter Zwecke gesetzt, diese stehen selber wieder unter Zwecken usw. Schließlich sind oberste Zwecke zu bestimmen, möglichst von uns selber. Damit wäre dann die Kultivierung vollendet, die menschliche Autonomie verwirklicht.[38]

37 Schon seit Hammurapi enthalten solche Kodizes regelmäßig Verbote zum Schutz von Leib und Leben, Eigentum, sexueller Gemeinschaft, Wahrheit, dem Heiligen.

38 Dieser zweckfokussierte Kulturbegriff geht auch auf Kant zurück, der in § 83 der *Kritik der Urteilskraft* (Kant 1974, S. 390) Kultur definiert als »Hervorbringung der Tauglichkeit« sowohl der Natur als der vernünftigen Wesen »zu beliebigen Zwecken überhaupt«. Der kundige Leser wird erkennen, daß im Konstruktivismus der Erlanger Schule ungefähr so gedacht wurde. Lorenzen war am Ende mit seinem »Friedensziel« weiter und zugleich realistischer, dazu siehe unten. Janichs »methodischer Kulturalismus« sollte nicht wieder darauf zurückzufallen. Herder hatte gegen Kant einen Kulturbegriff formuliert, in dem Kulturen Sinneinheiten sind, die aus ihren eigenen Entwicklungsprinzipien zu verstehen wären. Hier ist anzuknüpfen. Allerdings unterstellte Herder einen fiktiven Außenstandpunkt, der den Gedanken teils relativistisch ausufern, teils die beobachteten bzw. erwarteten Fortschritte an Humanität als objektive Tendenzen erscheinen ließ – ganz im Sinne des aufklärerischen Fortschrittglaubens. Das braucht man aber nicht mitzumachen.

Zweckmäßigkeit in Technik und (rechtlicher bzw. moralischer) Normativität reicht nicht hin, um einen guten und realistischen Kulturbegriff zu bilden. Es müssen zwei Komponenten dazugenommen werden, damit Kulturen mehr, nämlich soziale Sinneinheiten, werden: Die »Innenseite« des im Handeln präsenten Selbstverhältnisses und der Umgang mit dem »Unverfügbaren«.

Von Anfang an hat das Handeln eine die äußere Zweckmäßigkeit übersteigende Qualität. Der Mensch erlebt sich darin selber als tätig, wirkend. Erfolg kann uns mit Freude, Stolz, Selbstgewißheit erfüllen, Mißerfolg kann uns ärgern, deprimieren oder auch neugierig auf eine Erklärung machen. Die im Handeln erlebte Erfüllung und Selbstverwirklichung dokumentiert sich in Verzierungen, Schmuck, ästhetischen Formationen jeder nur erdenklichen Art. So etwas stellt die Innenseite des menschlichen Selbstverhältnisses dar. Es ist vom Zweck erst teilweise, später (in der Kunst unserer Zeit) vollständig befreit. Ich schlage vor, hier vom »Wert« des Handelns und seiner Resultate zu reden.[39]

In den sozialen Beziehungen ist diese Wertseite auch zugegen und sogar noch wichtiger. Menschen erfüllen einander in gelingenden Fällen kommunikativer Interaktion mit Achtung, Freude, Zuversicht, kurz, mit dem Bewußtsein, daß ihre Handlungen und sie selber richtig und gut sind. Soziale Normierungen und normative Theorien (in Recht und Moral) sind, über das Erreichen der ihnen vorgesetzten Zwecke hinaus, richtig, insofern sie diese innere Erfüllung fördern und stabilisieren.

Alle bis hierhin einbezogenen Gesichtspunkte tragen zweifellos zum Begreifen menschlicher Lebensvollzüge bei, machen aber solche praktisch-theoretischen Geflechte noch nicht zu einer Kultur. Dazu ist nötig, daß das Ganze einen »Sinn« bekommt. Der Ausdruck »Sinn« ist so etwas wie ein Zauberwort in Kulturtheorien aller Art. Seine Bedeutung ist vielfältig und von hartnäckiger Undeutlichkeit. Meistens korrespondiert »Sinn« ir-

39 Die Konnotationen, die »Wert« in der deutschen Umgangssprache hat, passen wenigstens in großen Teilen zu der hier gewünschten Verwendungsweise. Wert ist etwas Inneres zum Beispiel bei Gütern, die äußerlich einen Preis haben, Ideelles, zum Beispiel wenn wir von Freiheit als einem Wert sprechen. Es ist unter Umständen steigerbar, zum Beispiel wenn Bildung wertvoller sein soll als Unterhaltung, widersetzt sich aber einer exakten Quantifizierung.

gendwie mit »Zweck« und »Wert« (wobei auch diese Worte in ihren Bedeutungen oft fließen), und besonders gern wird damit das bezeichnet, was das »Mehr« der Kultur gegenüber der Sozialstruktur ausmacht.[40]

Um zu einem nachvollziehbaren Begriff von »Sinn« zu kommen, gehe ich noch einmal zurück zum Selbstverhältnis, in dem der Mensch nicht nur seine Handlungskompetenz entdeckt, sondern immer zugleich auch mit »Widerfahrnissen«[41] konfrontiert ist, die das Handeln stören, vereiteln, fördern oder gelingen lassen. Beim Widerfahrnis endet die menschliche Kontrolle, Vertrauen ist gefragt. Daß wir dieses heute ziemlich distanziert konstatieren können, dokumentiert unseren (dominant selbstvergessenen) Umgang mit dem »Unverfügbaren«.[42] Dazu unten einiges mehr. Der archaische Mensch hat es aber hier mit dem »Heiligen«[43] zu tun. Ihm verdankt er seine Kompetenzen, ihm ist er im Guten wie im Bösen ausgeliefert. Der Umgang mit dem Heiligen durchzieht das ganze Handeln, welches insofern auch kein einfaches Handeln in unserem heutigen Sinne ist, sondern immer eine kultische Qualität hat, Götter gewogen machen, Teufel bannen muß.[44] Besonders prägend dokumentiert sich der

40 Vgl. dazu den Sammelband Haferkamp 1990.

41 Der Begriff »Widerfahrnis« stammt aus W. Kamlahs Anthropologie; vgl. Kamlah 1973.

42 Ich greife den Ausdruck ›das Unverfügbare‹ von Kambartel auf, der (vgl. Kambartel 1989 e und 1989 f.) einige behutsame, fast andächtige Aussagen damit macht. Dennoch sollte, solange nicht wirklich gebetet wird, die Sprachkritik ihren Senf dazugeben dürfen: Der Ausdruck ›das Unverfügbare‹ ist kein Begriff, symbolisiert nicht unser Begreifen irgendwelcher Sachverhalte der Lebenspraxis, sondern gerade dessen Grenze. Diese Grenze haben wir nicht überschritten, sie hat also keine andere Seite, ist keine Grenze in irgendeinem objektivierbaren Verständnis. Damit hängen alle Behauptungen über das Unverfügbare, alle Vorsätze, damit rational umzugehen, in der Luft. Wir wissen nichts über »das Unverfügbare«, insbesondere nicht, ob es wirklich unverfüg*bar* und nicht etwa bloß unverfügt ist. Um diesen prekären Status des Ausdrucks zu markieren, verwende ich ihn nur in Anführungszeichen.

43 Vgl. Otto 1917. Der Ausdruck »das Heilige« ist von Mircea Eliade zur Bezeichnung der Gesamtheit von Widerfahrnissen, die die Grenze des Selbstbewußtseins betreffen, weitergebildet worden; vgl. Eliade 1973, S. 9-13.

44 Vgl. Eliade 1954, S. 58 und S. 519.

Umgang mit dem Heiligen wiederum in den sozialen Normierungen, die ursprünglich immer religiös begründet und gestaltet sind. Die Religion ist das, was ein soziales Kollektiv zu einer Einheit macht, innerhalb deren sich die Menschen dann vereinzeln können, der sie sich aber in ihrer individuellen Identität verdanken. Es ist entscheidend für die Kulturtheorie, zu begreifen, daß diese Einheit keinesfalls Vertragscharakter hat. Nicht das Einzelindividuum bringt die Kultur hervor, sondern diese das Individuum.[45] Auch wenn sich dann Heiliges und Profanes entmischen, wenn das Heilige sich verdichtet und immer mehr Sache der Schamanen und Priester wird, an die der profane Mensch sein Verhältnis zum »Unverfügbaren« delegiert, fungiert es als die letzte, höchste Instanz, die die gesamte Lebenspraxis formt.[46] Die (so verstandene) Religion setzt also die Maßstäbe dafür, ob Handlungen im Blick auf das Ganze des Lebens richtig sind. Und für diese Art übergeordneter Richtigkeit soll hier der Ausdruck »Sinn« stehen.

Kultur ist damit der Zusammenhang der Lebensvollzüge, insofern sie »Sinn« haben. Es ergibt sich daraus, daß »Sinn« intern ist bzw. daß es zunächst einmal nicht »einen Sinn« neben andern geben kann. Kultur ist dann universell, insofern sie alles, was im Leben vorkommt und an Neuem in es eintritt, auf den Sinn verpflichtet. (Hier die Bedeutung von »universell« als Derivat von »univertere« = in eins wenden, vereinheitlichen). Was sich dagegen sträubt, wird als unsinnig, barbarisch ausgegrenzt. Von außen betrachtet ist es also die Religion, die einer Kultur die Form gibt. Dabei scheint »die Form« eine neben anderen Formen zu sein. Um aber so sprechen zu können, müssen wir »Religion« als einen Oberbegriff für Weisen des Umgangs mit dem »Unverfügbaren« zur Verfügung haben. Und dazu brauchen wir einen Außenstandpunkt. Solange wir intern leben, fühlen, denken, handeln, sind wir stets auf »den Sinn« (im Singular) aus. Auch wenn der um so schwieriger zu finden ist, je mehr die kulturellen Sinnein-

45 Die Bindungen, die das fertige Einzelindividuum dann mit andern eingeht, lassen sich als »gesellschaftliche« von den »gemeinschaftlichen« unterscheiden, durch die der Mensch überhaupt erst ein mit sich identisches Wesen wird. Dazu wieder Tönnies, wie Anm. 33.

46 Selbst die Verfassungen der englischen, amerikanischen, französischen Revolutionen enthalten noch eine Berufung auf Gott, das höchste Wesen usw.

heiten fragmentiert sind, also sich die emotionale und kognitive Nahrung dafür nicht mehr einfach beim Nachbarn holen läßt.

Die für die Universalismus-Relativismus-Problematik entscheidende, in dieser Begrifflichkeit formulierbare Frage lautet nun so: Haben wir – die wir hier überlegen und diskutieren – wirklich einen Außenstandpunkt? Hat die Aufklärung die religiöse Verfaßtheit unserer okzidentalen Kulturen beseitigt – so daß wir nun mit dem hier gebildeten, anspruchsvollen Kulturbegriff zwar unsere Vergangenheit begreifen würden, für die Gegenwart und die Zukunft aber mit einer zweckrationalen, praxeologischen oder vielleicht gar einer bloß folkloristisch-anschaulichen Ausdünnung auskommen könnten? Anders gefragt: Ist die Vernunft wirklich an die Stelle der Religion getreten, bzw. wie müßte sie begriffen werden, damit wir uns auch im Sinn des hier entwickelten Kulturbegriffs als Teilhaber einer »Vernunftkultur« verstehen können?

Für die Beantwortung dieser Frage möchte ich nun so etwas wie einen »Rückbau der Modernitätsschwelle« vorschlagen: Der vormoderne Mensch ist gleichsam reif für die Aufklärung gewesen, als die Entmischung des Heiligen und des Profanen weit fortgeschritten war, als das Leben durch technische, politische, ökonomische Strukturen weitgehend kontrollierbar geworden zu sein schien, als das Heilige zu einem höchsten Wesen verdichtet, ganz fern und jenseitig geworden war, nicht mehr erlebt, sondern nur noch (unter Anleitung einer Priesterkaste) geglaubt wurde. So mußte seine normgebende Potenz als heteronom, als eine Verletzung der im Handeln ständig erfahrenen Autonomie empfunden werden. Und so war es nur konsequent, daß der Glaube an dieses höchste Wesen kritisiert, als Projektion entlarvt und schließlich abgelegt wurde.

Was ist an seine Stelle getreten? Gewiß, die Stelle mußte überhaupt nicht besetzt werden. Der Umgang mit dem »Unverfügbaren« konnte sich auch in kleinen Religionen, Sektentum, Okkultismus oder in einer allgemein gespürten Lebensleere und -unsicherheit gestalten. De facto ist aber die Stelle wieder besetzt worden: nämlich durch den Menschen. Es sind nicht nur Worte, wenn Feuerbach und Marx auf dem Gipfel ihrer Religionskritik proklamieren, nun sei der Mensch dem Menschen das höchste Wesen.[47] Wir brauchen uns nur umzusehen: Das einzige, was in

47 »Die Kritik der Religion endet mit der Lehre, daß der Mensch das

Debatten um ethische, moralische oder politische Normen als unumstößliche Instanz gilt, sind die Menschenrechte. Diese moderne »Menschheitsreligion« scheint von der vormodernen grundsätzlich verschieden zu sein; reklamiert sie doch den vormals transzendenten Bereich des höchsten Wesens als immanent. Der Unterschied ist freilich riesengroß. Es ist kein Gott mehr da, der das Heil der Welt garantiert. Das hat der Mensch nun selber zu besorgen bzw. überhaupt erst einmal zu bestimmen. Eine absolute Trennung von der Religion bedeutet das aber nur dann, wenn wir schon wissen und innehaben, was »der Mensch« ist. Haben wir das? Wir hätten dafür von uns als jeweiligen Subjekten abzusehen bzw. uns wechselseitig auf den »allgemeinen Menschen« hin anzuerkennen. Würde das ernst genommen, dann hätten wir damit ein universelles Anerkennungsgebot, das dem jesuanischen Nächstenliebegebot durchaus ebenbürtig wäre. Bekanntlich sind wir aber von einem derartig absoluten Humanismus weit entfernt; vermutlich weiter als die vormodernen Menschen. Woran mag das liegen? Ist unser moderner Gott zu hoch, zu abstrakt? Denken wir im Grunde zu schlecht vom Menschen? Hatte das 19. Jahrhundert noch den Mut, an den Menschen zu glauben, der uns aber dann in den selbstinszenierten Katastrophen des 20. Jahrhunderts abhanden gekommen ist?

Nach meiner Einschätzung drückt diese Diskrepanz einfach aus, daß der Mensch auf seine Alltagskonstitution reduziert wird oder, andersherum gedacht, daß die Vernunft eben nicht »religiös« aufgefaßt wird. Sie hat zuwenig von einer Instanz, die das »Unverfügbare« berührt, Vertrauen einflößt, dem Leben seinen Sinn gibt. Das läßt sich auch so ausdrücken: Es fehlt der Aufforderung, im anderen Menschen den »allgemeinen Menschen«, das höhere Vernunftwesen, anzuerkennen, ein »Worumwillen«, also etwas, das zu einem gleichsam kultisch ernsthaften Einsatz der Vernunft motivieren könnte; etwas, das zwar jenseitig ist, dessen Segnungen aber dennoch auch im gegenwärtigen Handeln erfahren werden könnten.

Paul Lorenzen hatte an dieser Stelle (an die er auf anderem Wege gelangt war) in seiner Anthropologie eine Antwort minde-

höchste Wesen für den Menschen sei, also mit dem kategorischen Imperativ, alle Verhältnisse umzuwerfen, in denen der Mensch ein erniedrigtes, geknechtetes, ein verlassenes, ein verächtliches Wesen ist [...].« Marx 1970, S. 385.

stens angedeutet. Sie hieß »Friede«.[48] Um des Friedens willen könnten wir uns von unseren Besonderheiten distanzieren, den allgemeinen Menschen wechselseitig in uns anerkennen. Der Friede unter den Menschen ist ein Zustand, in dem das »Unverfügbare« seine Schrecken verliert.[49] Denselben Gedanken finden wir, sogar ausdrücklich aus der Thematik Religion, Kultur und Pluralität herausentwickelt, bei Carl Friedrich von Weizsäcker. In dessen Sammlung *Der Garten des Menschlichen* heißt es: »Selbstverwirklichung war in der ganzen Menschheitsgeschichte das Thema der Religion. In geschichtlicher Konkretheit war es das Thema der Religionen in ihrer Pluralität. Der gesellschaftliche Leib der geleisteten Verwirklichung waren die Kulturen. Jede solche Kultur war der relative Friede einer Wahrheit menschlicher Selbstverwirklichung. Weltfriede ist, wenn er möglich ist, Friede der einander begegnenden Kulturen.« Im selben Kontext heißt es: »Dieser Friede [...] muß der Leib einer Wahrheit sein und diese Wahrheit zu denken, ist der Sinn unserer politischen Theorie.«[50]

Ich möchte hoffen, daß damit die Landschaft um die Modernitätsschwelle zur Genüge ausgeleuchtet ist. Verstehen wir unser Verhältnis zur Vernunft als eine Religion im hier erläuterten Sinne, dann stehen wir damit auf demselben geistigen Boden wie die traditionalen Kulturen, einem Boden, auf dem dann auch die traditionalen Religionen als Weisen der Vernunft fungieren können. Eine so gedachte, nicht auf den Verstand reduzierte Vernunft ist sodann universal. Nicht per definitionem ist sie das, sondern weil sie eine Kultur bildet, die die Grenzen zu anderen,

48 Vgl. Lorenzen 1987, S. 233 f.

49 Kambartel hat die »Gelassenheit« als ein vergleichbares Ziel vorgestellt. Sie soll darin bestehen, »im unenttäuschbaren Vertrauen darauf zu leben, daß der uns unverfügbare Gang der Ereignisse den Sinn eines vernünftigen Lebens nicht berührt«; Kambartel 1989 e, S. 90. Sein Gedankengang trifft sich an mehreren Stellen mit dem hier vorgeführten, insbesondere darin, daß »Glaube« als der Status der auf Gelassenheit abzielenden Vernunft eingesetzt wird. Aber Gelassenheit ist allenfalls der Friede, den das Individuum mit sich selber erreicht und könnte, was den gesamtgesellschaftlichen Frieden betrifft, zu quietistischen Mißverständnissen Anlaß geben. Ganz ähnlich ist auch die Botschaft in der Arbeit Kambartel 1989 d.

50 Weizsäcker 1977, S. 251 und S. 250.

insbesondere zu traditionalen Kulturen, nicht als Barrieren konzipiert, jenseits deren die Barbarei beginnt, sondern als überschreitbare Linien auf einer gemeinsamen Basis.

2. Kulturelle Identität

Nun sollen die Gedanken des hier entwickelten Kulturbegriffs auf den einzelnen Menschen bezogen werden. Ziel ist ja, die Chancen des vernünftigen Argumentierens im interkulturellen Dissens zu eruieren. Und Argumentieren wendet sich nun einmal an den einzelnen.

Kulturen existieren nicht (mehr) als in sich geschlossene, gegeneinander abgegrenzte Lebensgemeinschaften wie Stämme und Völker.[51] Sondern sie existieren als Bestandteil der »Identität« von Individuen, die über ihre Kulturzugehörigkeit subtil verbunden oder getrennt sind.

Mit dem dazu nötigen Identitätskonzept schließe ich (lose) an Erikson, Bourdieu, Kelly, Lorenzen und die Systemtheorie an. Am besten ist das zunächst äußerlich zu skizzieren: Der Mensch handelt in der oben entworfenen Weise, entwickelt sein Verhältnis zu Natur und Mitmensch, dabei mit dem »Unverfügbaren« sich arrangierend. Unter den natürlichen und biografischen Bedingungen wird er zu einem Wesen, das sich in äußerer Gestalt, in der Weise des Handelns, Fühlens, Empfindens, Denkens, sowohl von anderen unterscheidet als auch ihnen gleicht. Im Reifungsprozeß stabilisieren sich diese individuellen Besonderheiten. Der Mensch erwirbt einen »Habitus«.[52] Die Innenseite dieses Habitus ist der »Sinngehalt«.[53] Das ist eine Bezeichnung für alles, was ein Mensch von sich, anderen Menschen, Lebewesen, der Welt usw. weiß und versteht. Dabei ist aber (realistischerweise) nicht

51 Daraus, wie Wolfgang Welsch, zu schließen, daß sie gar keine Einheiten mehr seien, sondern als Fragmente gleichsam frei flottierten, die sich dann auf Situationen und Individuen niederließen, aus ihnen kulturelle Patchworks machten, und diesen Zustand als »Transkulturalität« zu bezeichnen, scheint mir eine multikulturelle großstadtzentrierte Sichtweise zu sein, die die Problemträchtigkeit der Kulturdifferenzen wegzudefinieren versucht. Vgl. Welsch 1997.

52 Vgl. Bourdieu 1982.

53 Vgl. Lorenzen 1987.

nur an ausweisbare Theorie gedacht, sondern an alle Orientierungen, die wirklich im Handeln und Leben Berücksichtigung finden. Und das ist nun einmal nicht nur der jeweils angeeignete Teil des allgemeinen Wissens, sondern es sind auch vielerlei Einschätzungen, Meinungen, Eigenwilligkeiten usw. Wir wissen gar nicht zur Gänze, was uns leitet, so daß der Sinngehalt keine feste Grenze hat, sondern in den Habitus hinein »absinkt«.

Mit seinem Sinngehalt bezieht sich der Mensch nicht nur auf die Welt, sondern insbesondere auch auf sich selber. Es ist nämlich ein Selbstbild bzw. ein Selbstverständnis darin enthalten, durch das eine Distanz vom bloßen Leben mit dem Sinngehalt gegeben ist und dieser für Änderungen, insbesondere für Korrekturen und Ergänzungen unter der Frage, wieweit seine Inhalte wahr und sinnvoll sind, sich öffnet. Wir haben damit einen neuen Aspekt des oben beschriebenen Selbstverhältnisses vor uns, gleichsam die Schnittstelle für das argumentierende Reden.

Für den Begriff der Identität sind nun zwei Verhältnisse relevant, das Verhältnis zum Anderen und das zu sich selbst. Im Verhältnis zum Anderen werden Unterschiede und Gleichheiten erfahren, die die individuelle Besonderheit ausmachen. Diese Besonderheit rechnet der Mensch sich selber zu, formt daraus sein Selbstbild, begründet sein bewußtes Selbstverhältnis. Mit zunehmender Reife wird dieses immer weniger abhängig von unterscheidenden Besonderheiten. Im besten Fall hat das Individuum schließlich seine Besonderheiten durch weitestgehende Differenzierung so weit durchlässig gemacht, daß es sie nicht mehr zur Wahrung seiner Identität braucht, sondern diese allein über sein bewußt gelebtes Selbstverhältnis erhalten kann.

Um das Geschehen in diesem Prozeß theoretisch zu fassen, habe ich den Begriff des »Rahmens« bzw. der »B-als-A-Struktur« gebildet.[54] Ich skizziere auch diese Struktur hier in einer zunächst äußerlichen Weise. Unsere Erfassung beliebiger Sachverhalte erfolgt in der Regel auf der Grundlage vorgängiger Sortierung. Es wird zum Beispiel ein Auto thematisiert, und das kann im Rahmen Transportmittel gemeint sein. Es könnte aber auch als Abgasquelle, als technisches Wunderwerk, als Selbstgefährdungsinstrument usw. bestimmt sein. Mit dem Rahmen konzentrieren wir uns auf wenige, für die gegenwärtigen Absich-

54 Vgl. Wohlrapp 1984, 1995 e und insbesondere 1996.

ten relevante Gesichtspunkte des Sachverhalts. Der ganze »Rest« wird ausgeblendet. Weil jedoch so ein Rahmen bloß im Unterschied zu dem ausgeblendeten Rest faßbar wird, dieser aber eben ausgeblendet ist, tendiert er dazu, übersehen zu werden: Der Rahmen ist latent. Sicherlich gibt es die Fälle, in denen wir ganz bewußt bereichsbezogen vorgehen. Laßt uns die ökonomische Seite des Autoverkehrs betrachten, wird etwa gesagt; die ökologische, politische, psychologische usw. wollen wir beiseite lassen. Aber auch dabei sind latente Rahmen im Spiel. Wir wissen nicht, wie der ökonomische Bereich in ein größeres Rahmengefüge eingeordnet ist. Das kann sehr verschieden sein: Für mich ist das Ökonomische fundamental, schließt das Politische ein usw. Für dich könnte das Psychologische fundamental sein, das Ökonomische einschließen usw.

Daß wir über die Rahmen und Rahmengefüge, in denen wir denken, wahrnehmen, erwarten usw. nicht so genau Bescheid wissen können, das liegt daran, daß auch diese Rahmen eine Innenseite haben. Innen sind wir selber, mit unserem Habitus und Sinngehalt. So wie wir uns hier unterscheiden, so sind die Rahmen verschieden, in denen wir die Sachverhalte konzipieren. Und so wie uns die Strukturen unseres Selbstverhältnisses bzw. unsere Persönlichkeitsstrukturen nie völlig durchsichtig sind, so sind uns die Rahmen latent, in denen wir »unsere Sachverhalte« haben. Bei vielen verzwickten Problemen des privaten und des öffentlichen Lebens ist es die Rahmendifferenz, die eine Lösung behindert, und es ist die Rahmenlatenz, die erschwert, das Problem überhaupt angemessen zu sehen.

Für das Aufheben der Latenz ist es in der Regel nicht damit getan, diesen Rahmen von außen zu benennen. – Du siehst den PKW-Verkehr ökonomisch, da wirst du seine wesentlichen Qualitäten nie erfassen. – Wer so etwas gesagt bekommt, hat meist wenig davon. Nicht weil das vielleicht nicht stimmte. Sondern deshalb, weil sich die mit dem Rahmen einhergehende Restriktion des Sinngehalts eben nur von innen her aufheben läßt. Der Betroffene müßte merken: Aha, ich kann diese Sachverhalte auch anders sehen; und das ist so interessant, bereichernd usw., daß ich mich daran orientieren will. Sodann müßte er sich das nicht nur vornehmen, sondern es müßte ihm auch gelingen. Dann erst wäre der Rahmen »aufgehoben«. Und in diesem Sinne ist eine Rahmenaufhebung eine Aufhebung von Restriktionen des Sinngehalts und kann eine Ausdifferenzierung der Besonderheiten der Person nach sich ziehen.[55]

Der letzte Gedanke für die Thematik »kulturelle Identität« liegt nun wohl auf der Hand: Kulturzugehörigkeit drückt sich in spezifischen Rahmen aus. Und zwar sind es immer die »äußersten« (tiefsten oder höchsten) Rahmen, die die kulturspezifischen sind, nämlich die, die die jeweilige Sache sinnvoll sein lassen. Die Kulturkonfrontationen im Rahmen des heutigen Großstadtlebens stellen uns laufend andere Konzeptionen der für uns relevanten Sachverhalte vor. Daß dabei mancher Rahmen unbemerkt geändert oder erweitert wird, bleibt nicht aus. Aufs Ganze gesehen geschieht aber nur wenig wirkliche Rahmenaufhebung: Es ist eher selten, daß wir die Kulturkonfrontationen zum Anlaß nähmen, nach Rahmendifferenzen zu suchen und dabei zur Einsicht in unsere eigenen beteiligten Rahmen kämen. Und auch dann ist, ob damit etwas für den kulturellen Frieden Relevantes geschieht, noch nicht garantiert. Es dürfte nach dem zur Kulturtheorie Gesagten plausibel sein, daß die die Kulturdifferenzen ausmachenden Rahmen äußerst resistent gegen ihre Aufhebung sind. Eben weil an ihnen der Sinn des Lebens hängt.[56]

Im folgenden soll nun erwogen werden, was dabei vielleicht doch mit vernünftiger Argumentation ausgerichtet werden kann.

55 Vgl. dazu gegebenenfalls meine Darstellung in Wohlrapp 1984, wo ich ein ausführliches Beispiel für eine Rahmenaufhebung darstelle.

56 Der so begriffenen Kulturdifferenz ist, wie ich fürchte, mit dem versöhnlichen Motto vom »wechselseitigen Lernen« kaum beizukommen. »Wechselseitiges Lernen« klingt, als könne der eine flöten, der andere trommeln. Es ist aber anders: Jede Seite flötet und hört mit schmerzenden Ohren, daß die andere ganz falsch flötet. – Ist es nicht empörend, daß sich der Islam im Besitz der Wahrheit wähnt? Ja, es ist wirklich finsterer Dogmatismus. – Auf unserer Seite ist es nicht so sehr der römische Papst, der mit seinen erstaunlichen Eindeutigkeiten das fundamentalistische Komplement bildet. Sondern es sind unsere Propagandisten des »freien« Unternehmertums, das für seinen Geschäftserfolg im Prinzip die ganze restliche Welt instrumentalisieren kann. Gewiß: Sie machen aus ihrem liberalistischen Credo kein Dogma. Aber das betrifft nur das Verbale, in praxi sind sie schlicht unerbittlich. Überhaupt ist der Problembereich Fundamentalismus meines Erachtens nicht eine Randzone, sondern das Feld, auf dem die Debatte um Universalismus und Relativismus ihre eigentliche Herausforderung findet.

IV. Zur Argumentationstheorie

Ich versuche jetzt, die Ernte aus dem in Teil II und III Erarbeiteten einzufahren, indem ich die Resultate auf den in Teil I angedeuteten Argumentationsbegriff beziehe. Zuvor aber noch eine Klarstellung: Man sollte nicht erwarten, daß in interkulturellen Dissensen (zum Beispiel in interkulturellen Ehen, Freundschaften, Geschäftsverbindungen[57], also jedenfalls in Verhältnissen, die nicht schon machtpolitisch soweit vorstrukturiert sind, daß es ohnehin nur noch um die Durchsetzung der Position geht) eine der Thesen als »gültig« herauskommt. Das regulär erwartbare Ergebnis kann vielmehr nur eine erhöhte »Durchlässigkeit« der Sinngehalte füreinander sein. Diese Feststellung ist keineswegs gleichbedeutend mit einem relativistischen Aufgeben von Geltungsansprüchen. Im Gegenteil werden solche Ergebnisse nur erreicht, wenn wirklich geltungsbezogen zu argumentieren versucht wird, also man sich gerade nicht in seiner jeweiligen »Welt« bzw. Kultur beläßt. Die Toleranz, die in solchem Aufteilen der Welt in verschiedene »Welten« zu liegen scheint, ist eine prekäre Tugend. Spätestens, wenn die Bedingungen sich verschärfen (Arbeitslosigkeit, Armut), zeigt sich, daß wir darauf angewiesen sind, die eine Welt, in der wir alle leben, in unseren Sinngehalten darstellen zu können.

1. Transkulturelles Argumentieren, strukturell

Man sollte sich, ich will das noch einmal wiederholen, mit theoretischen Setzungen zur Struktur des Argumentierens zurückhalten, nur Unterscheidungen zur Erfassung der grundsätzlichen Verhältnisse angeben, um mit allen feineren Strukturierungen den Bedürfnissen des konkreten Falles folgen zu können.[58] Immerhin lassen sich ein paar Dinge über die transkulturelle Akzentuierung des Argumentationsbegriffs sagen.

Zunächst kann das oben skizzierte »strukturelle Minimum« ein bißchen ausgefüllt werden. Dazu ist zu erläutern, daß Begründen

57 Vgl. Maletzke 1996, S. 129 ff., der 23 Typen »interkultureller Begegnungen« vorstellt.

58 In Wohlrapp 1995 b, S. 283, habe ich diesbezüglich ein »Prinzip der Theorieminimierung« empfohlen.

das schrittweise Ermöglichen der Einsicht in die These ist und Widerlegen das Kritisieren derartiger Ermöglichung durch Aufweisen von Lücken oder Widersprüchen.[59] Sodann sind die »Voraussetzungen« zu spezifizieren als die »theoretische Basis«. Das sind die (Teile von) Theorien, aus denen die Sprecher ihre Thesen und Argumente konstruieren und deren Sicherheit für sie dadurch feststeht, daß sie Teile ihres Sinngehalts sind, sie also mit ihnen praktizieren, leben.[60]

Mit großer Regelmäßigkeit stoßen wir beim Argumentieren auf den Umstand, daß die theoretischen Basen der Sprecher nicht zueinander passen. Wir versuchen dann, sie kompatibel zu machen, indem wir sie selber zum Gegenstand der Diskussion machen, sie präzisieren, korrigieren, komplettieren. Im gelingenden Fall werden die theoretischen Basen zu einer Menge geteilter Voraussetzungen, einer »gemeinsamen theoretischen Basis«. Daß das oft nicht weit gedeiht, besonders wenn wir sehr verschieden leben, folgt geradezu aus der Qualifikation der eingebrachten Theorien als Sinngehaltskomponenten.

Für die interkulturelle Diskussion ist es nun typisch, daß theoretische Basen nicht einfach inkompatibel, sondern daß sie heterogen sind. Zur theoretischen Erfassung dieser Heterogenität[61]

59 Vgl. Wohlrapp 1995 b.

60 Für eine deutlichere Einführung des Begriffs »theoretische Basis« anhand von Beispielen, vgl. Wohlrapp 1995 c, S. 401 ff.

61 »Heterogenität der theoretischen Basen« ist meines Erachtens die häufigste Ursache für das Scheitern von argumentativen Bemühungen. Die neuere Argumentationstheorie versucht meistens, die damit zusammenhängenden Probleme normativ zu »lösen«. Eine Verständlichkeitsnorm (Befleißige dich einer für deinen Adressaten verständlichen Sprache!) wird gefordert oder über eine reflexive Prozedur als immer schon befolgt behauptet. Wer den Leuten bzw. sich selber beim argumentierenden Reden aufs Maul schaut, weiß, daß damit wenig gewonnen ist (Ich versuche doch, mich verständlich zu machen, er/sie *will* aber offenbar nicht verstehen ...). Im großen und ganzen können wir nur so reden und verstehen, wie unsere Vorstellungen an unser Leben und Handeln rückgebunden sind. Dies Leben und Handeln ist aber in der modernen, vielfältig ausdifferenzierten Welt schon ziemlich verschieden geworden. Das argumentationstheoretische Heterogenitätsproblem kann als der (generalisierte) Nachfolger des wissenschaftstheoretischen Inkommensurabilitätsproblems (vgl. Lueken 1992) angesehen werden Während jenes schließlich doch durch Appelle an die immerhin erhebliche Konti-

habe ich den Begriff der »Rahmendivergenz« vorgeschlagen.[62] Im argumentativen Procedere sieht das zum Beispiel so aus, daß jemand einen Einwand macht gegen irgendeinen fremden, als unsinnig, barbarisch empfundenen Sachverhalt, der aber anscheinend kulturell verankert ist. Der Einwand will einen Widerspruch konstruieren, nimmt aber die dazu nötige theoretische Basis aus dem eigenen Sinngehalt. Das Verhältnis zwischen Kritik und Kritisiertem ist dann schief. Der Einwand kann gar nicht treffen.

Dazu eine kleine Illustration: Ein deutscher Tierschützer kritisiert den spanischen Stierkampf. Die Aufgabe wird zunächst sein, den Sachverhalt (Stierkampf) so zu fassen, daß er seinen kulturellen Stellenwert bekommt, und diesen in die theoretische Basis des Einwandes (Tierquälerei) zu integrieren. In der Regel ist das schwierig, weil dazu in tiefere Schichten des Sinngehaltes abgestiegen, womöglich der metaphysische Bodensatz angerührt werden müßte (den wir nicht in theoretischer Distanz vor uns haben, sondern den wir zunächst unmittelbar leben). Im Beispielfall wird der Tierfreund vermutlich ein Mensch-Tier-Verhältnis unterstellen, in welchem zum Beispiel Siegfrieds oder Georgs Kampf mit dem Drachen völlig unsinnig und unverständlich, Massentierhaltung aber verständlich (wenn auch nicht per se zu billigen) ist. Bei den Versuchen, hier eine gemeinsame theoretische Basis zu konstruieren, werden die oben beschriebenen Rahmenaufhebungen eine entscheidende Rolle spielen. Der Weg zu ihnen ist kaum verfahrensmäßig zu ebnen, wird aber wohl am ehesten beschritten, wenn wir konsequent nach »Entsprechungen« für den fremden Sachverhalt in unserem eigenen Sinngehalt suchen.[63]

Ich kann noch einen zweiten, für das transkulturelle Argumentieren relevanten Zug erwähnen. Werden Theorieteile, die durch die Konfrontation mit heterogen aufgebauten Argumenten Rah-

nuität der wissenschaftlichen Standards und Intentionen (vgl. etwa Toulmin 1972) zu beruhigen war, dürfte das argumentationstheoretische Heterogenitätsproblem mit jedem (zur Zeit für fortschrittlich gehaltenen) Lebensstil-Ausdifferenzierungsschritt an Schärfe zunehmen.

62 Die Einführung des Begriffs der Rahmendivergenz findet sich in Wohlrapp 1996.

63 Dieses Vorgehen habe ich beschrieben in Wohlrapp 1995 d.

menaufhebungen erfahren haben, in die eigene theoretische Basis integriert, dann entsteht eine neue, für das natürliche Argumentieren geradezu widersinnige Struktur. Voraussetzungen, Argumente und These einer Argumentation stehen nicht mehr in dem üblichen, linearen Prämissen-Konklusions-Verhältnis, sondern bilden ein Geflecht von sich wechselseitig stützenden und formenden argumentativen Komponenten, das ich unter der Bezeichnung »retroflexive Argumentationsstruktur« beschrieben habe.[64]

2. Transkulturelles Argumentieren, ideell

Zur ideellen Seite ist unter der transkulturellen Akzentuierung natürlich all das zu beherzigen, was am Ende von Teil III zum Friedensziel und zur Ausrichtung auf den »allgemeinen Menschen« gesagt worden ist. Ich versuche, das ein bißchen in die Andeutungen zur Idee, die oben im Teil I formuliert sind, einzuarbeiten. Grundsätzlich ist zu sagen, daß es beim argumentierenden Reden nicht um einzelne strittige Sätze (oder Sprechakte) geht, deren Gültigkeit oder Wahrheit aufgrund von feststehenden oder gar objektiven Kriterien zu erweisen wäre. Vielmehr geht es darum, daß Sinngehalte von Menschen sich angesichts irgendeines Problems als unzureichend erweisen und diese Menschen dann ein Interesse daran haben, den Mangel zu beheben.[65]

Behauptete Thesen sind also tentative Theoriekomplettierungen, die nicht eigensinnig als Orientierung festgehalten, sondern

64 Vgl. dazu Wohlrapp 1995 e und Schmidt 1995, besonders die hinter dem Beitrag abgedruckte Debatte, die die empfundene Widersinnigkeit gut zur Darstellung bringt. Die retroflexive Struktur ist mit wenig Aufwand sogar an Wittgenstein anschließbar, der in Wittgenstein 1970, Nr. 105, ganz ähnliche Ansichten niedergeschrieben hat.

65 Wird das eigene, innere Bestreben, mit möglichst guten, möglichst wahren Orientierungen zu leben, als Antrieb verstanden, dann ist das Argumentieren in ein anderes Licht getaucht als bei der primär normierenden und verpflichtenden Denkweise der Diskurstheoretiker. Auch das vielzitierte Habermas-Bonmot vom »zwanglosen Zwang« setzt das bessere Argument in einen zwanghaften Rahmen. Vielleicht läßt der sich ja durch den Hinweis aufheben, daß das »uneigennützige Interesse« an der allgemeineren Orientierung das bessere Argument anziehend macht.

vor einem Allgemeinheit sichernden Forum zur Disposition gestellt werden. Bei diesem Übergang vom Meinungsaustausch zum thetischen Reden[66] unter fortschreitender Konzentration auf die Geltungsfrage findet eine sukzessive »Distanzierung« statt. Sie beginnt bei der Distanzierung von der gemeinten Ansicht. Ist die Meinung noch eng mit der Selbstäußerung oder Selbstoffenbarung verbunden, so erbringt das Ernstnehmen der Geltungsfrage, daß das Gemeinte aus dem Sinngehalt herausgenommen, in eine gewisse »Entfernung« zu ihm gebracht wird. Die immer vorhandene Verstrickung mit dem Sachverhalt wird zurückgenommen. Die Behauptung einer entsprechenden These macht aus dem Sachverhalt »für mich«, wie er in meiner favorisierten Problemlösung konzipiert ist, überhaupt erst einen eigenständigen Gegenstand, der in Frage steht.

Werden dann zur These Argumente diskutiert, dann aktivieren wir unsere theoretischen Basen. Soweit sie heterogen sind, ändert ihr Einsatz in Argumenten ihren Status. Sie waren Voraussetzungen für Thesen und werden nun selber zu Thesen. Insofern aber die Voraussetzungen Teile des Sinngehalts von Menschen sind, also deren Lebensweise darstellen, stellen die Argumentationspartner bei sukzessiver Vertiefung des thetischen Redens mehr und mehr sich selber zu Disposition.

Das geht, wie bekannt, nicht einfach voran. Je tiefer und damit fester eine Voraussetzung mit einer Lebensweise verbunden ist, desto weniger kann sie (im Ernst) zur Disposition gestellt werden. Die innere Dynamik des Argumentierens fordert das aber, und dies ist das Geheimnis der emotionalen »Entgleisungen«: Es wird gespürt, daß das eigene Leben gefährdet ist, und der Mensch bzw. sein Habitus setzt sich zur Wehr. Was dabei passiert, ist, daß der thetische Status zurückgenommen wird, das Argumentieren in (zunächst verbales) Kämpfen übergeht.

Natürlich gibt es kein generelles Verfahren, mit dem hier irgend etwas gebessert werden könnte. Immerhin lassen sich aus dieser Beschreibung der inneren Dynamik des Argumentierens dennoch zwei wichtige Einsichten gewinnen.

Die eine besteht in einer gegenüber vielen rationalistischen Illusionen ernüchternden Klarheit darüber, was wir in dieser Hinsicht vom Argumentieren erwarten können: Das Argumentieren kann uns bis an unsere Grenzen bringen. Und nur in jenen selte-

66 Vgl. zu diesem Übergang ausführlich Wohlrapp 1995 c, S. 399 ff.

nen, glücklichen Fällen, in denen ein Sinngehalt schon innerlich reif ist für Änderungen, kann eine derartige Aufhellung der Grenze zugleich deren Überschreitung bringen. Die zweite besteht darin zu sehen, daß die thetische Dynamik einen transsubjektiven Prozeß in Gang setzt, die argumentative Vernunft also auf den allgemeinen Menschen als auf unser eigenes Anliegen ausgerichtet ist, und daß dabei kulturelle Besonderheiten im Weiterbilden von Sinngehalten sich verallgemeinern können.

3. Universalität, Partikularität und Relativität von Argumentationsresultaten

Aus dem über Struktur und Idee des Argumentierens Gesagten ergeben sich zwanglos einige Gesichtspunkte für die Beurteilung von Argumentationsresultaten.

Als erstes ist die Freiheit von Einwänden als ein Kriterium für die argumentative Geltung anzusetzen. Der Gedankenweg dorthin ist schlicht. Es geht darum, daß um Thesen mit begründender und widerlegender Intention geredet wird. Begründungen sind nur nötig, wenn sich die These nicht durch bloßes Nennen, Erläutern, Präzisieren von selber versteht. Versteht sie sich nicht von selber, dann weil entweder mindestens ein Schritt (= ein Übergang im Weg von einer Voraussetzung zur These) dazu fehlt oder aber weil zu irgendeinem Stück der für sie eingesetzten theoretischen Basis (irgendein Begriff, eine Faktenannahme, ein Zusammenhang oder dergleichen) ein inkompatibles Stück etablierter Theorie angegeben werden kann. Kurz gesagt: Versteht sich die These nicht von selber, dann weil gegen sie ein Einwand als Monitum einer Lücke oder eines Widerspruchs formulierbar ist. Werden nun Gründe für die These aufgeboten, dann auf diesen Einwand hin: um ihn zu entkräften. Die häufig im natürlichen Argumentieren angetroffene Ansicht, Thesen müßten, unabhängig von Einwänden oder sogar unabhängig davon, ob überhaupt Einwände da sind, begründet werden, arbeitet mit einer abstrakten, selbstvergessenen Vorstellung von Begründung. Recht bedacht ist die Begründetheit einer These gar nichts anderes als die Freiheit von gegen sie offenen Einwänden.[67]

67 Wer jetzt versteht, dies sei ein – Popperscher – Falsifikationismus, den hat mein Gedankengang verfehlt.

Die Einwandfreiheit ist das (äußere) Kriterium für argumentative Gültigkeit. Es gibt auch hier wieder eine »Innenseite«. Wie schon im Teil 1 ausgeführt, sollten wir dafür nicht Konsens oder Zustimmung einsetzen. Weshalb nicht? Zustimmung ist nur dann von Belang, wenn sich in ihr eine Einsicht in den von der These dargestellten Sachverhalt dokumentiert. Jedenfalls im Hinblick auf die Gültigkeit möchte ich das so konstatieren, im Hinblick auf Durchsetzung der These ist das anders, dafür ist auch mit bloßer Zustimmung etwas gewonnen. Wenn sich innerhalb einer Argumentation eine Einsicht einstellt, dann bedeutet das, daß (plötzlich) die Probleme mit dem fraglichen strittigen Sachverhalt verschwunden sind, daß »gesehen« wird: Ja, so geht es. Der Mangel, das Loch im Sinngehalt, ist geschlossen. Einsicht gehört also dazu, wenn Thesen »aufgrund« von Argumenten angenommen werden. Daraus, und das ist sehr wichtig, ist kein Kriterium zu machen; wir sollten uns hüten, nach etwas wie »Einsichtigkeit« als einer Eigenschaft von Thesen oder Argumenten zu suchen. Bekanntlich erweisen sich Einsichten mitunter als flüchtig oder als illusorisch; und zwar insbesondere, wenn sich dann doch wieder Einwände gegen das vormals Eingesehene erheben. Die Freiheit von Einwänden muß also dazukommen, wenn Einsicht als die »Innenseite« der argumentativen Geltung begriffen werden soll.

Nach diesen Vorklärungen ist nun endlich die Frage nach der Unversalität der vernünftigen Argumentation traktierbar. Ich schlage vor, sie als Komponente der argumentativen Geltung anzusehen. Das stimmt mit vielen anderen Ansätzen zusammen, auch mit Böhlers und Kambartels. Aber der Grund und die Konsequenzen sind hier doch ziemlich anders. Eine These ist universell gültig, insofern »alle Einwände« gegen sie ausgeräumt werden konnten. Das ist nicht so trivial, wie es auf den ersten Blick aussieht. Zwar enthält auch diese Definition eine einfache Allquantifizierung, genau wie die sonst üblichen Formulierungen, daß »alle Menschen« oder »alle Betroffenen« als maßgebliche Instanz dafür berücksichtigt werden sollten. Aber es sind doch gravierende Unterschiede da:

(1) Es wird gar nicht auf die Menschen und ihre mehr oder weniger gehaltvolle Zustimmung abgestellt, sondern auf den Argumentationsstand. Das ist der in einer Diskussion bei jedem Zug erhebbare »Stand der Argumente« im Hinblick auf die Frage

»Sind noch Einwände gegen die These offen und, wenn ja, welche?«[68]

(2) Wir haben in der Regel keinen vollständigen Überblick über die möglichen Einwände, womit »alle Einwände« gleichwertig wird mit »alle vorgelegten Einwände«. Dies ist eine Angabe, die ziemlich genau unsere tatsächlichen Intentionen beim Argumentieren trifft: Wir versuchen, die vorgelegten Einwände abzuarbeiten. Sicherlich werden fairerweise auch noch alle Einwände abwesender Betroffener antizipiert, aber auch hier nur alle, die den Argumentierenden eben einfallen.

(3) Auf diese Weise ist die abstrakte Universalität, bei der irgendwelche unendlich großen Gruppen wie aktual verfügbare Mengen behandelt werden, in eine potentielle, operable Universalität überführt. Argumentierendes Reden findet nun einmal in der Zeit statt, und Opponenten mit (neuen) Einwänden treten nacheinander auf.

(4) Die Geltung von Thesen kann sich ändern, ohne daß das ihre Universalität beschädigt. Auf diese Weise sind die Grundeinsichten der in der Wissenschaftstheorie seit Kuhn etablierten dynamischen Sichtweise in den Begriff der argumentativen Gültigkeit eingearbeitet. Diese ist etwas »Werdendes«.[69]

Partikularität ist wieder schlicht definierbar als ein Festhalten an Thesen, gegen die Einwände offen vorliegen. Wird ein offener Einwand ignoriert, dann ist das gleichbedeutend mit einem Austreten aus dem thetischen Reden. Die These wird wieder Meinung. Ob darin etwas Vorwerfbares liegt, läßt sich wohl nur von Fall zu Fall erwägen. Ich denke, soweit ist das alles klar und unproblematisch und konveniert auch mit den Erläuterungen, die Kambartel zu Universalität und Partikularität gegeben hat. Für den interkulturellen Fall kommt aber diese Klarheit an ihr

68 Als Beispiel für ein Erheben des Argumentationsstandes vgl. Wohlrapp 1995 b, S. 290 f.

69 Obwohl zum Beispiel seit dem 16. Jahrhundert die Erde keine Scheibe mehr ist, kann sie vorher eine gewesen sein, ohne daß das relativistische Konsequenzen haben muß: Es ist durch die Erdumseglungen ein wirklich neues Argument in die theoretische Basis für geographische Thesen gekommen, das sich dann als Einwand gegen die Scheibenthese kehren läßt. Zur Auseinandersetzung mit den hier aufscheinenden relativistischen Konsequenzen vgl. Wohlrapp 1995 b, S. 295 bis 297.

Ende. Denn da haben wir mit Rahmendivergenzen zu rechnen. »Schiefe« Einwände wie die oben angesprochenen sind aber gar keine, sondern markieren eben die Rahmendivergenz, und erst wenn die überwunden ist, zeigt sich, ob überhaupt ein Einwand vorliegt. Insofern ist kulturelle Besonderheit etwas anderes als solche schlicht verstandene Partikularität. Und das, obwohl offenkundig ist, daß gegeneinander aufgefahrene Universalitätsansprüche nicht haltbar sein werden.

Sie sind auch nicht »relativ gültig«. Denn für solch ein Urteil müßte ein übergeordneter Standpunkt da sein. Ein Standpunkt kann sich aber vernünftigerweise nur dadurch als übergeordnet ausweisen, daß er den untergeordneten integrieren kann. Und auch dazu müßte die Heterogenität abgearbeitet sein.

»Relative Gültigkeit« in einem vernünftigen Sinn kann über eine These ausgesagt werden, wenn gegen sie einerseits mindestens ein Einwand offen ist, zugleich aber feststeht, daß diese (somit partikulare) Orientierung gebraucht wird, zum Beispiel für Reifungsprozesse. So läßt sich über mancherlei Ansichten von Kindern, Schülern usw. sagen, sie seien »relativ wahr«; relativ nämlich zu der Reifephase, in der der Einwand noch nicht begriffen werden könnte, was wir aber als temporär ansehen dürfen.

Dieser »Schutzzonen-Relativismus« ist natürlich etwas anderes als die windige, selbstvergessene Ansicht, alle Geltung sei relativ.[70]

70 Seit jüngstem bekennen sich ausgerechnet Argumentationstheoretiker zum Relativismus. Der Linguist M. Kienpointner hat sich mit der Konzeption eines »moderaten«, »rhetorischen Relativismus«, in der er gerade die Erfahrungen der Kulturdifferenzen berücksichtigen möchte, hervorgetan. Vgl. Kienpointner 1992. Kienpointner glaubt, der Selbstwiderlegung dieser Position dadurch zu entgehen, daß er sie zeitlich lokalisiert: »So kann man [...] für unsere Epoche [20. Jahrhundert] annehmen, daß durch die immer stärkere Durchdringung der Weltkulturen und die ungeheuer gesteigerte wissenschaftliche Produktion eine relativistische Position angemessen sei.« Ebd., S. 155. Offensichtlich entgeht ihm, daß er für diese Lokalisierung selber einen – nicht wieder nur lokalen – Satz über Angemessenheit von Relativismen unter bestimmten Bedingungen braucht.

4. Argumentieren an der Modernitätsschwelle? Eine Situationseinschätzung und drei problemträchtige Hinweise

In diesem letzten Abschnitt befasse ich mich mit der Frage, wie die selbstkritische Entwicklung der Vernunft, von der etwa Kambartel spricht und die auch aus den hier angestellten Überlegungen sprechen möchte, sich gegenüber dem vormodernen Selbstverständnis ausnimmt. Kann argumentierendes Reden eine Chance haben?

In den tieferen Schichten der Kommunikation wird eine schwer faßbare Heterogenität der theoretischen Basen walten. Schwer faßbar ist sie, weil zum einen Kulturdifferenzen immer schwierig zu lokalisieren sind, zum andern aber der posttraditionale Mensch in seinem Autonomiestreben überhaupt keine religiösen Gehalte zu haben meint, eine Meinung, die ich, aus den oben genannten Gründen, als illusionär ansehe. Der moderne Mensch, so ließe sich analog sagen, »opfert« in seinen Versicherungsbeiträgen und »betet« in seinen Argumentationsbemühungen. Doch dabei erhebt er sich in der Regel nicht bis zur Orientierung auf den allgemeinen Menschen, sondern bleibt beim faktisch realisierten bzw. bei dem, was er an Bedürfnissen und Interessen bei sich und den ihm bekannt gewordenen Mitmenschen ernst zu nehmen gelernt hat.

Wie oben im Abschnitt III.1 ausgeführt, läßt sich eine gemeinsame Basis auslegen, soweit Vernunft und Religion ineinander überführt werden können. Dazu müßte allerdings die jeweils realisierte Form des Umgangs mit dem »Unverfügbaren« zur Disposition gestellt und als auf den Sinn hin Steigerbares behauptet werden. Dabei tritt eine Problematik auf, die notorisch ist in Fällen, in denen Realitäten unter Ideen gestellt werden: Die »Pforten« der Steigerung sind durch die Realisierung verhärtet. Bei den faktischen Religionen ist das leicht zu sehen. Der Sinn hat sich in eine bestimmte normative Form gelegt, und die dabei ausgeprägten Machtstrukturen stellen sicher, daß diese Form mit dem Inhalt, dem Sinn, identifiziert wird. Alles in wirklich gelebte Orientierungen einbezogene »Heilige« ist tendenziell vereinseitigt, weil auf das reduziert, was Menschen davon bislang verstanden haben. In der unausdrücklichen Religion der posttraditionalen Gesellschaft ist es nicht anders: Ein paar Dutzend Intellektuelle haben einen emphatischen Vernunftbegriff. Und die (vernünftigen) Führungskräfte in Politik, Wirtschaft, Unterhaltung usw. bestimmen, wie Vernunft gelebt wird. Dabei wird sie in der Regel auf den Verstand reduziert[71], und der dogmatisierte Verstand widersetzt sich der Dynamik des Argumentierens genauso wie der dogmatisierte Glaube.

Trotz der insoweit nur als kläglich einzuschätzenden Realisierungschancen ist es richtig und wichtig, das Terrain um die Selbststeigerung der Vernunft und die dadurch erreichbare Kompatibilität mit dem religiösen Bewußtsein intellektuell zu erkunden.

Im Umkreis des bisher Erarbeiteten lassen sich drei Hinweise dazu finden:

(1) Wir müßten das Zugeständnis machen, daß kulturelle Fremdheit nicht bloß Andersheit ist, sondern sinnvolle Andersheit. Dieses Zugeständnis, und das ist das Wichtige, aber eben auch Problematische daran, darf nicht davon abhängig gemacht werden, daß der Sinn in der Andersheit erkannt bzw. verstanden ist. Das geht deshalb nicht, weil wir ohne diese Unterstellung keine ernsthaften Versuche unternehmen können, ihn zu finden.

(2) Das wichtigste Instrument für das Erkennen des fremden Sinns ist das Aufsuchen von »Entsprechungen«.[72] Um die Schiefheit des direkten Beschreibens und Beurteilens des Fremden in unserer eigenen theoretischen Basis abzubauen, wird das Fremde prinzipiell als Analogon zu etwas aufgefaßt, was wir auch haben. Und das wird also jeweils gesucht. Ist es gefunden, ist damit ein Boden da, auf dem der eigene und der fremde Sachverhalt verglichen werden können – als zwei Formen eines Inhaltes. Damit sind allerdings Störungen in aller Regel noch nicht beseitigt. (Wie im obigen Beispiel: Auch wenn der Stierkampf neben dem Drachenkampf verortet wird, stört er.)

(3) Verträglichkeit der Handlungsweisen ist das Ziel. Sie können so unterschiedlich sein, wie sie wollen, aber sie sollen nicht unverträglich sein. Für die Herstellung von Verträglichkeit muß

71 Die Philosophie des Deutschen Idealismus (besonders bei Kant und Hegel) unterschied deutlich zwischen Verstand und Vernunft. Verstand ist das Vermögen des Bedingten, Endlichen, des Erfassens von Gleichförmigkeiten, Regeln. Vernunft ist das Vermögen des Unbedingten, bzw. des Begründens und Durchschreitens von Bedingtem.

72 Vgl. dazu genauer Wohlrapp 1995 d, S. 160.

in der Regel etwas aufgegeben werden. Dazu sind die jeweiligen Sachverhalte aufzulösen, in Komponenten, die zueinander passen, und solche, die nicht passen. Von dem nicht Passenden ist unter Umständen zu lassen.

Alle drei Hinweise sind eher generelle Gedanken, für die erfolgsichernde Spezifizierungen noch zu erarbeiten wären. Alle drei sind nicht evident. Am Problematischsten ist der dritte Hinweis. Und zwar aus folgendem Grunde: Um zu Formen zu finden, die mit den Lebensformen traditionaler Kulturen verträglich sind, muß ja wiederum die eigene Lebensweise zur Disposition gestellt werden. Diese grundsätzliche Forderung ist wohl kaum bestreitbar. Was aber völlig offen und unabschätzbar ist, das ist, in welchem Ausmaß. Und hier kann die Antwort eigentlich nur lauten: zur Gänze.[73] Und das, obwohl sie offenbar widersinnig ist. Denn wir haben in unserer Kultur zahlreiche wertvolle vernünftige Errungenschaften und Institutionen. Soll das etwa alles vor den Lebensweisen, dem gelebten Sinn zum Beispiel eines Amazonas-Indianervolkes, zur Disposition stehen?[74] Ich glaube, und damit will ich schließen, daß es keine andere Möglichkeit gibt, wenn wir einen Begriff von Kulturintegration suchen, bei dem vorhandener Sinn nicht abgewehrt und

73 Warum wohl? Warum nicht zum Beispiel mit Kambartel die grammatischen Grundzüge der europäischen Handlungsrationalität, mit Böhler die Sinnbedingungen des Argumentierens festhalten? Dazu zusammenfassend noch einmal die folgenden beiden Punkte:
(a) Das »Festhalten« irgendwelcher Vernunftkomponenten kann sich nicht als wissend, sondern allenfalls als glaubend verstehen.
(b) Der Vernunftglaube unterscheidet sich vom Glauben an geoffenbarte religiöse Botschaften darin, daß alle Gewißheiten als selbstproduziert zu gelten haben, daß sie in einer den jeweiligen Stand unseres Bewußtseins repräsentierenden Sprache artikuliert sind und, last not least, auch noch darin, daß Irren menschlich ist.

74 Hier denke ich an die gegenwärtig stattfindende Zerstörung der Yanomami-Kultur in Brasilien; vgl. Nehberg 1992. Das (seit 500 Jahren kaum modifizierte) Szenario zeigt, daß die zur Nutzung des Geländes »befugten« Eindringlinge die angetroffenen Bewohner, da diese keine potenten Maschinen, keine steinernen Behausungen, keine Zeitungen und keine Langeweile kennen, als »wild« ansehen und tendenziell wie den Rest der wilden Fauna behandeln (abschießen, zähmen, vertreiben).

nicht relativiert wird, sondern als bisherige Phase und Darstellung des zukünftigen Sinns anerkannt wird, dessen Entwicklung der Friede zwischen den Kulturen ist.

Literatur

Apel, K.-O. (1973), *Transformation der Philosophie*, 2 Bände, Frankfurt am Main.

Böhler, D. (1991), »Philosophische Meta-Normenbegründung durch Argumentationsreflexion. Über die Möglichkeit einer praktisch relevanten Vernunft in der technisch-wissenschaftlichen Zivilisation«, in: H. L. Ollig (Hg.), *Philosophie als Zeitdiagnose. Ansätze der deutschen Gegenwartsphilosophie*, Darmstadt, S. 147-168.

– (1995), »Ethik für die Zukunft erfordert Institutionalisierung von Diskurs und Verantwortung«, in: M. Jänicke u.a. (Hg.), *Umwelt Global. Veränderungen, Probleme, Lösungsansätze*, Berlin, S. 239-248.

– (1996), »Elemente der transzendentalpragmatischen Diskursethik«. Vortrag auf dem Symposion der Wirtschafts- und Sozialwissenschaftlichen Fakultät der Universität Erlangen-Nürnberg am 23./24. Februar 1996.

– (1998), »Dialogbezogene (Unternehmens-)Ethik versus kulturalistische (Unternehmens-) Strategik. Besteht eine Pflicht zur universalen Dialogverantwortung?«, in diesem Band, S. 126-178.

Bourdieu, P. (1982), *Die feinen Unterschiede. Kritik der alltäglichen Urteilskraft*, Frankfurt am Main.

Cassirer, E. (1990), *Versuch über den Menschen*, Frankfurt am Main.

Eemeren, F. van, u.a. (1996), *Fundamentals of Argumentation Theory. A Handbook of Historical Backgrounds and Contemporary Developments*, Mahwah, N.J.

Eliade, M. (1954), *Die Religionen und das Heilige. Elemente der Religionsgeschichte*, Salzburg.

– (1973), *Die Sehnsucht nach dem Ursprung. Von den Quellen der Humanität*, Wien.

Haferkamp, H. (Hg.) (1990), *Sozialstruktur und Kultur*, Frankfurt am Main.

Hall, E. T., und M. R. Hall (1985), *Verborgene Signale. Studien zur internationalen Kommunikation. Über den Umgang mit Japanern*, Hamburg.

Hartmann, D., und P. Janich (1996), *Methodischer Kulturalismus. Zwischen Naturalismus und Postmoderne*, Frankfurt am Main.

Hösle, V. (1990), *Die Krise der Gegenwart und die Verantwortung der Philosophie*, München.

Huntington, S. P. (1993), »The Clash of Civilisations?«, in: *Foreign Affairs* 72, Nr. 3, S. 22-49.

Kambartel, F. (1989), *Philosophie der humanen Welt. Abhandlungen*, Frankfurt am Main.

– (1989 a), »Universalität als Lebensform«, in: ders., *Philosophie der humanen Welt. Abhandlungen*, Frankfurt am Main, S. 15-26.

– (1989 b), »Vernunft: Kriterium oder Kultur?«, in: ders., *Philosophie der humanen Welt. Abhandlungen*, Frankfurt am Main, S. 27-43, ferner in diesem Band, S. 88-105.

– (1989 c), »Begründungen und Lebensformen«, in: ders., *Philosophie der humanen Welt. Abhandlungen*, Frankfurt am Main, S. 44-60.

– (1989 d), »Friede und Konfliktbewältigung«, in: ders., *Philosophie der humanen Welt. Abhandlungen*, Frankfurt am Main, S. 79-89.

– (1989 e), »Über Gelassenheit«, in: ders., *Philosophie der humanen Welt. Abhandlungen*, Frankfurt am Main, S. 90-99.

– (1989 f), »Bemerkungen zu Verständnis und Wahrheit religiöser Rede und Praxis«, in: ders., *Philosophie der humanen Welt. Abhandlungen*, Frankfurt am Main, S. 100-102.

– (1992), »Die Vernunft und das Allgemeine. Zum Verständnis rationaler Sprache und Praxis«, in: K.-O. Apel und M. Kettner (Hg.), *Die eine Vernunft und die vielen Rationalitäten*, Frankfurt am Main 1996, S. 58-72.

– (1998), »Vernunftkultur und Kulturrelativismus. Bemerkungen zu verschiedenen Problemen des Verstehens und Begründens«, in diesem Band, S. 212-220.

Kamlah, W. (1973), *Philosophische Anthropologie. Sprachliche Grundlegung und Ethik*, Mannheim.

Kant, I. (1979), *Kritik der Urteilskraft*, Frankfurt am Main.

Kienpointner, M. (1992), *Alltagslogik*, Stuttgart-Bad Cannstatt.

Kroeber, A. L., und C. Kluckhohn (1952), *Culture: A Critical Review of Concepts and Definitions*, Cambridge, Mass.

Lorenzen, P. (1987), *Lehrbuch der konstruktiven Wissenschaftstheorie*, Mannheim.

Lueken, G.-L. (1992), *Inkommensurabilität als Problem rationalen Argumentierens*, Stuttgart-Bad Cannstatt.

Maletzke, G. (1996), *Interkulturelle Kommunikation. Zur Interaktion zwischen Menschen verschiedener Kulturen*, Opladen.

Marx, K. (1970), »Zur Kritik der Hegelschen Rechtsphilosophie«, in: *Marx-Engels-Werke*, Band 1, Berlin.

Mittelstraß, J. (1989), *Der Flug der Eule. Von der Vernunft der Wissenschaft und der Aufgabe der Philosophie*, Frankfurt am Main.

– (1989 a), »Wissenschaft als Kultur«, in: ders., *Der Flug der Eule. Von der Vernunft der Wissenschaft und der Aufgabe der Philosophie*, Frankfurt am Main, S. 13-42.

– (1989 b), »Von der Vernunft. Erwiderungen auf Friedrich Kambartel«, in: ders., *Der Flug der Eule. Von der Vernunft der Wissenschaft und der Aufgabe der Philosophie*, Frankfurt am Main, S. 120-141.

Nehberg, R. (1992), *Die letzte Jagd. Die Ausrottung der Yanomami-Indianer und die Vernichtung des Regenwaldes*, München.

Otto, R. (1917), *Das Heilige. Über das Irrationale in der Idee des Göttlichen und sein Verhältnis zum Rationalen*, Breslau.

Schmidt, S. J. (1994), *Kognitive Autonomie und soziale Orientierung*, Frankfurt am Main.

Schmidt, U. (1995), »Argumentation in der Wissenschaft: Galileis Entwicklung des ›Trägheitsprinzips‹ als ein Beispiel nicht-deduktiven Argumentierens«, in: H. Wohlrapp (Hg.), *Wege der Argumentationsforschung*, Stuttgart-Bad Cannstatt, S. 306-338.

Tibi, B. (1995), *Krieg der Zivilisation. Politik und Religion zwischen Vernunft und Fundamentalismus*, Hamburg.

Tönnies, F. (1991), *Gemeinschaft und Gesellschaft. Grundbegriffe der reinen Soziologie*, Darmstadt (Neudruck der 8. Auflage von 1935).

Toulmin, St. (1972), *Kritik der kollektiven Vernunft. Menschliches Erkennen*, Band 1, Frankfurt am Main 1978.

Weizsäcker, V. v. (1977) *Der Garten des Menschlichen. Beiträge zur geschichtlichen Anthropologie*, München.

Welsch, W. (1997), »Transkulturalität?«, in: *Universitas. Zeitschrift für interdisziplinäre Wissenschaft* 1/97, S. 16-24.

Wittgenstein, L. (1970), *Über Gewißheit*, Frankfurt am Main.

Wohlrapp, H. (1984), »Metaphysische Argumentation als Bewußtseinsbildung«, in: K. Oehler (Hg.), *Zeichen und Realität*, Tübingen, S. 171-178.

– (Hg.) (1995 a), *Wege der Argumentationsforschung*, Stuttgart-Bad Cannstatt.

– (1995 b), »Argumentative Geltung«, in: ders. (Hg.), *Wege der Argumentationsforschung*, Stuttgart-Bad Cannstatt, S. 280-305.

– (1995 c), »Die diskursive Tendenz«, in: ders. (Hg.), *Wege der Argumentationsforschung*, Stuttgart-Bad Cannstatt, S. 395-415.

– (1995 d), »Konstruktive Anthropologie als Basis eines Konzepts von Kulturpluralismus?«, in: E. Jelden (Hg.), *Prototheorien – Praxis und Erkenntnis*, Leipzig, S. 149-163.

– (1995 e), »Resolving the Riddle of the non-deductive argumentation schemes«, in: F. van Eemeren u.a. (Hg.), *Analysis and Evaluation.* Bd. 2 der *Proceedings of the 3rd ISSA Conference on Argumentation*, Amsterdam 1995, S. 55-62.

– (1996), »Heterogenität als argumentationstheoretisches Problem«, in: H. Paschen und L. Wigger (Hg.), *Schulautonomie als Entscheidungsproblem. Zur Abwägung heterogener Argumente*, Weinheim, S. 43 bis 58.

Geert-Lueke Lueken

Relativität ohne Relativismus?

Amerikanischer Pragmatismus und die Überwindung irreführender Alternativen

Beim Streit um Relativismus und Universalismus handelt es sich zunächst um ein philosophisches Thema. Philosophie hat es wesentlich mit begrifflichen oder, wie Wittgenstein sagt, grammatischen Problemen zu tun. Das schaut dann von außen oft wie Wortklauberei aus und frustriert viele Leute, die sich mit Orientierungsproblemen an die Philosophen wenden.[1] Wenn sich Wissenschaftler und Entscheidungsträger aus Politik und Wirtschaft mit Philosophen über ethische Probleme in interkulturellen Handlungskontexten beraten, so erwarten sie von diesen nicht selten eindeutige Prinzipien, aus denen sich für verschiedene Situationen klare Handlungsanweisungen ableiten lassen. Tatsächlich werden sie aber nur selten solche Auskunft erhalten. Und häufig werden die Antworten verschiedener Philosophen stark voneinander abweichen. Die daraus möglicherweise resultierende Frustration offenbart ein Mißverständnis.

Das Mißverständnis betrifft zunächst den Charakter von Orientierungsproblemen und ihrer begrifflichen Seite. Begriffliches Orientierungswissen, wie es in der Philosophie gebildet wird, ist kein Wissen von der Art, wie es sich in einer Gebrauchsanweisung darstellt. Wer glaubt, daß sich philosophische Sätze wie die Sätze einer (guten) Gebrauchsanweisung lesen und anwenden ließen, der orientiert seine Erwartung am Vorbild technischen Wissens. Daß sich philosophische Sätze nicht auf diese Weise anwenden lassen, heißt nicht, daß sie überhaupt keine praktische Relevanz haben. Philosophische, also begriffliche Erläuterungen werden dadurch praktisch, daß sie ein Gebiet gleichsam in ein bestimmtes Licht rücken, möglicherweise die Sichtweise verändern. Sie schreiben keine einzelne Handlung vor, sondern betreffen die Haltung oder Einstellung, die unserem Reden, Handeln und Wahrnehmen die Form gibt.

1 Vgl. dazu Lueken 1996.

Vom Unterschied zwischen Universalismus und Relativismus hängt in einem unmittelbar anwendungsbezogenen Sinne praktisch nichts ab. Geht es beispielweise darum, ob man angesichts der Menschenrechtslage in China investieren oder sich zurückziehen sollte[2], so lassen sich beide Entscheidungen sowohl mit einer relativistischen als auch mit einer universalistischen Position vereinbaren.[3] Und dennoch geht es um einen Unterschied ums Ganze. Er zeigt sich in der Haltung, mit der die Entscheidung getroffen wird. Der Universalist wird, sofern er über universell gültige Einsichten und Grundsätze zu verfügen meint, vielleicht als Kosmopolit auftreten, aber auch eine eher dogmatische Einstellung zeigen und weniger zu Kompromissen bereit sein. Der Relativist wird sich toleranter geben, gelegentlich die eigenen Ansichten relativieren, vielleicht aber auch zu einem gewissen Opportunismus im Eigeninteresse neigen. So umgibt ihn ein Geruch des moralisch Unzuverlässigen.

1. Relativismus oder Letztbegründung: eine schlechte Alternative

Relativist möchte heute kaum jemand sein. Wir halten relativistische Positionen für unattraktiv, vielleicht sogar gefährlich. Dabei ist gar nicht immer klar, wogegen wir uns damit abgrenzen, was also unter »relativistisch« genauer zu verstehen ist. Unstrittig dürfte sein, daß wir es in unserer Welt faktisch mit einer Vielfalt von Kulturen, Lebensformen und Sprachspielen, Regeln, Normen und Werten zu tun haben. Klar dürfte weiter sein, daß etliche Handlungen und Äußerungen nur relativ auf die Situationen ihrer Hervorbringung verstanden und beurteilt werden können.

2 Vgl. Steinmann/Scherer, in diesem Band, S. 34.

3 Für Investitionen könnte sich der Universalist etwa einsetzen, weil dies die Möglichkeiten verbessert, im Sinne der universellen Menschenrechte auf die Machthaber Einfluß zu nehmen. Gegen Investitionen spricht aus universalistischer Sicht, daß man mit Menschenrechtsverletzern nicht kooperieren sollte, sondern sie durch Boykott zu einer Änderung ihres Verhaltens zwingen sollte. Der Relativist könnte gegen einen Boykott eintreten, indem er die nur relative Geltung der Menschenrechte ins Feld führt, oder für einen Boykott, weil er eben aus seiner relativen Position heraus sich die Finger nicht schmutzig machen möchte.

Das Problem ist, wie diese Vielfalt und Situiertheit zu verstehen, wie mit ihr umzugehen ist – und was daraus hinsichtlich der Geltungsfrage folgt.

Als *relativistisch*, so mein terminologischer Vorschlag, können wir die Auffassung bezeichnen, daß alle Überzeugungen, ihrer Einbettung in Situationen und ihrer Relativität auf Orientierungssysteme wegen, *gleich gültig*, nämlich nur relativ gültig sind. Da sich ein externer Standpunkt, ein Standpunkt ohne Situiertheit und mitgebrachtes Orientierungssystem, nicht einnehmen läßt, ist eine neutrale Entscheidung über »gültig« oder »ungültig« nicht möglich. Wir oder andere *halten* manches *für* »wahr« oder »falsch« – darüber hinaus läßt sich, so der Relativist, über Objektivität und Geltung nichts sagen. Zwischen Gültigsein und Fürgültighalten läßt sich nicht sinnvoll unterscheiden. Der Relativist rät uns daher, von der Geltungsfrage abzulassen.

Aus der Perspektive eines so verstandenen Relativismus hat das Erheben von Geltungsansprüchen schließlich nur den Sinn, die eigene (relative) Position zu bekräftigen, sich gegenüber anderen (relativen) Positionen stark zu machen oder, um ein Wort Paul Feyerabends aufzugreifen, *die ganze Show zu seinen Gunsten aufzuziehen*.[4] All das Argumentieren und Begründen ist nur eine verfeinerte Form der Selbstdarstellung und des Kampfs. Wo Geltungsansprüche gegeneinander aufgefahren werden, handelt es sich letztlich nur um eine verbale, »*rhetorische*« Form der strategischen Auseinandersetzung und Selbstbehauptung. Daran ist aus relativistischer Sicht zunächst nichts Verwerfliches.

Unser Unbehagen gegenüber dem Relativismus richtet sich vor allem dagegen, daß alle Überzeugungen und Orientierungen gleich gültig sein sollen. Wir möchten an der Differenz zwischen dem – möglicherweise nur kontingenten – Fürwahrhalten und dem Wahrsein von Überzeugungen festhalten. Und tatsächlich haben die Ausdrücke »... ist wahr« und »... wird für wahr gehalten« in unseren Reden nicht denselben Gebrauch. Wenn wir sagen: (a) »Diese Behauptung wird zwar von x für wahr gehalten, ist aber nicht wahr«, sagen wir schließlich nicht dasselbe wie: (b) »Diese Behauptung wird zwar von x für wahr gehalten, wird aber von y nicht für wahr gehalten.« Sollte wirklich kein Unterschied

4 Bei Feyerabend (1980) findet sich folgende Formulierung: »die Wissenschaften überwiegen heute nicht wegen ihrer Verdienste, sondern weil die ganze Show zu ihren Gunsten aufgezogen wird« (S. 202).

bestehen, ob ich sage, diese Behauptung sei wahr, oder ob ich sage, daß ich sie für wahr halte?[5]

Um eine universalistische Perspektive gegen den Relativismus in Stellung zu bringen, wird immer wieder versucht, einige Sätze (mindestens einen) auszuzeichnen, die von der Relativität auf Situationen und Orientierungssysteme ausgenommen und universell gültig sind, Sätze also, die sich in jeder Situation gegenüber jedem zur Geltung bringen lassen. Sollen solche Sätze leisten, was sich manche Universalisten von ihnen erhoffen, so dürften es allerdings weder bloß singuläre noch bloß deskriptive Sätze sein. Gefragt sind Sätze, die über alle Relativität hinweg generelle Normen oder Standards allgemeinverbindlich formulieren. Und natürlich müßte sich die »unbedingte Geltung« dieser generellen Sätze ein für allemal sicherstellen lassen.

Die transzendentalpragmatische Diskursethik, wie sie von Apel, Kuhlmann und Böhler entfaltet wird, vertritt offenbar einen Universalismus dieser Art.[6] Nach transzendentalpragmatischer Überzeugung erlaubt nur der Rekurs auf generelle Normen, das möglicherweise radikal Verschiedene miteinander auf vernünftige Weise verträglich zu machen. Und durch eine »Letztbegründung« dieser Normen meinen die Transzendentalpragmatiker dann auch, den Relativisten zur Strecke bringen zu können. So nimmt die Kontroverse zwischen Universalismus und Relativismus folgende Form an: *Entweder* wir können gewisse generelle Sätze, die universell gültige Normen (»unbedingte Pflichten«) ausdrücken, verbindlich formulieren und diese All-Sätze in jeder problematischen Situation gegenüber jedem (vernünftigen) Opponenten zur Geltung bringen – *oder* wir können es nicht.

Aber müssen wir uns überhaupt auf diese Alternative einlassen? Die Transzendentalpragmatiker meinen offenbar, wer an die Idee der Letztbegründung einer universellen Norm nicht glaubt, habe dem Relativismus schon alles zugegeben – als ob, wer eine sol-

5 Der Unterschied läßt sich zunächst daran festmachen, daß wir, um a zu überprüfen, die Behauptung von x verstehen und hinsichtlich ihrer Geltung überprüfen müssen, während wir, um b zu überprüfen, uns mit der Frage der Geltung dieser Behauptung nicht zu befassen brauchen. Wir müssen uns lediglich darum kümmern, was x und y hinsichtlich ihrer Geltung glauben.

6 Vgl. dazu den Beitrag von Böhler, in diesem Band, S. 126 ff.

che Begründungsleistung nicht zu erbringen vermöchte, zum relativistischen Credo konvertieren *müsse*.[7] Ich behaupte dagegen: Wer sich auf eine derart zugeschnittene Alternative einläßt, ist dem Relativismus bereits zu weit entgegengekommen. Wenn sich der Universalist eine so schwere Begründungslast aufbürden läßt, hat er sich irreführen lassen. Der transzendentalpragmatische Universalismus ist, wie der Relativismus, fixiert auf Meta-Regeln in Form genereller Sätze, nur positiv und nicht, wie dieser, negativ.[8] Um dem relativistischen »Alles ist gleich, nämlich nur relativ gültig« zu widerstehen und eine recht verstandene universalistische Perspektive zu eröffnen, ist es aber, wie mir scheint, weder möglich noch nötig, normative All-Sätze der angesprochenen Art endgültig zu begründen. Ich will zunächst kurz zeigen, warum solche All-Sätze nicht endgültig »letzt«begründet werden können:

Die fraglichen generellen Sätze, an deren »Letztbegründung« der Apel-Schule so viel gelegen ist, sind zunächst All-Sätze, die über offene Bereiche quantifizieren.[9] Ob es um »Sinnbedingungen« einer *jeden* sprachlichen Äußerung, um *alle* Angehörigen der Kommunikationsgemeinschaft, um *alle* Argumentierenden oder Argumentationen geht – es handelt sich um Bereiche, die wir prinzipiell nicht vollständig überblicken, im Unterschied etwa zu *allen* Personen in diesem Raum oder *allen* von diesen Personen bisher zum Thema vorgebrachten Argumentationen. In letzterem Fall können wir schon, bevor wir irgendwelche All-Sätze über den jeweiligen Bereich formulieren, sagen, wer oder was zum Bereich gehört. Der Bereich ist bereits mehr oder weniger konstituiert. Bei offenen Bereichen aber ist das nicht der Fall. Wenn wir hier etwas Generelles sagen, noch dazu in normativer Absicht, so ist das zugleich ein Beitrag zur Konstitution des

7 So jedenfalls äußerte sich Horst Gronke in einem Diskussionsbeitrag zu meinem Vortrag auf dem Nürnberger Symposium.

8 Eine ähnliche Fixierung auf die Pro-und-contra-Stellung bezüglich Meta-Regeln kann man in der Kontroverse zwischen der Diskurstheorie und Lyotards Postmodernismus feststellen. Vgl. dazu Lueken 1995.

9 Das Wörtchen »alle« kann ganz unterschiedliche Funktionen haben. Mal zeigt es empirische Generalisierungen an, mal Prädikatorenregeln, manchmal auch bloße Faustregeln. Im Kontext transzendentalpragmatischer »Letztbegründungen« hat es offenbar einen normativen Sinn.

offenen Bereichs, über den wir sprechen. Indem wir darüber sprechen, wird zugleich der Sinn der verwendeten Worte dialogisch konstituiert. Es wird damit eben auch festgelegt, was über die gemeinsam anerkannten Beispiele hinaus zum Bereich gehören soll und was nicht. Das macht schon das Verstehen und damit erst recht das Begründen entsprechender All-Sätze zu einer wesentlich komplexeren Angelegenheit als im Falle schon klar umrissener Bereiche.

So wird denn auch von der Transzendentalpragmatik für die zu erbringende Begründungsleistung ein besonderer Status reklamiert. Um diese Letztbegründung leisten zu können, bemüht der Transzendentalpragmatiker Argumente, die (dem Anspruch nach) weder deskriptiven noch normativen Charakter haben, sondern einen »reflexiven Aufweis der Sinnbedingungen« des Behauptens, Verstehens und Argumentierens »überhaupt« darstellen sollen. Die Begründung solcher All-Sätze über Kommunikation, Verstehen und Argumentieren soll also durch Reflexion auf den Sinn von Ausdrücken wie »Verstehen« oder »Argumentation« erfolgen. Gestützt auf die gemeinsam anerkannten Beispiele gelingenden sprachlichen Verstehens oder gelungener Argumentationen können wir, so die Hoffnung, den Sinn dieser Ausdrücke reflexiv fixieren und damit Kriterien gewinnen, die uns fortan zu entscheiden erlauben, was zum Bereich gehört und was nicht, also was überhaupt als Kommunikationsversuch, als Argumentation und dergleichen gelten kann.

Dieses Begründungsverfahren, das im Rahmen der Selbstverständigung innerhalb einer Gemeinschaft von Argumentierenden durchaus seinen Platz hat, kann aber eine »Letztbegründung« im anspruchsvollen Sinne nicht leisten. Zum einen ist es auf die gemeinsame Anerkennung paradigmatischer Beispiele, etwa gelungener Argumentation, angewiesen, auf die reflektiert werden kann. Aber Paradigmen können sich ändern, und ihre Anerkennung kann auch kontingenter Natur sein oder revidiert werden, beispielsweise anläßlich unerwünschter Reflexionsresultate. Zum anderen rechnet das Verfahren mit einheitlichen und eindeutigen Reflexionsresultaten. Was aber die Reflexion als konstitutive und was als bloß kontingente Merkmale von Argumentation, Verstehen etc. zutage bringt, kann selbst unter Bezugnahme auf dieselben paradigmatischen Musterbeispiele durchaus verschieden sein.

Angenommen, wir hätten auf diese Weise als Reflexionsresultat erfolgreich einen All-Satz der gewünschten Art gewonnen, beispielsweise den Satz: Alle Argumentationen sind verständigungsorientiert. Was ist dadurch gewonnen? Liefern uns solche All-Sätze Kriterien dafür, was zum Bereich der Argumentationen gehören soll und was nicht? Natürlich liefern sie grobe Orientierungen. Im wirklich strittigen Fall aber richten sie kaum etwas aus. Gerade weil sie so allgemein sind, bedürfen solche Sätze im konkreten Fall der Auslegung. Man kann sie anerkennen und doch ganz unterschiedlich verstehen.[10] Was beispielweise einer als »verständigungsorientiert« beurteilt, mag ein anderer als »bloß strategisch« zurückweisen. (Man denke etwa ans Argumentieren in der Rolle des *advocatus diaboli.*) Hinzu kommt, daß, selbst wenn ihre Auslegung im konkreten Fall unstrittig ist, diese All-Sätze keine endgültigen Kriterien liefern, denn sie können auch und gerade im Lichte neuer Fälle (zum Beispiel von Argumentationen, die ihnen nicht genügen) kritisiert werden. Daran ändert sich nichts, indem man diesen All-Sätzen normativen Charakter zuspricht. Auch Normen können sich wandeln. Sie müssen dem, was sie normieren, immer wieder neu angemessen werden.

Auf ein Verfahren zur definitiven Begründung solcher Sätze können wir uns nur dann verlassen, wenn unbestreitbar feststeht, wer oder was zum jeweiligen Bereich gehört bzw. nicht gehört. Genau das aber steht bei offenen Bereichen in den strittigen Fällen nicht fest. Hier steht die Bestimmung des Bereichs zur Disposition. Im argumentativen Dialog geht es dabei zugleich um Sinn und Geltung entsprechender genereller Normen. Die Fragen, ob

10 Mit anderen, etwas konkreteren Worten: Wenn ich mit einem Sklavenhalter über den Satz »Alle Menschen haben das Recht auf freie Meinungsäußerung und körperliche Unversehrtheit« streite, so geht es nicht einfach darum, ob dieser Satz gilt, sondern zugleich darum, welchen Sinn er hat, ob etwa Sklaven zum Bereich der Menschen gehören sollen oder nicht. Solange dies unbestimmt bleibt, kann auch der Sklavenhalter diesem generellen Satz zustimmen. Von der Zustimmung zum Satz allein hängt nichts ab. Entscheidend ist die Sinnkonstitution. Und die kann bei unabgeschlossenen, offenen Bereichen mit jedem neu auftretenden Fall wieder strittig werden. Was sind denn die Kriterien dafür, ein Mensch zu sein? Oder schwieriger noch: Wovon hängt es ab, ob jemand als Argumentierender gilt?

der strittige Fall unter die Norm fällt und wie der quantifizierte Bereich bestimmt ist, lassen sich nicht von der Frage trennen, ob in dem Fall möglicherweise ein *Verstoß* gegen die Norm vorliegt oder ob er ein *Gegenbeispiel* darstellt, das die Universalität der Norm in Frage stellt. Es wird zum Beispiel nicht nur gestritten, ob etwa alle Argumentationen denselben »Sinnbedingungen« unterliegen wie alles Verstehen, sondern zugleich auch darüber, was Argumentation oder Verstehen ist, was zu diesen Bereichen gehört. Diese Überlegung soll keineswegs auf die Forderung hinauslaufen, stets zuerst die Bereiche festzulegen und dann über die Geltung entsprechender genereller Sätze zu entscheiden. Gerade weil das bei offenen Bereichen nicht möglich ist, können solche Sätze nicht ein für allemal letztbegründet werden.[11]

Das ist aber auch gar nicht nötig, denn eine geltungstheoretische Zurückweisung des Relativismus in universalistischer Perspektive muß sich nicht auf die Begründung genereller Normen fixieren. Wie kann nun, wenn wir uns nicht auf die universelle Geltung gewisser genereller Sätze verlassen wollen, eine nicht-relativistische Perspektive auf das Geltungsproblem und die Frage moralischer Objektivität charakterisiert werden? Hier mag ein Blick auf einige Aspekte des amerikanischen Pragmatismus weiterführen. Zunächst gehe ich auf das Geltungsproblem im klassischen amerikanischen Pragmatismus ein, dann folgt ein Teil über die Kontroverse zwischen den Neo-Pragmatisten Rorty und Putnam.

II. Das Geltungsproblem im klassischen amerikanischen Pragmatismus

Der klassische amerikanische Pragmatismus wird oft für eine oberflächliche Philosophie gehalten, in deren Denkstil sich instrumentelle Vernunft, kapitalistisches Nützlichkeitsdenken,

11 Wenn Apel von den vermeintlich letztbegründeten Normen behauptet, sie seien infallibel, allenfalls ihre Formulierung könne als unzureichend erwiesen und revidiert werden, so artikuliert sich darin die dogmatische Überzeugung, der Sinn dieser Normen liege schon vor und unabhängig von ihrer Formulierung und Anwendung fest, könne also sozusagen entdeckt werden und werde nicht etwa durch diese immer wieder erst konstituiert.

blauäugiger Optimismus, Fortschritts- und Wissenschaftsgläubigkeit verbinden. Besonders die Sprache der Pragmatisten vermittelt gelegentlich den Eindruck der Oberflächlichkeit. Sehen wir einmal von Peirce' semiotischen, logischen und mathematischen Arbeiten ab, so verwenden die Pragmatisten kaum Terminologie, und wo sie tradierte Terminologie aufgreifen, verwenden sie die Ausdrücke häufig abweichend, mit kontextuell stark schwankenden Bedeutungen. James und Dewey sind zudem oft weitschweifig und redundant, bringen unzählige Beispiele und narrative Elemente in ihre meist auf Vorlesungen zurückgehenden Bücher.

Dieser Umgang mit der Sprache ist, recht verstanden, kein Ausdruck von Oberflächlichkeit, sondern durch ein philosophisches Motiv erklärbar: Es geht darum, starre Dualismen aufzulösen, den Blick auf die Pluralität konkreter Kontexte zu öffnen sowie eine dynamisch-prozessuale und holistische Weltsicht vorzuführen. Auch die Verwendung biologistisch, darwinistisch oder behavioristisch gefärbter Redeweisen dient den Pragmatisten vornehmlich dazu, Bilder dynamischer Prozesse und holistischer Verhältnisse zu skizzieren, und ist nicht so sehr als Bekenntnis zu einer verobjektivierenden, szientistischen Ideologie zu verstehen.

1. Peirce: Wahrheit im Doubt/belief-*Schema*

Es ist eine verbreitete Ansicht, daß der amerikanische Pragmatismus Wahrheit nur als eine Sache der Nützlichkeit auffaßt, den Unterschied zwischen Wahrheit und Fürwahrhalten ignoriert und damit trotz gegenteiliger Beteuerungen dem Relativismus Tür und Tor öffnet. Ich denke, auch das ist ein Vorurteil, das auf einseitige Lesarten zugespitzter Formulierungen zurückgeht. Die Pragmatisten *ersetzen* nicht etwa den Wahrheitsbegriff durch den des Fürwahrhaltens, sie *erläutern* ihn mit Bezug auf die Praxen, in denen wir berechtigterweise sagen oder voraussetzen, etwas sei wahr oder falsch. Und sie tun dies in konsequenter Anwendung der von Peirce in verschiedenen Varianten formulierten »pragmatischen Maxime«.[12]

12 Zur Übersicht konsultiere man Morris 1977, der auf S. 205 ff. drei Varianten anführt.

Nach meiner Lesart besagt die pragmatische Maxime folgendes: Der Sinn unserer Begriffe und Aussagen[13] hängt nicht allein von definitorischen Festlegungen ab, sondern auch davon, wie ihr Gebrauch in unser Leben eingreift. *Ob* unsere Begriffe oder Aussagen sinnvoll sind, hängt davon ab, ob ihre Verwendung (oder Nichtverwendung) einen Unterschied in unseren Sprachspielen, in unserer Praxis ausmacht. Gibt es keinen solchen Unterschied, so sind sie sinnlos. Gibt es einen, so hängt ihr Sinn davon ab, *welchen* praktischen Unterschied es macht, ob wir diese Ausdrücke verwenden oder nicht. Um also Begriffe oder Aussagen zu klären, müssen wir die Kontexte und praktischen Folgen ihres Gebrauchs aufsuchen und auf sie reflektieren. Das gilt natürlich auch für den Wahrheitsbegriff.

Bei Peirce sind die Überlegungen zum Wahrheitsbegriff in sein *Doubt/belief*-Schema eingebettet, in dem er die Entwicklung von Überzeugungen und Praktiken in groben Umrissen als Prozesse des Umgehens mit Zweifel darstellt. Wahr oder falsch zu sein sprechen wir *beliefs*, also Meinungen oder Überzeugungen, zu. Echte *beliefs* sind nach Peirce nicht einfach Sätze, von denen jemand sagt, daß er an sie glaubt. *Beliefs* sind etwas, das in unser Handeln und Empfinden einfließt. Es muß etwas davon abhängen, einen praktischen Unterschied machen, ob ich einen *belief*, eine Überzeugung, habe oder nicht.

Manchmal kommen wir mit unseren *beliefs* nicht weiter, stoßen auf praktische Hindernisse oder gedankliche Probleme. So entsteht Zweifel (*doubt*). Wenn Zweifel an überkommenen Überzeugungen auftreten, werden sie zum Anlaß von Forschungs- und Argumentationsprozessen, mit deren Hilfe wir unsere Überzeugungen klären, verändern und verläßlicher machen. Ein

13 Peirce spricht von »conception«, was als Begriff, Idee oder Vorstellung übersetzt werden kann. Ich denke, daß die Rede von Begriffen und Aussagen die Sache durchaus trifft und im übrigen weniger mit Konnotationen philosophiehistorischen Ursprungs belastet ist. Das *Doubt/belief*-Schema und die pragmatische Maxime finden sich in den beiden klassischen Aufsätzen von Peirce, »The Fixation of Belief« und »How to Make our Ideas Clear«, die als die Gründungsdokumente des amerikanischen Pragmatismus gelten. Deutsche Fassungen sind nachzulesen in dem von Elisabeth Walther herausgegebenen und eingeleiteten Band (Peirce 1985) und in der von Karl-Otto Apel herausgegebenen Sammlung (Peirce 1991).

bloßer *paper doubt* kann allerdings nicht als echter Zweifel akzeptiert werden. Sinnvoller Zweifel hat theoretische Gründe oder praktische Anlässe; das heißt, er läßt sich als Einwand gegen eine handlungsorientierende Überzeugung artikulieren, die damit als These zur Disposition steht. Echter Zweifel unterscheidet sich vom *paper doubt* dadurch, daß er eine praktische, das Handeln betreffende Alternative eröffnet. Ob ein Einwand sinnvoll ist, stellt sich allerdings eventuell erst im Argumentationsprozeß heraus.[14]

Der Prozeß des Argumentierens und Forschens umfaßt im pragmatischen Verständnis sowohl Prüfbewegungen als auch Suchbewegungen; er schließt zudem neben verbalem Austausch von Einwänden und Gründen auch experimentelle Handlungen und praktische Erfahrungen ein, soweit diese im argumentativen Kontext relevant sind, also in den Austausch von Gründen und Einwänden eingehen (können). Angestrebt wird dabei ein Zustand, in dem eine These fixiert werden kann, gegen die keine Einwände (mehr) bestehen und die deshalb als verläßliche Handlungsorientierung gelten kann.[15] Ziel unserer Forschungs- und Argumentationsprozesse ist es, zu gültigen und praktisch verläßlichen Überzeugungen zu kommen. Traditionell reden wir hier vom Ziel, das objektiv Wahre und Gute zu erkennen. Wahrheit ist, so die klassische Formel, Übereinstimmung mit der Wirklichkeit. Die Pragmatisten, die diese Formel übrigens keineswegs ablehnen, sondern als selbstverständlich voraussetzen, fragen nun, was das (im Lichte der pragmatischen Maxime) genauer heißt.[16]

Wo immer lebendiger Zweifel auftritt, zeigt sich das auf Wahrheit oder, allgemeiner, auf Geltung hin orientierte Handeln zunächst praktisch darin, daß wir den Zweifel nicht ignorieren, unterdrücken oder wegerklären, sondern als Einwand auffassen und in Forschungs- und Argumentationsprozesse eintreten. Ent-

14 Ich lese Peirce' Unterscheidung zwischen echtem Zweifel und *paper doubt* aus argumentationstheoretischer Perspektive als eine pragmatische Erläuterung des Unterschieds zwischen sinnvollen Einwänden und bloßem Gegenangerede.

15 Harald Wohlrapp hat den Begriff der argumentativen Geltung in diesem Sinne durch den der »Freiheit von Einwänden« oder auch: »Einwandfreiheit« erläutert. Vgl. dazu Wohlrapp 1995 a und 1995 b.

16 Vgl. James 1908, S. 162 f.

sprechend zeichnet Peirce solche Überzeugungen als wahr aus, über die sich alle ernsthaft Forschenden und Argumentierenden am Ende, *in the long run*, einigen können. Ich denke, man sollte Peirce hier weder allzu konkretistisch verstehen und den wahren Konsens der Forscher sozusagen vom »runden Tisch« in einer unbestimmten Zukunft erwarten, noch eine Unterscheidung von realem und idealem Konsens (im Sinne der Diskurstheorie) in ihn hineinlesen. Tatsächlich kann es nur um faktischen Konsens gehen. Wahrheit, die faktisch nie erreichbar ist, interessiert den Pragmatisten nicht. Allerdings ist in einen echten faktischen Konsens das Ideal einer endgültigen Freiheit von Einwänden als Anspruch begrifflich eingelagert.[17]

Die Gegenüberstellung von realem, bloß faktischem Konsens und kontrafaktischem, idealem Konsens ist in pragmatistischer Sicht so nicht sinnvoll. Jeder Konsens ist am Ideal einer endgültigen Einwandfreiheit orientiert. Und wir können auch unterscheiden zwischen (a) Überzeugungen, bei denen wir, auch wenn sie gut bestätigt, argumentativ begründet und frei von Einwänden sind, nicht sicher sein können, ob nicht eines Tages ein lebendiger Zweifel auftaucht und ein begründeter Einwand erhoben wird, und (b) solchen Überzeugungen, die endgültig wahr sind, weil gegen sie kein sinnvoller Einwand, kein lebendiger Zweifel möglich ist. In Fällen von (a) können unsere Wahrheiten endgültig sein, aber wir können nicht wissen, ob sie es sind. In Fällen von (b) dagegen können wir das. Die Pragmatisten rechnen also durchaus mit endgültigen Wahrheiten, über die wir schon verfügen und jederzeit wieder Konsens herstellen können.

2. James: Wahrheit und »echte Option«

William James hat einige Unterscheidungen vorgelegt, die sich als Verfeinerung des groben *Doubt/belief*-Schemas verstehen lassen.[18] James hat hier den Fall im Blick, daß die Überzeugungen anderer mit dem Anspruch an uns herangetragen werden, von uns geglaubt zu werden. Solche *Belief*-Kandidaten nennt James

17 Zur Kritik der diskurstheoretischen Unterscheidung zwischen faktischem und idealem Konsens vgl. Lueken 1995, besonders S. 373 ff., sowie S. 221 f. von Lueken 1992.

18 Vgl. zum folgenden James 1899.

»Hypothesen«. Wir würden heute wohl sagen: es wird für eine Meinung oder These ein Geltungsanspruch erhoben. James unterscheidet nun zwischen »toten« und »lebendigen« (Hypo-)Thesen. Lebendig ist eine These, wenn wir nicht von vornherein die Möglichkeit ausschließen wollen, sie in unser *web of belief* (Quine) einzuarbeiten und entsprechend zu handeln; andernfalls ist sie tot. Ob eine These lebendig oder tot ist, ist damit relativ auf das jeweilige Orientierungssystem und die zugehörige Praxis bestimmt.

Weiterhin betrachtet James den Fall der Entscheidung zwischen zwei möglichen, als Thesen mit Geltungsanspruch vorliegenden Überzeugungen. Er nennt eine solche Entscheidung eine *Option*. Eine Option kann ihrerseits tot oder lebendig sein; sie ist lebendig, wenn beide Thesen lebendig sind. Weiter kann eine Option »vermeidbar« oder »unumgänglich« sein. Sie ist letzteres, wenn nicht beide Thesen zugleich gelten können und auch kein Drittes möglich ist. Mit anderen Worten: Eine Option ist unumgänglich, wenn wir uns entscheiden müssen, eine der beiden Thesen als Überzeugung anzunehmen und die andere zu verwerfen. Schließlich können Optionen »bedeutungsvoll« oder »unerheblich« sein, je nachdem, wieviel von der Entscheidung abhängt, ob sie etwa rückgängig gemacht oder zurückgestellt werden kann, ob es sich um eine einmalige Gelegenheit handelt usw. Als eine *echte Option* bezeichnet James eine solche, die unumgänglich, lebendig und bedeutungsvoll ist. Und er behauptet, daß eine echte Option »ihrer Natur gemäß nicht aus intellektuellen Gründen entschieden werden kann«, sondern von der »Gefühlsseite unseres Wesens« entschieden werden muß.[19] Ist das nicht purer Irrationalismus, Dezisionismus und Relativismus?

Zunächst sollte man sich klarmachen, daß James hier einen Grenzfall im Auge hat. Es geht keineswegs darum, den Geltungsbegriff voluntaristisch aufzulösen, sondern die Stelle zu markieren, an der die argumentative Rationalität an ihre Grenze stößt. Es wäre ein grobes Mißverständnis, ihm die Auffassung zuzuschreiben, wir könnten oder müßten generell nach dem Gefühl entscheiden, was wahr ist oder was wir für wahr halten wollen.[20]

19 Vgl. ebd., S. 138.

20 James (1899) hat dies unmißverständlich deutlich gemacht: »Können wir durch irgendwelche Anstrengung unseres Willens oder den noch so sehnlichen Wunsch, es möchte so sein, glauben, wir seien wohlauf,

Und daß wir im Falle einer echten Option nicht aus »intellektuellen Gründen«, sondern nur von der »Gefühlsseite« her entscheiden können, ist nach meiner Lesart eine *grammatische* Bemerkung, die uns etwas über begriffliche Beziehungen zwischen »echter Option«, »intellektuellen Gründen« und »Gefühl« sagt.

Gerade James hat darauf bestanden, daß es endgültig wahre Überzeugungen gibt. Diese können niemals einem lebendigen Zweifel ausgesetzt sein, also auch nicht in eine lebendige Option eingehen. *Endgültig wahr* sind für James unsere wahren Überzeugungen hinsichtlich gewisser »Beziehungen zwischen rein geistigen Ideen«[21], wie sie in Sprachregeln, Definitionen, Prinzipien oder Rechenregeln artikuliert sind. Sind die Regeln einmal fixiert, so konstituieren sie eine *abstrakte* Wirklichkeit, von der wir wahre oder falsche Überzeugungen haben können. Falsche Überzeugungen können hier eindeutig bestimmt und widerlegt werden. Der Prozeß des Wahrmachens, die Herstellung der Übereinstimmung unserer Überzeugungen mit dieser Wirklichkeit, erfolgt nach Regeln, die wir selbst hergestellt haben. Der Konsens über die Regeln ermöglicht endgültig wahre Überzeugungen. Hier ist übrigens ein Ort, an dem James den Unterschied zwischen Wahrsein und Fürwahrhalten problemlos und klar festmachen kann, wo er also keineswegs relativistisch argumentiert.

Schwieriger ist es bei der *konkreten* Wirklichkeit. Hier müssen wir prinzipiell mit der Fallibilität unserer Überzeugungen rechnen. Dies heißt nicht etwa, daß wir von der konkreten, in gewissem Sinne von uns unabhängigen Wirklichkeit überhaupt keine wahren Überzeugungen haben könnten, sondern daß wir zumeist nicht wissen können, *ob und welche* unserer Überzeugungen endgültig frei von Einwänden sind. Solange allerdings unsere Praxis gelingt und keine Einwände vorliegen, haben wir auch keinen Grund, das, was wir für wahr halten, für nicht »wirklich« wahr zu halten. »Die Wahrheit lebt«, wie James sagt, »tatsächlich

während wir stöhnend am Rheumatismus daniederliegen, oder überzeugt sein, daß die beiden Ein-Dollar-Scheine, die wir in der Tasche haben, zusammen hundert Dollars ergeben müssen? *Sagen* können wir das alles, aber daran zu glauben liegt gänzlich außerhalb unserer Macht; [...]« (S. 131).

21 Vgl. James 1908, S. 169.

größtenteils vom Kredit. Unsere Gedanken und Überzeugungen ›gelten‹, solange ihnen nichts widerspricht, so wie die Banknoten so lange gelten, wie niemand ihre Annahme verweigert.«[22] Und die Befürchtung, alles Geld könnte sich als Falschgeld erweisen, führt, wie der Pragmatist weiß, den Zweifel *ad absurdum*.

Der Fall einer lebendigen Option tritt erst auf, wenn sinnvolle Einwände gegen eine unserer Überzeugungen nicht nur bezweifelnder, sondern bestreitender Art sind; das heißt, wenn eine Gegenthese vorgelegt wird. Wir müssen dann entweder Gründe für unsere Überzeugung bieten und die Gegenthese entkräften oder die Gegenthese annehmen, es sei denn, wir finden im Argumentationsprozeß etwas Drittes. Diese Möglichkeit entfällt, wenn es sich um eine unumgängliche Option handelt, was sich vielleicht erst im Argumentationsprozeß erweist. Reichen die vorgebrachten Gründe und Einwände nicht hin, eine Entscheidung zu treffen, kann möglicherweise die Frage so lange zurückgestellt werden, bis hinreichende Gründe beigebracht sind. Bei einer »echten« Option aber geht das nicht. Da sie ohne hinreichende »intellektuelle Gründe« getroffen werden muß, müssen wir auf unser Gefühl vertrauen. Hier endet die argumentative Rationalität. Und dies ist keine empirische Behauptung über die begrenzten Fähigkeiten der Menschen.

Ich glaube auch nicht, daß die Anerkennung dieser Grenze des rationalen Diskurses zu einem Irrationalismus und Relativismus nötigt. Zum einen kann es nicht als irrationalistisch gelten, den Gefühlen und dem Willen ihren angemessenen Platz einzuräumen. Zum anderen ist zu bedenken, daß Wille und Gefühl nach pragmatistischer Auffassung keineswegs etwas Beliebiges sind, das sozusagen einem rein subjektiven Ich entspringt. Vielmehr sieht James bereits das Ich als sozial konstituiert an. Das Subjekt wird hier als Schnittpunkt oder Knoten im Netz praktischer, sozialer Beziehungen verstanden. Die »Gefühlsseite unseres Wesens« verbindet uns affektiv mit sozial geteilten und erworbenen Orientierungen, die uns zum großen Teil nicht mehr bewußt sind, aber nichtsdestotrotz handlungsleitend sein können. So verstanden steht eine gefühlsmäßige Entscheidung keineswegs *per se* im Gegensatz zu einer rationalen. Wo die argumentativen Ressourcen erschöpft sind, wird eine gefühls- und willensadäquate Entscheidung jedenfalls die Chancen erhöhen, daß unser

22 Ebd., S. 168.

künftiges Handeln mit unseren selbstverständlich gewordenen Überzeugungen kohärent bleibt.

Entsprechend der pragmatischen Maxime stellt sich neben der Frage, wie wir im Rahmen von Forschungs- und Argumentationsprozessen zu gültigen Überzeugungen gelangen, die Frage, was ein Handeln aufgrund wahrer Überzeugungen von einem Handeln aufgrund falscher Überzeugungen unterscheidet. Die Pragmatisten gehen davon aus, daß falsche Überzeugungen in aller Regel dazu führen, daß unser Handeln nicht den gewünschten Erfolg hat, Erwartungen frustriert, Zwecke verfehlt, während umgekehrt wahre Überzeugungen unser Handeln gelingen lassen. Wenn Pragmatisten diese Intuition gelegentlich durch Formulierungen von der Art »Wahr ist, was uns gefällt, nützt, befriedigt« grob auf den Punkt bringen, so sollte man das nicht als Versuch mißverstehen, die klassische Wahrheitsdefinition relativistisch aufzuweichen oder zu *ersetzen*. Tatsächlich ist hier keine Definition beabsichtigt, sondern eine pragmatische Erläuterung, was Übereinstimmung heißen kann. James sagt:

»Eine Wirklichkeit abbilden ist zwar eine wichtige Art, mit ihr übereinzustimmen, aber es ist keineswegs das Wesentliche. Das Wesentliche liegt immer in dem Vorgang des Geführt-Werdens. Jede Idee, die uns dazu verhilft, logisch oder praktisch mit einer bestimmten Wirklichkeit und dem, was zu ihr gehört, zu operieren, jede Idee, die uns beim Weiterschreiten nicht in Täuschungen verstrickt, die unser Leben der ganzen Lage dieser Wirklichkeit anzupassen vermag, jede solche Idee wird mit dieser Wirklichkeit in ausreichendem Maße übereinstimmen. Sie wird in bezug auf diese Wirklichkeit als wahr gelten.«[23]

Insgesamt scheint mir das Bild, das der klassische Pragmatismus zur Erläuterung des Geltungsbegriffs von den Prozessen des forschenden und argumentativen Wahrmachens und vom Handeln aufgrund gültiger Überzeugungen malt, alles andere als relativistisch zu sein. Vielmehr werden hier korrespondenztheoretische, kohärenztheoretische und konsenstheoretische Aspekte in einer prozessual-dynamischen Perspektive zusammengedacht. Heraus kommt ein anspruchsvoller Geltungsbegriff, aufgrund dessen keineswegs alles für gleich gültig erklärt werden kann. Vielmehr werden strenge Anforderungen gestellt, welche Überzeugungen wir berechtigterweise für wahr halten dürfen. Sie müssen mit der konkreten wie mit der abstrakten Wirklichkeit, mit Tatsa-

23 Ebd., S. 171.

chen und Prinzipien übereinstimmen, sie müssen sich kohärent in das Netz unserer gültigen Überzeugungen einarbeiten lassen und zumindest langfristig Konsens finden können. Von solchen Überzeugungen können wir dann auch erwarten, daß sie orientierend zu einer gelingenden Praxis beitragen. Auch wenn Wille und Gefühl im Grenzfall eine Rolle spielen, so steht es doch nicht in unserer Macht, an der Wirklichkeit und an der Gemeinschaft vorbeizugehen.

III. Neo-Pragmatisten im Streit über Relativismus und Objektivität

Bis in die dreißiger Jahre hinein war der Pragmatismus die dominante Strömung in der amerikanischen Philosophie. Dann setzte sich unter dem Einfluß von Carnap und Reichenbach allmählich die an der Formalsprache orientierte Richtung der analytischen Philosophie durch und verdrängte den Pragmatismus. Die Entwicklung der amerikanischen analytischen Philosophie zeigt allerdings auch ein unterschwelliges Fortwirken von Motiven des Pragmatismus. Hinzuweisen ist besonders auf die Tendenz zur Verflüssigung von Dualismen, zur Verwandlung absolut gedachter Gegensätze in Gradunterschiede und die Neigung zu holistischen Betrachtungsweisen. Quines Kritik des Analytisch/synthetisch-Gegensatzes und sein holistisches Bild vom *web of belief* gehört hierher wie auch die an Quine anschließende Kritik Davidsons am Dualismus von Begriffsschema und Inhalt.[24] Auch die vor allem von Kuhn und Feyerabend eingeleitete historistische Wende in der Wissenschaftstheorie kann als ein Fortwirken pragmatischer Motive verstanden werden: Es wird eine dynamisch-prozessuale Sichtweise gegen eine rein formale Wissenschaftslogik geltend gemacht.[25]

Etwa seit Anfang der achtziger Jahre beginnen etliche in der analytischen Philosophie großgewordene amerikanische Philosophen, sich für andere philosophische Denkstile zu öffnen, etwa für die europäischen Traditionen der Phänomenologie und der Hermeneutik bis hin zur sogenannten Postmoderne. Im Zuge dieser Entwicklung – man hat schon von »postanalytischer« Phi-

24 Vgl. dazu Quine 1979 und Davidson 1986.
25 Hier sind einschlägig Kuhn 1979 und Feyerabend 1976.

losophie gesprochen[26] – erwachte bei einigen Autoren auch das Interesse am klassischen Pragmatismus und an der Spätphilosophie Wittgensteins. Auf zwei der bekanntesten dieser Neo-Pragmatisten will ich im folgenden eingehen, nämlich Richard Rorty und Hilary Putnam.[27] Dies bietet sich deshalb an, weil zwischen Rorty und Putnam eine Kontroverse über Relativismus und Objektivität besteht.[28]

Ausgangspunkt des Neo-Pragmatismus bei Rorty und Putnam ist die Kritik an semantischen und epistemologischen Vorstellungen naiv-realistischer oder formalistischer Art. Diese Vorstellungen orientieren sich an einem Dualismus von Sprache als einer formalen Struktur und Realität als etwas, was wir in dieser Struktur repräsentieren (wollen). Ob man nun meint, mit unserer Sprache eine sozusagen vorsprachlich schon gegliederte Welt abbilden oder durch Projektion sprachlicher Strukturen auf die Realität gewisse Aspekte derselben modellieren zu können: beide Bilder suggerieren, daß wir über die Wahrheit unserer Sätze durch einen Vergleich mit der Wirklichkeit entscheiden. Die Kritik an solchen Vorstellungen von Abbildung, Projektion und Übereinstimmung mit der Wirklichkeit läuft darauf hinaus, daß wir einen (sprach)externen Standpunkt, von dem aus wir das Verhältnis zwischen Sprache und Realität beurteilen könnten, nicht einzunehmen vermögen. Rorty und Putnam formulieren sie auch als Ablehnung der sogenannten »Gottesperspektive«, des »metaphysischen Realismus« und des Bildes vom »Spiegel der Natur«.[29] Was allerdings, außer einer Hinwendung zum

26 Der englische Originaltext von Rortys »Solidarität oder Objektivität?« – ein Aufsatz, auf den ich noch eingehen werde – erschien in einem von J. Rajchman und C. West herausgegebenen Sammelband *Post-Analytic Philosophy*; vgl. Rajchman/West 1986.

27 Auf das Verhältnis dieser beiden zur Philosophie Donald Davidsons einzugehen ist hier nicht der Platz. Nur soviel: Während Rorty Davidson für einen Mitstreiter des Neo-Pragmatismus hält (vgl. Rorty 1990), ist Putnam gegenüber Davidsons Art von Realismus skeptisch (vgl. Putnam 1993 a und 1994 a). Gegen Davidsons Versuch, das Konzept begrifflicher Relativität auszuhebeln, argumentiert Putnam 1987.

28 Einige Stationen dieser Kontroverse: Putnam 1993 b, 1994 a, 1995 und Rorty 1988, 1994.

29 Vgl. Putnam 1982 und Rorty 1981.

Pragmatismus, aus dieser Kritik folgt, sehen Rorty und Putnam teilweise recht unterschiedlich.

So schlägt Rorty vor, die Unterscheidung zwischen Wahrsein und Fürwahrhalten als unexplizierbar aufzugeben und der Philosophie eine neue Rolle zuzuweisen. Wenn sie schon nicht mehr in der Lage ist, kraft einer Erkenntnistheorie darüber zu richten, welche unserer konkurrierenden Theorien, Thesen, Begriffsschemata oder Weltbilder die Wirklichkeit besser abbilden, könne die Rolle der Philosophie nur darin bestehen, als eine Art Vermittler im hermeneutischen Dialog zwischen den Konkurrenten zu fungieren. Putnam hat gegen diese Rolle nichts einzuwenden, möchte aber mit seinem »internen Realismus«, den er dem »metaphysischen Realismus« mit Gottesperspektive gegenüberstellt, an einem vernünftigen Begriff von Objektivität und Geltung festhalten und so relativistische Konsequenzen vermeiden, die er bei Rorty diagnostiziert.[30]

Die Kontroverse zwischen Putnam und Rorty ist alles andere als übersichtlich. Keiner der beiden möchte Relativist sein. Und beide werfen einander vor, mit dem »metaphysischen Realismus« nicht konsequent genug gebrochen zu haben. In groben Umrissen sieht die Kontroverse folgendermaßen aus: Während Putnam meint, Rorty sei Relativist geworden und erweise sich damit als enttäuschter metaphysischer Realist, ist Rorty der Auffassung, Putnams Festhalten an Konzepten der Objektivität und Geltung zeige, daß dieser der Alternative zwischen Relativismus und Objektivismus und damit dem Bild vom »Spiegel der Natur« verhaftet bleibe. Um es gleich vorweg zu sagen: Ich denke, daß es Rorty ist, der sich in dieser Kontroverse auf falsche Alternativen fixiert und dabei gegen seine ausdrückliche Absicht zum Relativisten wird.[31]

30 In der letzten Zeit verwendet Putnam den Ausdruck »interner Realismus« nicht mehr. Die Reserve gegenüber diesem Ausdruck heißt allerdings nicht, daß Putnam die Position, die er früher damit markierte, aufgegeben hätte. Da ich mich hier mit den Gründen für diese terminologische Veränderung nicht befassen will, werde ich den Ausdruck unbefangen weiter verwenden.

31 Ich schließe mich hier teilweise, wenn auch mit etwas anderem Schwerpunkt, Hans Julius Schneider (1995) an. Vgl. dazu jetzt auch Kambartel 1996.

In seinem Aufsatz »Solidarität oder Objektivität?«[32] stellt Rorty zwei Weisen, auf die wir uns der Vernünftigkeit unserer Orientierungen vergewissern können, gegenüber. Die erste besteht darin, daß wir unsere Orientierungen in die geteilten Überzeugungen einer Gemeinschaft einbetten (Stichwort »Solidarität«). Bei der zweiten nehmen wir Bezug auf eine »nichtmenschliche« objektive Realität (Stichwort »Objektivität«). Pragmatisten, meint Rorty, führen Objektivität auf Solidarität zurück, für sie ist das Streben nach Objektivität »einfach der Wunsch nach möglichst weitgehender intersubjektiver Übereinstimmung, der Wunsch nach möglichst umfassender Erweiterung des Anwendungsbereichs des Wortes ›wir‹.«[33] Zu Wahrheit und Rationalität gebe es darüber hinaus, was in jeweils *unserer* Gemeinschaft an Rechtfertigungsweisen verwendet wird, nichts zu sagen.

Die Ausdrücke »wahr« und »gut« sind für Rorty nichts weiter als ein solidarischer Ausdruck des Empfehlens oder Lobens. So wird bei Rorty die begriffliche Verbindung dieser Ausdrücke zur Praxis des Forschens und Argumentierens aufgelöst, die den klassischen Pragmatisten so wichtig ist. Argumentation betrachtet er nur als einen speziellen Fall des Überredens und Werbens. Damit kann sich Rorty wohl kaum auf den klassischen Pragmatismus berufen. Hier scheint vielmehr der Einfluß der von Rorty bewunderten französischen Philosophen durchzukommen.

Dennoch will Rorty den Relativismusvorwurf nicht gelten lassen: Da der Pragmatist überhaupt keine Theorie des Wahren und Guten vertrete, vertritt er, so Rorty, mithin auch keine relativistische.[34] Das ist allerdings eine allzu oberflächliche Absetzungsrhetorik. Denn es ist ja keineswegs ausgemacht, daß der Relativismus durch eine *Theorie* der Geltung zu kennzeichnen ist. Vielmehr empfiehlt der Relativist gewöhnlich mit Rorty und im Unterschied zum Pragmatismus, auf Begriffe wie Wahrheit und Geltung zu verzichten und sie durch Begriffe des Meinens und Überredens zu ersetzen.

Es sind vor allem die Absetzbewegungen, Rortys reduktionistische Rhetorik des »nichts weiter als« und des »statt«, die Put-

32 Vgl. Rorty 1988.
33 Ebd., S. 15.
34 Ebd., S. 16.

nams Argwohn erwecken: Solidarität *statt* Objektivität, Hoffnung *statt* Erkenntnis, Rhetorik *statt* Argumentation. Darin zeige sich nämlich Rortys Bedürfnis, unsere unterscheidenden Redeweisen von Geltung und bloßer Meinung zu verändern, zu *reformieren*. Für Putnam spielen diese Unterscheidungen eine wichtige Rolle innerhalb unserer Dialog-Kultur, auch wenn die Grenzen weder ahistorisch sind noch unabhängig davon, wie wir in unserer Kultur reden, gezogen werden können. Für ihn gehört es zu den Aufgaben der Philosophie, diese Unterschiede zu reflektieren und zu erläutern, nicht sie nach einer Seite aufzulösen.

Das Ziel von Rortys rhetorischen Bemühungen ist offenbar politisch-aufklärerischer Natur: er möchte zu mehr Toleranz und Demokratie beitragen. Daß er das aber *auf diese Weise* versucht, verrät nach Putnams Lesart, daß Rorty den philosophischen Diskurs über Erkenntnis und Geltung zugleich über- und unterschätzt. Er überschätzt seine legitimatorische Funktion als Grundlage einer möglicherweise dogmatischen, intoleranten Praxis; aber Philosophie ist nicht Grundlage, sondern Reflexion der Kultur. Zugleich unterschätzt Rorty den Sinn und die Möglichkeiten der philosophischen Reflexion und Erläuterung der Rolle, die die Unterscheidungen zwischen Wahrsein und Fürwahrhalten, zwischen berechtigten und unberechtigten Überzeugungen, besseren und schlechteren Normen *innerhalb* unserer Praxis und Diskussionskultur spielen.

Rortys Entlarvung von angeblichen Scheinfragen vollzieht sich, so Putnams Diagnose, nicht immanent und therapeutisch. Zu *sagen*, man lasse eine falsche Frage oder Alternative hinter sich, um sie dann mehr oder weniger gewollt durch eine andere zu ersetzen, ist noch *keine Überwindung* dieser Scheinfrage. Hier äußert sich vielmehr, wie Putnam meint, »eine aggressive Form der metaphysischen Krankheit selbst«.[35] Rorty versuche, *»aus einer Perspektive Gottes heraus zu sagen, daß es keine Perspektive Gottes gibt«*.[36]

Putnam dagegen versucht, mit seinem »internen Realismus« *Solidarität und Objektivität* zusammenzudenken. Zwar sei, *ob* eine Aussage berechtigt ist oder nicht, keineswegs unabhängig davon, »ob die Mehrheit von meinesgleichen in meiner Kultur *sagen* würde, sie ist berechtigt oder unberechtigt«. Das heißt aber

35 Putnam 1993 b, S. 240.
36 Ebd., S. 245.

nicht, daß »berechtigte Behauptbarkeit« *grammatisch* kurzzuschließen sei mit der jeweils *faktisch* vorherrschenden »Mehrheitsmeinung«. Vielmehr gehört es nach Putnam zu unserem Begriff der Berechtigung, zu sagen, »die Berechtigung, in einer bestimmten problematischen Situation ein bestimmtes Urteil anzunehmen, sei unabhängig davon, ob die Mehrheit von meinesgleichen *zustimmen* würde«. In dieser grammatischen Eigenschaft unserer Rede von Berechtigung und Geltung drückt sich die Einsicht aus, daß unsere Normen und Standards berechtigter Behauptbarkeit »zur Verbesserung fähig [sind]. Es gibt bessere und schlechtere Normen und Standards.«[37]

Daß die Mehrheit meiner berechtigten Behauptung nicht zustimmt, mag daran liegen, daß sie über schlechtere Standards verfügt. Ob meine Standards besser sind, ist nun wiederum nicht unabhängig davon, ob die Mehrheit *in the long run* sagen würde, sie seien besser. Das heißt aber keineswegs, wie Rorty meint, verbesserte Normen seien nicht objektiv besser, sondern *erschienen* uns nur so.

»Ebenso wie es intern zu unserem Bild von Berechtigung gehörte, daß sie von der Meinung der Mehrheit meinesgleichen in meiner Kultur unabhängig ist, gehört es intern zu unserem Bild von ›Verbesserung‹, daß die Frage, ob der Ausgang einer Veränderung gut [...] oder schlecht [...] ist, logisch unabhängig davon ist, ob sie gut oder schlecht *erscheint*. (Aus eben diesem Grund macht es Sinn zu argumentieren, etwas, das die meisten Leute für eine Verbesserung halten, sei in Wirklichkeit gar keine.)«[38]

Von wo aus beurteilen wir solche Veränderungen als Verbesserungen oder Verschlechterungen? »Aus *unserem* Bild der Welt heraus natürlich«, sagt Putnam. »Aber aus diesem Bild heraus sagen *wir*, daß ›besser‹ nicht dasselbe ist wie ›wir glauben, es ist besser‹.«[39]

Putnam hält also daran fest, daß unseren Begriffen der Wahrheit, der Objektivität, der Moralität ein normativer Gehalt intern eigen ist. Er betrachtet sie als Grenzbegriffe. Rorty dagegen meint, daß die Einsicht, »wir hätten noch einen langen Weg vor uns und unsere heutigen Auffassungen sollten nicht in Erz gegossen werden« einer projektiven Setzung von Grenzbegriffen

37 Alle Zitate in diesem Absatz: ebd., S. 241 f.
38 Ebd., S. 244.
39 Ebd., S. 246.

im Sinne idealer Konvergenzpunkte des Dialogs nicht bedürfe, sondern lediglich der optimistischen Hoffnung auf Verbesserung. »[...] was soll eine solche Setzung schon leisten, wenn sie nicht dies besagt: daß die menschliche Gattung, vom Standpunkt Gottes gesehen, auf dem richtigen Weg ist? Putnams ›Internalismus‹ sollte ihm derartige Äußerungen doch wohl verbieten.«[40]

Ich denke, Rorty verkennt hier Putnams Punkt. Er besteht darin, den *internen* Sinn unserer normativen Begriffe zu erläutern, wenn man so will: das relative Recht und das rechte Verständnis von unseren scheinbar in der Gottesperspektive vollzogenen Redeweisen zu erläutern. Wir können ideale Standards formulieren, und wir können ideativ so reden, als ob diese Standards erfüllt wären. Es ist Rortys Mißverständnis, wenn er unsere Als-ob-Rede realistisch liest, das heißt die Idealisierung als versuchte Einnahme der Gottesperspektive darstellt.

2. *Multikulturalismus versus Ethnozentrismus*

Zumindest *verbal* sind sich Rorty und Putnam in der Ablehnung des Gottesstandpunkts und in ihrem Internalismus einig. Unsere Begriffe, Normen und Geltungsansprüche müssen intern, innerhalb unserer Sprache, Praxis, Lebensform geklärt werden. Eine externe Perspektive steht uns nicht zu Gebote. Aber, so mag man fragen, wird hier nicht bloß unter einem anderen Namen eben das vertreten, was sonst »Kulturrelativismus« genannt wird? Wie kann in internalistischer Perspektive kulturübergreifende Kommunikation gedacht werden? Und vor allem: Kann der internalistische Pragmatismus in irgendeinem Sinne kulturübergreifende Konzepte von Wahrheit, Geltung, Moralität und Rationalität liefern?

Rorty und Putnam stimmen auch in der Ablehnung der Vorstellung unüberwindbarer Inkommensurabiltäten zwischen den Kulturen und Lebensformen überein.[41] Beide sehen in unserer

40 Rorty 1988, S. 22 f.

41 Putnam hat schon 1982 argumentiert, das Vergleichen setze voraus, daß einiges kommensurabel sei (1982, S. 161). Ich halte dieses Argument in dieser Allgemeinheit für nicht sehr stark (vgl. Lueken 1992, S. 126 f.). Für stärker halte ich die von Rorty als in der Inkommensurabilitätsdiskussion allmählich Konsens findend dargestellte Auffas-

Fähigkeit, zu kommunizieren, zu lernen und zu argumentieren, pragmatische Ansatzpunkte für die Überwindung interkultureller Konflikte. Und beide sehen die Grenzen zwischen den Lebensformen nicht als starr an. Sie erinnern daran, daß jeder von uns ohnehin schon verschiedenen gesellschaftlichen Gruppen angehört und sich auf die Übergänge sehr wohl versteht. Die Differenz zwischen ihnen besteht in folgendem: Putnam meint, daß unsere Begriffe von Wahrheit, Geltung und Moralität eine transkulturelle Dimension unserer Rationalitätsauffassung markieren. Rorty möchte dagegen den Begriff transkultureller Rationalität über Bord werfen.

Das in der Wir-Form vorgetragene Bekenntnis zur Lebensform des reichen nordamerikanischen liberalen Intellektuellen ist ein fester Bestandteil von Rortys Rhetorik. Durch das (ironische?) Selbstanheften von *labels* wie: »wir reichen Nordamerikaner«, »wir Philosophieprofessoren«, »wir Pragmatisten«, »wir Wittgensteinianer«, »wir Sozialdemokraten«, »wir liberalen Intellektuellen«, usw. nimmt er entsprechenden Etikettierungen durch Kritiker die Kraft und gibt sich offen als Angehöriger einer *ingroup* zu erkennen. Entsprechend bezeichnet er seinen Pragmatismus auch als ethnozentrisch. Was versteht Rorty unter Ethnozentrismus?

»Sich ethnozentrisch verhalten heißt: das Menschengeschlecht einteilen in diejenigen, vor denen man seine Überzeugungen rechtfertigen muß, und die übrigen. Die erste Gruppe – der *ethnos* – umfaßt diejenigen, mit deren Meinung man genügend übereinstimmt, um ein fruchtbares Gespräch möglich zu machen.«[42]

Rortys Rede von Ethnozentrismus ist schillernd. In einem Sinne ist ethnozentrisches Verhalten »unumgänglich«, in einem ande-

sung, »aus der Unübersetzbarkeit sei keine Unerlernbarkeit zu folgern, und mehr als Erlernbarkeit sei nicht erforderlich, um Diskutierbarkeit zu ermöglichen« (Rorty 1993, S. 17, vgl. dazu auch Lueken 1995 a). Für voreilig hingegen halte ich es, daraus, wie Rorty nahelegt, zu folgern, daß »die alten wie die neuen Theorien alle ›von derselben Welt handeln‹« (Rorty 1993, S. 18). Es ist alles andere als klar, ob ein solcher Realismus die beste Erklärung für die transparadigmatische Lern- und Diskutierbarkeit darstellt. Eine pragmatische »Erklärung« kann sich vielmehr auf unsere Fähigkeit zum Handeln und Unterscheiden stützen (vgl. Lueken 1992, S. 288 ff.).

42 Rorty 1988, S. 27 f.; vgl. auch Rorty 1993 a.

ren ist es Ausdruck einer bestimmten Einstellung. Unumgänglich ist es in folgendem Sinne: Wir können nicht mit allen reden und argumentieren, und wir können nicht umhin, aus unserer Kultur heraus zu kommunizieren. Rorty betont, »daß die von einer anderen Kultur nahegelegten Annahmen überprüft werden müssen, indem wir sie mit Überzeugungen, die wir schon haben, zusammenzuweben versuchen«. Sofern wir unsere Kultur nicht einfach abstreifen können, geht es gar nicht anders. Deshalb meint Rorty übrigens auch die »anthropologische Unterscheidung zwischen dem Interkulturellen und dem Intrakulturellen«[43] für hinfällig erklären zu können. Aber verliert dann nicht auch die Rede vom Ethnozentrismus ihren Sinn?

Sicher kann man Rorty zustimmen, daß hier keine absolute Grenze besteht. Kulturen sind keine hermetisch abgeschlossenen Gebilde. Und wir ziehen die Grenzen, mit wem wir bereit zum Dialog sind, immer wieder neu und in Abhängigkeit von unseren Erfahrungen. Wenn das der ganze Ethnozentrismus ist, so ist dagegen nichts einzuwenden. Er ist es aber nicht. Darüber hinaus ist Rortys Ethnozentrismus Ausdruck einer Einstellung: Rorty nimmt nämlich ausdrücklich Grenzziehungen vor, mit wem wir uns auf einen argumentativen Austausch nicht einlassen sollten, etwa mit Verrückten wie Nietzsche oder Ignatius von Loyola.[44] Hier ist Rortys Ethnozentrismus nichts Unumgängliches, sondern mangelnde Bereitschaft, über die Grenzen der eigenen Wir-Gruppe hinweg zu diskutieren. Dabei sind die Ausgegrenzten noch nicht einmal Hexen, Kannibalen oder andere Wilde, sondern gebildete Angehörige unserer Kultur.

Putnam dagegen tritt für einen recht verstandenen Multikulturalismus (auf der Basis einer an Dewey orientierten Erziehungskultur[45]) ein. Er weist wiederholt darauf hin, daß das Streben nach moralischer Universalität keineswegs mit dem Streben nach einer einheitlichen Lebensweise für alle verwechselt werden darf. Eine multikulturelle Gesellschaft in seinem Sinne ist nicht bloß eine solche, in der verschiedene ethnische und religiöse Gruppen toleriert werden und gleiche bürgerliche und politische Rechte genießen. Vielmehr muß sie vom Respekt, von der Anerkennung für die Kulturen und Werte der anderen Gruppen getragen sein.

43 Rorty 1988, S. 20 f.
44 Vgl. etwa Rorty 1988 a, S. 98 f.
45 Vgl. Putnam 1994 b.

Bloße Toleranz reicht nicht aus. Zum Respekt gehört Wissen über die anderen Kulturen dazu. Man kann nicht respektieren, was man überhaupt nicht kennt. Ein gruppenübergreifendes Einverständnis kann im Konflikt nur hergestellt werden, wenn die Beteiligten über die von ihnen gelebten Werte kommunizieren können. Dazu bedarf es nicht nur der Herstellung einer mehr oder weniger gemeinsamen Sprache, sondern, wie Putnam betont, der »Bereitschaft herauszufinden, wo die andere Person ›herkommt‹«[46] Das heißt, im transkulturellen Dialog müssen wir uns auf unsere verschiedenen Lebens-, Leidens- und Lerngeschichten einlassen – was immer das *genauer* heißen mag. Eine entsprechende Haltung zu befördern, sieht Putnam (mit Dewey) als eine Aufgabe der Erziehung.

3. Lernen, Zwecke und moralische Objektivität

Dewey hat in seiner in *Democracy and Education*[47] entwickelten und von Putnam aufgenommenen pragmatistischen Philosophie der Erziehung bereits die Problematik einer multikulturellen Demokratie im Blick. Erziehung in seinem Sinne ist wesentlich für das Gelingen einer solchen gesellschaftlichen Lebensform. Wenn es nicht gelingt, das Verhältnis der Kulturen als ein wechselseitiges Lernen zu gestalten, droht die pluralistische Gesellschaft auseinanderzubrechen. Dabei ist Lernen im pragmatistischen Verständnis weit mehr als das Einüben schematischer Fertigkeiten und Routinen. (Es ist nicht bloß die »Abrichtung«, von der Wittgenstein spricht und die sozusagen eine Vorbereitung für die eigentliche Praxis ist.) Vielmehr geht es um das bewußte Gestalten und Machen von Erfahrungen. Erfahrung versteht Dewey keineswegs als passives Aufnehmen von Informationen, Regeln oder Daten, sondern als einen Prozeß mit einer aktiven und einer passiven Seite, ein Wechselspiel bewußten Handelns und Widerfahrenlassens. Erziehung hat nun die Aufgabe, durch geeignete Situationsinszenierungen die Prozesse des Lernens so zu fördern, daß eine Eigendynamik in Gang kommt. Es geht um das Lernen des Lernens, des bewußten Gestaltens und Erfahrens.

46 Putnam 1994 b, S. 236 (Übersetzung vom Verfasser).
47 Vgl. Dewey 1993.

Die hier ins Auge gefaßte Erziehungskultur soll die Kommunikation, den Respekt und das wechselseitige Lernen in der durch verschiedene Kulturen geprägten Gesellschaft voranbringen. Gegen diese Idee ist der Einwand zu erwarten, daß Kommunikation, Respekt und Lernfähigkeit ihre Grenze da haben, wo die identitätsstiftenden, obersten (oder letzten) Zwecke der Beteiligten unverträglich sind.

Diesem Einwand liegt offenbar das Bild einer Hierarchie der Zwecke zugrunde. Eine Handlung wird begründet als Mittel zu einem Zweck. Dieser Zweck wird seinerseits als Mittel zu einem Oberzweck begründet. An der Spitze dieser Zweckhierarchie stehen letzte Zwecke, die selber nicht mehr als Mittel zu einem Zweck gedacht werden können. Der Relativist wird nun sagen, letzte Zwecke könnten überhaupt nicht gerechtfertigt, ein Konflikt über sie nicht argumentativ ausgetragen werden. Wo Oberzwecke betroffen sind, sind wir nicht lernfähig. Der Universalist vom Typus des Transzendentalpragmatikers wird darauf bestehen, daß wir auch subjektiv oder kulturell letzte Zwecke moralisch beurteilen und uns dabei argumentativ auf eine universelle Supernorm beziehen, uns sozusagen an die Spitze der Zweck-Pyramide begeben müssen.

Auch hier versucht der Pragmatist der Irreführung durch eine falsche Alternative zu entgehen. So hat Putnam jüngst ein Bild von den Beziehungen zwischen Zwecken entworfen, das nicht hierarchisch, sondern sozusagen flach und prozessual ist und damit einer derart gefaßten Alternative zwischen Relativismus und Universalismus den Boden entzieht[48]:

Die Rechtfertigung von Zwecken mag gelegentlich dadurch geschehen, daß sie als geeignete Mittel zum Erreichen wichtigerer, längerfristiger und in diesem Sinne übergeordneter Zwecke dargestellt werden. Typischer für unsere Rechtfertigungspraxis aber ist der Fall, daß wir unsere Zwecke, Zweckänderungen oder Zwecksetzungen im Rekurs auf die glücklichen oder frustrierenden *Erfahrungen* rechtfertigen, die wir beim praktischen Verfolgen dieser Zwecke gemacht haben, gerade machen oder zu machen erwarten. Es kann sein, daß wir unsere Handlungen und Zwecke im Hinblick auf längerfristige Zwecke rechtfertigen oder auch ändern. Aber natürlich können wir auch unsere längerfristigen Ziele ändern, wenn sie mit unseren kürzerfristigen Zwecken

48 Vgl. zum folgenden Putnam 1994 c.

oder Zweckänderungen nicht mehr vereinbar sind. Und dies ist etwas anderes als die Rechtfertigung von veränderten langfristigen Zielen im Rekurs auf darüber liegende Oberzwecke.

Im Bild von der Zweckhierarchie wird dagegen eine Welt der Zwecke isoliert von der Welt unserer lebenspraktischen Erfahrung dargestellt. Darin werden Zwecke stets nur mit Bezug auf andere, höhere Zwecke gerechtfertigt, der Bezug auf Praxis und Erfahrung spielt keine Rolle. Wer in diesem Bild gefangen ist, wird geneigt sein, in jede Rechtfertigung von Handlungen und Zwecken den Bezug auf Oberzwecke hineinzulesen und so, wie Putnam bemerkt, den Unterschied verwischen zwischen Zwekken, die ein Handelnder bewußt verfolgt und formulieren kann, und Zwecken, die wir ihm unterstellen und zuschreiben zu müssen meinen. Das Bild einer pyramidischen Zweckhierarchie vermag die beweglichen Beziehungen zwischen unseren Zwecken und Erfahrungen nicht zu erfassen. Auch hier scheint das Bild eines Netzes eher angemessen zu sein.

Daß erfahrungsgestützte Rechtfertigungen von Zwecken nicht einfach *naturalistic fallacies* sind, wird klar, wenn man die enge Verzahnung von Zwecken und Erfahrungen, Werten und Tatsachen bedenkt. Putnam hat wiederholt die Dichotomie von Werten und Tatsachen angegriffen. Sicher: Wir können aus Tatsachen allein keine Zwecke oder Werte ableiten. Aber müssen Rechtfertigungen denn stets Ableitungen sein? Und was heißt hier Tatsachen? Haben wir einmal die Idee vom Spiegel der Natur aufgegeben, so wird klar, daß wir Tatsachen nicht unabhängig von Tatsachenbeschreibungen haben können, schon gar nicht im Diskurs. Dann aber sind Tatsachen auch nicht unabhängig von der Beschreibungssprache, von Theorien, Interpretationen und Werten. Vielmehr bestehen hier wechselseitige Stützungs- und Erläuterungsverhältnisse.

Das von Putnam im Ausgang von Dewey gezeichnete Bild vom argumentativen Dialog über Zwecke und Normen unterscheidet sich von den üblichen Verständnissen vor allem dadurch, daß hier der argumentative Dialog nicht auf das Prüfen, Kritisieren und Begründen schon gegebener Zwecke und Normen beschränkt bleibt, sondern Lern- und Suchbewegungen einschließt. Die Erwägungen, die wir beim Suchen und Setzen neuer Zwecke anstellen, und die Erfahrungen, die wir im Verfolgen unserer Zwecke machen, gehen als wesentlicher Bestandteil in unsere praktischen Argumentationen ein. Argumentieren wird hier als ein Prozeß des Forschens und Lernens aufgefaßt.

Inwiefern vermag das von Putnam gezeichnete Bild ein Konzept von moralischer Universalität oder, wie Putnam sagt, »*moral objectivity*«[49] zu stützen? Negativ formuliert heißt moralische Objektivität hier zunächst nur, daß sich unsere moralischen Beurteilungen von Handlungen und Zwecken weder bloß an zweckrationalen Überlegungen orientieren noch im Sinne von Geschmacksurteilen aufgrund beliebiger Präferenzen verstehen lassen. Positiv ausgedrückt ist moralische Objektivität oder Universalität ein Anspruch, der in unsere moralische Beurteilungspraxis eingeht. Dieser Anspruch läßt sich aber nicht endgültig in einer situationsinvarianten Superregel fixieren; er muß vielmehr im argumentativen Dialog immer wieder neu und bezogen auf unsere situativen Erfahrungen erläutert und eingelöst werden. Nur in diesem Sinne durchzieht universelle Moralität unsere perspektivisch und historisch relative Pluralität von Praxen, Situationen und Lebensformen.

Literatur

Böhler, D. (1998), »Dialogbezogene (Unternehmens-)Ethik versus kulturalistische (Unternehmens-)Strategik. Besteht eine Pflicht zur universalen Dialogverantwortung?«, in diesem Band, S. 126-178.

Davidson, D. (1986), »Was ist eigentlich ein Begriffsschema?«, in: ders., *Wahrheit und Interpretation*, Frankfurt am Main, S. 261-282.

Dewey, J. (1993), *Demokratie und Erziehung. Eine Einleitung in die philosophische Pädagogik*, Weinheim.

Feyerabend, P. K. (1976), *Wider den Methodenzwang. Skizze einer anarchistischen Erkenntnistheorie*, Frankfurt am Main.

– (1980), *Erkenntnis für freie Menschen*, Frankfurt am Main.

James, W. (1899), »Der Wille zum Glauben«, in: ders., *Der Wille zum Glauben und andere popularphilosophische Essays*, Stuttgart; hier zitiert nach dem Wiederabdruck in E. Martens (Hg.) (1975), *Texte der Philosophie des Pragmatismus*, Stuttgart, S. 128-187.

– (1908), »Der Wahrheitsbegriff des Pragmatismus«. 6. Vorlesung aus: W. James, *Der Pragmatismus. Ein neuer Name für alte Denkmethoden*. Volkstümliche philosophische Vorlesungen, Leipzig 1908, hier

49 Vgl. dazu auch die Aufsätze Putnam 1994 d und 1994 e.

zitiert nach dem Wiederabdruck in: E. Martens (Hg.) (1975), *Texte der Philosophie des Pragmatismus*, Stuttgart, S. 161-187.

Kambartel, F. (1996), »Universalität, richtig verstanden. Bemerkungen zu Rortys verwirrendem Umgang mit Wahrheits- und Geltungsansprüchen«, in: *Deutsche Zeitschrift für Philosophie* 44, Heft 2, S. 249 bis 254.

Kuhn, Th. S. (1979), *Die Struktur wissenschaftlicher Revolutionen*. 2., revidierte und um das Postskriptum von 1969 ergänzte Auflage, Frankfurt am Main.

Lueken, G.-L. (1992), *Inkommensurabilität als Problem rationalen Argumentierens*, Stuttgart-Bad Cannstatt.

– (1995), »Konsens, Widerstreit und Entscheidung. Überlegungen anläßlich ›Lyotards Herausforderung der Argumentationstheorie‹«, in: H. Wohlrapp (Hg.), *Wege der Argumentationsforschung*, Stuttgart-Bad Cannstatt, S. 358-385.

– (1995 a), »Das Lernen der Sprache und das Übersetzen. Überlegungen zum Fremdverstehen«, in: K. S. Johannessen und T. Nordenstam (Hg.), *Culture and Value. Philosophie und die Kulturwissenschaften*, Kirchberg am Wechsel, S. 661-667.

– (1996), »Über die Orientierungsleistung philosophischen Argumentierens«, in: S. Dietz, H. Hastedt, G. Keil und A. Thyen (Hg.), *Sich im Denken orientieren*, Frankfurt am Main, S. 52-70.

Martens, E. (Hg.) (1975), *Texte der Philosophie des Pragmatismus*, Stuttgart.

Morris, Ch. W. (1977), »Die pragmatische Bewegung in der amerikanischen Philosophie«, in: ders., *Pragmatische Semiotik und Handlungstheorie*, Frankfurt am Main, S. 193-298.

Peirce, Ch. S. (1985), *Die Festigung der Überzeugung und andere Schriften*, Frankfurt am Main/Berlin/Wien.

– (1991), *Schriften zum Pragmatismus und Pragmatizismus*, Frankfurt am Main.

Putnam, H. (1982), *Vernunft, Wahrheit und Geschichte*, Frankfurt am Main.

– (1987), »Truth and Convention: On Davidson's Refutation of Conceptual Relativism«, in: *Dialectica* 41, S. 69-77.

– (1993 a), »Referenz und Wahrheit«, in: ders., *Von einem realistischen Standpunkt*, Reinbek bei Hamburg, S. 133-155.

– (1993 b), »Realismus mit menschlichem Antlitz«, in: ders., *Von einem realistischen Standpunkt*, Reinbek bei Hamburg, S. 221-252.

– (1994 a), »The Question of Realism« in: ders., *Words and Life*, Cambridge, Mass., S. 295-314.

– (1994 b) (zusammen mit Ruth Anna Putnam), »Education for Democracy«, in: ders., *Words and Life*, Cambridge, Mass., S. 221-244.

– (1994 c) (zusammen mit Ruth Anna Putnam), »Dewey's Logic: Epistemology as Hypothesis«, in: ders., *Words and Life*, Cambridge, Mass., S. 198-220.

– (1994 d), »Pragmatism and Moral Objectivity«, in: ders., *Words and Life*, Cambridge, Mass., S. 151-181.

– (1994 e), »Pragmatism and Relativism: Universal Values and Traditional Ways of Life«, in: ders., *Words and Life*, Cambridge, Mass., S. 182 bis 197.

– (1995), *Pragmatismus. Eine offene Frage*, Frankfurt am Main.

Quine, W. V. O. (1979), »Zwei Dogmen des Empirismus«, in: ders., *Von einem logischen Standpunkt. Neun logisch-philosophische Essays*, Frankfurt am Main/Berlin/Wien, S. 27-50.

Rajchman, W., und C. West (Hg.) (1986), *Post-Analytic Philosophy*, New York.

Rorty, R. (1981), *Der Spiegel der Natur. Eine Kritik der Philosophie*, Frankfurt am Main.

– (1988), »Solidarität oder Objektivität?«, in: ders., *Solidarität oder Objektivität? Drei philosophische Essays*, Stuttgart, S. 11-37.

– (1988 a), »Der Vorrang der Demokratie vor der Philosophie«, in: ders., *Solidarität oder Objektivität? Drei philosophische Essays*, Stuttgart, S. 82-125.

– (1990), »Pragmatismus, Davidson und der Wahrheitsbegriff«, in: E. Picardi und J. Schulte (Hg.), *Die Wahrheit der Interpretation*, Frankfurt am Main, S. 55-96.

– (1993), »Ist Naturwissenschaft eine natürliche Art?«, in: ders., *Eine Kultur ohne Zentrum. Vier philosophische Essays*, Stuttgart, S. 13-47.

– (1993 a), »Human Rights, Rationality, and Sentimentality«, in: St. Shute und S. Hurley (Hg.), *On Human Rights*, New York, S. 111-134.

– (1994), *Hoffnung statt Erkenntnis. Eine Einführung in die pragmatische Philosophie*, Wien.

Schneider, H. J. (1995), »›Spiegel der Natur‹ oder Sprachspiel-Relativismus. Eine falsche Alternative«, in: Ch. Demmerling, G. Gabriel und Th. Rentsch (Hg.), *Vernunft und Lebenspraxis. Philosophische Studien zu den Bedingungen einer rationalen Kultur. Für Friedrich Kambartel*, Frankfurt am Main, S. 103-122.

Steinmann, H., und A. G. Scherer (1998), »Interkulturelles Management zwischen Universalismus und Relativismus. Kritische Anfragen der Betriebswirtschaftslehre an die Philosophie«, in diesem Band, S. 23 bis 87.

Wohlrapp, H. (1995 a), »Argumentative Geltung«, in: ders. (Hg.), *Wege der Argumentationsforschung*, Stuttgart-Bad Cannstatt, S. 280-297.

– (1995 b), »Die diskursive Tendenz«, in: ders. (Hg.), *Wege der Argumentationsforschung*, Stuttgart-Bad Cannstatt, S. 395-415.

Thomas Bausch

Unternehmerische Verantwortung im Lichte universaler Prinzipienethik

Notizen zu einer ethischen Grundlegung interkultureller Wirtschaftsbeziehungen in pragmatischer Absicht

Sie werden durch einen Gedankengang geführt, der sich in hermeneutischer Absicht in fünf Schritten vollzieht. Nach eher programmatischen Vorbemerkungen und Skizzierung des Problemzusammenhanges ökonomischen und ethisch orientierten Handelns (I) wird in einem konstruierten Fallbeispiel ein Unternehmer in eine moralisch schwierige interkulturelle Entscheidungssituationen geführt (II). In seinen Orientierungszweifeln sucht er Rat bei einem Experten methodischen Nachdenkens: er geht zu einem Philosophen (III). Nach einem belehrenden philosophischen Exkurs begibt sich der Unternehmer auf Reisen und gerät in eine ernste interkulturelle Problemlage, die nicht nur die praktisch moralische Entscheidung, sondern auch die ethische Reflexion herausfordert (IV). Abschließend lesen Sie ein zusammenfassendes Resümee (V).

I. Vorbemerkungen

Freie Marktwirtschaft in Form der Wettbewerbswirtschaft, und das dieser Organisationsform wesensmäßig zugehörige Gewinnziel ist ein sinnvolles Ordnungsprinzip wirtschaftender Gesellschaften. Dafür spricht die Erfahrung hoher Effizienzvorteile der Marktwirtschaft gegenüber anderen bekannten Wirtschaftsverfassungen. Die Handlungskoordination geschieht über freien Wettbewerb und Preissystem; die Funktion dieser koordinierenden Momente ist durch eine rechtliche Rahmenordnung zu garantieren. Für die Ausgestaltung dieser Rahmenordnung gebührt der Primat allerdings den Freiheitsrechten (allgemeine Handlungsfreiheit, allgemeine Persönlichkeitsrechte, Recht auf Leben und körperliche Unversehrtheit, Recht auf Eigentum, Freiheit der Person) und dem Sozialziel (Sozialstaatsprinzip als ein Grundprinzip des Grundgesetzes). So verpflichtet die Bundesrepublik Deutschland alles wirtschaftliche Handeln auf das Ordnungsprinzip der »sozialen Marktwirtschaft«.

Wettbewerbswirtschaft ist ein Konkurrenzsystem – die rivalisierenden Wettbewerber verfolgen jeweils Eigeninteressen. So schreibt schon der große Aufklärer und Lehrmeister der Wirtschaftswissenschaften Adam Smith:

»Jeder, der einem anderen irgendeinen Tausch anbietet, schlägt ihm vor: Gib mir was ich wünsche, und du bekommst was du benötigst. [...] nicht vom Wohlwollen des Metzgers, Brauers und Bäckers erwarten wir das, was wir zum Essen brauchen, sondern davon, daß sie ihre eigenen Interessen wahrnehmen. Wir wenden uns nicht an ihre Menschen- sondern an ihre Eigenliebe, und wir erwähnen nicht die eigenen Bedürfnisse, sondern sprechen von ihrem Vorteil.«[1]

Dieses spannungsgeladene Gegeneinanderstehen der Interessen ist wegen der erwarteten Effizienzvorteile nach liberaler Auffassung auch allgemein zustimmungswürdig, sofern nur nach den Grundsätzen der Freiheit, der Sozialverpflichtung und der Fairneß die anderen als gleichberechtigte Wettbewerber anerkannt und die diesbezüglichen »Spielregeln« der rechtlichen Rahmenordnung in Kraft sind.

Das Paradigma einer liberalen und sozialen Marktwirtschaft entspricht weitgehend dem dualen Ziel größtmöglichen Gemein- und Individualwohls, insofern es sowohl der eigengesetzlichen Effizienz des Wirtschaftens wie auch der individuellen Freiheit und der gesamtgesellschaftlichen Solidarität Rechnung trägt.

Unternehmerisches Handeln ist zunächst am Gewinnziel orientiert. Güter und Dienstleistungen werden konzipiert, erstellt und nach dem unternehmerischen Interessenkalkül zur Gewinnerzielung auf dem Markt angeboten. Dieses entspricht der Rationalität der Marktwirtschaft als einem Subsystem der Gesellschaft. Die gewinnorientierten unternehmerischen Strategien und Handlungen haben den Charakter einer Zweck-Mittel-Rationalität. Für die Erreichung des Gewinnziels (somit auch für die langfristige Sicherung der Erfolgspotentiale des Unternehmens[2]) trägt der Unternehmer die Verantwortung. Klugheit

1 Smith 1789/1993, S. 17.
2 Vgl. Rusche 1993, S. 24 ff.

wird den Unternehmer veranlassen, alle dem Gewinnziel nützlichen Erkenntnisse der Organisations- und Managementlehre (lernende Systeme offener und kreativer Kooperation, Ergebnisverantwortung und Verantwortung im Team, Information und Partizipation, Transparenz, Leistungsgerechtigkeit der Bezahlung usw.) zu berücksichtigen. Ich nenne dies die *unternehmerische Erfolgsverantwortung in wirtschaftlicher Perspektive*. Das Handeln des Unternehmers folgt den Geboten instrumenteller Vernunft im Modus der strategischen Zweck-Mittel-Rationalität.

Unternehmerische Handlungsabsichten und Handlungen und ihre voraussehbaren Folgen unterliegen allerdings, wie alles andere, ethischer Kritik. Sie müssen sich rechtfertigen lassen durch Aufweis intersubjektiv einsehbarer und überzeugender ethischer Gründe. Neben und mit der ökonomischen Erfolgsverantwortung trägt der Unternehmer Verantwortung für die soziokulturellen und ökologischen Folgen seiner Handlungen sowohl gegenüber den gegenwärtig und möglicherweise zukünftig Betroffenen wie auch gegenüber dem Gemeinwesen. Ich nenne dies die *unternehmerische Folgenverantwortung in ethischer Perspektive*. Die Wahrnehmung dieser Folgenverantwortung ist desto wichtiger, je stärker die wirkungsmächtigen Funktionszusammenhänge des Subsystems Wirtschaft mit seinen ökonomischen Imperativen eine »Kolonialisierung der Lebenswelt« (Habermas) bewirken.[3] Der so ausgespannte ethische Horizont drängt das kritische Urteil über die Grenze der instrumentellen Vernunft (Zweck-Mittel-Rationalität) hinaus, und die über sich selbst sich aufklärende Vernunft sieht sich in den Modus kommunikativer Rationalität verwiesen. Was ist damit gemeint?

Ethik ist die Lehre von der Moral und beschäftigt sich mit Fragen der Legitimation von Handlungsweisen sowie moralischen und rechtlichen Normen, naturwüchsigen Sitten und gesellschaftlichen Regeln.

Ethik ist ein kritisches Geschäft. Als Moralwissenschaft formuliert Ethik den normativen Grundrahmen des Verhaltens der Menschen zu sich selbst, untereinander und zu der Natur. Das Adjektiv »ethisch« bedeutet in normativem Sinne »sittlich gut« oder »moralisch geboten«. Ethik formuliert sittliche Sollsätze

3 Vgl. Habermas 1981, S. 229 ff.

und gibt Antwort auf die Frage: »Was soll ich, was sollen wir, in einer gegebenen Situation richtigerweise tun?«

In ideengeschichtlicher Perspektive sind unterschiedliche ethische Entwürfe und Paradigmen aufzählbar: Aristotelisches Denken zielt auf das »gute Leben« durch tugendhaftes Verhalten, der Utilitarismus auf kollektives Glück, normative Ethik in der Denkfigur Kants auf Pflicht (kategorischer Imperativ). An die kantische Tradition knüpft die Diskursethik an. Sie weiß sich von der *regulativen Idee allseitiger Zustimmungswürdigkeit* einer Norm oder Handlung geleitet.

Ein Diskurs ist die durch Argumentation gekennzeichnete Form der Kommunikation, in der problematisch gewordene Geltungsansprüche kritisch geprüft werden. Die Pointe der Diskursethik besteht nun darin, *normative Richtigkeit als einen argumentativ einlösbaren Geltungsanspruch* einzufordern. Das spezifisch Sittliche der Diskursethik besteht in den *freien Anerkennungs- und Gegenseitigkeitsbezügen sprachfähiger Wesen, die einander im konsensorientierten Argumentieren begegnen.* Argumentation als eine Form des kommunikativen Handelns ist der moralische Modus, der rein argumentative Konsens, die freie allgemeine Zustimmungswürdigkeit allein auf Basis guter Gründe. Das Desiderat des diskursethischen Ansatzes ist die Verpflichtung, sich um einen argumentativ vermittelten Konsens zu bemühen. Dieser Verpflichtung ist in den je bestehenden faktischen Verhältnissen Rechnung zu tragen, und das heißt: Das diskursethische Ideal (allseitiger argumentativ vermittelter Konsens) ist auf die realen, je kontingenten soziokulturellen Gegebenheiten kontextsensitiv in einer solchen Weise zu beziehen, daß die geschichtlich-faktischen Ermöglichungsbedingungen mitbedacht sind. Das heißt: Es besteht auch eine Verantwortung für einen Erfolg des Moralischen bzw. für die Anwendbarkeit des engeren Konsensprinzips auf die faktischen Verhältnisse.

Im Lichte der drängenden Probleme in Gesellschaft und Wirtschaft, im Lichte der allgegenwärtigen Krisen und der realen Gefährdung unserer Lebensbedingungen müssen Handlungsorientierungen und konkrete Moralvorstellungen kritisch reflektiert werden, müssen die ethischen Begründungszusammenhänge und der aus ihnen erwachsende Verbindlichkeitsstatus in argumentativ durchgearbeiteter Form zu Bewußtsein gebracht werden. Es stellt sich die Herausforderung an die Ethik, die etablierten normativen Grundlagen unseres gesellschaftlichen Lebens einer kritischen Prüfung zu unterziehen, um, wenn möglich, »feste Fundamente« freizulegen: Fundamente, die tauglich sind, die Last allseitig – auch transkulturell – normativ verpflichtender Grundsätze zu tragen.

II. Fallbeispiel. Erster Teil

Ein Unternehmen befindet sich in einer schwierigen wirtschaftlichen Situation: Rückgang des Auftragseingangs, Kurzarbeit! Der Vertriebsleiter kündigt einen rettenden Exportauftrag aus A. an, dessen endgültiger Abschluß allerdings von einer besonderen Provisionsleistung abhängt; der Einkäufer in A. erwartet einen erheblichen »kick back«, der wiederum durch eine entsprechende Preiserhöhung (Überpreis) – also ohne Gewinneinbußen für den Unternehmer – kalkulatorisch neutralisiert werden kann. Unser gedachter Unternehmer ist charakterisiert durch das Ethos eines ehrbaren Kaufmanns und demzufolge von starker moralischer Gesinnung. Zunächst ist er daher über eine derartige Zumutung empört. Der unterrichtete Vertriebsleiter weist jedoch auf die derzeitigen ökonomischen Schwierigkeiten des Unternehmens hin und relativiert den Bestechungsakt als eine in A. übliche und dort sogar unumgängliche Praxis; Zahlung von »Aufgeldern« habe in A. Tradition und überaus verfeinerte Formen. Zudem erfüllen sie eine wirtschaftliche Funktion: Ohne Bereitstellung dieser Gelder sind in Bürokratie und Wirtschaft keine Entscheidungen zu erwirken und keine Handlungen zu koordinieren. Dieses entspreche – so der Vertriebsleiter – der dortigen Kultur und habe eingeübte stabilisierende Funktion: Güter- und Dienstleistungsaustausch wird nur auf diese Weise aufrechterhalten. Darüber hinaus seien auch in der Bundesrepublik Deutschland Zahlungen der geforderten Art bei Exportgeschäften als »nützliche Betriebsausgaben«[4] steuerlich abzugsfä-

4 Schmiergelder dürfen derzeit noch als Betriebsausgaben (§ 4 Abs. 4 EStGB) abgesetzt werden, wenn sie mit konkreten betrieblichen Geschäftsvorfällen in Zusammenhang stehen. Der Empfänger muß benannt werden, anderenfalls unterliegen die Aufwendungen gemäß § 160 AO (Abgabenordnung) einem Abzugverbot. Allerdings: »Bei Zahlungen an ausländische Empfänger soll das Finanzamt auf den

hig – also nicht contra legem, sondern im Gegenteil durch die wirtschaftliche Rahmenordnung gedeckt. Und er erinnert: Dieser Auftrag ist für das Überleben des Unternehmens notwendig – Alternativen bestünden zur Zeit nicht.

Der Unternehmer hat Max Weber gelesen; er weiß von der Unterscheidung zwischen Gesinnungs- und Folgenverantwortungsethik[5], und nach einer Güterabwägung in der Perspektive der alternativen Handlungsfolgen stimmt er – wenn auch mit einigen Skrupeln – der Bestechung in diesem Falle zu.

In seiner Rolle als Unternehmer hat er im vorliegendem Fall gute Gründe, sich auf die Bestechung einzulassen. In bestimmten Situationen ist eine Handlungsorientierung an hehrer moralischer Gesinnung mit Folgen verbunden, die im Sinne der Bestandserhaltung des Unternehmens unverantwortlich wären (Erfolgsverantwortung des Unternehmers in wirtschaftlicher Perspektive). Daher: Die strikte Handlungsorientierung an idealer moralischer Gesinnung ist in bestimmten amoralischen oder gar antimoralischen situativen Kontexten nicht zumutbar, da nicht verantwortbar.

Empfängernachweis verzichten, wenn feststeht, daß die Zahlung im Rahmen eines üblichen Handelsgeschäftes erfolgte, der Geldbetrag ins Ausland abgeflossen ist und der Empfänger nicht der deutschen Steuerpflicht unterliegt« (Erlaß zur AO, BStBl. I, S. 472). Der Unternehmer kann ohne Strafrisiko bestechen – Ausnahme: inländische Abgeordnetenbestechung (§ 108 e StGB) und Straftaten im Amt (§§ 331 ff. StGB). In allem OECD-Ländern ist es strafbar, Regierungsbeamte des *eigenen* Landes zu bestechen; in keinem dieser Länder, mit Ausnahme der USA, gilt es als kriminell, einen ausländischen Beamten zu »schmieren«. Die US Foreign Corrupt Practices Act (FCPA) verbietet Zahlungen von Bestechungsgeld durch ein US-Unternehmen an einen ausländischen Beamten, der Handlungsvollmacht besitzt. Zahlungen an private Personen werden nicht mit Strafe bedroht.

5 Max Weber (1919/1992, S. 174 f.), schreibt: »*Da* liegt der entscheidende Punkt. Wir müssen uns klarmachen, daß alles ethisch orientierte Handeln unter *zwei* voneinander grundverschiedenen, unaustragbar gegensätzlichen Maximen stehen kann: es kann ›gesinnungsethisch‹ oder ›verantwortungsethisch‹ orientiert sein. [...] es ist ein abgrundtiefer Gegensatz, ob man unter der gesinnungsethischen Maxime handelt – religiös geredet: ›Der Christ tut recht und stellt den Erfolg Gott anheim‹ –, *oder* unter der verantwortungsethischen: daß man für die (voraussehbaren) *Folgen* seines Handelns aufzukommen hat.«

Der Unternehmer bleibt trotzdem moralisch beunruhigt; er hat sich an einem Korruptionsvorgang beteiligt. Er denkt über das Wesen der Korruption nach und erkennt Korruption als das Ergebnis eines durch aktive oder passive Bestechung bestimmten Verhaltens von Personen mit privaten und/oder öffentlichen Aufgaben mit dem Ziel ungerechtfertigter Vorteilsnahme. Der Struktur nach liegt ein sittenwidriger Bestechungsvertrag zu Lasten eines Dritten vor. Eine »fremde« Kasse wird geplündert. Ein einfaches Gedankenexperiment läßt erkennen, daß Korruption keine verallgemeinerbare Regel sein kann. Ein Unternehmer kann nicht wollen, daß das Preissystem und der Wettbewerb als sinnvolles und gewolltes Regulativ der Koordination arbeitsteiliger Marktwirtschaft durch Korruption ausgeschaltet wird zugunsten ungerechtfertigter Vorteilnahme zu Lasten eines Dritten, zum Beispiel auch des Unternehmers als Teilnehmer im Wettbewerb selber. Das Subsystem Marktwirtschaft ist in seinem Wesen grundsätzlich durch Korruption bedroht.

Der Unternehmer bedenkt die universalen moralischen Standards, die in der westeuropäischen Kultur ausdifferenziert wurden; er erinnert den kategorischen Imperativ und die Errungenschaften der Aufklärung sowie den verpflichtenden Aufforderungscharakter ethischer Einsicht.

Die so fundierte starke moralische Motivation, verstärkt durch moralische Empörung über die bestehenden skandalösen Zustände, die in bestimmten Notsituationen sogar zu – als grundsätzlich unmoralisch erkannter – Bestechung zwingen, veranlaßt den Unternehmer zur Tat: Er will sich für eine Veränderung der Verhältnisse, für einen »moralischen Fortschritt« einsetzen. Er will sich einsetzen für die Etablierung solcher Verhältnisse, die es ihm und allen ermöglichen, im Rahmen unternehmerischer Entscheidungen so zu handeln, wie man handeln sollte: nämlich moralisch.

Sofern die situativen Kontexte die Anwendung grundsätzlich geltungswürdiger moralischer Normen auf der Unternehmensebene verhindern, ist der Unternehmer ethisch aufgefordert, alle zumutbaren Anstrengungen zu unternehmen, um verbesserte Realisierungsbedingungen moralentsprechenden Verhaltens herbeizuführen.[6]

6 Vgl. hierzu Bausch 1994, S. 9 ff.

Der Unternehmer stellt sich der Verantwortung; er wird initiativ (unternehmerische Folgenverantwortung in ethischer Perspektive). Er untersucht die Korruptionsmechanismen, organisiert in seinem Land politische Antikorruptionsdiskussionen auf Verbandsebene, in den Handelskammern, in Berufsverbänden, und er unterstützt Antikorruptionsprogramme.

Bei diesen Initiativen trifft der Unternehmer in Wirtschaftskreisen zwar häufig auf die Einsicht, daß Korruption ein unerwünschtes Übel sei, das, wo es de facto vorliegt, als unsympathisch empfunden wird und »eigentlich« bekämpft werden sollte. Er stellt andererseits jedoch fest, daß sich die meisten Akteure in Wirtschaft und Gesellschaft scheuen, sich offensiv gegen die Korruptionspraktiken zu wehren. Korruption hat den Charakter eines süßen Giftes für all jene, die im Einzelfall Vorteile aus den korrupten Verhältnissen ziehen und in der Vorstellung der Unvermeidbarkeit, der Faktizität der korrupten Verhältnisse, beruhigenden Schutz suchen. Unternehmer fühlen sich doch zunächst und zumeist ökonomischen Imperativen verpflichtet, sie sehen sich im ökonomischen Wettbewerb, sie müssen ökonomisch, nicht moralisch besser sein als die Konkurrenz.

Dennoch: der Unrechtscharakter der Korruption wird nicht bestritten, und ein Unrechtsbewußtsein ist zumindest latent stets vorhanden. Auf jeden Fall konstatiert der Unternehmer in Unternehmerkreisen, in den Verbänden und Berufsorganisationen einen faktischen Grundkonsens über die grundsätzliche Unzulässigkeit korrupten Verhaltens, wenngleich er oft konsequentes Handeln zur Veränderung der beklagten Verhältnisse vermißt. Aber seine Initiativen und sein moralisches Engagement bleiben nicht ohne Erfolg: Es gelingt, über wirtschaftliche und politische Allianzen Fortschritte in der Korruptionsbekämpfung auf den Weg zu bringen.[7]

Dieses Gelingen verdankt sich zum einen dem moralischen Engagement einiger Unternehmer in Kooperation mit anderen moralischen Personen in öffentlichen und privaten Institutionen, zum anderen dem lebensweltlichen Fundament moralischer Grundüberzeugungen der Gemeinschaft. Der Unternehmer konnte in seinen Initiativen anknüpfen an die »Common-sense«-Auffassung, daß unter moralischen Gesichtspunkten Korruption grundsätzlich kein zustimmungswürdiges, kein moralisch legiti-

7 Vgl. hierzu Transparency International 1995.

miertes Verhalten sein kann. Es besteht insoweit ein kulturell und sozial gelerntes Vorverständnis von dem, was die Handlungen in der Gesellschaft orientieren sollte, und gleichzeitig eine Motivationsbasis, dem auch Geltung zu verschaffen. – So weit, so gut.

Der Unternehmer fliegt sodann nach A., um auch dort die Situation zu studieren und Gespräche mit Wirtschaftlern und Politikern zu führen. Er findet heraus, daß Geldzahlungen, die wir Bestechung nennen und die korrupte Verhältnisse bewirken, in der Tat in Bürokratie und Wirtschaft dominante Praxis sind. Er erwartet nun auch in A. Einsicht in die Moralwidrigkeit dieser Praxis und die Bereitschaft, diese Verhältnisse zu ändern. Er erwartet, daß seine moralischen Kriterien der Beurteilung auch in A. eingesehen und dann auch in der Praxis angewendet werden.

Die Gespräche in A. nehmen allerdings zu seiner Überraschung einen völlig anderen Verlauf. Seine Gesprächspartner erklären, daß sie die moralische Position des Unternehmers schlechthin nicht verstehen, daß bei ihnen tradierte Praxis sei, was er »unmoralisch« nenne. Selbstverständlich wird pflichtwidriges Verhalten streng bestraft – aber die vom Unternehmer angestrengten Gespräche über »Korruption« (im weiteren Sinne auch: Menschenrechte, Heiratsriten, Kinderarbeit, Hygienevorschriften) werden als Kulturimperialismus okzidentaler Provenienz abgewiesen. Westliche Rationalität, so hört der Unternehmer, behaupte Verpflichtungsstandards, die im Westen taugen mögen, genauer: Geltung haben mögen – nicht aber in den lebensweltlichen Traditionen in A. Hier seien Gratifikationssysteme, die der Unternehmer diffamierend »Korruptionsverhältnisse« nenne, eine gesellschaftlich übliche und funktionierende Praxis, ein sozial gültiger Verhaltensstandard bei der Vergabe von Ämtern und Aufträgen. Friedliche Geschäftsbeziehungen seien nur unter Freunden möglich, die sich regelmäßig beschenken. Nur auf diese Weise funktioniere faktisch die Koordination von Handlungen in A. Im übrigen gelten in A. andere lebensweltliche Wertstandards. Stammes- und Familienloyalität, strenge Disziplin und Gehorsam in der Hierarchie, Bewahrung der traditionellen Strukturen – all dieses wird in abwehrende Stellung gebracht gegen »westliche« Moral, wie sie sich in Freiheitsparadigmen, Individualismus, Autonomie und Partizipation ausdrückt. Eurozentristische »westliche« Belehrung sei eine Art von Kulturimperialismus und habe gefälligst zu unterbleiben.

Das Gespräch scheitert. Offenbar stehen völlig unterschiedliche kulturelle Standards in unversöhnlicher Opposition. Zwar ist auch ein anderer Verlauf des Gesprächs vorstellbar, durch die bisher in unserem Beispiel bereitgestellten Kategorien aber methodisch nicht garantiert.

Verwirrt ob des mißlungenen interkulturellen Kommunikationstransfers fliegt der Unternehmer zurück nach Europa und fragt sich: »Ich meine, universalisierbare moralische Standards (Werthaltungen) entwickelt zu haben; sie sind das Ergebnis meiner Erziehung, meiner Kultur. – Und nun stoße ich auf eine andere, fremde Kultur, die die von mir eingesehenen Verpflichtungen nicht einsieht. Wie ist hier ein Brückenschlag möglich?«

III. Methodisches Nachdenken in Form einer rekonstruktiven Reflexion

Mit Kohlberg könnte man die Erfahrung des Unternehmers in einen allgemeinen theoretischen Zusammenhang stellen: in eine *Entwicklungslogik des moralischen Urteils* überhaupt.[8] Kohlberg liefert eine empirisch-psychologische Erklärung der moralischen Urteilskompetenz, die in einer Stufensequenz in Form einer Wertehierarchie aufsteigt bis zu einer postkonventionellen Stufe universaler Prinzipienethik. Es handelt sich dabei um eine psychologisch und entwicklungslogisch beschreibende Theorie. Die Stufenfolge soll, so Kohlberg, kulturinvariant gelten. Das interkulturelle Gespräch ließe sich rekonstruieren als der gescheiterte Versuch der Kommunikation zweier unterschiedlicher Entwicklungsstufen. Das in A. vorhandene Bewußtsein könnte dann als *traditionale Stufe* erklärt werden und die Perspektive des aufgeklärten Unternehmers als *postkonventionelle Stufe* des autonomen Gewissens, das sich an universalen Prinzipien der strikt verallgemeinerbaren Gegenseitigkeit zu orientieren sucht.

Nun könnte man die Stufenfolge als progressive Präzisierung des Universalisierungsgrundsatzes explizieren – oder mit Mead und Habermas als Entwicklung der Reziprozität des »role taking« bis zum Endpunkt des Gerechtigkeitskriteriums einer vollständigen idealen Reziprozität.[9] Die Beantwortung der eigent-

8 Vgl. Kohlberg 1974; 1981.
9 Vgl. Habermas 1983 b, S. 127 ff.

lich entscheidenden Frage bleibt aber offen: Die höhere Stufe wird als »moralisch bessere« beschrieben. Der Grund für das moralische »Bessersein« der höheren Stufe müßte allerdings explizit ausgewiesen werden und für unseren Kontext im Sinne interkultureller deontologischer Verpflichtung fruchtbar gemacht werden.

Unser vorgestellter Unternehmer fragt nach diesem Nachdenken: »Können kulturinvariant und geltungslogisch konsistent universalistische Vernunftprinzipien überhaupt etabliert werden? Und können sie dann auch noch in einer solchen Weise differenziert werden, daß sie handlungsanleitend sein können?«

Der Unternehmer geht zu einem Experten des methodischen Nachdenkens über derartige Fragen, zu einem Philosophen, und fragt die einfache Frage: »Gibt es einen Grundsatz, der uns alle gemeinschaftlich (auch transkulturell) absolut (das heißt nicht relativ auf eine Kultur) verpflichtet?« – Der Philosoph stellt folgende Überlegung an:

Wir wollen die Antwort auf die Frage dialogisch suchen. *Dialog* ist seit Sokrates das ernste Gespräch mit dem Ziel, von einer bloßen Meinung zur wahren und richtigen Erkenntnis zu gelangen. Ein Problem wird in Rede und Gegenrede erörtert und durch diese kooperative und kommunikative Bemühung bis zur Klärung fortgeführt. Die wechselseitige kritische Prüfung der jeweils geäußerten Meinung wollen wir also dialogisch, und das heißt argumentativ und damit unter Bezug auf *intersubjektiv einsehbare Gründe* vornehmen. Dieser Verständigungsprozeß wechselseitig kritischer Prüfung geschieht somit im Modus *komunikativer Rationalität*, einem Rationalitätstypus, dem es *wesensmäßig in der Verständigung um Verständigung* geht.

Der Proponent macht eine Aussage, der Opponent kann diese Aussage anzweifeln, indem er begründete Einwände formuliert; dieser argumentative Prozeß wird so lange weiter geführt, bis keine begründbaren Einwände mehr vorgebracht werden können und: ein Konsens über die strittige Frage hergestellt ist. Der Konsens muß durch den Dissens hindurchgearbeitet werden.

Das so idealerweise dialogisch-konsensual erarbeitete konkrete Ergebnis gilt dann bis auf weites als richtig und ist grundsätzlich handlungsanleitend. Ein solches faktisches Ergebnis ist allerdings nie endgültig – neu erkannte Gesichtspunkte geben immer Anlaß, das seinerzeit für richtig befundene Ergebnis wiederum dialogisch-argumentativ zu überprüfen. Der konkrete Erkenntnisprozeß ist nie endgültig, er bleibt immer offen für neue Einsichten.

Der argumentative Dialog ist also nicht zu verwechseln mit den üblichen Rederitualen der Politiker, der Interessenvertreter und der Überredungskünstler, nicht zu verwechseln mit den Scheingesprächen und strategischen Verhandlungen und mit rhetorischer Werbung. Dialog ist auch kein unverbindlicher Meinungsaustausch, und schon gar nicht ist er zu verwechseln mit faulen Kompromissen oder gar mit Gesprächs- oder Verhandlungsergebnissen, hinter denen nötigende Drohung steht.

Das Gespräch war beispielsweise für Wilhelm von Humboldt die Grundlage des menschlichen Denkens überhaupt: Denken sei immer sprachlich und intersubjektiv; der Mensch spricht sogar in Gedanken mit sich wie mit einem anderen. Denken ist nach dieser Einsicht also sprachlich-argumentativ und damit dialogisch – wenn immer und wann immer es gelingen soll. So gilt es, die Dimension der *Dialogbereitschaft auch als Denkbereitschaft* zu markieren und an die alten Sokratischen und Humboldtschen Einsichten anzuschließen.

Das den Dialog leitende Prinzip fordert die Bemühung um einen argumentativen Konsens, der sich bei Prüfung aller sinnvollen, relevanten Argumente und Gegenargumente für oder gegen eine Handlung, ein Projekt, eine Technologie oder einen Handlungsvorschlag ergeben könnte. Die dialogische Konsenserarbeitung der Zulässigkeit einer Handlungsweise oder eines Projekts wird also geleitet vom Prinzip kritisch-argumentativer Prüfung. Im argumentativen Prozeß müssen Aussagen über etwas in der objektiven Welt bzw. in der sozialen Welt dialogisch eingelöst werden – das heißt, die Behauptungen werden inhaltlich hinsichtlich ihrer Wahrheit oder auch der Richtigkeit, die sie beanspruchen, kommunikativ rational überprüft.

Grundlage des dialogischen Prozesses sind – wie schon in der Antike – Freiheit, wechselseitige Anerkennung, Gleichberechtigung und gegenseitige Achtung. Im Dialog prüfen gleichberechtigte Personen wechselseitig die erhobenen Geltungsansprüche und koordinieren über praktische Diskurse ihre Handlungen nach den Ergebnissen der gemeinsamen Richtigkeitssuche. So zumindest sollte es sein, das wäre das Ideal.

Ist nun das diskursethische Paradigma ein allgemeiner Grundsatz, der für alle gemeinschaftlich, also auch universal und in seiner Reichweite transkulturell, und nicht nur relativ auf eine Kultur, verpflichtet?

Diese zentrale Frage eröffnet die vorgelagerte Frage, wie Intersubjektivität, verstanden als *Intersubjektivität möglicher Erkenntnis*, überhaupt zu sichern ist. Es müßte eine Sicherung gelingen, die weder auf eine kulturelle Dimension relativiert werden kann noch sich als ein rein psychologisches Phänomen erweist.

Die Lösung des Problems eröffnet sich durch Selbstaufklärung des philosophierenden Subjekts in seiner Rolle als Dialogpartner, die in Form *strikt transzendentalpragmatischer Reflexion* vollzogen werden muß. Diese Reflexion ist nicht schlichte Deduktion oder ein distanziertes analytisches Vorgehen; vielmehr geht es um die *Vergewisserung der Sinnbedingungen menschlicher Rede überhaupt* und um die denknotwendigen Voraussetzungen intersubjektiver Gültigkeit.[10]

Die strikt transzendentalpragmatische Reflexion nimmt die distanzierende Perspektive des theoretischen Rekonstrukteurs und Interpreten zurück (zum Beispiel auch die methodisch-empirischen Deskriptionen Kohlbergs oder den deskriptiven oder theoretisch rekonstruierten Entwurf eines Kulturrelativisten) und vergewissert die eigenen (argumentierend, philosophierend, rekonstruierend, behauptend) immer schon in Anspruch genommenen pragmatischen Sinnbedingungen, die konstitutiv für Denken und Verständigung überhaupt sind. Diese Reflexion klärt zunächst die notwendigen pragmatischen Voraussetzungen wie Verständlichkeit der Rede, Konsistenz, Widerspruchsfreiheit, die unverzichtbar schon immer in Anspruch genommen sind, wenn Geltungsansprüche erhoben werden und wenn Verständigung intendiert ist und gelingen soll. Ferner erkennt sich das geltungslogisch und transzendentalpragmatisch reflektierende Subjekt als eingebunden in und verwiesen auf die apriorische Beziehung mit allen anderen als Ko-Subjekte, die ihrerseits argumentierend Geltungsansprüche im Dialog erheben oder erheben könnten. Das argumentierende Subjekt steht – so wird strikt selbstreflexiv vergewissert – im apriorischen Perfekt der Intersubjektivität. Hier findet die kommunikative Rationalität ihren geltungslogischen Halt.

10 Vgl. hierzu Dietrich Böhler, in diesem Band.

Die transzendentalpragmatische Reflexion ist methodisch keine deduktive Ableitung, sondern eine praktische *Selbstvergewisserung unbestreitbarer Sinnbedingung jeder Argumentation sprachfähiger Wesen*. Es sind Bedingungen, die notwendigerweise vorausgesetzt (präsupponiert) sind, um Fragen und Behauptungen überhaupt gelingen zu lassen. Diese reflexiv gewonnenen Einsichten bilden einen *logischen Horizont*, der in seiner unbestreitbaren geltungslogischen Dimension nicht in eine kulturelle Relativierung zurückgenommen werden kann, vielmehr transzendentalpragmatisch fundierte Basis auch interkultureller Verständigung ist und daher transkulturelles Lernen orientieren könnte.

Lebensweltlich verfestigte Normen, auch Common-sense-Werthaltungen und kulturell eingeübte Standards werden verflüssigt und der argumentativen Prüfung zugänglich gemacht. Das moralische Urteil erhält einen formalen geltungslogischen Bezugspunkt in der *kontrafaktischen Antizipation aller sinnvoll denkbaren Argumente* (Apel).[11] Um solcherlei Argumente sollen sich die sich in argumentativ gehärteter Dialogpraxis intersubjektiv verpflichtet wissenden Partner bei der Richtigkeits- und Wahrheitssuche bemühen. *Geltungskriterium* in dem argumentativen Prüfungsprozeß ist bei der Richtigkeitsprüfung die *allgemeine Zustimmungswürdigkeit* einer Norm oder Handlung.

Moralische Richtigkeit wird somit verstanden als die Einlösung eines Geltungsanspruchs im Modus der Argumentation. Dieses wäre postkonventionelle Praxis in reflexiv aufgehellter Kenntnis des Vermögens sinnvoller Argumente, welches die Spannkraft des Diskursprinzips bildet. Sinnvolle Argumente sind solche, die zu allseitiger rationaler Zustimmung nötigen, da sie Gründe mit sich führen, denen einsehbar konsistent nicht widersprochen werden kann.

Der *Standpunkt der Vernunft* zeigt sich hier nicht als metaphysisches Konzept oder als Standpunkt einer speziellen substantiellen Sittlichkeit, sondern als *die Inanspruchnahme einer universalen Gültigkeitsperspektive*, nämlich der Perspektive einer strikt intersubjektiven Gültigkeit. Der Status dieser Idee der Vernunft ist der eines kritischen Regulativs. Zugänglich wird dieses Regulativ in dialogreflexiver Einstellung, in der die Präsuppositionen vergewissert werden, die jede Person in der Rolle eines argumen-

11 Vgl. Apel 1973; 1988.

tierenden Dialogpartners notwendigerweise voraussetzt und anerkannt hat.[12]

Kants Ethik der reinen gesetzgebenden Vernunft und das sie bestimmende formale Prinzip der Verallgemeinerbarkeit transformiert sich auf diese Weise in eine Diskursethik der unbegrenzten Argumentationsgemeinschaft, in welcher das von Kant gedachte Reich der Zwecke als *regulative Idee idealer menschlicher Kommunikation* dechiffriert wird.[13] Die Diskursethik expliziert die Idee einer realen Kommunikationsgemeinschaft, die sich auf das unausdrücklich kontrafaktisch antizipierte logische Universum aller sinnvollen Argumente (ideale Kommunikationsgemeinschaft) verwiesen und ihm verpflichtet weiß.

Die Diskursethik behauptet und begründet die kategorische Verpflichtung, sich um den argumentativen Konsens zu bemühen, einen Konsens, dem idealerweise alle Argumentierenden zustimmen könnten. Die allseitige Zustimmungswürdigkeit ist der kriteriologische Ort kommunikativer Rationalität, an dem ein Urteil Halt findet. Kommunikativer Vernunft ist damit über die Bindungskraft intersubjektiver Verständigung Geltung verschafft – dies ist erkannt als der normative Gehalt einer aufgeklärten Moderne.

Habermas formuliert das Diskursprinzip in einem »sparsamen Grundsatz ›D‹: ... daß nur die Normen Geltung beanspruchen dürfen, die die Zustimmung aller Betroffenen als Teilnehmer eines praktischen Diskurses finden (oder finden könnten).«[14] In dieser Form ist nach dem universal- oder formalpragmatischen Ansatz von Habermas der Diskursgrundsatz auf ein Normenprüfungsprinzip reduziert. Dieser Normenprüfungsgrundsatz ist in transzendentalpragmatischer Dimension zu erweitern auf einen *allgemeinen ethischen Verhaltensgrundsatz*, der die ganze Spannweite argumentationsreflexiver Pragmatik ausmißt und den ich in der Form eines kategorischen Imperativs wie folgt vorschlage:

> Verhalte Dich so, daß Du erwarten darfst, daß Dein Verhalten mit seinen möglichen Folgen und Nebeneffekten allseitig konsenswürdig im Modus der Argumentation ist (oder sein könnte). – Oder:

12 Vgl. hierzu Brune/Böhler/Steden 1995, S. 75 ff.
13 Vgl. hierzu insbesondere Apel 1973; 1988; Böhler 1985.
14 Habermas 1983 a, S. 103.

Verhalte Dich so, daß Du hinsichtlich Deines Verhaltens mit seinen möglichen Folgen und Nebeneffekten der argumentativen Zustimmung aller denkbaren Beteiligten und Betroffenen möglichst sicher sein darfst.

Der Diskursgrundsatz ist zunächst also seinem näheren Gehalt nach dialogischer *Beurteilungsmaßstab*; er gibt keine konkret inhaltliche Orientierung, sondern formuliert allein ein zugleich verfahrensmäßiges und dialogmoralisches Kriterium zur Prüfung einer Handlungsweise (oder als generalisierter Handlungsweise: gegebener oder hypothetisch erwogener Normen). Der Diskursgrundsatz bestimmt das Moralische prozedural als Wettbewerb der Argumente; der ideal freie Diskurs kennt nur den »eigentümlich zwanglosen Zwang des besseren Argumentes«.[15]

Für den formalen diskursethischen Grundsatz ist mit der transzendentalpragmatischen Wende eine Begründung erbracht worden, die »letztbegründet« in dem Sinne ist, daß ihr nicht sinnvoll widersprochen werden kann. In diesem Sinne ist die Begründung gelungen, und sie gilt uneingeschränkt.[16]

Dialogbereite Menschen wissen, daß sie in der vielfach vernunftbegrenzten Welt mit ihren Einschränkungen an Zeit, Wissen, gutem Willen keinen einfachen, konkreten, letztgültigen Maßstab zur Hand haben. Es gilt vielmehr, *das »allseitig Zustimmungswürdige« prozedural zu suchen* – dieses läuft auf die kontrafaktische Idee eines letztlich Gültigen als eines dialogisch-argumentativ Konsensfähigen hin.

Im Lichte dieser Idee sind die konkreten Handlungsvorschläge, Gesetzesvorschläge, Handlungen und Projekte in praktischen Dialogen konkret zu prüfen. Allerdings: Zeit- und Entscheidungsdruck verkürzen sorgsames Abwägen; die Situation, die Handlungen und ihre Folgen sind nicht hinreichend transparent. All diese Momente bewirken ein starkes Abweichen von dem Ideal konsensorientierter einvernehmlicher Handlung. Die inhaltlich konkret erarbeiteten Ergebnisse eines faktischen Konsenses sind daher nie letztgültig im Sinne einer Unfehlbarkeit. Sie sind immer fallibel und können in einem erneuten Prüfungsverfahren revidiert werden.

15 Habermas 1971, S. 137.

16 Zur Entfaltung des Begründungsarguments vgl. Apel 1973, insbesondere S. 358 ff.; 1988, insbesondere S. 306 ff.; Böhler 1985; 1986; Gronke 1993, S. 273 ff.; Kuhlmann 1984 a; 1984 b, S. 550 ff.

Es ergibt sich darüber hinaus ein ernstes Problem aus folgendem empirischen Befund: Amoralische Systemzwänge bestimmen oft unsere Handlungen, strategisches, teilweise sogar gewaltsames Durchsetzen partikularer Einzelinteressen ist dominant, und kurzfristige Nutzen und Erfolgsperspektiven werden faktisch handlungsbestimmend. Die realen Diskurse sind meist nicht konsensual kommunikativ, sondern von Partikularinteressen geleitet. Angesichts solcher Praxis in einer weitgehend von ökonomischen, politischen und soziokulturellen Zwängen bestimmten Welt, einer Welt, in der mit traditional verfestigten Werthaltungen, auch mit strategischem (nicht konsensual kommunikativen) Verhalten gerechnet werden muß, erhebt sich für den Diskursethiker *die Frage nach den realen Anwendungsbedingungen für diskursethische Imperative*. Die Antwort auf diese Frage ist in verantwortungsethischer Perspektive zu suchen.

Der Unterschied zwischen Realität und Idealität darf nicht in falscher, plan harmonisierender Absicht verschliffen werden. Im Gegenteil: es geht um das kritische Bedenken und die produktive Bearbeitung gerade auch dieser Differenz! Insbesondere Apel reflektiert angesichts des problembeladenen empirischen Befundes die *geschichtsbezogene Anwendung des idealen Moralprinzips in nicht moralgemäßen geschichtlichen und gesellschaftlichen Verhältnissen*. Apel expliziert daher die veranwortungsethische Dimension des Diskursgrundsatzes im Modus seiner je historischen und gesellschaftlichen Anwendungsbedingungen. Das in dieser Dimension explizierte Diskursprinzip fordert, sich um die Herbeiführung solcher Verhältnisse zu bemühen, die der Realisierung einer ideal gedachten Kommunikationsgemeinschaft näher kommen, und die schon existierenden Bedingungen und Traditionen zu bewahren, die die Annäherung freier Kommunikationsverhältnisse ermöglichen. Es gilt also die Aufforderung, die Strukturen so zu ändern, daß mehr konsensorientierter Dialog möglich wird. Es gilt insbesondere die Aufforderung, bei sich selbst in den jeweiligen Lebenskontexten einen Anfang zu machen, in der Schule, in der Arbeitswelt, im politischen und im öffentlichen Raum. Dieses ist von Apel als der integrale verantwortungsethische Teil des Diskursgrundsatzes gedacht worden: Es gilt nicht nur die transzendentalpragmatisch vergewisserbare Verpflichtung, den argumentativen Konsens zu suchen, sondern gleichermaßen, die faktischen Realisierungsbedingungen für eine konsensorientierte Bemühung kontextsensitiv herbeizuführen, zu verbessern und zu sichern.[17]

In ernster dialogischer Anstrengung wird zwischen Individuen Gemeinschaft gestiftet, Individualität und Freiheit wechselseitig anerkannt bei gleichzeitiger Verantwortung für die gemeinsame eine Welt. Diese moralische Verantwortung gilt es kontextsensitiv in den jeweiligen lebensweltlichen Bezügen wahrzunehmen.

Der Diskursgrundsatz ist fundiert in einer »ideal« gedachten (kontrafaktischen) intersubjektiven Beziehung aller sprachfähigen Menschen. Gleichermaßen ist er aber auch immer faktisch »real« menschengebunden, insofern nur in menschlichen Kontexten, in faktischen Interessenkonflikten oder in dem Bemühen, Probleme zu lösen, konfligierende Geltungsansprüche aufgeworfen werden können. Er ist nicht etwas, was äußerlich auf den Menschen angewendet werden müßte, sondern empfiehlt sich als eine *ethische Metapraxis*, wenn problematisch gewordene Geltungsansprüche zur Klärung anstehen. Diese Kontextgebundenheit bewahrt vor rigider äußerlicher Anwendung abstrakter Grundsätze; aus den konkreten Situationen müssen situationsgerechte und »richtige« Lösungen aufgeworfener Probleme erarbeitet, eventuell kritisch revidiert bzw. gesichert werden. *Eine »richtige« Lösung ist eine solche, die hinsichtlich ihrer Folgen und Nebeneffekte von allen Beteiligten und Betroffenen akzeptiert werden könnte, so daß eine allseitige Zustimmungswürdigkeit angenommen werden darf.*

Als letzte logische Geltungsinstanz für ein Verhalten, für eine Handlung und eine Norm wird dabei das kontrafaktisch antizipierte ideale Diskursuniversum, die »ideale Kommunikationsgemeinschaft« (Apel) erkannt, auf die sich die reale Konsensorientierung bezogen weiß und die das regulative Leitziel in der realen Kommunikationsgemeinschaft bildet.

IV. Fallbeispiel. Zweiter Teil

Der Unternehmer fährt wiederholt nach A. Er macht sich intensiv mit den dortigen soziokulturellen und ökonomischen Verhältnissen vertraut. Er erkennt, daß die zunächst angetroffene Abwehr gegen seine im ersten Angang naiv eingeforderte Abkehr

17 Vgl. Apel 1988, insbesondere S. 103 ff.

von korrupten Praktiken meist geschickte Abwehrstrategien zur Sicherung partikularer Interessen waren. Zwar entdeckt er in A. traditionale Gratifikationssysteme, die lebensweltlich verfestigt sind und die nicht dem idealen freien marktwirtschaftlichen Preisparadigma entsprechen.[18] Jedoch stellt er fest, daß die großen korruptiven Bereicherungen in keiner Weise traditionale Deckung finden und nicht soziokulturelle Zustimmung genießen, sondern vielmehr Ergebnis einer in der Tat korrupten, nicht funktionierenden Bürokratie sind, die es habgierigen und mächtigen Akteuren in Wirtschaft und Politik ermöglicht, sich in krimineller Allianz aus Politik und Wirtschaft schamlos zu bereichern. Der Versuch, Korruption als kulturrelative Praxis zu legitimieren, erweist sich meist als Schutzbehauptung interessierter Parteien. Korruptionsverhältnisse sind damit schlechthin ein politisch rechtliches Ordnungsproblem, welches in dieser Sphäre zur Lösung ansteht.

Die mittlerweile gute Kenntnis des Landes A. und die dortigen geschäftlichen Chancen veranlassen den Unternehmer, gemeinsam mit einheimischen Geschäftspartnern ein Unternehmen zu errichten, zu dem auch eine große Plantage gehört. Dabei ergibt sich im weiteren folgender Sachverhalt: In dem großen Plantagengelände befindet sich ein »Heiliger Berg«. In diesem Berg finden die explorierenden Mitarbeiter des Unternehmers wertvolle Bodenschätze, die zu fördern einen erheblichen Eingriff in den Berg mit sich bringen würde. Es scheint dem Unternehmer und seinen Mitarbeitern ökonomisch rational, die Bodenschätze zu heben und auszubeuten. Doch die traditionale Gesellschaft protestiert. Für sie ist der Berg von sakraler Bedeutung: Die Identität der traditionalen Gesellschaft ist gestiftet von sakraler Naturverbundenheit, die ihren manifesten Ausdruck in dem »Heiligen Berg« findet, der in seinem äußeren Bestand zu einem kosmischen überindividuellen Ganzen gehört, als dessen Teil sich die traditionale Gesellschaft selbst empfindet. Dieses

18 Die Ethnologie hat sowohl in akephalen Gesellschaften wie auch in geschichteten Gesellschaften Regeln ausbalancierter Reziprozität innerhalb von Abstammungsverbänden und in frühen Klassengesellschaften erforscht: Es handelt sich um soziale Reziprozitätsbezüge, die ein Beziehungsgeflecht aus Geben und Nehmen herstellen, das allein Sicherheit und Verläßlichkeit für den Einzelnen und für die Gruppe garantiert. Vgl. Bornemann 1979.

metaphysische Konzept bildet den lebensweltlich verfestigten soziokulturellen Rahmen der Gesellschaft. Zu der gesellschaftlichen Identität gehört der »Heilige Berg«, der unantastbar und auf keine Weise für die Bewohner marktfähig ist.

Der Unternehmer – landeserfahren, wie er jetzt ist – vermag zwar den lebensweltlichen Sinnzusammenhang kultursoziologisch zu rekonstruieren, den substantiellen Gehalt, das inhaltliche Ergebnis seiner kritisch hermeneutischen Bemühung, vermag er allerdings nicht zu teilen; die Einstellung der traditionalen Gesellschaft erscheint ihm in eurozentrischer Überheblichkeit hinterwäldlerisch und absurd.

Für einen rationalen praktischen Diskurs auf postkonventioneller Ebene fehlen faktisch die kognitiven und soziokulturellen Voraussetzungen. Die von der Diskursethik geforderte und real (oder virtuell) einzulösende freie Zustimmung der Betroffenen in A. liegt nicht vor und ist nicht zu erwarten. Die dort Betroffenen leben in traditionalen Rationalitäts- und Wertvorstellungen, die nach Maßgabe des Urteils des aufgeklärten Unternehmers irrationale Standpunkte darstellen.

Wie ist verantwortlich in einer solchen Situation interkulturellen Konflikts zu handeln?

Der Unternehmer weiß von den katastrophalen Folgen einer brachialen Zerstörung gewachsener soziokultureller Strukturen. Die Identität, die Würde der traditionalen Gesellschaft, würde zerstört, wenn der identitätsstiftende »Heilige Berg« angegriffen wird. Die soziokulturellen Folgen wären nicht zu verantworten. Der Unternehmer weiß auch, wie bewahrens- und entwicklungswürdig elementare Unterscheidungen für das Denken und Handeln einer Gemeinschaft sind.

Der Unternehmer sollte konsensethisch orientiert sein. Die Bereitschaft, die traditionelle Einstellung zu distanzieren, das Heilige kritisch zu hinterfragen, ist allerdings selten und in A. gegenwärtig schon gar nicht gegeben. Ein universalistisches Normenbewußtsein und die entsprechende postkonventionelle formale Praxis kommunikativer Rationalität ist noch nicht ausgebildet.

In dieser Situation sollte der Unternehmer als moralische Person advokatorisch urteilen. Er sollte im Interesse der Betroffenen in A. sich gegen das Projekt »Ausbeutung des Heiligen Berges« entscheiden und sollte aus freier Einsicht *im Interesse der Würde der durch die Folgen des Projekts Betroffenen* gemeinsam mit den Betroffenen gegen das Projekt stimmen, obwohl er die Wertprämissen der Betroffenen nicht teilt. *Der Respekt vor der Unantastbarkeit, der Würde, der Identität der Betroffenen ist ein guter, substantiell zustimmungswürdiger Geltungsgrund*, der auch dann gilt, wenn die zur Debatte stehenden identitätsstiftenden kulturellen Kräfte einer Partei zunächst irrational erscheinen. Doch das ist eine wandelbare und entwicklungsfähige Situation.

Die *Haltung des gegenseitigen Respekts* als Haltung einer moralischen Person ist – wie ich hoffe – zustimmungsfähig im Diskursuniversum. – Und beim Zeus! So sollte es sein, und so könnte es sein.

Der hier gemeinte Respekt darf nicht zu einem totalen Toleranzgebot hochstilisiert werden, zu einem Gebot des wechselseitigen kritiklosen Hinnehmens des je Gegebenen. Es handelt sich vielmehr um die Art und Weise, wie kontextsensitiv mit Konflikten umgegangen werden sollte: nämlich im Geist der Offenheit, der gegenseitigen Achtung und des Respekts. Respekt und Achtung ist gemäß dem hier vertretenen Ansatz kommunikativer Rationalität wesensmäßig bestimmt durch kritische (auch selbstkritische) Offenheit. So wäre es eine Verkürzung des vorgeschlagenen Ansatzes, das Ende des Prozesses der Verständigung in eurozentrischer Arroganz vorentschieden zu sehen als einen bestimmten Ausgang der Form, daß die vorgefundene traditionale »Irrationalität« eines späteren Tages von der traditionalen Gesellschaft aufgrund vermeintlichen Fortschritts »westlicher« Ratio aufgegeben wird und der »Hinterwäldler« den Berg endlich so sieht wie der vermeintlich aufgeklärte Unternehmer: nämlich als bloß ausschöpfbare Gesteinsmasse; und daß die Vorstellung eines »Heiligen Berges« doch eigentlich ein irrationaler Unsinn ist, der, solange er besteht, dem ökonomischen Fortschritt aller, also des Unternehmers und der Hinterwäldler, nur im Wege steht.[19]

Konflikte sollen im Geist des Respekts ausgetragen werden. Diese verallgemeinerungsfähige Gegenseitigkeit, diese Haltung des Respekts, ist in unserem Fallbeispiel jedenfalls auf seiten der traditionalen Gesellschaft bereits in der religiös-kosmologischen Unterscheidung des profanen Partikularen und des heiligen Gan-

19 Ich bedanke mich bei Helmut Girndt für diesen kritischen Hinweis.

zen, des Allgemeinen, angelegt.[20] Welcher Unterschied also zu dem Standpunkt der Geschäftemacher und Profiteure, die durch Korruption (Fallbeispiel, erster Teil) oder durch List, nötigende Drohung und eventuell sogar durch Gewalt (möglicher Ausgang des Fallbeispiels, zweiter Teil) ihre Interessen durchzusetzen versuchen und damit doch bloß auf ihrem eigenen *Partikularismus auf Kosten der Allgemeinheit* bestehen und sich mit strategischem Geschick durch Schutzbehauptungen der Kritik entziehen – der Kritik durch Argumente, nämlich der Überprüfung auf dem Niveau des Allgemeinen, auf dem Niveau kommunikativer Vernunft.

Der materiale Ausgang verständigungsorientierten Handelns steht unter dem Vorbehalt praktischer Diskurse und bleibt insofern offen. Eventuell wird ja in Verfolgung des Verständigungsprozesses zu dem Ergebnis der Beschränkung (und nicht der maximalen ökonomischen Befriedigung) gefunden. Ökonomische Nutzenmaximierung könnte sich als das »irrationale« Konzept herausstellen. Die Einsicht in die Kontingenz der moralischen Traditionen verweist aus der interkulturellen Lernperspektive, das soziokulturell Fremde als alternativen Sinnentwurf ernst zu nehmen und zu respektieren. Im Zuge interkulturellen Lernens werden diese zunächst lebensweltlich »festen« Entwürfe verflüssigt und argumentativer Prüfung zugänglich gemacht. – Wir wissen nicht, wie sich der Unternehmer entschieden hat.

v. Resümee

Marktwirtschaft in der Form der Wettbewerbswirtschaft ist als Selbstbehauptungssystem durch spezifische ökonomische Funktionszusammenhänge gekennzeichnet, die sich in ökonomischer Zweck-Mittel-Rationalität ausdrücken. Diese ökonomischen Imperative stehen in einer kritischen Spannung zu ethischen Imperativen. Die Funktionszusammenhänge, wie auch die einzelnen unternehmerischen Strategien und Maßnahmen, sollten unter ethischen Gesichtspunkten kritisch gewertet und auf allgemeine Zustimmungswürdigkeit hinsichtlich der Interessen aller Betroffenen geprüft und in den Handlungsorientierungen situationsgerecht berücksichtigt werden. Im Zuge der Globalisierung

20 Diesen Hinweis verdanke ich Dietrich Böhler.

und Internationalisierung überspannen wirkungsmächtige wirtschaftliche Handlungsstrategien unterschiedliche Kulturbereiche und unterschiedliche naturwüchsige soziokulturell eingespielte Ethosprägungen.

Wie ist in diesem Kontext Ethik zur Geltung zu bringen? Kann überhaupt eine uneingeschränkt geltende normative Verpflichtung begründet und damit ein spezifisches ethisches Verhalten auch transkulturell mit Verbindlichkeit gefordert werden? Diese Frage verweist auf das Problem intersubjektiver Geltung überhaupt.

Transzendentalpragmatische Reflexion erkennt das Universum sinnvoller Argumente als den logischen Ort, in dem auch das moralische Urteil Halt findet. Als logisches Moment von Geltung überhaupt, überspannt, transzendiert diese Einsicht alle Kulturen spachfähiger Wesen und gilt uneingeschränkt und somit auch transkulturell. Gewiß, diese Einsicht hat eine eigene kulturelle Geschichte: Sie verdankt sich der Anstrengung philosophischen Denkens der europäischen Moderne in Gestalt der transzendentalpragmatischen Reflexion – dennoch ist uneingeschränkte Geltung nicht in die Genesis zu relativieren.

Der *Diskursgrundsatz*, der die ethische Qualität von Handlungen, Handlungsabsichten und Normen an die *freie Zustimmungswürdigkeit auf Grund von Argumenten* bindet, gilt uneingeschränkt, universal und transkulturell. Er stellt ein *kultur- und kontextinvariantes Metakriterium* für die Begründung ethischer Normen bereit, welches geltungslogischen Halt für das moralische Urteil ermöglicht. Ohne ein solches Kriterium wäre das moralische Urteil flüchtig und hätte keinen allgemein verbindlichen Bezugspunkt. Der Diskursgrundsatz ist allerdings kein unvermittelt anwendbares Handlungsmodell – der Grundsatz stellt ein formales Prinzip bereit und fordert eine Metapraxis, die allerdings anspruchsvolle Voraussetzungen kognitiver wie auch gesellschaftlicher Art verlangen.

Geltungsprinzip des praktischen Diskurses ist die allgemeine Zustimmungswürdigkeit. Die Prüfung der Zustimmungswürdigkeit ist – soweit immer möglich – *real* durch die Betroffenen einzufordern, ersatzweise im gedankenexperimentellen und gegebenenfalls im advokatorisch durchzuführenden kritischen Prüfungsverfahren im Modus der Argumentation.

Man könnte den am Diskursprinzip orientierten moralischen

Standpunkt auch als eine bestimmte Form des Denkens und Empfindens charakterisieren, in welcher vernunftfähige Wesen ihre Bedürfnisse, ihre Verhältnisse zu sich selbst, zueinander und zu der Welt ordnen.

Der Standpunkt der Vernunft als Standpunkt einer intersubjektiven Gültigkeitsperspektive sollte jedoch nicht zu einem abstrakten Prinzip hypostasiert werden. In den konkreten praktischen Diskursen sind philosophisch theoretische Abstraktionen rückgängig zu machen durch eine kontextsensible Aktualisierung des eigentlichen moralischen Gehalts des Prinzips: *praktisches Anerkennen der Würde eines jeden Menschen*, und das heißt auch, die möglichen Interessen eines jeden anderen ernst zu nehmen und jede Person in ihrem Recht auf Unversehrtheit zu achten. Dies wäre eine *Haltung des Respekts.* In unserer endlichen Welt umschließt dieses Gebot der Achtung im interkulturellen Kontext auch die Achtung der Freiheitsrechte der Anderen, gerade dann, wenn sie sich in unterschiedlichen Werthaltungen ausdrücken. In konkreten Situationen fordert die vorbehaltlos anerkannte Gegenseitigkeit auch die faktische Achtung der substantiellen Lebensinteressen fremder Kulturen, die möglicherweise nicht, oder noch nicht, eingesehenen werden.

Die Universalisierung ist in diesen Kontexten aufgehoben in einer Universalisierungsperspektive, die sich in der konkreten Situation in einer *verantwortbaren kontextsensiblen Haltung* gegenüber dem Fremden ausdrückt. Dies wäre eine moralische Haltung, die den praktischen Universalisierungstest der Gegenseitigkeit in der realen Welt soziokultureller Differenzen zu bestehen vermag.

Respekt, Achtung vor dem Fremden, ist eine Bedingung für interkulturelle Verständigung. Kulturtraditionen (auch die je eigenen) und Ethosformen sind nicht quasi-sakrosankte Legitimationsgrundlage; sie sind vielmehr prinzipiell kritisch zu hinterfragen und gegebenenfalls in interkulturellen Verständigungsprozessen zu verändern.

Sofern die Lebensinteressen des Fremden und die eigenen Lebensinteressen kollidieren, sind die Differenzen in der *Haltung des Respekts vor dem je Fremden* dialogisch, und das heißt auch lernend, zu bearbeiten – die einzige Möglichkeit gewaltfreier Lösung gegebener differenter Einstellungen und soziokultureller Konflikte.

Der einfache Zusammenhang des Verhaltens zu sich als moralische Person und zu anderen in der *Haltung des Respekts* ist eine allgemein *zustimmungswürdige Haltung*; sie läßt sich rekonstruieren als die gegenseitige Achtung, die Menschen sich als Mitglieder der moralischen Gemeinschaft gegenseitig schulden – vergleichbar der Einsicht von Kant, die er in der zweiten Formulierung des kategorischen Imperativs als moralisches Gebot folgendermaßen zum Ausdruck brachte: »Handle so, daß du die Menschheit, sowohl in deiner Person, als auch in der Person eines jeden anderen, jederzeit zugleich als Zweck, niemals bloß als Mittel brauchst.«[21]

Literatur

Apel, K.-O. (1973), *Transformation der Philosophie*. 2 Bände, Frankfurt am Main.

– (1988), *Diskurs und Verantwortung*, Frankfurt am Main.

Bausch, T. (1994), »Wirtschaft und Ethik«, in: Forum für Philosophie Bad Homburg – S. Blasche, W. R. Köhler und P. Rohs (Hg.), *Markt und Moral. Die Diskussion um die Unternehmensethik*, Bern/Stuttgart/Wien, S. 19-36.

Böhler, D. (1985), *Rekonstruktive Pragmatik. Von der Bewußtseinsphilosophie zur Kommunikationsreflexion*, Frankfurt am Main.

– (1986), »Wohin führt die pragmatische Wende?«, in: D. Böhler, T. Nordenstam und G. Skirbekk (Hg.), *Die pragmatische Wende. Sprachpragmatik oder Transzendentalpragmatik?*, Frankfurt am Main, S. 261-317.

– (1998), »Dialogbezogene (Unternehmens-)Ethik versus kulturalistische (Unternehmens-)Strategik. Besteht eine Pflicht zur universalen Dialogverantwortung?«, in diesem Band, S. 126-178.

Bornemann, E. (1979), *Das Patriarchat. Ursprung und Zukunft unseres Gesellschaftssystems*, Frankfurt am Main.

Brune, P., D. Böhler und W. Steden (1995), *Moral und Sachzwang in der Marktwirtschaft: Setzen ökonomische Sachzwänge der Anwendung moralischer Normen legitime Grenzen?* Reihe Ethik und Wirtschaft im Dialog, Bd. 8, München/Hamburg.

Gronke, H. (1993), »Apel versus Habermas: Zur Architektonik der Diskursethik«, in: A. Dorschel, M. Kettner, W. Kuhlmann und M. Niquet (Hg.), *Transzendentalpragmatik*, Frankfurt am Main, S. 273-296.

Habermas, J. (1971), »Vorbereitende Bemerkungen zu einer Theorie der

21 Kant 1785/1968, S. 61.

kommunikativen Kompetenz«, in: J. Habermas und N. Luhmann, *Theorie der Gesellschaft oder Sozialtechnologie?*, Frankfurt am Main, S. 101-141.
– (1981), *Theorie des kommunikativen Handelns*. Bd. 2, Frankfurt am Main.
– (1983 a), »Diskursethik – Notizen zu einem Begründungsprogramm«, in: ders., *Moralbewußtsein und kommunikatives Handeln*, Frankfurt am Main, S. 53-125.
– (1983 b), »Moralbewußtsein und kommunikatives Handeln«, in: ders., *Moralbewußtsein und kommunikatives Handeln*, Frankfurt am Main, S. 127-206.
Kant, I. (1785/1968), *Grundlegung der Metaphysik der Sitten. Werkausgabe*, hg. von W. Weischedel, Bd. VII, Frankfurt am Main.
Kohlberg, L. (1974), *Zur kognitiven Entwicklung des Kindes*, Frankfurt am Main.
– (1981), *The Philosophy of Moral Development*, San Francisco, Calif.
Kuhlmann, W. (1984 a), *Reflexive Letztbegründung. Untersuchungen zur Tranzendentalpragmatik*, Freiburg.
– (1984 b), »Ist eine philosophische Letztbegründung moralischer Normen nötig?« und »Ist eine philosophische Letztbegründung moralischer Normen möglich?«, in: K.-O. Apel, D. Böhler und K. H. Rebel (Hg.), *Praktische Philosophie/Ethik. Studientexte*. Funkkolleg, Basel, S. 550-603.
Rusche, T. (1993), *Philosophische versus ökonomische Imperative einer Unternehmensethik. Reihe Ethik und Wirtschaft im Dialog*, Bd. 2, Münster/Hamburg.
Smith, A. (1789/1993), *Der Wohlstand der Nationen*, München.
Transparency International (1995), *Building a Global Coalition Against Corruption*, Report 1995, published by TI, 10825 Berlin, Heylstr. 33.
Weber, M. (1919/1992), »Der Beruf zur Politik«, in: ders., *Soziologie. Universalgeschichtliche Analysen, Politik*, hg. von J. Winckelmann, 6. Auflage, Stuttgart, S. 167-185.

Stefan Kyora
Zur ethischen Beurteilung von Korruption im internationalen Geschäft

Bei interkulturellen Konflikten scheint für den westeuropäischen Beteiligten oft nur die Alternative zwischen kritikloser Anpassung an die Verhältnisse in anderen Kulturen oder westlichem Kulturimperialismus zu bestehen. Beide Haltungen sind heute problematisch geworden. Einerseits liefert sich die westliche Kritik an Verhältnissen in anderen Kulturen dem Verdacht aus, nur die schlechte Tradition westlicher Bevormundung zu verlängern. Andererseits scheint die relativistische Position der fraglosen Anpassung an kulturelle Gegebenheiten ethische Kritik überhaupt ganz unmöglich zu machen.

In dieser Situation ist es daher geboten, nach ethischen Positionen zu suchen, die weder unhinterfragt westliche Werte auf den Rest der Welt übertragen noch zur Selbstaufhebung jeglicher ethischen Kritik führen. Eine Position, die diese Alternative überwindet, ist diejenige Friedrich Kambartels. Auf der Grundlage der Kambartelschen Überlegungen werde ich mich mit einem konkreten Problem der interkulturellen Unternehmensethik beschäftigen.

Im ersten Abschnitt werde ich kurz den Kambartelschen Ansatz vorstellen. Er wird als Grundlage für meine eigene Beurteilung der Korruption dienen sowie zur Kritik anderer Ansätze. Im gesamten Aufsatz werde ich wiederholt auf die Problemzugänge von Steinmann und seinen Mitarbeitern sowie auf den transzendentalpragmatischen Ansatz von Bausch eingehen. Der größte Teil der Untersuchung ist der Erörterung des konkreten Problems der Korruption im internationalen Geschäft gewidmet. Dabei werde ich meine Schlußfolgerungen jeweils mit denen der anderen vorgestellten Ansätze vergleichen. Den Schluß bildet eine Zusammenfassung der wichtigsten Ergebnisse.

1. Kambartels Verständnis praktischer Rationalität

Kambartel kennzeichnet praktische Rationalität als Bestreben, Partikularität in Richtung auf Universalität zu überwinden. Universalität charakterisiert Kambartel durch drei Aspekte:

»Universalität in diesem Sinne ist 1. umfassend, insofern sie alle relevanten Probleme betrachtet, 2. moralisch, insofern sie alle betroffenen Personen einbezieht, und 3. nicht einseitig, insofern sie alle relevanten Rationalitätsstandards zur Anwendung bringt.«[1]

Eine bestimmte Praxis kann dann als vernünftig bezeichnet werden, wenn sie ebenfalls von dem Bemühen geprägt ist, Partikularität zu überwinden.

Auf der einen Seite unterscheidet sich Kambartel damit von gängigen universalistischen Ansätzen. Denn diese bringen, wie zum Beispiel der Utilitarismus, oft nur einen Rationalitätsstandard zur Anwendung[2] und halten außerdem meistens die Überprüfung eines Sachverhaltes auf seine praktische Rationalität hin für abschließbar. Wenn gezeigt worden ist, daß der Sachverhalt dem Rationalitätskriterium des jeweiligen Ansatzes entspricht, dann ist das Urteil, daß es sich um einen praktisch rationalen Sachverhalt handelt, wahr. Das Urteil kann sich erst dann ändern, wenn sich der Sachverhalt ändert. Dagegen hält Kambartel die Beurteilung einer Praxis oder einer diese Praxis leitenden Regel für unabschließbar. Es ist immer möglich, daß wir ein Rationalitätskriterium übersehen oder die verschiedenen Standards nicht richtig gegeneinander abgewogen haben.

Auf der anderen Seite distanziert sich Kambartel auch von eher relativistischen Ansätzen, wie etwa demjenigen Rortys. Diesem wirft Kambartel vor, nicht zwischen Begründungen zu unterscheiden, die so sicher sind, daß wir uns im Handeln auf sie verlassen, und solchen, die so unsicher sind, daß wir bei auf ihnen aufbauenden Handlungen nur mit großer Vorsicht agieren. Auch wenn wir hinsichtlich der praktischen Rationalität eines Sachverhalts, einer Perspektive oder einer Handlungsweise immer irren können, heißt das nicht, daß alle unsere Urteile gleich unsicher sind. Wir haben einige Urteile, deren Begründung wir so

1 Kambartel 1992, S. 275.

2 Vgl. Kambartel, in diesem Band, S. 215.

sicher sind, daß wir uns im Handeln einfach auf sie verlassen können.[3]

Kambartels Ansatz ist offensichtlich kein radikaler Gegenentwurf zu universalistischen Prinzipienethiken und relativistischen Positionen. Er kritisiert beide Ansätze nicht als grundsätzlich falsch, sondern als beschränkt. Das heißt, beide Herangehensweisen machen auf wichtige Punkte praktischer Rationalität aufmerksam; sie übersehen dabei allerdings, daß mit dem, was sie zu sagen haben, noch nicht alles gesagt ist.

Im folgenden möchte ich nun am Beispiel der Korruption im internationalen Geschäft überprüfen, ob hier das Kambartelsche Verständnis praktischer Rationalität eine umfassende und plausible Bearbeitung einer interkulturellen Fragestellung erlaubt. Dabei müßte sich zeigen lassen, daß der Kambartelsche Ansatz die Schwierigkeiten universalistischer und relativistischer Positionen umgehen kann.

II. Korruption

1. Methodische Vorbemerkungen

Viele wissenschaftliche Diskussionen der Korruption leiden darunter, daß sie zunächst eine exakte Definition von Korruption meinen geben zu müssen und dann anhand dieser Definition eine Beurteilung des Phänomens vornehmen. Das Feld korruptiver Handlungen ist aber so groß, daß es einfach unmöglich ist, sie in einem Satz zu definieren. Ich werde daher keine eigene Begriffsbestimmung von Korruption formulieren, sondern nur einzelne korruptive Praktiken erläutern und untersuchen.

Auch bei diesen einzelnen Arten der Korruption ist es nicht notwendig, eine »exakte« Definition zu geben, die sie gegenüber allen anderen denkbaren Handlungen abgrenzt. Ich werde wiederum nur solche Abgrenzungen betrachten, die für das hier zugrunde liegende Problem relevant sind. Das heißt, ich werde mich zum Beispiel nicht mit der Abgrenzung von Korruption zu anderen Straftaten, wie etwa der Amtsunterschlagung, beschäftigen.

3 Vgl. Kambartel 1996, S. 253; Kambartel, in diesem Band, S. 214.

Außer in den USA wurde eine im Ausland erfolgte Bestechung im Heimatland des Bestechenden lange Zeit nicht verfolgt. Wenn also ein deutsches Unternehmen einen deutschen Beamten bestach, konnten die Ausführenden von deutschen Gerichten bestraft werden; wurde jedoch ein ausländischer Beamter von einem deutschen Unternehmen bestochen, war eine Strafverfolgung in Deutschland nicht möglich. Darüber hinaus sind in Deutschland Schmiergeldzahlungen bei Auslandsgeschäften steuerlich abzugsfähig.[4]

In letzter Zeit ist einige Bewegung in diese Situation gekommen. Am 26. 9. 1996 beschäftigte sich der Deutsche Bundestag in erster Lesung mit einem Gesetzentwurf der Regierungskoalition sowie mit einem Antrag der SPD zur Bekämpfung der Korruption.[5] Der Gesetzentwurf der Regierungskoalition sieht weder vor, Bestechung im Ausland unter Strafe zu stellen noch die steuerliche Abzugsfähigkeit von Schmiergeldzahlungen abzuschaffen.[6] Dagegen fordert der SPD-Antrag genau diese Maßnahmen.[7] Zwei Jahre später, am 24. 6. 1998, wurde nun aber auch in Deutschland die Bestechung ausländischer Beamter unter Strafe gestellt. Die Regelung gilt zunächst für EU-Beamte, soll aber auf alle OECD-Länder ausgedehnt werden.

Die USA waren lange das einzige Land, in dem Bestechung auch dann strafrechtlich verfolgt wurde, wenn sie im Ausland begangen wurde. Grundlage dafür ist der Foreign Corrupt Practices Act (FCPA), der 1977 verabschiedet und 1988 novelliert wurde. Dieses Gesetz verbietet kategorisch und unter Androhung hoher Strafen die Bestechung ausländischer Beamter.[8] Es ist Vorbild für eine »Internationale Konvention gegen Korruption« der Organisation Amerikanischer Staaten, die im März 1996 verabschiedet wurde. Die Mitgliedsstaaten werden in dieser Konvention aufgefordert, auch die Bestechung ausländischer Amtsträger unter Strafandrohung zu stellen.[9]

4 Vgl. Lambsdorff 1995, S. 320.
5 Vgl. o. V. 1996, S. 1.
6 Vgl. Deutscher Bundestag 1996 b.
7 Vgl. Deutscher Bundestag 1996 a, S. 4 f.
8 Vgl. Maurer 1992, S. 177.
9 Vgl. Möhrenschlager 1996, S. 831.

Nicht unter das Verbot des FCPA fallen Schmiergeldzahlungen. Im Gesetz wird eine begriffliche Unterscheidung gemacht zwischen Bestechung (Bribery) auf der einen Seite und Schmiergeld auf der anderen (Grease Payment, Facilitating Payment).[10] Während sich Bestechung im Sinne des FCPA auf den Aufbau oder den Erhalt einer Geschäftsbeziehung richtet, ist das Ziel von Schmiergeldzahlungen, eine eigentlich routinemäßige Verwaltungshandlung, wie etwa den Erhalt einer Genehmigung, zu beschleunigen.[11]

3. Argumente für die Beteiligung an Korruption

Im folgenden sollen nun die Argumente der Befürworter korruptiver Praktiken vorgestellt werden. Ich werde auf diese Argumente nicht direkt eingehen. Diejenigen von ihnen, die auf den ersten Blick einleuchtend erscheinen, werden dann in die Beurteilung der einzelnen Korruptionsformen einfließen.

Die meisten Argumente heben darauf ab, daß man die Bewertung von Bestechung von dem Kontext abhängig machen müsse, in dem sie stattfindet. Erstens würden die positiven ökonomischen und politischen Folgen der Korruption in Entwicklungsländern die negativen überwiegen. Zweitens spiele Korruption in einigen Kulturen eine wichtige gesellschaftliche Rolle. Nur durch das Kassieren von Schmier- und Bestechungsgeldern seien Beamte in der Lage, den gesellschaftlichen Erwartungen bezüglich der Unterstützung ihrer Angehörigen und Freunde gerecht zu werden.[12]

Das pragmatische Argument gegen das Verbot von Bestechung lautet, daß der einseitige Verzicht auf Bestechung nur ein sinnloses Opfer darstelle. Wenn in einem Land Bestechung etablierte Praxis sei, dann könne man das von außen nicht ändern.[13] Insbesondere würde man keine Änderung durch den Rückzug aus solchen Ländern erreichen. Wenn sich ein Unternehmen oder die Unternehmen eines Landes aus einem Land zurückzögen, wo Bestechung Voraussetzung jeder Geschäftstätigkeit ist, würden

10 Vgl. Maurer 1992, S. 13.
11 Vgl. ebd., S. 174 f.
12 Vgl. Rottenburg 1995, S. 101.
13 Vgl. Lambsdorff 1995, S. 326.

nur andere Unternehmen diese Geschäfte übernehmen.[14] Diejenigen, die auf Bestechung verzichteten, brächten damit ein Opfer, ohne irgendeine Änderung der Situation zum moralisch Besseren zu erreichen.[15]

Um nun diese Argumente erörtern zu können, werde ich zwischen Schmiergeld, gewöhnlicher Bestechung und schwerer Bestechung unterscheiden. Korruption wird dabei als Oberbegriff für diese verschiedenen Formen verwendet.[16]

4. Schmiergeld

In diesem Abschnitt soll als erstes Schmiergeld von Bestechung abgegrenzt werden. Als zweites werden die Standpunkte von Steinmann und Scherer sowie von Bausch vorgestellt. Danach werde ich auf die in Abschnitt 3 genannten Argumente für die Teilnahme an Korruptionspraktiken eingehen. Diese Argumente werden zunächst allgemein und in einem zweiten Schritt dann mit Bezug auf solche Kulturen behandelt, in denen Schmiergeldzahlungen verbreitet sind. Abschließend werde ich meine Ergebnisse mit denen der anderen Ansätze vergleichen.

Eine Bestimmung von Schmiergeld wurde bereits erwähnt. Der US-amerikanische Foreign Corrupt Practices Act unterscheidet zwischen Schmiergeld und Bestechung. Bei Schmiergeldern handelt es sich im Gegensatz zu Bestechung um relativ niedrige Summen, die bürokratische Routinehandlungen beschleunigen sollen. Schmiergelder werden gemäß den Bestimmungen des FCPA also nicht gezahlt, um eine Pflichtverletzung zu erreichen, sondern um eine Dienstleistung zu beschleunigen, zu der der betreffende Beamte ohnehin verpflichtet wäre.[17] Das Kriterium für Schmiergeldzahlungen ist also, daß sie keine Pflichtverletzung des Beamten nach sich ziehen.

Dieses Kriterium ist für die Abgrenzung von Schmiergeld nur wenig geeignet. Denn je höher ein Beamter in der Hierarchie

14 Vgl. Pastin/Hooker 1990, S. 553. Dieser Ansicht ist auch der deutsche Wirtschaftsminister Rexrodt; vgl. Lambsdorff 1995, S. 323.

15 Vgl. Pastin/Hooker 1990, S. 554.

16 Auch Ricks verwendet Korruption als Oberbegriff in diesem Sinne. Vgl. Ricks 1995, S. 195 f.

17 Vgl. Maurer 1992, S. 12 f. und S. 174 f.

positioniert ist, desto schwieriger wird es, ihm eine Pflichtverletzung nachzuweisen. Einem Beamten etwa, in dessen Kompetenz es liegt, Ausnahmegenehmigungen zu erteilen, wenn das nationale Interesse es erfordert, wird man wohl fast nie eine Pflichtverletzung aufgrund einer Geldzahlung nachweisen können. Ein Beamter auf der untersten Ebene, dessen Kompetenzen sehr begrenzt sind, kann dagegen sehr schnell seine Pflichten verletzen. Wenn man dem Kriterium der Pflichtverletzung folgt, wird man es deswegen auf der unteren Ebene oft mit Bestechung zu tun haben, auf den höheren Rängen dagegen fast immer mit Schmiergeldzahlungen. Das entspricht sicher nicht unseren Intuitionen und auch nicht den anderen beiden Kriterien, die der FCPA formuliert. Schmiergeldzahlungen sollten ja auch noch bei Routinehandlungen eine Rolle spielen, und die Zahlung sollte relativ klein sein. Besser wäre es, die letzten beiden Kriterien durch zwei andere Kriterien zu ergänzen und auf das Kriterium der Pflichtgemäßheit zu verzichten.[18]

Außer daß die gezahlten Summen relativ niedrig sind und daß sie im Zusammenhang mit Routinehandlungen erfolgen, kann man Schmiergeldzahlungen noch dadurch charakterisieren, daß sie eine begrenzte Situation verbessern sollen und daß sie an Beamte auf der untersten Ebene gezahlt werden.

Bei Schmiergeldzahlungen handelt es sich um situative Korruption.[19] Die Bezeichnung »situativ« wird für derartige Zahlungen verwendet, um deutlich zu machen, daß Schmiergelder in einer bestimmten und begrenzten Situation weiterhelfen sollen. Schmiergeld wird gezahlt, um eine Verbesserung der gerade akuten Situation herbeizuführen.

Das letzte Kriterium für Schmiergeldzahlungen ergibt sich aus den bisherigen Bestimmungen. Schmiergeldzahlungen richten sich an Beamte, die in direktem Kontakt mit dem Publikum stehen. Dies werden vor allem solche auf den unteren Hierarchie-

18 Tiedemann spricht in diesem Zusammenhang von Zahlungen mit dem Ziel, »einen nicht notwendig rechtswidrigen Vorteil« zu erlangen (Tiedemann 1979, S. 34). Dies entspricht meiner Bestimmung von Schmiergeld. Schmiergeldzahlungen können eine Pflichtverletzung auslösen, müssen dies aber nicht unbedingt.

19 Vgl. Ahlf 1996, S. 156. Ahlf verzichtet ebenfalls auf das Kriterium der Pflichterfüllung.

rängen der Bürokratie sein.[20] Schmiergeldzahlungen richten sich also auf die Ausführungsebene staatlicher Anordnungen.

Ich denke, daß der Verzicht auf das Kriterium der Pflichterfüllung auch die auftretenden Situationen besser trifft. Man kann sich zum Beispiel eine Situation vorstellen, in der jemand eine Genehmigung beantragt. Der Beamte, bei dem man diesen Antrag stellt, macht nun deutlich, daß man sie gegen eine entsprechende Zahlung sofort erhalten würde. In dieser Situation spielt es für den Antragsteller wohl keine Rolle, ob der Beamte zur Ausstellung der Genehmigung befugt oder verpflichtet ist oder ob er sich für eine Pflichtverletzung bezahlen läßt. Wichtiger für die Einschätzung dieser Situation ist, daß es um eine Routineangelegenheit geht, daß die geforderte Summe niedrig ist und der Beamte nur eine ausführende Funktion hat. Bei diesem Beispiel haben wir es daher mit einer Schmiergeldzahlung zu tun, auch dann wenn der betreffende Beamte gegen ein kleines Entgelt routinemäßig seine Kompetenzen überschreiten sollte.

Das Kriterium der Pflichtgemäßheit taugt zwar nicht zur Abgrenzung der Schmiergeldzahlungen von Bestechung; man kann aber mit Hilfe dieses Kriteriums zwei Arten von Schmiergeldzahlungen unterscheiden. Wenn man meinen Überlegungen folgt, dann kann man Schmiergeldzahlungen danach einteilen, ob sie die Erlangung eines rechtswidrigen Vorteils anstreben oder nur die Beschleunigung eines an sich rechtmäßigen Vorgangs.

Als nächstes sollen nun die Positionen von Steinmann/Scherer und Bausch dargestellt werden. Steinmann und Scherer stellen in bezug auf Schmiergeldzahlungen fest:

»So kann ja die Gewährung eines kleinen ›Bakschisch‹ möglicherweise ein wichtiger Bestandteil einer Kultur sein, der wegen der im Augenblick nicht unmittelbar veränderbaren gesellschaftlichen Rahmenbedingungen zunächst einmal akzeptiert werden muß.«[21]

Die grundlegende Beurteilung von Schmiergeld scheint bei Steinmann und Scherer negativ zu sein. Da es sich bei Schmiergeldzahlungen aber um geringe Summen, um ein *kleines* Bakschisch handelt, kann man die Beteiligung an solchen Praktiken in Kulturen akzeptieren, in denen sie üblich sind. An der Einschätzung von Steinmann und Scherer fällt weiter auf, daß sie

20 Vgl. Williams 1987, S. 59.

21 Steinmann/Scherer, in diesem Band, S. 71.

sehr vorsichtig formuliert ist. Der Grund dafür scheint zu sein, daß sie schon in bezug auf die Beschreibung von Handlungsweisen in anderen Kulturen skeptisch sind. Sie benennen die in Frage stehende Handlungsweise nicht als Schmiergeld, sondern benutzen ein Fremdwort, wohl um deutlich zu machen, daß sich diese Praxis von ähnlichen Praktiken im Westen radikal unterscheiden kann. Außerdem geben sie auch kein Urteil darüber ab, ob es denn nun Kulturen gibt, in denen Schmiergeldzahlungen zur Tradition gehören. Weiterhin bleibt unklar, worauf sich die im allgemeinen negative Einschätzung des Schmiergelds eigentlich stützt.

Thomas Bausch geht auf die Beurteilung von Schmiergeldzahlungen nicht ein. Da sein Fallbeispiel und auch die Argumente, die er gegen die Teilnahme an korruptiven Praktiken vorbringt, eher auf Zahlungen zugeschnitten sind, die ich als gewöhnliche und schwere Bestechung bezeichnen werde, werde ich seine Position erst in den entsprechenden Abschnitten vorstellen. Am Ende dieses Abschnitts wird allerdings zu überprüfen sein, ob Bauschs Nichtberücksichtigung von Schmiergeldzahlungen nicht problematisch ist.

Um zu einer Beurteilung von Schmiergeldzahlungen zu kommen, werde ich zunächst auf solche Gründe eingehen, die die traditionale Moral in den betroffenen Ländern nicht berücksichtigen. Dann werden diese moralischen Vorstellungen erläutert und zum Schluß werden beide Perspektiven zusammengeführt.

Das Argument bezüglich der überwiegenden positiven Folgen von Schmiergeldpraktiken kann leicht zurückgewiesen werden. Hier genügt ein kurzer Hinweis auf die ökonomischen und politischen Schäden, die Schmiergeld anrichtet. Die wichtigste ökonomische Folge von Schmiergeldpraktiken ist, daß sich die von der Bürokratie erbrachten Dienstleistungen verschlechtern bzw. verlangsamen. Die wichtigste politische Folge dürfte sein, daß der betroffene Staat geschwächt wird, weil er seine Gesetze nicht durchsetzen kann und auch Geldeinbußen hinnehmen muß. Deswegen können weitverbreitete Schmiergeldpraktiken ein ernsthaftes Entwicklungshemmnis darstellen.[22]

Das pragmatische Argument zur Verteidigung von Schmiergeldzahlungen betont, daß der Verzicht auf Schmiergeldzahlungen die Aufgabe der Geschäftstätigkeit in einigen Ländern nach

22 Vgl. Myrdal 1968, S. 952.

sich zöge. Das von den Unternehmen in diesem Fall verlangte Opfer stehe damit in keinem Verhältnis zur moralischen Bedeutung von Schmiergeldpraktiken.

In der Tat haben einzelne Schmiergeldzahlungen oder auch die Schmiergeldzahlungen eines einzelnen Unternehmens nicht sofort katastrophale Folgen. Aufgrund der geringen Höhe dieser Zahlungen ist die ökonomische Auswirkung einzelner Zahlungen marginal. Auch wird das politische System nicht ernsthaft Schaden nehmen, wenn ein Beamter auf der untersten Ebene Schmiergeld erhält. Insofern könnte man dem pragmatischen Argument recht geben. Der völlige Verzicht auf Schmiergeldzahlungen mag ethisch gesehen besser sein. Aber es ist in dieser Perspektive auch akzeptabel, an solchen Praktiken teilzunehmen.

Da aber Schmiergeldzahlungen insgesamt wichtige negative Auswirkungen auf das ökonomische und politische System eines Landes haben, kann man von den beteiligten Unternehmen verlangen, sich auf der Systemebene für die Abschaffung der Schmiergeldpraktiken einzusetzen. Wenn sie also schon Schmiergeld zahlen, dann sollten sie sich gleichzeitig ordnungspolitisch engagieren. Sie sollten Maßnahmen unterstützen, die auf die Verminderung von Schmiergeldpraktiken zielen. Im folgenden wird nun überprüft, ob sich dieses Urteil ändert, wenn traditionale Einschätzungen dieser Praxis berücksichtigt werden.

Bei der traditionalen moralischen Beurteilung von Schmiergeldzahlungen konkurrieren zwei Werte. Während einerseits die Unterstützung der Familie moralisch gefordert ist, gilt auf der anderen Seite der integre Beamte als moralisches Ideal. In China etwa galt die Unterstützung der Familie als moralische Pflicht. Die Loyalität des Beamten richtete sich zunächst auf seine Verwandten und nicht auf den Staat.[23] Deshalb waren Handlungsweisen wie die Annahme von Schmiergeld gerechtfertigt, die der Verwandtschaft nutzten und dem Staat schadeten. Dasselbe stellt Williams für Afrika fest.[24]

In China waren aber gemäß den traditionellen Moralvorstellungen Beamte, die keine Schmiergelder nahmen, gleichzeitig moralische Helden. Sie wurden vom Volk verehrt.[25] Dement-

23 Vgl. Heberer 1991, S. 76.
24 Vgl. Williams 1987, S. 45.
25 Vgl. Heberer 1991, S. 79.

sprechend wurden Personen, die die grassierende Korruption bekämpften, als Menschen wahrgenommen, die sich an den althergebrachten Werten der konfuzianischen Ethik orientierten.[26]

Die Konkurrenz dieser verschiedenen Werte wurde dann so gelöst, daß die Loyalität gegenüber der Familie zwar als moralisch wichtiger angesehen wurde als die Integrität von Beamten. Aber gleichzeitig gab es auch eine Schwelle, ab der Korruption nicht mehr als moralisch akzeptabel betrachtet wurde. Wer zu schnell oder zu sehr reich wurde oder seinen Reichtum nicht teilte, wurde auch in diesen Kulturen moralisch verurteilt.[27]

Eine wichtige Ursache für die Tolerierung korruptiver Praktiken ist also, daß partikulare Loyalitäten in diesen Kulturen eine besondere Bedeutung haben. Erstens sind sie vom Standpunkt der traditionellen Moral aus wichtiger als Bindungen an einen Staat. Zweitens gehen die Verpflichtungen, die sich aus diesen Loyalitätsbeziehungen ergeben, wesentlich weiter als bei ähnlichen Beziehungen im Westen. Wenn jemand die faktische Macht über Ressourcen hat, dann wird erwartet, daß er sie zur Hilfe bedürftiger Freunde und Verwandter auch einsetzt, egal ob damit sonst jemandem geschadet wird.

Falls nun ein westlicher Akteur versuchen sollte, sich an den moralischen Beurteilungen von Schmiergeldzahlungen in den betroffenen Kulturen selber zu orientieren, würde er schnell auf Schwierigkeiten stoßen. Der Grund dafür ist, daß ein westliches Unternehmen ein Akteur ist, der sich von denjenigen, die von der traditionellen Moral erfaßt werden, in wichtigen Hinsichten unterscheidet. Gerade in traditionalen Kulturen werden die Erwartungen an Fremde anders sein als an Einheimische. Selbst wenn also bei einheimischen Unternehmen Schmiergeldzahlungen akzeptiert werden, muß das für ausländische Unternehmen noch lange nicht gelten.[28] Bei westlichen Unternehmen könnten insbesondere bestimmte Handlungsweisen als illegitime Einmischung gesehen werden, die bei einheimischen Unternehmen akzeptiert werden. Man kann bei aller gebotenen Vorsicht wohl davon ausgehen, daß der aktive Einsatz der Macht eines westlichen Unternehmens eher als Eingriff gesehen wird als das Akzeptieren der vorhandenen Verhältnisse. Wenn das stimmt,

26 Vgl. ebd, S. 78.
27 Vgl. ebd., S. 77 f.; Wertheim 1970, S. 199; Williams 1987, S. 97.
28 Vgl. Kleiner 1992, S. 161.

wären im Hinblick auf Schmiergeldzahlungen folgende Urteile naheliegend:

Bei der Bezahlung von Schmiergeld, das die Verbesserung einer Dienstleistung anstrebt, wird wohl eher der Einsatz der unternehmerischen Machtmittel mit dem Ziel der Vermeidung der Zahlung als Eingriff gesehen als die Zahlung des Geldes.

Bei der Bezahlung von Schmiergeld, das die Erlangung eines rechtswidrigen Vorteils anstrebt, kann dagegen gerade die Teilnahme an der Schmiergeldpraxis einen Eingriff bedeuten. Wenn zum Beispiel ein Unternehmen einen Beamten schmiert, um eine niedrigere Einfuhrsteuer zu bezahlen, versucht das Unternehmen, die im Land herrschenden Verhältnisse, wenn auch in bescheidenem Rahmen, in seinem Interesse zu verändern. Hier könnte man die Schmiergeldzahlung nur dann rechtfertigen, wenn das angestrebte Fehlverhalten des Beamten so alltäglich ist, daß dieses Fehlverhalten die gängige und weitgehend nicht kritisierte Praxis ist.

Beim ordnungspolitischen Engagement des Unternehmens sieht es zunächst einmal so aus, als ob hier der Einsatz unternehmerischer Macht zur Bekämpfung der Korruption, zum Beispiel durch Unterstützung lokaler Initiativen oder Parteien, eigentlich immer als Eingriff bewertet werden kann.

Nun könnte man diese beiden Ergebnisse so interpretieren, daß dort, wo politisches Engagement problematisch ist, einfach darauf verzichtet werden sollte. Dieser Standpunkt ist aber nicht überzeugend. Denn er wird dem gewichtigen Einwand der ökonomischen und politischen Nachteiligkeit von Schmiergeldpraktiken nicht gerecht. Der richtige Weg, die beiden Urteile miteinander verträglich zu machen, besteht vielmehr darin, eine Weise ordungspolitischen Engagements zu suchen, die sich nicht auf die ökonomische oder politische Macht des betroffenen westlichen Unternehmens stützt. Ein Engagement in diesem Sinne ist auch in anderen Kulturen Voraussetzung dafür, daß Schmiergeldzahlungen ethisch akzeptabel sind.[29]

Ergebnis dieses Abschnitts ist also, daß Schmiergeldzahlungen in Ländern, in denen sie kulturell verankert sind, dann akzeptabel sind, wenn sie erstens der Erlangung einer schnelleren oder besseren Dienstleistung dienen und zweitens mit geeigne-

29 Einige Vorschläge, wie dieses Engagement aussehen könnte, mache ich weiter unten im Abschnitt 8.

ten politischen Maßnahmen einhergehen, die auf den Abbau der Schmiergeldpraktiken zielen. Darüber hinaus können auch solche Schmiergeldzahlungen akzeptabel sein, die einen rechtswidrigen Vorteil anstreben, wenn sichergestellt ist, daß das entsprechende Fehlverhalten des Beamten die weitgehend akzeptierte Regel ist.

Zum Schluß dieses Abschnitts soll nun dieses Ergebnis mit den Überlegungen des transzendentalpragmatischen und des kulturalistischen Ansatzes verglichen werden.

Zum kulturalistischen Ansatz von Steinmann und Scherer ließe sich sagen, daß sie bei der Beurteilung von Schmiergeldzahlungen eine zu große Vorsicht an den Tag legen. Ich hoffe in diesem Abschnitt nachgewiesen zu haben, daß die Identifizierung von Schmiergeldpraktiken selbst in Ländern, in denen sie weitverbreitet sind, keine Schwierigkeiten macht. Man muß nicht zum Fremdwort »Bakschisch« greifen, um solche Praktiken zu beschreiben. Des weiteren fällt auf, daß Steinmann und Scherer nicht die systemischen Schäden erwähnen, die Schmiergeldzahlungen auslösen. Daraus entsteht an dieser Stelle allerdings kein Problem, insofern sie ja die grundsätzlich negative Einschätzung von Schmiergeldzahlungen teilen, die ich mit Hinweis auf diese systemischen Schäden begründet habe.

Bei den von der Transzendentalpragmatik ausgehenden Überlegungen von Thomas Bausch ist das wesentliche Problem im Zusammenhang mit der Beurteilung von Schmiergeldzahlungen, daß er auf diese Form der Korruption überhaupt nicht eingeht. Weder sein Fallbeispiel zur Korruption noch seine Argumente gegen korruptive Praktiken[30] sind auf Schmiergelder zugeschnitten. Der Grund, warum Bausch diese Form der Korruption nicht erfaßt, scheint mir darin zu liegen, daß in einer transzendentalpragmatischen Ethik traditionale Sichtweisen und pragmatische Argumente nur mit Schwierigkeiten berücksichtigt werden können. Bei der Beurteilung von Schmiergeld sind diese Aspekte aber entscheidend, wie sich bei meiner Erörterung des Problems gezeigt hat.

Traditionale Sichtweisen und pragmatische Erwägungen werden von der Transzendentalpragmatik nicht als diskursfähig angesehen.[31] Personen, die traditionale Überzeugungen haben,

30 Vgl. Bausch, in diesem Band, S. 340.
31 Vgl. Böhler 1991, S. 161.

können auch nicht direkt am Diskurs teilnehmen; für sie muß der Diskurs stellvertretend durchgeführt werden.[32] Ihre Sichtweisen können erst berücksichtigt werden, wenn man sie in diskursfähige Argumente umwandelt. Es bleibt dabei aber unklar, wie diese Übersetzung vor sich gehen soll.[33] Es dürfte deswegen zumindest sehr schwierig sein, eine plausible transzendentalpragmatische Abwägung bei solchen Phänomenen durchzuführen, bei denen wie beim Schmiergeld traditionale Sichtweisen und pragmatische Erwägungen eine entscheidende Rolle spielen. Alle wichtigen Aspekte müßten für die diskursive Erörterung zunächst einmal transformiert werden.

Wenn man nun Kambartels Verständnis praktischer Rationalität zu Hilfe nimmt, um dieses Problem zu verstehen, könnte man sagen, daß der transzendentalpragmatische Ansatz zumindest Schwierigkeiten hat, verschiedene Rationalitätsstandards zu berücksichtigen. Handlungsweisen, die im wesentlichen auf traditionalen und pragmatischen Begründungen beruhen, kann er nur schwer als praktisch rational auszeichnen. Daß dieser Ansatz mehr Schwierigkeiten hat, solche Handlungsweisen plausibel zu beurteilen, ist besonders dann ein Kritikpunkt, wenn es um die Praxistauglichkeit verschiedener ethischer Ansätze geht.

5. Gewöhnliche Bestechung

Bestechung kann man von Schmiergeldzahlungen dadurch unterscheiden, daß bei der ersteren größere Summen im Spiel sind, mit denen versucht wird, einen wichtigeren bürokratischen Entscheidungsprozeß zu beeinflussen.[34] Bestechung soll also nicht wie Schmiergeld in einer begrenzten Situation die Lage des Bestechenden verbessern, sondern mit der Bestechung wird in einen komplizierteren Entscheidungsprozeß eingegriffen. Dementsprechend sind das Ziel solcher Zahlungen Beamte, die in derartige Prozesse eingreifen können. Bestechung richtet sich also eher auf Beamte auf der höheren Ebene mit den entsprechenden Entscheidungsbefugnissen. Das bedeutet auch, daß hier nicht bürokratische Routinehandlungen betroffen sind, sondern Situatio-

32 Vgl. Bausch, in diesem Band, S. 341.
33 Vgl. Böhler 1991, S. 162.
34 Vgl. Ahlf 1996, S. 157.

nen, in denen eine oder mehrere substantielle Entscheidungen zu treffen sind. Während Schmiergelder also die Ausführungsebene der Bürokratie beeinflussen wollen, zielt Bestechung auf die Entscheidungsebene.

Steinmann und Scherer äußern sich nicht explizit zu Bestechung. Ich werde in diesem Abschnitt daher nicht auf ihre Position eingehen.

Bausch geht ausführlich auf die Beurteilung von Bestechung ein. Er sieht Bestechung sehr negativ. Als Gründe dafür nennt er die systemischen Schäden, die Bestechung verursacht, und die Tatsache, daß sich der Bestechende einen unfairen Vorteil gegenüber seinen Konkurrenten verschafft.[35] Er trennt strikt zwischen traditionalen Geschenkpraktiken und Bestechung.[36] Für ihn gibt es keine Form der Bestechung, die durch traditionale Urteile gedeckt ist. Bestechung ist daher auch im internationalen Kontext aus ethischer Sicht nicht erlaubt.

Dieses klare Urteil relativiert Bausch mit dem Hinweis auf die Interessen des zu Bestechungszahlungen aufgeforderten westlichen Unternehmens. Bausch schreibt etwa, daß es situative Kontexte gebe, die »die Anwendung grundsätzlich geltungswürdiger moralischer Normen auf der Unternehmensebene verhindern« würden.[37] An anderer Stelle heißt es, daß es Zustände gebe, die zu Bestechung zwängen.[38] Bausch schließt also nicht aus, daß Bestechung in einigen Fällen doch ethisch erlaubt ist. Es wird aber nicht klar, um welche Fälle es sich handeln soll.

Bevor ich zu der ethischen Beurteilung der in Frage stehenden Handlungen komme, werde ich zuerst die ökonomischen und politischen Folgen und die traditionalen Beurteilungen dieser Praktiken darstellen.

Der überwiegende Großteil der Studien zu den ökonomischen und politischen Folgen der Bestechung stellt fest, daß die Folgen dieser Praxis für das betroffene Land außerordentlich schlecht sind. Mittlerweile ist auch empirisch nachgewiesen, daß Korruption das Wirtschaftswachstum eines Landes negativ beeinflußt.[39] Ein Grund dafür ist, daß Bestechungspraktiken Rent-seeking

35 Vgl. Bausch, in diesem Band, S. 328.
36 Vgl. ebd., S. 340.
37 Ebd., S. 328, vgl. S. 327.
38 Vgl. ebd., S. 328.
39 Vgl. Mauro 1995.

auslösen. Rent-seeking bedeutet, daß Ressourcen eingesetzt werden, um ein Monopol anzustreben und zu verteidigen.[40] Rent-seeking findet bei der Bestechung im wesentlichen auf seiten der betroffenen Beamten statt. Sie müssen eine entsprechende Ausbildung haben, Kontakte herstellen und pflegen, die für ihre Beamtenkarriere nützlich sind. Wenn sie sich bestechen lassen, müssen sie die Zahlungen verheimlichen und so ihr Monopol verteidigen.[41] Durch diese Tätigkeiten werden Ressourcen für unproduktive Aktivitäten verschwendet.

Private Investitionen werden durch den durch Bestechungspraktiken induzierten Anstieg der Kosten verhindert, oder es werden solche Projekte durchgeführt, die die höchsten illegalen Einnahmen für die Beamten ermöglichen.[42] Außerdem verstärkt Bestechung bestehende ökonomische Ungleichheiten.[43]

Als positive Folge wird von einigen Ökonomen angegeben, daß mit Hilfe der Bestechung zur Schwächung ineffizienter Marktregulierungen und damit auch zur ökonomischen Entwicklung des betroffenen Landes beigetragen werden könne.[44] Diese Autoren übersehen aber, daß bestechliche Beamte Regulierungen überhaupt erst schaffen oder uminterpretieren, um einen Anlaß zur Bestechung zu haben.[45] In Ländern mit weit verbreiteter Bestechung wird es deswegen nicht weniger, sondern mehr Regulierungen geben.

Als positive politische Folge von Bestechung wird die Modernisierung veralteter politischer Strukturen gesehen.[46] Korruption solle insbesondere den Einbezug von Gruppen in die Politik fördern, die sonst nicht direkt in politische Strukturen eingebunden seien.[47] Außerdem solle Bestechung dazu beitragen können, ethisch problematische Gesetze eines Staates zu überwinden, indem sie unterlaufen werden. So könne Bestechung entwicklungsfördernd wirken.

Das erste Argument ist wenig überzeugend. Denn über den

40 Vgl. Tullock 1987.
41 Vgl. Shleifer/Vishny 1993, S. 613.
42 Vgl. Lambsdorff 1995, S. 321.
43 Vgl. Heberer 1991, S. 40 und S. 188.
44 Vgl. Lui 1996, S. 27.
45 Vgl. Tullock 1996, S. 9.
46 Vgl. Friedrich 1973, S. 139.
47 Vgl. ebd., S. 132 und S. 135; Huntington 1970, S. 498.

Weg der Bestechung können nur die wohlhabenden Gruppen zu politischem Einfluß gelangen. Gerade in Entwicklungsländern dürfte damit der Großteil der Bevölkerung von dieser Art politischer Einflußnahme ausgeschlossen sein. Verbreitete Bestechungspraktiken in autokratischen Staaten werden daher eher zu einer Verstärkung der politischen Ungleichheit führen als zu deren Verminderung.[48]

Ein Einwand gegen Bestechung als entwicklungsfördernder Faktor lautet, daß man die Schwächung des Staates durch Bestechungen nicht auf einen ausgewählten Bereich ethisch problematischer Gesetze begrenzen kann. Denn Bestechung schwächt die betroffenen Staaten nicht nur ökonomisch, sondern auch politisch; und ein schwacher Staat ist gerade wieder einer der Faktoren, der das Entstehen von Bestechung fördert.[49]

Bestechung ist deswegen kein gutes Mittel, um politische Modernisierungen zu erreichen; sie wird eher in einen Zustand der politischen und ökonomischen Desorganisation führen, der jede Entwicklung verunmöglicht.[50]

Traditionale Moralen dürften Bestechung im großen und ganzen genauso beurteilen wie Schmiergeldzahlungen. Moralisch falsch handelt der, der zu schnell und zu sehr reich wird und der nichts von seinem Reichtum an seine Freunde und Verwandten weiterleitet. Ein wesentlicher Unterschied zu Schmiergeldzahlungen besteht darin, daß die Praxis der Bestechung in den Ländern des Südens und Ostens nicht in derselben Weise zum traditionellen Alltag gehört wie Schmiergeldzahlungen.[51] Zum einen kann sich die große Masse der Menschen in diesen Ländern Bestechung, so wie sie oben bestimmt wurde, gar nicht leisten. Zum andern setzt Bestechung ja eine staatliche Bürokratie voraus; und die kam oft erst mit einer westlichen Kolonialmacht ins Land. Eine traditionale Norm: »Wenn Du an einen Staatsauftrag kommen willst, dann besteche den entsprechenden Beamten«, kann es also schon deswegen in vielen Ländern nicht geben, weil es vor dem Erscheinen westlicher Kolonialmächte dort weder Beamte

48 Vgl. Heberer 1991, S. 42.
49 Vgl. Nuscheler 1995, S. 340.
50 Vgl. Heberer 1991, S. 45.
51 Auch heute sind Schmiergeldzahlungen die Form der Korruption, die am häufigsten auftritt; vgl. Tiedemann 1979, S. 39; Williams 1987, S. 59.

noch Regierungsaufträge gab.[52] Eine wichtige Ausnahme ist China. Hier gibt es eine lange bürokratische Tradition und eine ebenfalls lange Tradition der Bestechung von Beamten. Kaufleute konnten durch Bestechung Steuern und Abgaben senken, Verkaufslizenzen erhalten und den Schutz von Beamten sichern.[53] Diese Praxis wurde im wesentlichen genauso bewertet wie die Schmiergeldpraxis.[54] Eine Ausnahme bei der Beurteilung von Bestechung stellen solche Zahlungen dar, die eine Beziehung aufbauen oder erhalten sollen. Diese werden in China auch heute nicht als Korruption eingeordnet, sondern als moralisch unproblematisches Geschenk gesehen.[55]

Bei der nun folgenden ethischen Beurteilung der gewöhnlichen Bestechung werde ich als erstes wieder nur Gründe berücksichtigen, die nicht auf bestimmte Kulturen zugeschnitten sind.

Zunächst sollen drei verschiedene Arten der gewöhnlichen Bestechung unterschieden werden. Erstens gibt es Bestechung im Umfeld einer Auftragsvergabe oder Vertragsverlängerung. Davon kann man zweitens die Bestechung unterscheiden, die gesetzliche Auflagen außer Kraft zu setzen versucht. So kann es etwa möglich sein, eine Lizenz oder eine Ausnahmegenehmigung durch Bestechung von einem hochrangigen Beamten zu erhalten, der im Prinzip dazu befugt ist, solche Ausnahmegenehmigungen zu erteilen. Als dritte Form der gewöhnlichen Bestechung soll im folgenden Abschnitt der Aufbau einer langfristigen Beziehung zu wichtigen Beamten unter anderem durch Geschenke behandelt werden.

Bestechung hat – wie gesehen – schwerwiegende ökonomische und politische Folgen, insbesondere in Ländern, in denen Ökonomie und Staat schwach sind.

Im Unterschied zu Schmiergeldzahlungen kann schon ein einzelner Bestechungsfall direkt und nicht im politischen und ökonomischen System erheblichen Schaden anrichten. Bestechung kann und soll ja auch dazu führen, daß bei der anstehenden Ent-

52 Vgl. Williams 1987, S. 33. Zu weiteren Elementen, mit denen die Kolonialherrschaft zur Entstehung der Korruption in afrikanischen Staaten beitrug, siehe ebd., S. 34 f. und S. 41 f.

53 Vgl. Heberer 1991, S. 78.

54 Vgl. ebd., S. 77 ff.

55 Vgl. ebd., S. 126 und S. 177. Auf solche Zahlungen werde ich im nächsten Abschnitt gesondert eingehen.

scheidung die Interessen des bestechenden Unternehmens den Ausschlag geben und nicht die Interessen des Staates und seiner Bürger, für die der Beamte eigentlich entscheiden soll.

Die Argumente, die gegen diese sehr negative Einschätzung von Bestechung vorgebracht werden, beruhen alle auf der Annahme, daß alle Konkurrenten im Auslandsgeschäft bestechen. Da alle Anbieter bestächen, sichere man sich mit der Bestechung keinen unfairen Vorteil. Man greife eigentlich gar nicht in den Entscheidungsprozeß ein; durch die Bestechung erreiche man nämlich nur, daß das eigene Angebot genauso in Betracht gezogen werde wie das der bestechenden Konkurrenz. Daß Bestechungspraktiken zur Wahl eines schlechteren Angebots führen, sei deswegen nicht gesagt.

Da alle bestächen, würde man Aufträge verlieren, wenn man nicht auch bestäche. Eine Unternehmensleitung, die aber nicht alles tue, um an Aufträge zu kommen, verletze ihre Pflicht gegenüber Arbeitnehmern und Anteilseignern. Da alle bestächen, sei der Verzicht auf Bestechung letztlich auch ein sinnloses Opfer, weil man das Niveau der Korruption nicht senke, wenn man als einziges Unternehmen auf Bestechung verzichte.[56]

Gegen alle diese Argumente kann man zunächst einwenden, daß eben nicht alle Konkurrenten bestechen. US-amerikanische Firmen werden schon deswegen nicht bestechen, weil das Risiko, entdeckt zu werden, groß ist und die Strafen in diesem Fall drastisch sind. Es gibt aber auch noch Gegenargumente zu den einzelnen Einwänden.

Daß man mit Hilfe von Bestechung nicht in den Entscheidungsprozeß eingreift, geht von der Annahme aus, daß ein bestechlicher Beamter, der über die Vergabe von Aufträgen entscheiden kann, ganz unparteilich zwischen den Konkurrenten entscheidet, nachdem er sichergestellt hat, daß für ihn eine feste Summe abfällt. Das ist aber nicht sehr plausibel. Angesichts der Höhe der zur Bestechung eingesetzten Gelder und der Tatsache, daß einem Beamten, der über die Vergabe von Aufträgen entscheiden kann, nur sehr schwer eine offensichtliche Fehlentscheidung nachzuweisen ist, ist der Anreiz für den Beamten, die Firma mit dem höchsten Bestechungsgeld zu bevorzugen, sehr stark.

56 Alle diese Argumente finden sich bei Pastin/Hooker 1990, S. 553.

Zu dem Einwand, die Unternehmensleitung hätte verantwortungsvoll zu handeln, läßt sich folgendes sagen. Die Verantwortung der Unternehmensleitung liegt natürlich darin, ein Unternehmen auf eine Weise zu führen, die den Rückgriff auf fragwürdige Praktiken gar nicht erst nötig macht. Niemand behauptet ernsthaft, die Verantwortung des Managements sei die ausschließliche Verfolgung der Interessen von Arbeitnehmern und Anteilseignern ohne jegliche Rücksicht auf ethische und juristische Regeln.[57]

Im Hinblick auf das pragmatische Argument muß zunächst darauf hingewiesen werden, daß ein Unternehmen, das sich an Bestechungspraktiken beteiligt, auch schon in einem einzelnen Bestechungsfall sowohl Konkurrenten wie auch der Bevölkerung des betroffenen Landes erheblich schaden kann. Wenn die Dinge aber so liegen, dann kann vom Unternehmer ein Opfer durchaus verlangt werden, weil mit diesem Opfer verhindert wird, daß das Unternehmen Personen erheblich schädigt.

Darüber hinaus kann man sich fragen, ob das geforderte Opfer tatsächlich so groß ist. Bei Unternehmen, die um einen Auftrag konkurrieren, ist es zunächst einmal im Interesse aller, Korruptionszahlungen zu vermeiden.[58] Bestechung verursacht den Unternehmen schließlich auf verschiedene Weise Kosten.[59] Hier ist dann die Frage, ob es nicht auch einfach kostengünstiger wäre, wenn die konkurrierenden Firmen untereinander ein Arrangement träfen, das korruptive Praktiken ausschließt.[60]

Die ethische Beurteilung von Bestechung fällt soweit erst einmal sehr negativ aus. Die Frage ist nun, ob bei der Berücksichtigung bestimmter kultureller Traditionen neue Argumente auftauchen, die zur Modifizierung dieser Einschätzung führen.

Wenn man wieder wie bei Schmiergeldzahlungen das Kriterium der Machtausübung anlegt, um besonders problematische Bestechungsformen auszusondern, sieht man, daß im Fall der Bestechung alle Formen besonders problematisch sind. Denn es geht bei allen Formen gewöhnlicher Bestechung dem Bestechenden

57 Vgl. zum Beispiel Friedman 1988, S. 218.

58 Vgl. Eigen 1995, S. 67.

59 Vgl. Kleiner 1992, S. 27.

60 Hier sind zum Beispiel die Versuche von Transparency International interessant, in einem ersten Schritt bei konkreten Aufträgen eine »Insel der Integrität« zu schaffen; vgl. Eigen 1995, S. 67 f.

darum, Entscheidungsprozesse in seinem Sinne zu beeinflussen. Also ist zunächst einmal die Bestechung eine Einmischung in die Kultur anderer Völker.[61]

Ein weiterer Unterschied zwischen Schmiergeldzahlungen und gewöhnlicher Bestechung ist, daß zumindest zwei Formen der Bestechung nicht im selben Sinne zur Alltagspraxis dieser Kulturen gehören wie Schmiergeldzahlungen. Zum einen kann sich der Großteil der Bevölkerung Bestechung schlicht nicht leisten, und zum zweiten wurde Bestechung in einem Teil der Länder, die heute von Bestechungspraktiken besonders schwer betroffen sind, erst durch den Aufbau einer Bürokratie westlichen Typs möglich. Daher dürfte weder die Bestechung im Zusammenhang mit einer Auftragsvergabe noch die Bestechung zur Umgehung gesetzlicher Auflagen ein integraler Bestandteil anderer Kulturen sein, an dessen Bewahrung den Mitgliedern dieser Kulturen einiges liegt. Wenn man dieses Ergebnis zu den allgemeinen ethischen Überlegungen hinzunimmt, dürfte klar sein, daß diese beiden Formen der Bestechung auch im Auslandsgeschäft auf keinen Fall zu rechtfertigen sind.

Falls in einem Land derartige Bestechungspraktiken nötig sind, um überhaupt Geschäfte betreiben zu können, bleibt dem ethisch verantwortungsvollen Unternehmen nichts anderes als der Rückzug aus diesem Land übrig. Die Begründung dafür sieht zusammengefaßt wie folgt aus.

Wenn das Unternehmen am Ort bleibt, verursacht es erheblichen ökonomischen und politischen Schaden. Darüber hinaus greift es mit seinen Bestechungsversuchen in schwerwiegender Weise in die lokale Kultur ein, da es ja versucht, die Verhältnisse mit Hilfe der Bestechung in seinem westlichen Sinne und Interesse zu verändern. Bestechungen dieser Art sind in der Alltagspraxis der betroffenen Kulturen nicht verankert und schon gar nicht gefordert. Ein westliches Unternehmen, das sich in diesem Fall zurückzieht, handelt damit sicher nicht gegen die traditionale Moral. Möglicherweise ist der Rückzug sogar auch vom Standpunkt der traditionalen Moral gefordert.

Die Nähe meiner Ergebnisse zu denjenigen von Bausch ist of-

61 Dementsprechend betrachtet etwa die nigerianische Bevölkerung Bestechungszahlungen von ausländischen Unternehmen als moralisch fragwürdiger als Bestechungszahlungen von einheimischen Firmen. Vgl. Tsalikis/Nwachukwu 1991.

fensichtlich. Auch Bausch hebt die systemischen Schäden jeder Korruption hervor. Als weiteren Grund, Bestechung abzulehnen, sieht auch er, daß sich der Bestechende einen unfairen Vorteil gegenüber seinen Konkurrenten verschafft. Bausch kommt daher aus ähnlichen Gründen zu einer ähnlich negativen Einschätzung von Bestechung, wie ich sie hier vertreten habe.[62]

Ein wichtiger Unterschied zwischen den Überlegungen von Bausch und meinem eigenen Ansatz besteht darin, daß Bausch keine klare Handlungsempfehlung gibt. Insbesondere bleibt unklar, ob die Interessen des Unternehmers die sehr negative Beurteilung der Korruption aufwiegen können, so daß Bestechung in einigen Fällen doch wieder erlaubt ist. Zu dieser Unklarheit trägt auch bei, daß Bausch keine Begründungen vorträgt, die plausibel machen, warum denn die Interessen des Unternehmers so wichtig sein sollen, daß sie die eigentliche ethische Beurteilung aufwiegen können. Oben habe ich ja versucht zu zeigen, daß weder das Argument bezüglich der Verantwortung des Unternehmers für Arbeitnehmer und Anteilseigner noch das Argument bezüglich der Erpressung von Unternehmen die Teilnahme an Bestechungspraktiken rechtfertigen kann. Andere Gründe für die Berücksichtigung der Interessen des Unternehmers liefert auch Bausch nicht. Da Bausch aber keine überzeugende Begründung dafür liefert, warum die Interessen des Unternehmers in unserem Zusammenhang berücksichtigenswert sein sollen, bleibt auch unklar, welches Gewicht ihnen Bausch bei der Beurteilung von Bestechung zumißt. Damit bleibt auch offen, welche Handlungsempfehlung Bausch einem Unternehmer eigentlich geben will.

Ich denke, daß diese Schwierigkeit letztlich aus den Problemen resultiert, die der transzendentalpragmatische Ansatz grundsätzlich mit der Berücksichtigung der Interessen der Handelnden bei ethischen Urteilen hat. Auch bei Apel wird ja nicht klar, welches Gewicht das Interesse des Unternehmers in der Unternehmensethik haben soll.[63] Diese Schwierigkeit ist darauf zurückzuführen, daß die Transzendentalpragmatiker versuchen, auf der Prinzipienebene zwei verschiedene Prinzipien oder Rationalitätsstandards im Sinne von Kambartel miteinander verträglich zu

62 Vgl. Bausch, in diesem Band, S. 328.
63 Vgl. Apel 1988 b.

machen.[64] Auf der prinzipiellen Ebene ist aber die Kombination solcher Prinzipien nicht möglich. Es ist eben nicht ein für allemal – prinzipiell – zu klären, in welchem Verhältnis das Eigeninteresse der Handelnden und ihre moralischen Verpflichtungen zueinander stehen. In welchem Verhältnis solche verschiedenen Gründe oder Rationalitätsstandards berücksichtigt werden sollten, ist, wie Kambartel zu Recht betont, immer nur am Einzelfall zu klären.[65]

6. Bestechung zum Aufbau einer Beziehung als Sonderfall

Einen Sonderfall der gewöhnlichen Bestechung bildet die Bestechung als Beitrag zum Aufbau einer Vertrauensbeziehung. Hier wird bei der Zahlung zunächst keine konkrete Gegenleistung erwartet, weder die bevorzugte Berücksichtigung bei einer Auftragsvergabe noch die Erteilung einer Ausnahmegenehmigung. Die Zahlung wird vielmehr geleistet, um eine wohlwollende Haltung beim Zahlungsempfänger zu erzeugen. Trotzdem werden sich diese Zahlungen oder diese Beziehung in irgendeiner Weise auf die Handlungen des Beamten auswirken.

Diese Form der Bestechung wird zum Sonderfall, weil sie in einigen Kulturen, etwa in China, nicht als Korruption gilt.

Dieses Phänomen ist nun offenbar einerseits tief in der chinesischen Kultur verankert und andererseits eindeutig Bestechung im explizierten Sinn. Die Zahlungen sind höher als Schmiergeldzahlungen; der Zweck einer solchen Zahlung ist nicht die Verbesserung einer konkreten Situation, und schließlich sind höherrangige Beamte das Ziel solcher Geschenke. Diesen Praktiken wird man in China kaum entgehen können, aber nicht weil die Machtverhältnisse so sind, daß korrupte Beamte nicht umgangen werden können, sondern weil diese Praxis in der Kultur verankert ist und nicht als Korruption betrachtet wird.[66] Solange man in einer derartigen Kultur Geschäfte tätigt, wird man sich also dieser Praxis kaum entziehen können.

Auch hier führt wie beim Schmiergeld eine andere Sichtweise partikularer Loyalitäten und der mit ihnen verbundenen Ver-

64 Vgl. Apel 1988 a, S. 142 f.
65 Vgl. Kambartel 1992, S. 276.
66 Vgl. Heberer 1991, S. 120 und S. 122.

pflichtungen zur Akzeptanz von – in westlichen Augen – korruptiven Praktiken. Während im Westen in Zusammenhang mit dem Aufbau und der Pflege von Beziehungen in der Ökonomie höchstens symbolische Geschenke akzeptiert sind, ist das in China offensichtlich nicht der Fall. Hier schließen derartige Beziehungen die Verpflichtung ein, wertvolle Geschenke zu machen.[67]

Es gibt zwei Wege, dieses Problem zu umgehen. Der erste wäre, sich in China an den chinesischen Korruptionsbegriff anzupassen, der zweite, die Geschäftsbeziehungen völlig aufzugeben und sich aus solchen Ländern zurückzuziehen.

Der erste Weg ist ethisch inakzeptabel. Würde das Unternehmen sich einfach am chinesischen Begriff orientieren und solche Zahlungen fraglos leisten, dann würde es ja nicht nur der betroffenen Volkswirtschaft schaden, sondern auch den – vermutlich westlichen – Mitbewerbern. Gleichzeitig würde das betroffene Unternehmen aus der Teilnahme an den Bestechungspraktiken für sich erhebliche Vorteile ziehen und sich insofern in die fremde Kultur einmischen, als es natürlich der Sinn auch dieser Art von Bestechung ist, die Verhältnisse im Sinne und Interesse des westlichen Unternehmens zu beeinflussen.

Wenn nun diese Argumente angegriffen würden, etwa indem das utilitaristische Argument als der westlichen Kultur verhaftet und auf andere Kulturen nicht übertragbar bezeichnet würde, wäre dies noch kein Grund, das entsprechende Urteil von seiner handlungsleitenden Funktion zu suspendieren. Natürlich kann man sinnvoll darüber streiten, ob utilitaristische Urteile außerhalb westlicher Länder anwendbar sind. Es wäre deswegen falsch und dogmatisch, sich einer solchen Diskussion zu verweigern. Aber unsere Zweifel gehen in diesem Punkt nicht so weit, daß wir nur aufgrund der Behauptung der Nichtanwendbarkeit dieser Methoden und Prinzipien die auf sie gestützte Praxis abbrechen würden. Selbst wenn wir also über die Berechtigung utilitaristisch begründeter Urteile in anderen Kulturen diskutieren können, sollten wir während der Diskussion weiterhin unser Handeln an diesen Urteilen ausrichten. Unsere Urteile bezüglich gewöhnlicher Bestechung sind auf Begründungen gestützt, deren wir uns – im Sinne der oben dargestellten Kambartelschen Unter-

67 Vgl. ebd., S. 126 f. und S. 177.

scheidung zwischen praktisch sicheren und revisionsfähigen Begründungen[68] – praktisch sicher sind.

Der zweite Weg, das Problem zu vermeiden, der Rückzug aus dem China-Geschäft, ist sicher akzeptabel. Darüber hinaus bleibt es aber interessant zu überprüfen, ob diese Handlungsweise die aus ethischer Sicht einzig mögliche ist. Ich werde mich im folgenden daher mit der Frage beschäftigen, ob und unter welchen Umständen es ethisch gerechtfertigt ist, in Ländern zu bleiben, in denen es kulturell allgemein akzeptierte Formen der Korruption gibt.

Ich möchte folgende Handlungsoption vorschlagen. Die Geschäftstätigkeit in einem Land, in dem eine Bestechungsform kulturell verankert ist, halte ich dann für ethisch akzeptabel, wenn die Schäden, die durch die Teilnahme an der Bestechungspraxis angerichtet werden, kompensiert werden. Die hier vorgeschlagene Bedingung für die Akzeptabilität von Bestechung in einem speziellen Fall ist eine recht starke Bedingung. Denn es wird einigen Aufwand erfordern, die angerichteten Schäden abzuschätzen und sie dann auch noch zu kompensieren. Diese starke Einschränkung läuft natürlich darauf hinaus, daß, wenn man sie befolgt, eine Geschäftstätigkeit in einem entsprechenden Land ökonomisch erheblich unattraktiver wird. Aber aufgrund der schwerwiegenden Folgen jeder Bestechung kann man vom ethischen Standpunkt aus dieses Opfer durchaus verlangen.

Zu dieser Kompensation der durch Bestechung angerichteten Schäden kann dann langfristig ausgerichtetes ordnungspolitisches Engagement treten. Auf diese Weise könnte das Unternehmen an der Beseitigung des grundlegenden Problems mitarbeiten.

Ob diese Handlungsweise ethisch wirklich besser ist als der Rückzug aus einem Land, in dem Bestechungspraktiken kulturell fest verankert sind, hängt von den Umständen ab, insbesondere davon, inwieweit es dem Unternehmen gelingt, zu einem gesellschaftlich relevanten Gesprächspartner zu werden. Wenn eine Teilnahme am gesellschaftlichen Diskussionsprozeß nicht möglich sein sollte, etwa weil ein diktatorisches Regime jede gesellschaftlich relevante Auseinandersetzung verhindert, dann wäre vom ethischen Standpunkt her wohl der Rückzug die bessere Alternative. Denn dabei würde sich das Unternehmen nicht

68 Vgl. Kambartel 1996, S. 253.

dem Verdacht aussetzen, von problematischen Gesellschaftsverhältnissen in anderen Kulturen profitieren zu wollen.

Die Differenzen zwischen diesen Überlegungen und dem Ansatz von Bausch liegen in der unterschiedlichen Herangehensweise bei der Berücksichtigung traditionaler Sichtweisen. Bausch übersieht eine kulturell akzeptierte Form der Bestechung, weil er die traditionale Beschreibung des Phänomens vorschnell zurückweist. Seine strikte Trennung zwischen traditionalen Geschenkpraktiken und Bestechung ist in dieser Schärfe nicht zutreffend.[69] Es gibt Formen der Korruption, die akzeptiert sind, eben weil sie als Geschenkpraktik gesehen werden. Hier haben wir es wie bei der Einschätzung von Schmiergeldpraktiken aber nicht mit einem grundsätzlichen Problem des transzendentalpragmatischen Ansatzes zu tun. Es scheint nur so, daß es diesem Ansatz unnötig schwer fällt, kulturelle Besonderheiten zu berücksichtigen.

Legt man das Kambartelsche Verständnis von Universalität und Partikularität zugrunde, bleibt der transzendentalpragmatische Ansatz der Partikularität insofern verhaftet, als er die gesellschaftlich-kulturelle Problemlage, in die das Problem der kulturell akzeptierten Bestechung eingebettet ist, nicht umfassend genug berücksichtigt.

7. Schwere Bestechung

Als schwere Bestechung im Gegensatz zu der gerade diskutierten gewöhnlichen Bestechung behandele ich Fälle, in denen nicht die Verwaltung beeinflußt werden soll, sondern die Regierungsebene.[70] Hier geht es Bestechenden darum, Entscheidungen auf der obersten Ebene zu ihren Gunsten zu beeinflussen. Diese Art von Korruption hat in den letzten zehn Jahren erheblich zugenommen.[71] Die schweren ökonomischen und politischen Folgen dieser Art von Korruption sind unumstritten. Erstens bleiben Bestechungsgelder dieser Art nicht im Land. Sie werden dort nicht investiert oder an Bedürftige verteilt, sondern fließen sofort wieder auf die internationalen Finanzmärkte ab. Zweitens kön-

69 Vgl. Bausch, in diesem Band, S. 340.

70 Eine ähnliche Unterscheidung spricht Noack an; vgl. Noack 1985, S. 18.

71 Vgl. Moody-Stuart 1995, S. 116 f.

nen die Bestechenden erreichen, daß Projekte realisiert werden, die für das Land unsinnig sind und die unter einer integren Regierung auch nicht realisiert würden.[72] Dies kann zum Beispiel der Einkauf westlicher Militärflugzeuge sein.[73] In diesen Fällen ist es nicht das Ziel der Bestechenden, anderen Anbietern vorgezogen zu werden. Vielmehr sollen Regierungsmitglieder dazu gebracht werden, einen Auftrag für ein Projekt zu erteilen, das das betroffene Land überhaupt nicht braucht. Drittens wird die bestechliche Regierung selbst bei der Bearbeitung prinzipiell sinnvoller Aufgaben eher solche Projekte realisieren, die ihre illegalen Nebeneinnahmen maximieren. Solche Regierungen werden daher Großprojekten den Vorzug geben vor kleinen, zur Problemlösung wahrscheinlich besser geeigneten Mitteln. Viertens verliert eine bestechliche Regierung überall auf der Welt ihre Legitimation und muß daher zu Zwangsmaßnahmen greifen, wenn sie sich an der Macht halten will.[74] Schwere Bestechung hat deswegen überall auf der Welt politische Instabilität zur Folge.[75] Daß Regierungen überall auf der Welt ihre Legitimität verlieren, wenn sie an schwerer Bestechung beteiligt sind, bedeutet nichts anderes, als daß im Falle der schweren Bestechung aus der Interkulturalität überhaupt kein Problem entsteht.

Abgesehen von den ernsten Folgen kann schwere Bestechung in unserem Zusammenhang nicht akzeptabel sein, weil sie in die Strukturen, die gerade die Eigenständigkeit und Selbstbestimmung der Kulturen schützen sollen, in gravierender Weise eingreift. So bestach etwa 1974 United Brands honduranische Regierungsmitglieder mit insgesamt 1,25 Mio. US-Dollar und erreichte so die Senkung der Ausfuhrsteuer für Bananen. Allein 1974 entstanden Honduras durch diese Steuersenkung Mindereinnahmen in Höhe von 7,5 Mio. US-Dollar.[76] Solche Eingriffe entbehren offensichtlich jeder Legitimität. Schwere Bestechung ist daher auf keinen Fall ethisch akzeptabel.

72 Vgl. ebd., S. 132 ff.

73 Williams schildert einen solchen Fall für Nigeria, vgl. Williams 1987, S. 99.

74 Vgl. Church 1996. Heberer sieht auch die polnische Solidarność und die 1989 niedergeschlagene chinesische Demokratiebewegung als Anti-Korruptionsbewegungen, vgl. Heberer 1991, S. 47 und S. 14.

75 Vgl. Myrdal 1973, S. 197.

76 Vgl. Tiedemann 1979, S. 41.

In den Abschnitten über gewöhnliche Bestechung und Schmiergeldzahlungen wurde ordnungspolitisches Engagement als eine Bedingung für die ethische Akzeptabilität der Teilnahme an bestimmten korruptiven Praktiken genannt. An dieser Stelle sollen nun einige Hinweise gegeben werden, wie ein solches Engagement aussehen kann. Das grundlegende Problem dieses Engagements besteht darin, daß, wenn Korruption wirklich kulturell verankert ist, man sie nicht anders effektiv bekämpfen können wird als durch eine Änderung der Kultur. Diese Tatsache führt zu zwei besonderen Schwierigkeiten. Zunächst ist nicht klar, wie westliche Unternehmen auf legitime Weise an der Veränderung einer fremden Kultur mitwirken können. Außerdem können Konflikte, die sich aus verschiedenen kulturellen Praktiken ergeben, nicht lokal, nicht von einzelnen Akteuren, sondern nur auf der gesellschaftlichen Ebene gelöst werden. Ich werde zuerst kurz auf die zweite Schwierigkeit eingehen.

Wie wir gesehen haben, beruhte das Problem im Falle der Bestechung zum Aufbau einer Vertrauensbeziehung auf dem unterschiedlichen Begriffsgebrauch im Westen einerseits und in China andererseits. Während die Praxis im Westen eindeutig unter den Begriff der Bestechung fällt, wird sie in China nicht als Bestechung eingeordnet. Nun ist der Begriffsgebrauch nichts, was man beliebig festlegen kann.[77] Er kann deswegen nicht einfach durch zwei Akteure verändert werden, wenn sich das als für eine Konfliktbeilegung notwendig herausstellen würde. Würden sie versuchen, einen neuen Korruptionsbegriff zu schaffen und ihm gemäß zu handeln, würden sie sofort in Konflikt mit ihrer Umwelt geraten.

Natürlich kann man langfristig anstreben, eine bestimmte Verwendung des Korruptionsbegriffs zu problematisieren. Auf diese Art könnte man darauf hinarbeiten, daß Konflikte, die sich aus den zur Zeit unterschiedlichen Korruptionsbegriffen ergeben, auf lange Sicht entschärft werden. Man kann auf diese Weise aber sicher keine akuten Konflikte bewältigen, wenn sie sich denn tatsächlich aus unterschiedlichen kulturellen Praktiken ergeben.

Das Ziel von zwei Akteuren kann es also in unserem Fall der Bestechung zum Aufbau einer Vertrauensbeziehung nicht sein,

77 Vgl. Kambartel 1989, S. 38.

zu einem Konsens in bezug auf den Gebrauch des Begriffs Korruption zu kommen. Denn es liegt nicht in ihrer Macht, die Korruptionsbegriffe so zu verändern, daß sie miteinander kompatibel werden. Das Ziel einer konsensuellen Handlungskoordination kann es in diesem Zusammenhang zunächst nur sein, vor dem Hintergrund der verschiedenen Begriffsgebräuche einen Modus vivendi zu finden, um langfristig auf die Veränderung des Korruptionsbegriffs hinzuarbeiten. Während es also auf der lokalen Ebene darum geht, ein Arrangement zu treffen, mit dem die Akteure aus verschiedenen Kulturen leben können, muß die Arbeit an der grundsätzlichen Überwindung der Konfliktsituation auf der gesellschaftlichen Ebene ansetzen.

Im folgenden werde ich nun auf die Frage eingehen, wie sich ein Unternehmen gesellschaftlich engagieren kann, ohne sich gleichzeitig in problematischer Weise in die Kultur des Gastlandes einzumischen. Sowohl bei der Erörterung von Schmiergeldpraktiken als auch bei der Diskussion von gewöhnlicher Bestechung habe ich darauf hingewiesen, daß die Bedeutung partikularer Loyalitäten in diesem Zusammenhang eine wichtige Rolle spielt. Partikulare Loyalitäten werden in anderen Kulturen oft als wichtiger angesehen als Bindungen an den Staat oder die Orientierung am Gemeinwohl. Darüber hinaus ergeben sich aus partikularen Bindungen wesentlich mehr Pflichten als aus ähnlich gelagerten Bindungen im Westen. Wer Freunden und Verwandten faktisch helfen kann, zum Beispiel weil er als Beamter Zugriff auf Ressourcen hat, diese Hilfe aber nicht leistet, verhält sich in diesen Kulturen auch moralisch falsch. Beziehungen in der Geschäftswelt schließen anders als im Westen die Verpflichtung ein, substantielle Geschenke zu machen. Eine andere Sichtweise von partikularen Loyalitätsbeziehungen ist damit eine wichtige Ursache für die traditionale moralische Akzeptanz korruptiver Praktiken und damit natürlich auch eine wichtige Ursache der Korruption selbst.

Ordnungspolitisches Engagement kann heute nicht mehr in dem Versuch bestehen, die Länder anderer Kulturen dem Westen anzugleichen. Im Fall der Korruption würde diese Angleichung bedeuten, die partikularen Loyalitäten zu schwächen. Dies würde einen schweren Eingriff in die betroffenen Kulturen und in das Selbstverständnis der Mitglieder dieser Kulturen darstellen. Die Folgen dieses Eingriffs wären kaum abzuschätzen und von außen wohl praktisch nicht vernünftig beurteilbar. Während also bei der Praxis der Korruption, wie deutlich geworden ist, die Folgen durchaus abschätzbar und wohl auch plausibel beurteilbar sind, ist das bei größeren Handlungszusammenhängen in einer Kultur nicht mehr der Fall. Ich denke, daß ein tiefer Eingriff von Akteuren, die außerhalb dieser Kultur stehen, deshalb in solchen Fällen nicht gerechtfertigt werden kann.

Außerdem ist im Fall der Korruption nicht zu sehen, woher die Länder des Westens die Legitimation für diese schweren Eingriffe in die Kulturen anderer Staaten haben sollen. Bis heute sind es schließlich die Länder des Westens, die, mit Ausnahme der USA, durch ihre Gesetzgebung Korruption im Auslandsgeschäft eher begünstigen als dulden.[78] Noch unklarer ist, wieso private Unternehmen zu derartigen Eingriffen in andere Kulturen legitimiert sein sollen.

Die Frage ist dann, wie ein ordnungspolitisches Engagement aussehen kann, das keinen illegitimen Eingriff in die fremde Kultur darstellt.

Der erste Schritt wäre, die Angleichung an den Westen als einzig mögliche Entwicklungsperspektive aufzugeben.[79] Damit gibt man nicht auch gleichzeitig den Kampf gegen die Korruption auf. Denn es gibt außerhalb Europas durchaus Länder, in denen Korruption nur eine unwesentliche Rolle spielt. Dazu gehören etwa Japan, Jordanien, Simbabwe und Singapur.[80] Diese Länder zeigen, daß es auch ohne völlige Angleichung an den Westen möglich ist, Korruption zu vermindern.

Das grundsätzliche Problem im Zusammenhang mit kulturellen Ursachen der Korruption scheint zu sein, daß Markt und rationale Bürokratie im Sinne Webers nicht ohne weiteres zur traditionalen Kultur einiger Länder passen. Insbesondere spielen partikulare Bindungen eine Rolle, die die einfache Übernahme westlicher Gesellschaftsmodelle verhindern. In dieser Situation könnte es doch eine Aufgabe gerade moralisch motivierter Unternehmen sein, an der Entwicklung einer Spielart von Markt mitzuarbeiten, die besser zu den traditionalen Gegebenheiten anderer Kulturen paßt.[81] Statt Bindungen und Beziehungen von

78 Vgl. Fues/Welter 1995, S. 148; Moody-Stuart 1995, S. 136.

79 Vgl. Rottenburg 1995, S. 102.

80 Vgl. o. V. 1995, S. 71; Mauro 1995, S. 708 ff.

81 Dafür, daß es nicht völlig illusionär ist, Unternehmen mit Aufgaben

vornherein als Störfaktoren zu bewerten, müßte versucht werden, ihnen bei der Gestaltung von Markt und Bürokratie einen angemessenen Platz einzuräumen.[82] Es ist ja auch in westlichen Ländern nicht so, daß Markt und Bürokratie in einem von traditionellen Moralvorstellungen freien Nirgendwo existieren. Auch hier gibt es Loyalitäten aufgrund von Freundschafts- oder Verwandtschaftsbeziehungen, die die Handlungen der Akteure im Markt und in der Bürokratie wesentlich beeinflussen.[83] Während es aber in vielen westlichen Ländern zu einem akzeptablen Gleichgewicht zwischen diesen verschiedenen Bereichen gekommen ist, ist das in anderen Kulturen nicht immer der Fall. An der Herstellung eines solchen Gleichgewichts könnten Unternehmen in anderen Kulturen mitarbeiten. Bei diesem Vorgehen würde nicht die Gesellschaft so verändert, daß sie möglichst gut zu den westlichen Modellen von Markt und Bürokratie paßt. Vielmehr würden Markt und Bürokratie so gestaltet, daß sie zur Gesellschaft passen.

Diese gesellschaftliche Umgestaltung kann – wie zu Beginn des Abschnitts betont – nicht einfach von zwei Akteuren auf lokaler Ebene vorweggenommen werden. Es handelt sich um eine Umgestaltung gesellschaftlicher Strukturen, und die ist nur auf der gesellschaftlichen Ebene möglich. Einzelne Akteure können zu dieser Entwicklung bestenfalls beitragen. Ihr Beitrag könnte etwa darin bestehen, daß sie ihre Erfahrungen bei der Konkretisierung des Zieles einer solchen kulturellen Veränderung einbrächten. Diese Konkretisierung könnte bis hin zur Erarbeitung von Vorschlägen gehen, wie der rechtliche Rahmen einer Wirtschaftsordnung aussehen könnte, in der partikulare Loyalitäten zwar eine große Rolle spielen, die aber gleichzeitig korruptionsfrei ist. Außerdem könnten einzelne Akteure solche Bewegungen und Organisationen unterstützen, die Korruption bekämpfen wollen und im Land selbst, etwa bei den Geschäftspartnern der westlichen Unternehmen, auf weitverbreitete Akzeptanz stoßen. Bei einem derartigen Engagement wäre es sicher angebracht, sich

dieses Typs zu betrauen, soll hier auf erste Schritte bei *amnesty international* hingewiesen werden, die auf eine Zusammenarbeit mit Unternehmen zum Schutz der Menschenrechte zielen; vgl. Crijns/Stevens 1996, S. 18 f.

82 Vgl. Rottenburg 1995, S. 102.

83 Vgl. etwa Etzioni 1988, S. 199 ff.

als westliches Unternehmen von Nichtregierungsorganisationen[84] beraten und unterstützen zu lassen. Ich denke, daß auf diese Weise, die Unternehmen in anderen Kulturen ihrer ordnungspolitischen Mitverantwortung gerecht werden können[85], ohne in neue Formen des Kulturimperialismus zu verfallen.

Mit Steinmann und Scherer bin ich einer Meinung, daß das Ende des ordnungspolitischen Engagements westlicher Unternehmen offen bleiben muß.[86] Ziel dieser Entwicklung kann es nicht sein, andere Kulturen einfach westlichen Vorbildern anzupassen. Insofern könnte man hier in der Tat von einem Lernprozeß sprechen, der zwischen den beteiligten Akteuren abläuft.

Bausch hält ordnungspolitisches Engagement dort für eine Pflicht von Unternehmen, wo sich die Teilnahme an korruptiven Praktiken nicht vermeiden läßt.[87] Insofern stimmt er mit meiner Position überein. Bausch bestimmt das von ihm verlangte Engagement leider nicht besonders genau. Berücksichtigt man aber seine undifferenzierte Entgegnung auf die kulturrelative Verteidigung von Korruption[88], ist die Annahme plausibel, daß dieser Ansatz zur einseitigen Favorisierung des westlichen Entwicklungspfades neigt. Dieser Ansatz würde dann den Unternehmen wieder empfehlen, sich in anderen Kulturen zumindest langfristig für die Angleichung der Verhältnisse an westliche Vorbilder einzusetzen. Ein derartiges ordnungspolitisches Engagement halte ich dagegen aus den oben angeführten Gründen für sehr problematisch.

III. Ergebnis

Meine an Kambartel anknüpfende ethische Analyse von Korruption im Auslandsgeschäft unterscheidet sich von den Überlegungen Steinmann und Scherers kaum und von dem transzendentalpragmatischen Ansatz von Bausch nur graduell. Als wichtigstes Problem der transzendentalpragmatischen Herangehensweise

84 Im Zusammenhang mit Korruption ist hier vor allem an *Transparency International* zu denken, vgl. Eigen 1995, S. 67.

85 Vgl. Parker 1996, S. 498 f.

86 Vgl. Steinmann/Scherer, in diesem Band, S. 69.

87 Vgl. Bausch, in diesem Band, S. 328 und S. 338.

88 Vgl. ebd., S. 340.

haben sich dessen Schwierigkeiten bei der Abwägung verschiedener Rationalitätsstandards herausgestellt.

Meine Alternative zu diesem Ansatz besteht in meinen eigenen Überlegungen zur Korruption.

Es hat sich gezeigt, daß die Teilnahme an korruptiven Praktiken in einigen Fällen und unter bestimmten Bedingungen ethisch akzeptabel ist. Unternehmen sind daher nicht unbedingt dazu verpflichtet, solche Länder zu verlassen, in denen sich korruptive Praktiken nicht umgehen lassen.

Die Korruptionsformen, bei denen die Teilnahme westlicher Unternehmen ethisch akzeptabel ist, sind weniger schwere Fälle. Hier würde der Einsatz der Macht des westlichen Unternehmens mit dem Ziel, diese Praktiken zu vermeiden, ein größerer Eingriff in die Kultur sein als die Teilnahme an ihnen. Da aber Korruption auf jeden Fall Schaden anrichtet, ist sie bei westlichen Unternehmen nur dann ethisch akzeptabel, wenn sie erstens von Maßnahmen begleitet wird, die den Schaden ausgleichen, und zweitens von einem ordnungspolitischen Engagement, das die Abschaffung der Korruption anstrebt.

Einige Fälle von Korruption sind auf jeden Fall ethisch inakzeptabel. Dabei handelt es sich um Bestechung von Beamten oder hochrangigen Politikern in Zusammenhang mit einer Auftragsvergabe oder zur Umgehung oder Änderung gesetzlich bestehender Auflagen. Falls diese Arten von Bestechung notwendig sind, um in einem Land überhaupt Geschäfte machen zu können, bleibt dem betroffenen Unternehmen nichts anderes übrig, als sich vorerst aus solchen Ländern zurückzuziehen.

Literatur

Ahlf, E.-H. (1996), »Zum Korruptionsbegriff«, in: *Kriminalistik* 50, S. 154-157.

Apel, K.-O. (1988 a), »Kann der postkantische Standpunkt der Moralität noch einmal in substantieller Sittlichkeit ›aufgehoben‹ werden? Das geschichtsbezogene Anwendungsproblem der Diskursethik zwischen Utopie und Regression«, in: ders., *Diskurs und Verantwortung. Das Problem des Übergangs zur postkonventionellen Moral*, Frankfurt am Main, S. 103-153.

– (1988 b), »Diskursethik als Verantwortungsethik und das Problem der ökonomischen Rationalität«, in: ders., *Diskurs und Verantwortung.*

Das Problem des Übergangs zur postkonventionellen Moral, Frankfurt am Main, S. 270-305.
Bausch, T. (1998), »Unternehmerische Verantwortung im Lichte universalistischer Prinzipienethik. Notizen zu einer ethischen Grundlegung interkultureller Wirtschaftsbeziehungen in pragmatischer Absicht«, in diesem Band, S. 322-347.
Böhler, D. (1991), »Philosophische Meta-Normenbegründung durch Argumentationsreflexion. Über die Möglichkeit einer praktisch relevanten Vernunft in der technisch-wissenschaftlichen Zivilisation«, in: H.-L. Ollig (Hg.), *Philosophie als Zeitdiagnose. Ansätze der deutschen Gegenwartsphilosophie*, Darmstadt, S. 147-168.
Church, G. J. (1996), »War against Sleaze«, in: *Time* 147, Nr. 19, S. 42 bis 48.
Crijns, G., und F. Stevens (1996), »In die Menschenrechte investieren«, in: *ai-Journal*, Nr. 11, S. 18-19.
Deutscher Bundestag (1996 a), »Antrag der SPD-Fraktion: Maßnahmen zur Bekämpfung der nationalen und internationalen Korruption«, *Drucksache* 13/4118.
Deutscher Bundestag (1996 b), »Gesetzentwurf eines Gesetzes zur Bekämpfung der Korruption«, *Drucksache* 13/5584.
Eigen, P. (1995), »Bündnispartner im Kampf gegen Korruption«, in: Friedrich-Ebert-Stiftung, Büro Berlin (Hg.), *Korruption in Deutschland. Ursachen, Erscheinungsformen, Bekämpfungsstrategien*, Berlin, S. 63-69.
Etzioni, A. (1988), *The Moral Dimension. Toward a New Economics*, New York/London.
Friedman, M. (1988), »The Social Responsibility of Business Is to Increase Its Profits«, in: T. Donaldson und P. Werhane (Hg.), *Ethical Issues in Business. A Philosophical Approach*, 3. Auflage, Englewood Cliffs, N.J., S. 217-223.
Friedrich, C. J. (1973), *Pathologie der Politik. Die Funktion der Mißstände: Gewalt, Verrat, Korruption, Geheimhaltung, Propaganda*, Frankfurt am Main.
Fues, T., und F. Welter (1995), »›Exportförderung‹. Über die Beihilfe der Staaten zur Bestechung«, in: *Kursbuch* 120, S. 148-153.
Heberer, T. (1991), *Korruption in China. Analyse eines politischen, ökonomischen und sozialen Problems*, Opladen.
Huntington, S. P. (1970), »Modernization and Corruption«, in: A. J. Heidenheimer (Hg.), *Political Corruption. Readings in Comparative Analysis*, New York, S. 492-500.
Kambartel, F. (1989), »Vernunft: Kriterium oder Kultur? Zur Definierbarkeit des Vernünftigen«, in: ders., *Philosophie der humanen Welt. Abhandlungen*, Frankfurt am Main, S. 27-43.
– (1992), »Die Vernunft und das Allgemeine. Zum Verständnis rationa-

ler Sprache und Praxis«, in: V. Gerhardt und N. Herold (Hg.), *Perspektiven des Perspektivismus. Gedenkschrift zum Tode von Friedrich Kaulbach*, Würzburg, S. 265-277.
– (1996), »Universalität, richtig verstanden. Bemerkungen zu Rortys verwirrendem Umgang mit Wahrheits- und Geltungsansprüchen«, in: *Deutsche Zeitschrift für Philosophie* 44, Heft 2, S. 249-254.
– (1998), »Vernunftkultur und Kulturrelativismus. Bemerkungen zu verschiedenen Problemen des Verstehens und Begründens«, in diesem Band, S. 212-220.
Kleiner, P. (1992), *Bestechung. Eine theologisch-ethische Untersuchung*, Bern.
Lambsdorff, J. Graf (1995), »Korruption im Außenhandel«, in: *Wirtschaftsdienst* 17, S. 320-326.
Lui, F. T. (1996), »Three Aspects of Corruption«, in: *Contemporary Economic Policy* 14, Nr. 3, S. 26-29.
Maurer, M. (1992), »Bestechung im Außenhandel«, Dissertation, Regensburg.
Mauro, P. (1995), »Corruption and Growth«, in: *The Quarterly Journal of Economics* 110, S. 681-712.
Möhrenschlager, M. (1996), »Strafrechtliche Vorhaben zur Bekämpfung der Korruption auf nationaler und internationaler Ebene«, in: *Juristenzeitung* 51, S. 822-831.
Moody-Stuart, G. (1995), »Schwere Korruption in der Dritten Welt«, in: *Kursbuch* 120, S. 115-147.
Myrdal, G. (1968), *Asian Drama. An Inquiry into the Poverty of Nations*, 3 Bde., London. Deutsch: *Asiatisches Drama. Eine Untersuchung über die Armut der Nationen*. Eine Studie des Twentieth Century Fund in der Kurzfassung von S. S. King, Frankfurt am Main 1973.
Noack, P. (1985), *Korruption – die andere Seite der Macht*, München.
Nuscheler, F. (1995), *Lern- und Arbeitsbuch Entwicklungspolitik*, 4. Auflage, Bonn.
o.V. (1995), »Hard Graft in Asia«, in: *Economist* 335 vom 27. 5. 1995, S. 71.
o.V. (1996), »Einmütige Kampfansage«, in: *Das Parlament* 46, Nr. 41, S. 1.
Parker, B. (1996), »Evolution and Revolution. From International Business to Globalization«, in: S. R. Clegg, C. Hardy und W. R. Nord (Hg.), *Handbook of Organization Studies*, London, S. 484-506.
Pastin, M., und M. Hooker (1990), »Ethics and the Foreign Corrupt Practices Act«, in: W. M. Hoffman und J. M. Moore (Hg.), *Business Ethics. Readings and Cases in Corporate Morality*, 2. Auflage, New York, S. 550-554.
Ricks, S. (1995), *Ökonomische Analyse der Wirtschaftskriminalität un-*

ter besonderer Berücksichtigung der Korruption und Bestechung, Berlin.
Rottenburg, R. (1995), »OPP. Geschichten zwischen Europa und Afrika«, in: *Kursbuch* 120, S. 90-106.
Shleifer, A., und R. W. Vishny (1993), »Corruption«, in: *The Quarterly Journal of Economics* 108, S. 599-617.
Steinmann, H., und A. G. Scherer (1998), »Interkulturelles Management zwischen Universalismus und Relativismus. Kritische Anfragen der Betriebswirtschaftslehre an die Philosophie«, in diesem Band, S. 23 bis 87.
Tiedemann, K. (1979), »Delinquenzverhalten und Machtmißbrauch multinationaler Unternehmen«, in: ders., *Multinationale Unternehmen und Strafrecht. Beiträge zum Problem der Kriminalität im grenzüberschreitenden Geschäftsverkehr*, Köln, S. 1-67.
Tsalikis, J., und O. Nwachukwu (1991), »A Comparison of Nigerian to American Views of Bribery and Extortion in International Commerce«, in: *Journal of Business Ethics* 10, S. 85-91.
Tullock, G. (1987), »Rent Seeking«, in: J. Eatwell, M. Milgate und P. Newman (Hg.), *The New Palgrave. A Dictionary of Economics*, Bd. IV, S. 147-149.
– (1996), »Corruption Theory and Practice«, in: *Contemporary Economic Policy* 14, Nr. 3, S. 6-13.
Wertheim, F. W. (1970), »Sociological Aspects of Corruption in Southeast Asia«, in: A. J. Heidenheimer (Hg.), *Political Corruption. Readings in Comparative Analysis*, New York, S. 195-211.
Williams, R. (1987), *Political Corruption in Africa*, Aldershot.

Horst Gronke

Kulturalismus: Relativismus wider Willen?

Ein Versuch, die Bedingungen für einen sinnvollen argumentativen Dialog zwischen Transzendentalpragmatikern und Kulturalisten zu klären

1. Woran scheitern Diskurse?

»Der mangelnde Schutz der Menschenrechte ist eine Hauptursache für viele Probleme der chinesischen Gesellschaft. An Irrtümern und Verwirrung zu diesem Thema fehlt es nicht: zum Beispiel der Behauptung, es gebe von Kultur zu Kultur unterschiedliche Menschenrechtsstandards. Es ist abscheulich, zu argumentieren, daß Menschen keine Menschenrechte brauchten, weil sie auch wie Tiere leben könnten. Eine Gesellschaft, die auf Diktatorenherrschaft und Sklaverei beruht, wird allein von Gewalt und Unvernunft zusammengehalten. Wenn sie sich aber auf einen vernünftigen Meinungsaustausch einläßt, dann kann daraus eine demokratische Gesellschaft werden, die die Menschenrechte respektiert. Ansonsten gibt es nur zwei Wege, Veränderungen herbeizuführen: Gewalt gegen Gewalt – oder graduelle Reformen, durch Druck von innen, aber vor allem von außen.«[1]

Ist Wei Jingsheng ein dogmatischer Rechthaber, der – »von den Menschenrechtsdiplomaten feindlicher Staaten und Mächte« gesteuert und mit deren moralischen Standards infiltriert – die Eigenarten der chinesischen Kultur aus den Augen verloren hat und daher nicht von den politischen Machthabern als deren vermeintlichen Repräsentanten lernen, sondern diese seinerseits nur belehren will? Das wird mancherorts behauptet. Jene, die eine vernünftige Distanzierung von der Gültigkeit der Menschenrechte prinzipiell für möglich oder zum Nutzen eines gegenseitigen Lernens für wünschenswert erachten (ohne sich selbst *fak-*

1 Aus einem Brief des ehemals inhaftierten Bürgerrechtlers Wei Jingsheng an Jiang Zemin und Li Peng. Zitiert nach: *Tagesspiegel* vom 6. Juni 1997, S. 8.

tisch von der persönlichen Anerkennung der Menschenrechte zu distanzieren[2]), schaffen für diese Behauptung den theoretischen Rahmen.[3] Zu ihnen gehören die »Kulturalisten« bzw. »Fundamentalpragmatiker«[4], die in diesem Band vor allem durch Kambartel, Wohlrapp und die Herausgeber vertreten werden.[5]

Ihnen stehen die transzendentalpragmatischen Diskursethiker gegenüber. Während Dietrich Böhler und Boris Rähme in der direkten Auseinandersetzung mit den Kulturalisten vor allem die Notwendigkeit und Möglichkeit einer Begründung universal gültiger Prinzipien darlegen, gibt Thomas Bausch ein Beispiel dafür, wie sich in der unternehmerischen Praxis eine recht verstandene universalistische Prinzipienethik kontextsensitiv anwenden ließe. Meine *Stellungnahme* steht für eine metakritische Nachbemerkung, die die Gründe für das *praktische*[6] Scheitern des Diskurses zwischen Kulturalisten und Transzendentalpragmatikern analysiert.

Woran können Diskurse scheitern?

Am häufigsten ist dafür der Mißbrauch von Machtbefugnissen verantwortlich. Manager hören nicht auf die Argumente der Mitarbeiter, Großunternehmen drohen mit dem Abzug von Produktionsstätten, wenn ihre Forderungen nicht erfüllt werden, Seminarleiter schneiden Studenten das Wort ab, Diskussionsleiter verteilen die Argumentationschancen ungleich, Herausgeber nehmen Partei usw.

Den guten Willen aller Beteiligten vorausgesetzt, lassen sich solche Probleme oft relativ leicht lösen.

2 Es ist verwunderlich, daß auch unter Experten des moralischen Diskurses nicht deutlich zwischen einem *Bekenntnis* zur universalen Geltung der Menschenrechte und der *Rationalität*, die für dieses Bekenntnis in Anspruch genommen wird, unterschieden wird.

3 Vgl. Steinmann/Scherer, in diesem Band (a), S. 37 f.

4 Ich verwende die Bezeichnungen Steinmanns und Scherers.

5 In ihrer kritischen Haltung gegenüber einer universalistischen Prinzipienethik kommen mit ihnen weitgehend überein: Hans Julius Schneider, Hans G. Ulrich, Geert-Lueke Lueken und Stefan Kyora.

6 Ich unterscheide *praktisches* von *theoretischem* Scheitern. Eine Diskurspartei mag inhaltlich im Recht sein, ihre Argumente können die andere Partei dennoch nicht erreichen, wenn die geltungs- und sinnkonstitutiven Rahmen, die die Diskursparteien für ihre Praxis des Argumentierens jeweils mehr oder weniger explizit in Anspruch nehmen, auseinanderklaffen.

Schwieriger ist es, sich in ein Diskursverhalten einzuüben, das die Diskurspartner als *Partner* bei der Suche nach Wahrheit ernst nimmt – nicht bloß theoretisch (was uns leicht über die Lippen kommt), sondern *praktisch*. Das bedeutet: auf die Argumente der anderen Partei einzugehen. Das bedeutet nicht: sich auf die eigene Position zurückzuziehen und die Gegenposition mit ein paar Hinweisen zu erledigen. Schwieriger ist dieses Problem zu bewältigen, weil man es nicht schon dadurch bewältigen kann, daß man es bewältigen will. Man muß es einüben.[7]

Neben diese beiden im gegenwärtigen Wissenschaftsdiskurs grassierenden, jedoch prinzipiell lösbaren Verständigungsprobleme tritt ein drittes, das eine völlig andere Qualität hat. Es wird nicht durch den fehlenden Willen zur Verständigung hervorgerufen, auch nicht durch eine mangelhafte Einübungspraxis, sondern durch ein systematisches Reflexionsdefizit. Es hat zur Folge, daß die Diskursparteien aneinander vorbeireden. Der Diskurs, den alle Parteien doch im Namen eines Fortschreitens des Gedankens führen, läuft sich tot. Beleg dafür ist, daß die von allen Parteien vertretenen mehr oder weniger gegensätzlichen Positionen nach dem Diskurs unverändert geblieben sind. Indizien für das Vorliegen eines solchen grundsätzlichen Scheiterns eines Diskurses können unter anderem gegenseitige Beschuldigungen sein, der jeweils andere habe die eigene Position nicht richtig wiedergegeben; er habe sie vereinfacht, verfälscht, verdreht, Zitate aus dem Zusammenhang gerissen usw.[8]

Obwohl die Organisatoren große Mühe darauf verwendet haben, gute Diskursbedingungen zu schaffen, hat der in diesem Band dokumentierte Diskurs zwischen Kulturalisten und Transzendentalpragmatikern keine wirkliche Verständigung gebracht. Neben kontingenten Ursachen ist meines Erachtens das angesprochene Reflexionsdefizit als Hauptursache dafür anzusehen.

Um diese These zu belegen und zugleich Wege zu einer gelin-

7 Es genügt daher nicht, auf die eigene gute Verständigungsgesinnung zu verweisen.

8 Vgl. etwa Kambartel (in diesem Band, S. 213) gegenüber Rähme. Ähnliche Vorwürfe werden gegen manche Thesen in meinem Beitrag, besonders die Eingangsthese, erhoben werden. Ich selbst sehe vor allem Grund, solche Vorwürfe an die kulturalistischen Kritiker der Diskursethik zu richten.

genden Verständigung aufzuzeigen, führe ich zunächst einige für moralphilosophische Überlegungen bedeutsame Differenzierungen ein. Auf dieser Grundlage rekonstruiere ich sodann einige zentrale Streitpunkte zwischen den beiden Parteien. Hier schon wird sich zeigen, daß die ungenügende Berücksichtigung der eingeführten Differenzierungen ihre fruchtbare Klärung verhindert. Gleichwohl gibt es tiefer liegende Grenzen der Verständigung, die auf die Inkongruenz der vernunftkritischen Einstellungen der Diskurspartner zurückgehen. Mit deren Aufweis wäre ein erster entscheidender Schritt zu wirklicher Verständigung getan.

II. Moralphilosophische Differenzierungen

In ihrem *Problemaufriß* heben Steinmann und Scherer die besondere Bedeutung der philosophischen Reflexion für das gegenwärtige unternehmerische Management hervor. Die neuartige Problemsituation der durch die Globalisierung der Wirtschaft und Internationalisierung der Unternehmenstätigkeit hervorgerufenen Permanenz interkultureller Konflikte in der betrieblichen Praxis verlangt von den Unternehmen eine angemessene Reaktion. Zur Bewältigung der Problemsituation kommt man nicht mehr mit Ad-hoc-Reaktionen aus, die sich lediglich der geschulten Urteilskraft der Führungskräfte bedienen; vielmehr sind allgemeine Strategien des Umgangs mit interkulturellen Konflikten erforderlich. Ob diese Strategien nun dem Erfolg des Unternehmens auf dem Weltmarkt dienen oder (auch) die Moralität der unternehmerischen Entscheidungen gewährleisten sollen, in jedem Falle wird eine philosophische Klärung des Vernunftbegriffs, insbesondere hinsichtlich seiner die jeweiligen Kulturen übergreifenden geltungslogischen Reichweite erforderlich. Für die Unternehmensethik bzw. -strategik erhebt sich daher die philosophisch zu klärende Frage, ob und wie »eine vernünftige Einheit in der Vielheit der kulturellen Lebensformen überhaupt (noch) möglich«[9] sein kann. Die Unternehmensethik will zudem von den Philosophen wissen, auf welche Weise die vermeintlichen vernunftreflexiven Einsichten für die betriebliche Praxis fruchtbar gemacht werden können.

Man kann diese »kritischen Anfragen an die Philosophie« nur

9 Steinmann/Scherer, in diesem Band (a), S. 24.

richtig beantworten, wenn man eine Reihe von argumentationslogischen Unterscheidungen beherzigt. Hierzu gehört in erster Linie die *Unterscheidung von Genese und Geltung*. Wer umstandslos aus der unbestreitbaren Entstehungs- und Entwicklungsgeschichte der Vernunft auf die geschichtsrelative Geltungskraft der Vernunft schließt, unterbietet jenes Differenzierungsniveau. Demjenigen hingegen, der das Verhältnis von Genese und Geltung einer genauen Analyse unterzieht, stehen zwei alternative Begründungswege offen. Er kann einerseits für einen unauflöslichen Zusammenhang von Genese und Geltung zu argumentieren und damit die geschichtliche Faktizität der Lebensformen als die Sinngrenze der Vernunft zu bestimmen versuchen, andererseits kann er die geschichts- und kulturtranszendierenden *regulativen Ideen* explizieren, die in der geschichtlichen Realität und mittels einer geschichtlichen Sprache geäußerte sinnvolle Geltungsansprüche, insbesondere dann, wenn sie ausdrücklich in kritische Distanz zur geschichtlichen Realität treten wollen, notwendig in Anspruch nehmen. Um diesen zwischen Kulturalisten und Transzendentalpragmatikern virulenten Streitpunkt klären zu können, bedürfte es eines reflektierten Bewußtseins davon, wie für oder gegen die jeweiligen Thesen zu argumentieren ist, das heißt wie Vernunftkritik, die die Gültigkeit der These nicht schon unhinterfragt unterstellt[10], möglich ist.

Weniger strittig, freilich häufig unbeachtet, ist die Unterscheidung zwischen Legitimations- bzw. Begründungsebene des Handelns und der Ebene seiner Motivation. Wie im theoretischen Diskurs der Naturwissenschaft zwischen Ursachen, die ein Ereignis bewirken, und den Gründen, die für den gesetzlichen Ursache-Wirkungszusammenhang angeführt werden können, zu differenzieren ist, so muß im praktischen Diskurs die *Motivation zur Befolgung* einer Handlungsnorm unterschieden werden von der *Begründung der Verbindlichkeit* einer Handlungsnorm. Im moralischen Diskurs dürfen Wille und Pflicht, Wollen und Sollen nicht miteinander vermengt werden.[11] Wenn man dies berück-

10 Wer kulturalistisch ansetzt, darf nicht einfachhin unterstellen, daß Geltung von den Entstehungsbedingungen der Vernunft abhängt; wer transzendental fragt, darf nicht einfachhin das Gegenteil unterstellen.

11 Die Tendenz zu einer solchen Vermengung ergibt sich auch aus der verbreiteten Neigung, den moralischen Diskurs dem theoretischen

sichtigt, hat man eine wesentliche Voraussetzung erfüllt, um das Relationsgefüge der Begründung mehr oder weniger allgemeiner moralischer Regeln und der Begründung ihrer kontextbezogenen Anwendung angemessen zu thematisieren.

Hinsichtlich der Anwendung moralischer Prinzipien lassen sich analytisch zwei faktisch ineinander übergehende Dimensionen unterscheiden, die *Konkretisierungs-* und die *Umsetzungs*dimension. Eine *Konkretisierung* allgemeiner moralischer Regeln ist notwendig, weil diese die menschliche Praxis nicht unmittelbar, nicht im Sinne eines Rechenstabs, den man der Handlungswirklichkeit anlegt, regulieren können. Sie bedürfen insbesondere einer auf die jeweilige Problemsituation bezogenen Interpretation. Der Weg vom Allgemeinen zum Konkreten durchläuft hierbei mehrere Konkretisierungsstufen. An dem einen Ende des Weges steht die im philosophischen Diskurs zu leistende Begründung eines höchsten moralischen Prinzips.[12] An dem anderen Ende steht die über konkrete Diskurse, die von diesem Prinzip angeleitet sind, zu erreichende kontextsensitive Anwendung des allgemeinen Prinzips auf einen bestimmten Fall. In diesen konkreten Diskursen muß es vor allem um ein angemessenes Verständnis der Handlungsweisen der von einer Entscheidung Betroffenen sowie die Ermittlung der ihnen zugrunde liegenden Interessen und Werthaltungen gehen. Auf dieser Grundlage ist dann der Diskurs zu einer begründeten moralischen Beurteilung der jeweiligen Handlungsweisen zu führen.

Die Konkretisierungsdiskurse müssen von *Umsetzungs*diskursen flankiert werden. Sollen erstere den Rigorismus einer di-

Diskurs anzugleichen. Dann tritt an die Stelle der Frage nach der Begründbarkeit von Pflichten die Frage nach der Begründbarkeit eines gesetzlichen Motiv-Wirkungszusammenhangs beim Menschen. Charakteristisch dafür ist die Umdeutung der Frage, warum wir zu moralischem Handeln verpflichtet sind, zur Frage, was uns dazu motiviert, uns als verpflichtet zu moralischem Handeln zu verstehen.

12 Strenggenommen dürfte ich in bezug auf die Kulturalisten nicht von *einem höchsten* Prinzip reden. Doch ändert erstens die Unterstellung *mehrerer* relativ allgemeiner Prinzipien nichts an der Notwendigkeit, zwischen philosophischen moralischen Diskursen und konkreten moralischen Diskursen zu unterscheiden. Zweitens beanspruchen die Kulturalisten faktisch die Geltung eines höchsten Prinzips, indem sie die *Bemühung um Frieden und Verträglichkeit* allen moralischen Diskursen zugrunde legen.

rekten Subsumption des Besonderen unter das Allgemeine verhindern, übernehmen diese die Funktion, den Rigorismus einer idealistischen Überblendung der Realität abzuwehren. In einer Welt, in der moralische und unmoralische Orientierungen ineinandergreifen, in der wir also nicht mit dem guten Willen der anderen rechnen *können*, *dürfen* wir nicht mit dem guten Willen der anderen rechnen. Da wir *Verantwortung* für den Erfolg des Moralischen haben, müssen wir Diskurse über eine angemessene Umsetzung moralischer Prinzpien und Normen in der moralisch unvollkommenen Lebenswelt führen. In diesen Diskursen sind die moralisch relevanten *Folgen* unseres Tuns, insbesondere auch des (vom idealistischen Standpunkt aus betrachtet) »moralischen« Handelns selbst mitzubedenken.[13]

III. Das Mißlingen der Verständigung

1. Kulturalistische Konfusionen

Der Diskurs zwischen Kulturalisten und Transzendentalpragmatikern leidet unter der mangelhaften Beachtung der dargelegten Unterscheidungen. Diese analytische Unschärfe ist vor allem der kulturalistischen Seite anzulasten. Das möchte ich beispielhaft an einigen Passagen ihrer hier abgedruckten Texte verdeutlichen, wobei ich hoffe, damit die Bedingungen für eine Verständigung, die einmal gelingen möge, verbessern zu können.[14] Ich konzentriere mich hierbei vor allem auf das *Vorwort* und den *Problemaufriß* Steinmanns und Scherers. Denn diese Texte dürften aufgrund ihrer herausgehobenen Stellung in diesem Band und des Anspruchs, einen unvoreingenommenen Überblick über die divergierenden Ansätze zu geben, den größten Einfluß auf den Leser ausüben. Zudem geben Steinmann und Scherer Zusammenfassungen der »fundamentalpragmatischen« Ansätze von Kambartel und Wohlrapp, die, da ohne Widerspruch geblieben,

13 Vgl. hierzu den Beitrag Dietrich Böhlers, Abschnitt III.2, sowie den Beitrag Thomas Bauschs.

14 Die Hoffnung, mit den hier zur Verfügung stehenden Mitteln zugleich zu entsprechenden Verbesserungsbemühungen *motivieren* zu können, wäre unrealistisch.

von beiden wohl Zustimmung erfahren würden.[15] Außerdem ergänze ich meine Ausführungen mit Hinweisen auf andere »kulturalistische« Texte in diesem Band.

Eine *Vermengung von Genese und Geltung* deutet sich schon in der Fragestellung an, die Steinmann und Scherer dem moralphilosophischen Diskurs zugrunde legen: Soll man, so fragen sie, nach universellen Vernunftkriterien suchen *oder* (!) eine kulturelle Prägung des Verständnisses von Vernunft annehmen?[16] Damit setzen sie stillschweigend voraus, daß man die universelle Geltung von Vernunftkriterien *nur dann* beanpruchen dürfte, wenn das Verständnis von Vernunft *nicht* aus seiner kulturellen Genese hervorgehen würde. Das treibt unter anderem zwei Blüten hervor. Die eine besteht in einer Fehlinterpretation des von Böhler vertretenen transzendentalpragmatischen Ansatzes.[17] Steinmann und Scherer meinen, daß Böhler mit dem Zugeständnis der Verankerung menschlicher Rede in den Wortverwendungsregeln einer geschichtlichen Sprachgemeinschaft notwendig in Widerspruch zu seiner Auffassung eines unhintergehbaren Verständnisses von Argumentation gerate. Weil die Regeln des Argumentierens erst durch die kulturelle Praxis des Argumentierens selbst konstituiert (erlernt) werden, sei die Bedeutung von Argumentieren auf diese Praxis notwendig zu relativieren.

Vielleicht lassen sich die Kulturalisten in ihrer Auffassung durch zwei sinnkritische Hinweise irritieren. Zum einen nehmen sie selbst mit dem Verweis auf die kulturrelative Bedeutung von Argumentieren die *regulative Idee* einer kulturinvarianten Bedeutung schon in Anspruch. Wie anders sollte man eine *vernünftige* Korrektur des Verständnisses von Argumentation denken können, wenn es nicht der Korrektur durch Argumente vom Standpunkt anderer (im Prinzip *aller* denkbaren) kulturellen Horizonte – mögen diese entstanden sein, wie sie wollen – offensteht?[18] Zum anderen machen sie sich nicht klar, daß es der Transzendentalpragmatik vor allem um den Nachweis der Unhintergehbarkeit von *regulativen Ideen* geht. Deshalb schwingt in

15 Zur Vorbereitung der Tagung hatten Steinmann/Scherer eine erste Fassung ihres Beitrages schon frühzeitig zur Verfügung gestellt.

16 Vgl. Steinmann/Scherer, in diesem Band (c), S. 9.

17 Vgl. Steinmann/Scherer, in diesem Band (a), S. 54 f.

18 Vgl. hierzu die Ausführungen von Rähme, in diesem Band, S. 192 ff.; ebenso Böhler, in diesem Band, S. 126 ff.

ihren Überlegungen[19] die Suggestion mit, daß es bei der transzendentalpragmatischen Letztbegründung primär um den Nachweis *faktisch etablierter* Kriterien der Vernünftigkeit ginge, sie also schon »eine universelle Kultur des Argumentierens«, die doch im gegenseitigen Lernprozeß erst herzustellen sei, als *gegeben* voraussetzen würde.

Als Konsequenz ergeben sich abstruse Behauptungen wie jene, daß sich die transzendentalpragmatische Position »auf fremde Kulturen nur mit einer strategischen Einstellung einließe, diese schrittweise und situationsgerecht zur Vernunft zu bringen«, und daher meine, »von fremden Kulturen zu lernen [sei] nur insoweit notwendig, wie das erworbene Wissen für den Prozeß der *Belehrung* fremder Kulturen dienlich ist«.[20] Belegt wird diese Behauptung mit einem Zitat von Habermas, wobei Steinmann und Scherer nicht gebührend berücksichtigen, daß es sich bei Habermasens Diskurs*theorie* um eine von der Apel-Böhlerschen Diskurs*pragmatik* zu unterscheidende Position handelt[21], zweitens einfach unterstellen, Habermas könne für die Voraussetzung, daß »zuvor Einverständnis über wichtige Kommunikationsvoraussetzungen besteht«, keine guten Argumente geben.

Das Zerrbild der Transzendentalpragmatik kann leicht durch den Hinweis auf zwei *regulative Ideen* korrigiert werden, deren unhintergehbare Gültigkeit von den Transzendentalpragmatikern vertreten, aber stillschweigend von den Kulturalisten in Anspruch genommen wird. Die eine macht die Gültigkeit von Argumenten davon abhängig, daß diese Gegenargumenten standhalten könnten, die in *kommunikativer* Einstellung vorgetragen werden; die andere regulative Idee enthält die Bedingung, daß die Beanspruchung von Gültigkeit für die eigenen Argumente *keine Einschränkung* der Argumentation anderer duldet, man also jederzeit bereit sein muß, die eigenen Argumente den Falsifikationsversuchen der anderen auszusetzen, das heißt *von ihnen zu lernen*.

19 Vgl. Kambartels ersten Beitrag, in diesem Band.
20 Steinmann/Scherer, in diesem Band (a), S. 66.
21 Die Vermengung der beiden Ansätze zieht sich durch den ganzen *Problemaufriß* von Steinmann und Scherer. Zur Differenz der beiden Ansätze vgl. u.a. Apel 1990; Böhler 1985, S. 306 ff.; Gronke 1993; Kuhlmann 1986; Øfsti 1992 sowie die jüngsten Versuche Apels, »mit Habermas gegen Habermas zu denken«.

Eine weitere Blüte, die auf dem Mischboden von Genese und Geltung gedeiht, ist die Vermengung von *Universalisierbarkeit* einerseits und *Universalisierung* bzw. *Generalisierung* andererseits. Auf diesen haltlosen Grund haben sich Steinmann und Scherer von Wohlrapp führen lassen. Wohlrapp schlägt vor, die schlechte Alternative zu einem Kulturrelativismus[22], den ethischen Universalismus, der im Besitz eines transkulturellen Argumentationsbegriffes zu sein beansprucht, durch einen gleichsam *genetischen Universalismus* zu ersetzen. Zwei im Konflikt miteinander stehende Parteien aus unterschiedlichen Kulturen sollten der Konfliktlösung nicht einfach ihre jeweils eigenen, für universal gehaltenen moralischen Standards zugrunde legen, sondern im Verständigungsgespräch für alle »verträgliche« moralische Standards erst entwickeln. Damit »der Friede zwischen den Kulturen«[23] erreicht werden kann, müsse jede Partei bereit sein, die Standards der eigenen Lebensweise »zur Gänze« zur Disposition zu stellen.

Was ist mit diesem vermeintlichen Ausweg gewonnen? Wer die Unterscheidung von Genese und Geltung beachtet, wird erkennen, daß mögliche Zustände von »Verträglichkeit« oder »Frieden« nichts über die Gültigkeit der moralischen Standards aussagen, auf die man sich hierbei geeinigt hat. Das kann man sich durch ein einfaches Gedankenexperiment klarmachen: Nehmen wir an, die gesamte Menschheit hätte im Vertrauen darauf, daß der wissenschaftliche Fortschritt Möglichkeiten zur Erschließung neuer Energiequellen eröffnen wird, Einigung darüber erzielt, dem Wirtschaftswachstum Priorität vor der Erhaltung der Naturressourcen einzuräumen. Wäre diese allgemeine Handlungsorientierung *deshalb* moralisch gerechtfertigt? Offenbar nicht. Vielmehr ist das Vorliegen einer faktischen Übereinkunft, die Resultat einer zunehmenden »Generalisierung« sein könnte, vollkommen irrelevant für die Erkenntnis ihrer moralischen Legitimität.

Dieses Gedankenexperiment zeigt, daß moralische Urteile nur unter Bezugnahme auf universal gültige Prinzipien möglich

22 Offensichtlich teilt Wohlrapp mit den Transzendentalpragmatikern die Ansicht, daß Kambartels Ansatz einem Kulturrelativismus verfällt. Wohlrapp beansprucht seinerseits, ihn ohne Rekurs auf eine universalistische Ethik vermeiden zu können.

23 Wohlrapp, in diesem Band, S. 288.

sind – in diesem Fall unter Bezugnahme auf das Prinzip, die Vernichtung der Lebensgrundlagen der zukünftigen Generationen nicht zu riskieren.[24] Die Universalität dieses Prinzips läßt sich nicht »herstellen«, seine Geltung kann nicht als Produkt einer faktischen Generalisierung aufgefaßt werden.[25]

Derartige Kategorienfehler unterlaufen den Kulturalisten bzw. den Skeptikern einer universalistischen Prinzipienethik auch bei der Bestimmung des Verhältnisses von Motivations- und Geltungsebene sowie von Anwendungs- und Prinzipienebene. Der methodische Konstruktivismus litt schon seit seiner Geburtsstunde darunter, daß er – wie Paul Lorenzen[26] – die *Verbindlichkeit* der Friedensnorm von der *Motivation* der Bürger, Frieden anzustreben, abhängig machte. Das scheint ihm Hans Julius Schneider gleichzutun, wenn er in geltungslogischer Absicht argumentiert, daß die »abstrakten Prinzipien« nicht »die als notwendig empfundene Art des Sich-Änderns in Gang setzen kann«, die mit einer kritischen Sicht auf sich selbst verbunden sein sollte.[27]

Wie man die Differenz von Prinzipien- und Anwendungsebene einebnen kann, führen Steinmann und Scherer im Abschnitt IV ihres Problemaufrisses vor. Dort geben sie eine Reihe von Beispielen für eine *unmittelbare*, daher rigoristische Anwendung universalistischer Prinzipien und suggerieren einen Zusammenhang mit der transzendentalpragmatischen Diskursethik. Hierbei übersehen sie schlicht, daß die mehrstufig angelegte Diskurs-

24 Nebenbei sei hier bemerkt, daß die für den Kulturalismus charakteristische Gegenwartsorientierung an der Lösung jeweils aktueller Konflikte die Dimension der Zukunftsverantwortung überhaupt nicht in den Blick kommen läßt. Diese Verantwortungsdimension wird in dem demnächst erscheinenden Band *Zukunftsverantwortung in der Marktwirtschaft* im Zentrum stehen; vgl. Böhler u.a. 1998.

25 Offensichtlich widersprüchlich ist Steinmanns und Scherers These, man wolle *vernünftige* Verhältnisse herstellen und könne es hierbei als »offene Anschlußfrage« betrachten, »inwieweit diese Verhältnisse dann universell gelten sollen« (in diesem Band [a], S. 67). Hier zeigt sich, daß Böhlers Einwand, die Steinmann/Scherersche Unternehmensethik könne in bloße Unternehmensstrategik abgleiten, berechtigt ist.

26 Vgl. Steinmann/Scherer, in diesem Band (a), S. 56 ff.

27 Schneider, in diesem Band, S. 180.

ethik eine unmittelbare Anwendung des Diskursgrundsatzes auf die Realität gerade untersagt. »Das diskursethische Ideal (allseitiger argumentativ vermittelter Konsens) ist auf die realen, je kontingenten soziokulturellen Gegebenheiten kontextsensitiv in einer solchen Weise zu beziehen, daß die geschichtlich-faktischen Ermöglichungsbedingungen mitbedacht sind.«[28]

Ebnet man die diskursethischen Differenzierungen nicht ein, dann entpuppt sich das vermeintliche Plus des kulturalistischen Ansatzes an Kontextsensitivität allenfalls als ein Plus »gradueller« Natur. Kyora gerät bei dem Versuch, diesen vermeintlichen Vorteil gegenüber Bauschs unternehmensethischer Konkretisierung des diskursethischen Ansatzes auszuspielen, offensichtlich in Verlegenheit. Er flüchtet sich in unbegründete Unterstellungen, etwa jene, daß transzendentalpragmatische Ansätze »den Unternehmen wieder empfehlen« würden, »sich in anderen Kulturen zumindest langfristig für die Angleichung der Verhältnisse an westliche Vorbilder einzusetzen«.[29]

2. Reflexive Einstellung versus theoretische Einstellung

Ein Hauptmotiv dafür, daß sich bei den Kulturalisten der Verdacht eines schleichenden Kulturimperialismus universalistischer Prinzipienethiken trotz aller Gegenargumente hält, liegt in ihrer tiefen Skepsis gegenüber Ansätzen, die – wie Steinmann und Scherer sagen[30] – »top down« vorgehen. Der »Bottom-up-Approach« der Kulturalisten ist durch die methodische Regel gekennzeichnet, Vernunftrekonstruktionen auf die konkreten Problemsituationen innerhalb der Kultur beziehen zu sollen. Dies sei notwendig, weil die Vernunftkriterien ohne den Bezug zu konkreten Situationen, in denen wir sie ja gewissermaßen gelernt haben, keinen Sinn haben. Es gehe darum, »die grammatischen *Tatsachen*« des Gebrauchs von ›vernünftig‹ und ›rational‹ festzustellen.[31]

28 Bausch, in diesem Band, S. 325. Vgl. auch Böhler, in diesem Band, Abschnitt III.

29 Kyora, in diesem Band, S. 379.

30 Vgl. Steinmann/Scherer, in diesem Band, S. 25, 68 und 72.

31 Kambartel 1989, S. 40, bzw. in diesem Band, S. 101.

Es liegt nahe, mit Rähme an Kambartels »strengem« Kulturalismus zu kritisieren, daß er deskriptiv verfahre und daher nicht in der Lage sei, ›vernünftig‹ und ›rational‹ einen normativen Sinn zu geben. Dagegen hat sich Kambartel zur Wehr gesetzt; freilich mit einem schwachen Argument. Rähme sehe deshalb bei ihm »*bloße Deskription*« am Werke, weil er in der Deutung der »*vernünftigen Rekonstruktion*« der »*Grammatik* der Vernunftpraxis« eine »*kultursoziologische* Perspektive« einnehme.[32] Wie viele andere unterlege auch Rähme dem »praxeologischen« Kulturbegriff Kambartels, der sich auf die in einer Kultur praktisch eingeübten normativen Vernunftorientierungen beziehe, eine kultursoziologische Wortbedeutung. Daher meine Rähme, daß die »Kultur der Vernunft« notwendig an eine partikularistische Perspektive gebunden sei. Der praxeologische Kulturbegriff lasse sich jedoch »auf einen universalistischen Orientierungsrahmen ebenso beziehen, wie sie partikularer Natur sein kann«.[33]

Diese Argumentation Kambartels beruht ihrerseits auf einem Mißverständnis von Rähmes Kritik. Rähme kann nämlich seine Kritik auch dann aufrechterhalten, wenn ein praxeologischer Kulturbegriff unterstellt wird. Man kann nämlich zugestehen, daß das Selbstverständnis der Teilnehmer an einer vernünftigen Lebensform an die faktische Anerkennung normativer Kriterien sowie gegebenenfalls die Beanspruchung von universeller Geltung für diese normativen Kriterien gebunden ist, und *dennoch* den Einwand einer deskriptiven Verfahrensweise bei deren Rekonstruktion erheben. Kambartel unterläuft ein Fehlschluß, der für die kulturalistische Position insgesamt charakteristisch ist. Er besteht in der Annahme, daß die Rekonstruktion, die Normatives – die in einer Lebenswelt eingeübten und daher faktisch anerkannten moralischen Standards – rekonstruiert, sich deshalb als normativ verstehen dürfe. Man kann jedoch nicht ohne weiteres von der Eigenart des thematisierten Gegenstandes auf die Eigenart der Thematisierungsweise schließen. Um seiner Rekonstruktion einen normativen Sinn zu verleihen, müßte Kambartel eine regulative Überschreitungsperspektive des etablierten Moralbewußtseins einnehmen können. Dazu ist sie aufgrund der behaupteten Gebundenheit jeder Vernunftrekonstruktion an die Bezugnahme auf die in der jeweiligen Kultur eingeübte (normative)

32 Kambartel, in diesem Band, S. 213.
33 Ebd., S. 212.

Vernunftpraxis nicht in der Lage. Daraus folgt: Obwohl die Kulturalisten durch die Rekonstruktion *faktisch etablierter Universalitätsansprüche* die Überwindung des Relativismus leisten zu können vorgeben, bleiben sie wegen der selbst auferlegten Beschränkung auf die normativen Tatsachen einer kulturalistischen Binnenperspektive verhaftet – sind sie Relativisten wider Willen.

Die gegenseitigen Vorwürfe, der andere habe die eigene Argumentation mißverstanden, haben einen tieferen Grund. Dieser liegt in der Divergenz der jeweiligen Diskurseinstellungen. Für die Kulturalisten ist die Verabsolutierung der *theoretischen* Einstellung bezeichnend.[34] Nach ihrer Auffassung ist jede wissenschaftliche Untersuchung von einer Distanzierung des untersuchten Gegenstandes begleitet. Aufgrund dieser Distanzierung sei eine Vergewisserung, die durch keinen Zweifel mehr hintergehbar sei, unmöglich.

Die Transzendentalpragmatik hingegen fordert eine *reflexive* Einstellung, die auf die Sinnvoraussetzungen der eigenen aktuellen Rede reflektiert. Die Dialogpartner werden mit Behauptungen konfrontiert, deren Geltung sie nicht bestreiten können, wenn ihre aktuelle Geltungsbestreitung als Dialogbeitrag, der für andere als Geltungsbestreitung verständlich ist, gelingen soll. Eine solche Behauptung könnte zum Beispiel die unbedingte Verpflichtung, alle anderen Diskurspartner als gleichberechtigt anzuerkennen, enthalten. Es scheint nicht möglich, die absolute Geltung dieser Diskursnorm zu bestreiten, ohne sich als verständlicher Dialogpartner aus dem Diskurs herauszuziehen. Die Kulturalisten in diesem Band versuchen es dennoch auf zweierlei Weise.

Steinmann und Scherer greifen eine Argumentation von Gethmann auf, in der auf ein praxeologisches Defizit der diskursethischen Reflexion hingewiesen wird. Indem die Diskursethiker für die Begründung vermeintlich universeller Regeln des Argumentierens »auf die praktische Kultur des Argumentierens« keinen »strengen Bezug« nehmen, müssen sie die Regeln des Argumentierens »analytisch« zu gewinnen versuchen. Diese Praxisferne eines Top-down-Approachs bedeutet, so ließe sich ergänzen, daß sie keine wirkliche Erkenntnis erzielen, sondern als Erkenntnis lediglich ausgeben, was sie zuvor in den Argumentationsbegriff hineingelegt haben. Die Begründung ist zirkulär.

34 Vgl. Böhler, in diesem Band, Abschnitt II.

Die Transzendentalpragmatiker wenden dieses Argument wiederum gegen die Kulturalisten. Erstens weisen sie darauf hin, daß es im reflexiven Diskurs nicht um eine Klärung der bloß formalen Aspekte des Argumentations*begriffs*, sondern um die Aufdeckung der notwendigen Sinnbedingungen der Argumentations*praxis* geht.[35] Zweitens beanspruchen sie für sich, mit der Praxeologie in einem viel strengeren Sinne ernst zu machen als Kambartel. Dieser nämlich klammert die Reflexion auf die *aktuelle* »praktische inhaltliche Lebenserfahrung«, jene, die das Argumentieren begleitet, systematisch aus. Die Transzendentalpragmatik hingegen legt darauf das Hauptgewicht. Wegen dieses strikten Reflexionsbezuges auf die aktuelle Argumentationspraxis ließe sich daher mit gutem Recht behaupten, daß der Bottom-up-Approach eher für die Transzendentalpragmatik kennzeichnend ist, während der Kulturalismus aufgrund seiner Distanzierung vom aktuellen Argumentationshandeln eine Tendenz zum Top-down-Approach aufweise.

Die für die theoretische Einstellung paradigmatische *Distanzierung von der aktuellen Dialogpraxis* ermöglicht es Kambartel[36] und mit ihm Lueken[37], die Geltung des Arguments vom zu vermeidenden performativen Selbstwiderspruch zu relativieren, und zwar auch dann, wenn die Korrektheit dieses Arguments zugegeben wird. Verstricke sich der skeptische Diskurspartner notwendigerweise in einen performativen Selbstwiderspruch, so könne er gleichwohl in Rechnung stellen, daß er prinzipiell dazu in der Lage sei, »seine gegenwärtige *partikuläre* Praxis« so zu ändern, daß sich kein aktueller Selbstwiderspruch mehr ergebe. Im Gegenzug verweist die Transzendentalpragmatik wiederum darauf, daß auch die These einer im Einklang mit dem Wandel der Lebenswelten möglichen Veränderung des konstitutiven Handlungswissens vom Argumentieren nur dann als Argument gegen die Gültigkeit dieses Handlungswissens zählen kann, wenn es im Diskurs vorgebracht wird. Im Diskurs muß es aber als gültig anerkannt werden, wenn der Diskursbeitrag als Diskursbeitrag für andere verständlich sein soll. Daher verstrickt sich auch dieses Argument in einen performativen Selbstwiderspruch.

35 Es handelt sich daher nicht um eine analytische, sondern synthetische Argumentation.

36 Kambartel 1989, S. 38, bzw. in diesem Band, S. 99.

37 Lueken, in diesem Band, S. 297 f.

Dieses Argumentationsspiel zwischen theoretisch eingestellten Pragmatikern, die sich von den in ihrer aktuellen Argumentationspraxis als gültig unterstellten Sinn- und Geltungsvoraussetzungen ihrer Argumente distanzieren zu können behaupten, und reflexiv eingestellten Pragmatikern, die jeden Distanzierungsversuch dieser Art einem sinnkritischen Test auf Verständlichkeit der hierbei vollzogenen Behauptungshandlungen unterziehen, ist in unzähligen Varianten gespielt worden. Die Auffassung, daß es sich weiter spielen läßt, kann sich nur deshalb halten, weil wir im Reden und Schreiben *über* die Positionen der anderen geneigt sind, zu vergessen, daß wir *mit* den anderen reden. Solange diese Vergessenheit der kommunikativen Diskursdimension besteht, wird sich der moralphilosophische Diskurs im Kreise drehen.

IV. Nachbemerkung[38]

Nachdem Friedrich Kambartel und die Herausgeber diese Stellungnahme mit den Vorwürfen des fast Denunziatorischen und des Unsachlichen belegt haben[39], möchte ich die Streitkultur des argumentativen Dialogs in Anspruch nehmen und hervorheben: Auch für mich steht es außer Zweifel, daß Kambartel und Steinmann/Scherer sich aufrichtig zum Universalismus *bekennen*. Allerdings bin ich davon überzeugt und habe wie Dietrich Böhler und Boris Rähme in diesem Band dafür Argumente vorgetragen[40], daß sie ihre universalistische Position nicht hinreichend *begründen* können. Die Gültigkeit von Standards der Vernunftkultur und damit die Verbindlichkeit von Menschenrechten (wie Unverletzlichkeit der persönlichen Freiheit und kommunikati-

38 *Anmerkung der Herausgeber:* Diese Nachbemerkung wurde von Horst Gronke in Reaktion auf eine Nachbemerkung Kambartels in diesem Band, S. 219, sowie auf den Epilog der Herausgeber verfaßt.

39 Ich beziehe mich auf Friedrich Kambartels Vorwurf »an der Grenze des Denunziatorischen« in seiner Stellungnahme und auf die Charakterisierung meiner Stellungnahme als unsachlich in Horst Steinmanns und Andreas Scherers Epilog. Vgl. Kambartel, in diesem Band, S. 219; Steinmann/Scherer, in diesem Band (b), S. 403 f.

40 Vgl. u. a. in diesem Beitrag S. 386 ff. und S. 393 f.; sowie Böhler, in diesem Band, besonders Abschnitt I; Rähme, in diesem Band, S. 197 ff., besonders S. 201.

ven Freiheit) können sie allenfalls beteuern, nicht aber rational einholen und im Dialog erweisen. So können sie weder Skeptikern noch Zynikern wie den derzeitigen chinesischen Machthabern, welche die Gültigkeit und die daraus resultierende Verbindlichkeit der Menschenrechte bezweiflen, ein Argument entgegenhalten, das von diesen nicht wiederum sinnvoll bezweifelt werden könnte. Wenn man keine solchen Argumente hat, verfällt man – wider Willen – dem Relativismus.[41]

Literatur

Apel, K.-O. (1990), »Normative Begründung der Kritischen Theorie durch Rekurs auf lebensweltliche Sittlichkeit?«, in: A. Honneth u.a. (Hg.), *Zwischenbetrachtungen. Im Prozeß der Aufklärung*, Frankfurt am Main. S. 15-65.

Böhler, D. (1985), *Rekonstruktive Pragmatik*, Frankfurt am Main.

– (1998), »Dialogbezogene (Unternehmens-)Ethik versus kulturalistische (Unternehmens-)Strategik. Besteht eine Pflicht zur universalen Dialogveranwortung?«, in diesem Band, S. 126-178.

– u. a. (1998), *Zukunftsverantwortung in der Marktwirtschaft* (in Vorbereitung).

Gronke, H. (1993), »Apel versus Habermas: Zur Architektonik der Diskursethik«, in: A. Dorschel u.a. (Hg.), *Transzendentalpragmatik*, Frankfurt am Main. S. 273-296.

Kambartel, F. (1989), »Vernunft: Kriterium oder Kultur?«, in: ders., *Philosophie der humanen Welt*, Frankfurt am Main, S. 27-43; wiederveröffentlicht in diesem Band, S. 88-105.

– (1998), »Vernunftkultur und Kulturrelativismus. Bemerkungen zu verschiedenen Problemen des Verstehens und Begründens«, in diesem Band, S. 212-220.

Kuhlmann, W. (1986), »Philosophie und rekonstruktive Wissenschaft. Bemerkungen zu Jürgen Habermas' Theorie des kommunikativen Handelns«, in: *Zeitschrift für philosophische Forschung* 40, S. 224-234.

41 Für die *moralische* Bewältigung interkultureller Konflikte taugt ein relativistischer Ansatz kaum; muß er doch gegenüber den Kritikern auf die eigene *Entscheidung* für das Bestrittene pochen. Also verläßt er selbst den Dialog, statt im Dialog zu zeigen: Es gibt Menschenrechte, die sich nicht sinnvoll bestreiten lassen, so daß sie verbindlich sind und daher prinzipiell Verteidigung und Durchsetzung verdienen.

Kyora, S. (1998), »Zur ethischen Beurteilung von Korruption im internationalen Geschäft«, in diesem Band, S. 348-383.

Lueken, G.-L. (1998), »Relativität ohne Relativismus? Amerikanischer Pragmatismus und die Überwindung irreführender Alternativen«, in diesem Band, S. 291-321.

Øfsti, A. (1994), *Abwandlungen. Essays zur Sprachphilosophie und Wissenschaftstheorie*, Würzburg.

Rähme, B. (1998), »Ethischer Universalismus und interkulturelles Lernen. Kulturalistische versus transzendentalpragmatische Perspektiven«, in diesem Band, S. 191-211.

Schneider, H. J. (1998), »Das Allgemeine als Zufluchtsort. Eine kritische Anmerkung zur Diskursethik«, in diesem Band, S. 179-190.

Steinmann, H., und A. G. Scherer (1998 a), »Interkulturelles Management zwischen Universalismus und Relativismus. Kritische Anfragen der Betriebswirtschaftslehre an die Philosophie«, in diesem Band, S. 23-87.

– und A. G. Scherer (1998 b), »Epilog. Zugleich eine Stellungnahme zum Rückblick von Horst Gronke«, in diesem Band, S. 402-416.

– und A. G. Scherer (1998 c), »Vorwort«, in diesem Band, S. 9-22.

Wohlrapp, H. (1998), »Die Suche nach einem transkulturellen Argumentationsbegriff. Probleme und Resultate«, in diesem Band, S. 240 bis 290.

Horst Steinmann und Andreas Georg Scherer
Epilog

Zugleich eine Stellungnahme zum Rückblick von Horst Gronke

I

Der Dialog zweier philosophischer Richtungen, wie er hier in diesem Band dokumentiert ist, ging zurück auf einen Vortrag, den der Erstherausgeber 1994 im Seminar von Dietrich Böhler an der FU Berlin gehalten hat. In der Diskussion dieses Vortrages, in den auch die neueren Arbeiten von Kambartel zum Verhältnis von Kultur und Vernunft eingebracht wurden, deutete sich bereits die Kontroverse an, die in diesem Band entfaltet ist. Dietrich Böhler erklärte sich spontan bereit, die Auseinandersetzung im größeren Kreise der betroffenen Autoren fortzusetzen. Die Herausgeber haben daraufhin einen Workshop organisiert, an dem die Verfasser des hier dokumentierten Bandes teilnahmen.

Der aktuelle und konkrete Bezugspunkt der Überlegungen sollte dabei die immer drängender werdende Frage im Rahmen des internationalen Management sein, wie Konflikte zwischen Kulturen sinnvollerweise bearbeitet werden sollten. Dieses praktische Problem bot Anlaß, Vertreter zweier philosophischer Richtungen zum Dialog zu laden, die sich nach anfänglichen gemeinsamen Bemühungen in den siebziger Jahren[1] in jüngster Zeit offenbar gegenseitig aus den Augen verloren haben. Bemerkenswerte Weiterentwicklungen auf beiden Seiten blieben so wechselseitig eher unbeachtet. Deshalb waren die Herausgeber froh darüber, daß der betriebswirtschaftliche Hintergrund des zu klärenden Problems alle Seiten ausreichend dazu motivierte, sich auf einen Diskurs einzulassen.

Natürlich ist ein solcher interdisziplinärer Dialog, zumal wenn er auf der Basis konträrer Positionen ausgetragen wird, von vie-

1 Vgl. zum Beispiel die Beiträge in Kambartel 1974 sowie Apel 1973, Böhler 1978, Lorenzen 1972 u. a.

len Risiken des Scheiterns begleitet. Gronke hat in seinem Beitrag eine Reihe von möglichen Gründen für ein solches Scheitern genannt.[2] Diese liegen oftmals weniger in der Sache als in psychologischen Dispositionen der Diskursteilnehmer, etwa wenn sie die Bedrohung ihrer eigenen Position fürchten. Vielleicht läßt sich vor diesem Hintergrund erklären, daß die philosophischen Gegenpositionen im Dialog manchmal nicht hinreichend zur Kenntnis genommen wurden.[3] Die Intervention der Herausgeber hat hier keine rechte Abhilfe zu schaffen vermocht.

II

Trotz dieser Schwierigkeiten teilen wir nicht Gronkes Urteil über den unfruchtbaren Ausgang der Auseinandersetzungen.[4] Ganz im Gegenteil sind wir der Meinung, daß einige erfreuliche Klärungen stattgefunden haben, die weitere Bemühungen dieser Art durchaus rechtfertigen. Das läßt sich mit wenigen Worten zeigen, wenn man die Begründungen von Gronke einer kritischen Prüfung unterzieht.[5]

2 Vgl. Gronke, in diesem Band. Gronke muß sich allerdings kritisch fragen lassen, ob nicht die von ihm vorgenommene und gegen die Herausgeber gerichtete suggestive Wortwahl einer sachgerechten Auseinandersetzung abträglich ist und er damit einem Scheitern des Dialogs wohl ungewollt Vorschub leistet; so zum Beispiel seine Bemerkungen, unsere Ausführungen würden »Blüten« hervortreiben, sowie sein Kommentar, wir würden »abstruse Behauptungen« aufstellen.

3 Zur Vorbereitung des Workshops wurden im Sommer 1995 Manuskripte von Böhler sowie Kambartel und im Dezember 1995 eine Vorfassung unseres einleitenden Beitrags (in überarbeiteter Form in diesem Band, S. 23 ff.) an alle Teilnehmer des Workshops verschickt. Bei den verteilten Manuskripten handelte es sich um Böhler 1991, 1995; Kambartel 1989, 1992, ders., in diesem Band (a), S. 106 ff.; sowie Steinmann/Scherer 1995.

4 Vgl. Gronke, in diesem Band, S. 384 ff.

5 Gronke leitet seinen Beitrag mit dem Zitat eines chinesischen Bürgerrechtlers ein und behauptet, wir würden zusammen mit Kambartel und Wohlrapp die Gültigkeit der Menschenrechte in Frage stellen. Dies scheint uns eher ein »strategischer Eröffnungszug« zu sein, um den Leser gegen uns voreinzunehmen, hat jedenfalls mit einer sachlichen Auseinandersetzung nichts zu tun. Wir haben in unseren Über-

Gronke diagnostiziert ein »systematisches Reflexionsdefizit« »vor allem« auf seiten der Kulturalisten, das er in der Nichtbeachtung dreier moralphilosophischer Differenzierungen sieht, nämlich (1) in der Unterscheidung zwischen *Genese* und *Geltung* moralischer Normen, (2) in der Unterscheidung zwischen der *Motivation* zur Befolgung einer Handlungsnorm und ihrer Begründung und schließlich (3) in der Unterscheidung zwischen prinzipieller *Begründung*, *Konkretisierung* und *Umsetzung* moralischer Regeln. Diese Defizite versucht er insbesondere an den Texten der Herausgeber aufzuweisen, was uns Anlaß gibt, hier nochmals Stellung zu nehmen. Die philosophischen Kollegen werden von Gronke nur en passant angesprochen.

(1) Was den ersten Vorwurf anbetrifft, so haben wir im Anschluß an die Kambartelsche Argumentation darauf hingewiesen, daß die Transzendentalpragmatik die von ihr reklamierte pragmatische Grundlage der Bedeutungskonstitution eines jeden Wortes auch auf das Wort »Argumentation« zu beziehen habe.[6] Daraus folgt, daß die Bedeutung dieses Wortes sich aus der zugrundeliegenden Praxis ergeben muß. Damit ist selbstverständlich *keine beliebige Praxis* gemeint, sondern ein Handlungszusammenhang, zu dem es gehört, die Geltung von Aussagen durch die Prüfung von Gründen zu erweisen. Das heißt dann auch, daß faktische Behauptungen über die Entstehung einer Kultur der Vernunft (Genese) noch einmal reflexiv überprüft werden müssen (Geltung). Es ist zuallererst die *Praxis des Argumentierens* selbst, die die Unterscheidung trifft zwischen dem *bloß Faktischen* und dem, was zu Recht *Geltung* beanspruchen kann, und nicht etwa eine transzendentalphilosophische Reflexion. Eine solche kann – wenn sie denn durchgeführt werden soll – immer erst an eine solche Praxis *anschließen*, denn nur dann sind in einem nicht bloß nominalistischen Sinne Wortbedeutungen verfügbar, mit denen sich weiter »im Denken« operieren läßt. Die

legungen an keiner Stelle die Menschenrechte zur Disposition gestellt. Im Gegenteil haben wir zum Beispiel mit Welsch (1995, S. 739 ff.) darauf hingewiesen, daß angesichts der heute vorherrschenden Konflikte zwischen Kulturen ein von ihm so genannter »pragmatischer Menschenrechts-Universalismus« verfolgt werden sollte. Im übrigen läßt Gronkes Urteil die eindeutigen Ausführungen von Kambartel, in diesem Band (b), S. 214 ff., unberücksichtigt.

6 Vgl. Steinmann/Scherer, in diesem Band, S. 51 ff.

(differenzierende) Konstitution der Bedeutung von Begriffen wie »Argumentieren«, »Vernunft«, »Norm« etc. ist nicht frei von Urteilen, sondern selbst *Ausdruck einer gelungenen Lebenserfahrung*.

Gegen uns macht Gronke nun geltend, wir würden in unserer Kritik an Böhler »die *regulative Idee* einer kulturinvarianten Bedeutung [des Wortes Agumentation] schon in Anspruch« nehmen.[7] Dies ist falsch. Die entscheidende Frage ist doch, woher (wodurch) regulative Ideen ihren normativen Geltungsgrund erlangen, so daß sie zu Recht bei der Gestaltung der Lebensverhältnisse in Anspruch genommen werden können. Bei uns ist es gerade ihr *Gelingen in der (vernünftigen oder vernunftorientierten) Lebenspraxis*, das es rechtfertigt, gemachte Erfahrungen als »regulative Ideen« für die (zukünftige) Orientierung von Handlungen zu verwenden. Die Rede von »regulativen Ideen« wird hier also auf den historischen Stand einer gelungenen vernunftorientierten Lebenspraxis bezogen und nicht transzendentalphilosophisch (durch Denkakte) eingeführt.[8] Im Bemühen, eine »Kultur der Vernunft« aufrechtzuerhalten, braucht man hinter den jeweils erreichten kulturellen Entwicklungsstand nicht zurückzufallen.[9]

(2) Ebenso schlicht läßt sich das zweite Argument von Gronke widerlegen, wir würden nicht hinreichend zwischen der *Motivation zur Befolgung einer Handlungsnorm* und der *Begründung ihrer Verbindlichkeit* unterscheiden. Hier sind zwei Bemerkungen angebracht. Erstens sollte man – wie in der Psychologie geläufig – unterscheiden zwischen der *Motivation* (dem Motiv) zum Handeln in einer *bestimmten Situation* einerseits und der

7 Gronke, in diesem Band, S. 391.

8 Nicht nachvollziehbar ist daher für uns das »Gedankenexperiment«, zu dem Gronke, in diesem Band, S. 393 f., auffordert. Dieses Experiment scheitert, da wir als Teil der »gesamten Menschheit« einer solchen Einigung über die uneingeschränkte Priorität wirtschaftlicher Erwägungen nicht zustimmen. Dies zeigt noch einmal deutlich, daß Gronke qua *Denken* (»Gedankenexperiment«) nach einem Geltungskriterium sucht, das *außerhalb* der Kommunikationspraxis angesiedelt ist. Ob mit diesen Ausführungen von Gronke überhaupt noch eine transzendentalpragmatische Position reklamiert wird, sei dahingestellt.

9 Vgl. Janich 1998.

langfristigen (empirischen) Disposition (Neigung, Einstellung) zu einer bestimmten, gewollten Handlungsorientierung (zum Beispiel einer vernünftigen Lebensform) andererseits.[10]

Zweitens muß die privilegierte Stellung der *Einsicht* für die Bearbeitung von Geltungsfragen berücksichtigt werden.[11] Man muß Motivationen unterscheiden, die sich auf Einsicht stützen, von solchen, die nicht einsichtsgestützt (sondern zum Beispiel machtinduziert) sind. Einsicht verdankt sich erfolgreichen Begründungsleistungen. Sie drückt einen »Zustand oder ein Ereignis aus, über das wir am Ende nicht handelnd verfügen« können.[12] Man kann sich daher von seiner Einsicht nicht beliebig distanzieren, sie gleichsam »wie ein Hemd« ablegen. Einsicht hat Widerfahrnischarakter.[13] *Geltung* stützt sich auf die *Einsicht* in die Richtigkeit der Argumente.

In einer Kultur der Vernunft kann man nach dem Gesagten die Rede vom »Willen der Bürger zum Frieden«[14] als eine langfristige, stabile *Disposition* auffassen, die sich auf die *Einsicht* stützt, daß Friede als Ausdruck einer gelungenen Lebenserfahrung anzustreben ist. Weil aber Menschen, auch wenn sie schon in einer Kultur der Vernunft leben, in bestimmten Situationen (manchmal) wegen anderer »Motive« entgegen ihrer langfristigen Disposition handeln (oder sich auch bloß verhalten)[15], kann man nicht ausschließen, daß (hin und wieder) Bemühungen um friedliche Konfliktlösungen mißlingen oder gar ganz unterbleiben. Es ist diese »Not der politischen Praxis« (Lorenzen), die dann den Anlaß für Bemühungen zur Verbesserung der politischen Verhältnisse gibt.[16]

Diese Unterscheidungen zeigen, daß – entgegen Gronke – die analytische Trennung von Motivation und Geltungsfrage sehr wohl schon berücksichtigt ist. Worauf es aber gerade ankommt, ist diese Trennung im praktischen Lebensvollzug *zu überwinden*: Es muß die Frage nach der Geltung von Normen praktisch

10 Vgl. zum Beispiel Ajzen/Fishbein 1977; Ghoshal/Moran 1996.

11 Vgl. Kambartel 1997, S. 5 ff.; ähnlich Wohlrapp, in diesem Band, S. 282.

12 Kambartel 1997, S. 5.

13 Zum Widerfahrnisbegriff vgl. Kamlah 1973.

14 Vgl. Lorenzen 1987, S. 228 ff.

15 Vgl. Kambartel 1997, S. 6.

16 Vgl. Lorenzen 1987.

wirksam werden, so daß Handlungen überhaupt einsichtsgetragen motiviert werden können. Genau auf diesen Sachverhalt zielt die Rede vom »Willen der Bürger zum Frieden« ab.

Dieses Ergebnis läßt sich mit Kambartel aus sprachphilosophischer Sicht auch so formulieren: Weil sich auf der (bloß) semantischen Ebene ein rechter Sinn moralischer Termini – zum Beispiel »(vernünftiges) Argumentieren« – nicht gewinnen läßt, sind wir notwendig auf den »Eintritt in die vernünftige Lebensform« angewiesen, auf deren Grundlage sich erst diese Bedeutungen bestimmen lassen.[17]

(3) Was das dritte Argument anbetrifft, nämlich daß wir die Bedeutung vernachlässigen, die *Konkretisierungs- und Umsetzungsdiskurse* für die situationsangemessene Verwirklichung von Prinzipien haben, so geht diese Kritik an unseren Einlassungen völlig vorbei. Die Bedeutung solcher Diskurse wird gerade ein Betriebswirt nicht bestreiten. Die Rekonstruktion der unternehmensethischen Erfahrungen bei der Firma Levi Strauss & Co. macht ja auch hinreichend deutlich, welche Rolle solche Diskurse für ein erfolgreiches Ethik-Management haben.[18]

Unsere Kritik setzt früher an, nämlich bei dem Punkt, daß in den interkulturellen Interaktionen Diskurse dann nicht möglich sind, wenn wir es (so unsere Voraussetzung) mit Lebensformen zu tun haben, die noch keine »Kultur der Argumentation« ausgebildet haben. Dann bleibt einer transzendentalpragmatisch orientierten Vorgehensweise, wenn sie denn in der anderen Kultur überhaupt praktisch werden will, nichts anderes übrig, als eine *strategische Vorgehensweise* zu wählen, gewissermaßen im Sinne eines »emanzipatorischen Vorgriffs« (Apel).[19] Die Kritik von Gronke geht auf diesen Punkt gar nicht ein. Sie bezieht sich entweder nur auf Kulturen, für die der Diskurs bereits ein sinnvoller Teil ihrer Lebensordnung ist, oder sie ist praktisch irrelevant. Unser Vorschlag ist dagegen gerade nicht strategisch angelegt. Er besagt nämlich, sich auf eine andere Lebensform einzulassen, in der Hoffnung, ein Stück gemeinsamer Praxis herstellen zu können, das es dann auch ermöglichen soll, dem Wort »Argumentieren« einen Sitz im Leben zu verschaffen.

17 Vgl. Kambartel 1997, S. 20 ff., sowie ders., in diesem Band (a), S. 122.
18 Vgl. dazu Haas 1994 sowie die Rekonstruktion in Steinmann/Olbrich 1998.
19 Vgl. Apel 1973, S. 431 ff., 1988, S. 247 ff.

Unsere Ausführungen zur Kritik von Gronke machen noch einmal die Differenz zwischen den hier in Frage stehenden philosophischen Positionen deutlich. Mit Kambartel sind wir der Meinung, daß sich die Geltungsfrage nicht loslösen läßt von Bemühungen, den Prozeß der Bedeutungskonstitution von Worten lebenspraktisch zu verankern. Das gilt dann auch für das Wort »Argumentation«. Dieses Ergebnis rechtfertigt sicherlich das Urteil, daß der von uns allen gemeinsam geführte Dialog doch nicht vergebens gewesen ist. Es scheint deshalb, daß nicht unsere, sondern die Argumentationsfiguren der Transzendentalpragmatik sich eher »im Kreise« drehen. Das gilt auch für die immer wieder vorgetragene Behauptung, die kulturalistische Position sei, entgegen der Intention ihrer Verfechter, relativistisch. Dies gelte, so Gronke, auch für ein praxeologisches (im Unterschied zu einem soziologischen) Kulturverständnis. Die Einlassung von Gronke, Kambartel müsse »eine regulative Überschreitungsperspektive des etablierten Moralbewußtseins einnehmen können«[20], um die faktischen Moralstandards einer Vernunftpraxis zu transzendieren, übersieht, daß die *Erläuterung* der Kultur der Vernunft[21] gerade diese Überschreitungsperspektive allererst zu *gewinnen* vermag. Leider setzt sich Gronke ebenso wie die anderen in diesem Bande vertretenen Transzendentalpragmatiker an keiner Stelle mit diesen Erläuterungen Kambartels auseinander.

Woher sonst soll eine solche Überschreitungsperspektive kommen als aus der (ansatzweise) bereits gelungenen Urteilspraxis einer Kultur der Vernunft? Gronke scheint, das legen seine Ausführungen nahe, an der »absurden« (Kambartel) Idee zu hängen, man könnte die Kultur der Vernunft gleichsam *privat* erfinden, um dann für ihre Verbreitung zu sorgen.[22]

Das Problem der Vermittlung zwischen zwei Kulturen ist dann eher – und das ist das fruchtbare Ergebnis – ein Problem des lebenspraktischen Vollzugs und läßt sich nicht vorweg auf der Sprachebene begrifflich definitiv lösen.

20 Gronke, in diesem Band, S. 396.

21 Vgl. hierzu die Ausführungen von Kambartel 1989, S. 42, wiederabgedruckt in diesem Band, S. 103.

22 Vgl. Kambartel 1989, S. 41, wiederabgedruckt in diesem Band, S. 102.

III

Betrachtet man die jüngsten Diskussionen zur internationalen Unternehmensethik, insbesondere solche, die seit dem Nürnberger Workshop publiziert wurden, so läßt sich ein deutlich verstärktes Bewußtsein hinsichtlich der kulturellen Bedingtheit von Normen und Wertvorstellungen und eine verstärkte Sensibilität im Umgang mit dem gesamten Problemkreis feststellen. Kulturelle Unterschiede und daraus entstehende Konfliktlagen sollen, so zumindest die Auffassung einiger Autoren, nicht mehr ohne weiteres durch die schlichte Anwendung universalistischer Prizipien »niedergebügelt« werden. Es scheint sich, so unser Eindruck, in der internationalen Unternehmensethik eine *kulturalistische Wende* anzubahnen. Während allerdings manche Autoren angesichts der Schwierigkeiten bei der Begründung universeller Prinzipien alle Bemühungen multinationaler Unternehmen zu einem ethischen Verhalten als unbegründbar ansehen und damit das Projekt einer interkulturellen Unternehmensethik völlig dem Relativismus preisgeben, entwickeln andere Autoren Vorschläge zu praktisch gangbaren Schritten, *wie* angesichts der vorliegenden Schwierigkeiten doch noch vernünftige Lösungen zustande kommen können.

Kenneth Gergen verweist aus postmoderner Perspektive auf die Problematik, daß global agierende Unternehmen immer öfter mit den lokalen Wertvorstellungen fremder Kulturen in Konflikt geraten.[23] Dies auch dann, wenn die Unternehmen organisatorische Vorkehrungen zu einem aus ihrer Sicht ethischen Verhalten getroffen haben. Die Bemühungen intergouvernementaler Organisationen sowie einzelner Firmen, den interkulturellen Konflikten durch die Formulierung von Verhaltensrichtlinien beizukommen, werden dabei von Gergen sehr skeptisch beurteilt. Dies insbesondere deshalb, weil sich solche Richtlinien bei sehr großen kulturellen Differenzen, bei radikal verschiedenen Vorstellungen davon, was es heißt, sich moralisch korrekt zu verhalten, kaum begründen ließen. Gergen will dieser Problematik dagegen mit einer intensiveren Betrachtung der *Interaktionen* zwischen internationalen Unternehmen und den fremden Kulturen beikommen. Mit solchen Interaktionen werden »relationale Prozesse« in Gang gesetzt, die soziale Strukturen und Wertvorstellun-

23 Vgl. Gergen 1995.

gen kontinuierlich verändern. In diesen Prozessen entstehen neue Interpretationsmuster und normative Basisannahmen mit zunächst zeitlich und örtlich beschränkter Geltung, die in weiteren Prozessen übermittelt oder aber ihrerseits wieder verändert werden können: »Conceptions of the good are thus born and reborn within their specific contexts of usage.«[24] In diesen Prozessen soll keine Konzeption des Guten unhinterfragt bzw. von Veränderungsprozessen prinzipiell ausgeschlossen sein.

Auch wenn Gergen hier auf den ersten Blick dem kulturalistischen Vorschlag sehr nahe kommt, die konkrete Handlungspraxis als Quelle für die Konstitution von Bedeutungen und Normen anzusehen, so erweist sich bei näherer Betrachtung sein Vorschlag doch als unzureichend. Was bei Gergen fehlt, ist eine explizite Abgrenzung zum Relativismus, wie sie etwa bei Lorenzen durch den Friedensbegriff oder bei Wohlrapp durch das Konzept der Verträglichkeit gezogen wird. Die Interaktionsprozesse werden bei Gergen vielmehr sich selbst überlassen; eine Orientierung an normativen Bezugspunkten wird ausdrücklich zurückgewiesen.[25] Aus diesem Grunde vermögen die Ausführungen von Gergen der Unternehmenspraxis keine rechte Hilfe zu geben, *wie* eine sinnvolle Bearbeitung der kulturellen Konflikte im internationalen Management geleistet werden soll.

Manuel Velasquez diskutiert das Problem des ethischen Relativismus im internationalen Management.[26] Er zeigt dabei insbesondere die Schwierigkeiten auf, die auftreten, wenn man versucht, den ethischen Relativismus mit *theoretischen* Argumenten zurückzuweisen. Wenn wir für das moralische Urteil nur die Normen unserer eigenen Kultur zur Verfügung hätten und der ethische Relativismus nicht widerlegt werden könnte, dann wäre es – so Velasquez – in der Tat unmöglich, fremde Kulturen zu beurteilen, ja nicht einmal die kritische Reflexion der eigenen Kultur wäre möglich. Velasquez weist den ethischen Relativismus jedoch mit dem Hinweis darauf zurück, daß wir uns in unserer Praxis sehr wohl kritisch mit unserer eigenen Kultur auseinandersetzen.[27] Auch sei in den meisten Fällen eine Praxis der wechselseitigen interkulturellen Kritik bereits im Gange: Die

24 Ebd., S. 528.
25 Vgl. ebd., S. 529.
26 Vgl. Velasquez 1996.
27 Vgl. ebd., S. 20 ff.

Beteiligten wüßten sehr wohl, daß es sich dabei um ernstzunehmende Argumente handelt, die beantwortet werden müßten. Die Annahme des ethischen Relativismus, daß eine solche Kritik nicht möglich, ja nicht einmal zu verstehen sei, sieht Velasquez damit durch Verweis auf die praktische Erfahrung widerlegt. Der Verfasser zieht daraus den Schluß, daß es, sofern die Praxis der wechselseitigen Kritik im Gange ist, »Kriterien« jenseits der lokalen kulturellen Normen geben müsse, die die Transzendierung der lokalen Normen ermöglichen würden. Velasquez benennt einige solcher »Kriterien« (»consistency, publicly ascertainable truth, the collective wellbeing of society, justice, and moral rights«[28]), stellt aber zugleich fest, daß es sich dabei nicht um ethische Prinzipien handele, denen sich alle Kulturen beugen müßten:

»Instead, what I am here calling criteria, are really categories of moral considerations in the form of questions that can be asked about our moral practices. The questions point to forms of reasoning that bring various categories of moral considerations to bear on the evaluating of norms. As such they indicate the kind of transcultural criteria that can allow members of different cultures to collaborate in evaluation the moral adequacy of the norms of the culture.«[29]

Diese »Kategorien« sollen also dem Manager in einem fremden Kulturkreis helfen, die richtigen Fragen zu stellen und gemeinsam mit den Betroffenen eine Lösung zur Überwindung interkultureller Konfliktlagen zu finden. Sie sollen insbesondere helfen zu bestimmen, welche lokalen Praktiken zu akzeptieren sind und wann die internationale Unternehmung Anstrengungen zu einer Veränderung der Praktiken in Gang setzen soll. Velasquez greift das Problem, daß diese Kategorien selber erst ihre Bedeutung aufgrund bestimmter kultureller Erfahrungen erlangen, implizit auf, indem er auf die Grenzen seines Vorschlages hinweist. Dann nämlich, wenn man es mit Kulturen zu tun habe, deren Sozialintegration auf grundsätzlich unterschiedlichen »metaphysical beliefs and assumptions about the nature of reality«[30] beruht, laufe sein Ansatz leer. Konflikte mit Kulturen, die ein grundsätzlich anderes Verständnis von Wahrheit und Falschheit entwickelt hätten, könnten daher nicht auf dem beschriebenen

28 Ebd., S. 23.
29 Ebd.
30 Ebd., S. 24.

Wege beigelegt werden. Gleichwohl meinen wir, daß in diesem Falle die Möglichkeit eröffnet werden kann, ein wechselseitiges Verständnis in gemeinsamer Praxis *herzustellen*, wie dies von einigen Autoren in diesem Band vertreten wird.

Auch *Frederick Bird* setzt sich kritisch mit relativistischen Ansätzen auseinander. Angesichts der Vielfalt und Verschiedenheit kultureller Wertvorstellungen und Begründungsformen seien moralische Universalien notwendig, mit denen diese Verschiedenheit bearbeitet werden könne. Eine sinnvolle Alternative zum ethischen Relativismus erblickt Bird allerdings weder in der Suche nach ersten *Prinzipien*, »which are discovered or discerned by thoughtful reflection«[31], noch in der *empirischen* Suche nach gemeinsam geteilten Konzeptionen des Guten in verschiedenen Kulturen. Erste Prinzipien ließen sich kaum begründen, da sie faktisch nicht von allen Kulturen anerkannt werden, und empirische Ansätze zögen die geschichtliche Veränderung moralischer Universalien nicht hinreichend in Betracht.

»The answer to this difficulty is not to create and defend as normative for everyone a single set of social norms, moral beliefs, moral reasons and/or moral discourse. What can and should be done is to discover and encourage ways by which people from varied moral backgrounds can still create and sustain normative agreements between themselves.«[32]

Zu diesem Zweck entwickelt Bird einen kulturellen Ansatz, der auf die *faktische* Anerkennung dieser Prinzipien abstellt. Nur wenn diese Prinzipien (mehr oder minder) anerkannt wären, könnten sie im interkulturellen Konfliktfall wirksam werden: »Moral principles can count as universals only to the extent that they have in fact been more or less universally recognized as normative.«[33] Die Menschen würden Anstrengungen unternehmen, sich (mehr oder weniger) an diese Prinzipien zu halten, und Gründe angeben, wenn sie von ihnen abweichen. Bird versucht, derartige Prinzipien *empirisch* zu ermitteln, indem er aufzeigt, daß die Menschen diese als normativ anerkennen und sich daran halten. Er rekonstruiert dabei insbesondere die Gründegeschichte, warum und wie es zu dieser Anerkennung kommt. Es entsteht dabei jedoch die Schwierigkeit, auch im Falle der Abweichung

31 Bird 1996, S. 106.
32 Ebd., S. 115.
33 Ebd., S. 117.

die normative Anerkennung zu unterstellen. Bird will sich hier mit einem *theoretischen* Argument behelfen, indem er auf die »Legitimitätsaura« verweist, die diese Prinzipien umgibt: »In a circular fashion I argue that these standards are recognized as normative because of the intrinsic ways in which they foster the possibility, credibility, and esteem of moral standards more generally and thereby contribute to their legitimacy.«[34] Bird führt diese Prinzipien näher aus. Es handelt sich dabei um drei Gruppen von Prinzipien: erstens solche, die Moralität ermöglichen, zweitens solche, die Moralität glaubhaft machen, und schließich drittens solche, die der Moralität Achtung verschaffen. Auf diese Punkte können wir allerdings in der hier gebotenen Kürze nicht näher eingehen.

Josef Wieland hat in einem neueren Beitrag die Problematik der Unternehmensethik im Spannungsfeld zwischen Werterelativismus und Werteuniversalismus aufgegriffen und kommt zu ähnlichen Schlüssen wie die in diesem Bande vertretenen kulturalistischen Ansätze.[35] Ein Werterelativismus werde einerseits insbesondere von europäischen Unternehmen praktiziert; der Opportunismus, »um des Geschäfts willen« Menschenrechte und den eigenen moralischen Standpunkt zu vernachlässigen, sei in der Praxis weit verbreitet. Andererseits lasse sich in vielen US-amerikanischen Unternehmen eine Tendenz zum Werteimperialismus beobachten, wenn eigene Verhaltensrichtlinien ohne Beachtung der besonderen lokalen Umstände weltweit um jeden Preis umgesetzt werden.

Wieland entwickelt eine Perspektive zwischen Relativismus und Imperialismus und sucht nach den institutionellen und organisatorischen Rahmenbedingungen, die einen *gemeinsamen moralischen Lernprozeß* ermöglichen sollen. Genau hierauf zielt der von Wieland vorgeschlagene »globale Wertekreis« ab. Wieland unterscheidet zwischen inkompatiblen, komplementären und kompatiblen Werten. In diesem Lernprozeß komme es darauf an, die Gemeinsamkeiten und Differenzen zwischen den Kooperationspartnern aus verschiedenen Kulturbereichen zu identifizieren. Inkompatibilitäten können, sofern sie auf unterschiedlichen moralischen Grundsätzen und Überzeugungen beruhen, nicht auf der Ebene der Grundsätze gelöst werden. Der Verfasser

34 Ebd., S. 118.
35 Vgl. Wieland 1997.

schlägt daher vor, zu untersuchen, ob nicht im konkreten Einzelfall versuchsweise eine Zurückstellung der moralischen Grundsätze möglich ist, um zunächst eine lokale Lösung des Problems zu erzielen. Auf diese Weise kommt es zu »kompatiblen Lösungen«. Dies sind solche, »die inkompatible Grundsätze und Überzeugungen akzeptieren und die Problemstellung in kompatible lokale Werte transformieren, die einen gemeinsamen moralischen Lernprozeß starten und fördern.«[36] Sofern in einem konkreten Fall die lokale Lösung weiter verallgemeinert werden kann, können die Interaktionspartner zu einer Komplementarität von Werten gelangen. Ob dies gelingt, wird sich allerdings erst im konkreten Fall zeigen. Wieland läßt offen, ob es überhaupt wünschenswert ist, daß sich Kulturen auf diese Weise immer mehr angleichen. Er eröffnet jedenfalls eine Möglichkeit, wie global agierende Unternehmen mit interkulturellen Konflikten umgehen können.

Wieland stellt fest, daß es keineswegs die moralische Pflicht der global agierenden Unternehmen sei, ihre moralischen Grundsätze überall durchzusetzen oder zur Voraussetzung jeder wirtschaftlichen Interaktion zu machen. Gleichwohl müsse aber von den Unternehmen verlangt werden, moralisch akzeptable und ökonomisch praktikable Lösungen zur Überwindung lokaler Wertkonflikte zu ermitteln. Toleranz und Universalismus sollen in der beschriebenen Weise in einen gemeinsamen Entwicklungs- und Lernprozeß integriert werden.

IV

Die hier nur kurz beschriebenen neueren Vorschläge machen deutlich, wohin sich die Diskussion um die internationale Unternehmensethik derzeit entwickelt. Zugleich vermitteln sie einen Eindruck, wie die in diesem Band vertretenen philosophischen Positionen zur weiteren Begründung und kritischen Begleitung dieser Entwicklungen beitragen können. Sie zeigen schließlich auch, daß die Diskussion zu den in diesem Band behandelten Fragen keineswegs beendet ist, sondern weitergehen muß.

36 Ebd., S. 538.

Literatur

Apel, K.-O. (1973), *Transformation der Philosophie*, Band II: *Das Apriori der Kommunikationsgemeinschaft*, Frankfurt am Main.

– (1988), *Diskurs und Verantwortung. Das Problem des Übergangs zur postkonventionellen Moral*, Frankfurt am Main.

Ajzen, I., und F. Fishbein (1977), »Attitude-Behavior Relations: A Theoretical Analysis and Review of Empirical Research«, in: *Psychological Bulletin* 84, S. 888-918.

Bird, F. (1996), »Moral Universals as Cultural Realities«, in: F. N. Brady (Hg.), *Ethical Universals in International Business*, Berlin, S. 97-149.

Böhler, D. (1978), »Zoon logon echon – zoon koinon. Sprachkritische Rehabilitierung der Philosophischen Anthropologie: Wilhelm Kamlahs Ansatz im Licht rekonstruktiven Philosophierens«, in: J. Mittelstraß und M. Riedel (Hg.), *Vernünftiges Denken. Studien zur praktischen Philosophie und Wissenschaftstheorie*, Berlin/New York, S. 342-373.

– (1991), »Philosophische Meta-Normenbegründung durch Argumentationsreflexion. Über die Möglichkeit einer praktisch relevanten Vernunft in der technisch-wissenschaftlichen Zivilisation«, in: H.-L. Ollig (Hg.), *Philosophie als Zeitdiagnose. Ansätze der deutschen Gegenwartsphilosophie*, Darmstadt, S. 147-168.

– (1995), »Ethik für die Zukunft erfordert Institutionalisierung von Diskurs und Verantwortung«, in: M. Jänicke, H.-J. Bolle und A. Carius (Hg.), *Umwelt Global. Veränderungen, Probleme, Lösungsansätze*, Berlin, S. 239-248.

Gergen, K. J. (1995), »Global Organization: From Imperialism to Ethical Vision«, in: *Organization* 2, S. 519-532.

Ghoshal, S., und P. Moran (1996), »Bad for Practice: A Critique of the Transaction Cost Theory«, in: *Academy of Management Review* 21, S. 13-47.

Gronke, H. (1998), »Kulturalismus: Relativismus wider Willen? Ein Versuch, die Bedingungen für einen sinnvollen argumentativen Dialog zwischen Transzendentalpragmatiken und Kulturalisten zu klären«, in diesem Band, S. 384-401.

Haas, R. D. (1994), »Ethics – A Global Business Challenge«, in: *Vital Speeches of the Day* 60, Nr. 16, S. 506-509.

Janich, P. (1998), »Die Struktur technischer Innovationen«, in: ders., *Die Kulturalistische Wende. Zur Orientierung des philosophischen Selbstverständnisses*, Frankfurt am Main (im Erscheinen).

Kamlah, W. (1973), *Philosophische Anthropologie. Sprachkritische Grundlegung und Ethik*, Mannheim.

Kambartel, F. (Hg.) (1974), *Praktische Philosophie und konstruktive Wissenschaftstheorie*, Frankfurt am Main.

– (1989), »Vernunft: Kriterium oder Kultur? Zur Definierbarkeit des Vernünftigen«, in: ders., *Philosophie der humanen Welt*, Frankfurt am Main, S. 27-43; wiederabgedruckt in diesem Band, S. 88-105.
– (1992), »Die Vernunft und das Allgemeine. Zum Verständnis rationaler Sprache und Praxis«, in: V. Gerhard und N. Herold (Hg.), *Perspektiven des Perspektivismus. Gedenkschrift zum Tode Friedrich Kaulbachs*, Würzburg, S. 265-277; sowie in: K.-O. Apel und M. Kettner (Hg.), *Die eine Vernunft und die vielen Rationalitäten*, Frankfurt am Main 1996, S. 58-72.
– (1997), *Wahrheit und Begründung*, Erlangen/Jena.
– (1998 a), »Zur Grammatik von Wahrheit und Begründung«, in diesem Band, S. 106-125.
– (1998 b), »Vernunftkultur und Kulturrelativismus. Bemerkungen zu verschiedenen Problemen des Verstehens und Begründens«, in diesem Band, S. 212-220.
Lorenzen, P. (1972), »Das Problem des Scientismus«, in: L. Landgrebe (Hg.), *Philosophie und Wissenschaft. 9. Deutscher Kongreß für Philosophie (Düsseldorf 1969)*, Meisenheim am Glan, S. 19-34; wiederabgedruckt als: »Szientismus versus Dialektik«, in: F. Kambartel (Hg.), *Praktische Philosophie und konstruktive Wissenschaftstheorie*, Frankfurt am Main, S. 34-53.
– (1987), *Lehrbuch der konstruktiven Wissenschaftstheorie*, Mannheim.
Steinmann, H., und T. Olbrich (1998), »Ethik-Management: Integrierte Steuerung ethischer und ökonomischer Prozesse«, in: G. Blickle (Hg.), *Ethik in Organisationen*, Göttingen, S. 95-115.
– und A. G. Scherer (1995), »Zwischen Universalismus und Relativismus. Kritische Anfragen der Betriebswirtschaftslehre an die Philosophie«. Unveröffentliches Manuskript, Nürnberg.
– und A. G. Scherer (1998), »Interkulturelles Management zwischen Universalismus und Relativismus. Kritische Anfragen der Betriebswirtschaftslehre an die Philosophie«, in diesem Band, S. 23-87.
Velasquez, M. (1996), »Ethical Relativism and the International Business Manager«, in: F. N. Brady (Hg.), *Ethical Universals in International Business*, Berlin, S. 15-26.
Welsch, W. (1995), *Vernunft. Die zeitgenössische Vernunftkritik und das Konzept der transversalen Vernunft*, Frankfurt am Main.
Wieland, J. (1997), »Unternehmensethik als Erfolgsfaktor in globalen Kooperationen«, in: U. Krystek und E. Zur (Hg.), *Internationalisierung. Eine Herausforderung für die Unternehmensführung*, Berlin, S. 527-541.

Hinweise zu den Autoren

Thomas Bausch, geb. 1940, selbständiger Unternehmer, diverse Aufsichtsratsmandate, Lehrauftrag an der FU Berlin, Gründungsmitglied und Vorstandstätigkeit »Deutsches Netzwerk Wirtschaftsethik«, Mitglied der Forschungsgruppe »Ethik und Wirtschaft im Dialog« an der FU Berlin. Studium der Betriebswirtschaftslehre in Berlin und München, 1967 Promotion zum Dr. oec. publ., 1969-1981 Geschäftsführer eines mittelständischen Unternehmens, Studium der Philosophie in Berlin, 1991 Promotion zum Dr. phil. in Berlin. Veröffentlichungen: *Ungleichheit und Gerechtigkeit – Eine kritische Untersuchung des Rawlsschen Unterschiedsprinzips in diskursethischer Perspektive* (1993). Aufsätze in Sammelbänden, Zeitschriften und Lexika.

Dietrich Böhler, geb. 1942, Studium und Promotion in Kiel, 1970-1975 zunächst in Saarbrücken Assistent, dann Assistenzprofessor, 1975-1980 ordentlicher Professor für Sozialphilosophie an der Pädagogischen Hochschule Berlin, seit 1980 Professor für Philosophie an der FU Berlin. Gründete 1992 die Ethik-Forschungsgruppe »Ethik und Wirtschaft im Dialog« und ist Mitherausgeber der gleichnamigen Buchreihe. Forschungsgebiete: Geistes- und Sozialwissenschaften, Praktische Philosophie, Ethik und Wissenschaften, Theorie der Wirtschaftsethik, Theorie der Grundlagen der Philosophie. Wichtigste Veröffentlichungen: *Metakritik der Marxschen Ideologiekritik* (1971, 2. Auflage 1972); *Rekonstruktive Pragmatik* (1985); *Die pragmatische Wende* (Mithg., 1987); »Die deutsche Zerstörung des politisch-ethischen Universalismus«, in: Forum für Philosophie Bad Homburg (Hg.), *Zerstörung des moralischen Selbstsbewußtseins: Chance oder Gefährdung?* (1988). *Herausforderung Zukunftsverantwortung* (Mithg., 2. Auflage 1993); *Ethik für die Zukunft* (Hg., 1994); »Über Diskursethik und (Markt-) Wirtschaftstheorie«, in: J. Brune/D. Böhler/W. Steden (Hg.), *Moral und Sachzwang in der Marktwirtschaft* (1995); »Dialogreflexion als Ergebnis der sprachpragmatischen Wende«, in: J. Trabant (Hg.), *Sprache denken* (1995).

Horst Gronke, geb. 1955, Studium des Bauingenieurwesens (FH Saarbrücken), 1979 Diplom, Berufstätigkeit als Bauingenieur, Studium der Philosophie, Sozialpsychologie sowie der Allgemeinen und Vergleichenden Literaturwissenschaft (Universität Saarbrücken), 1990 MA, seit 1991 wissenschaftlicher Mitarbeiter am Zentralinstitut für Fachdidaktiken der FU Berlin, 1996 Promotion in Philosophie, seit 1996 wissenschaftlicher Assistent am Institut für Philosophie der FU Berlin (Arbeitsbereich Praktische Philosophie/Ethik: Dietrich Böhler), Mitglied der Forschungsgruppe »Ethik und Wirtschaft im Dialog«, der »Gesellschaft für Sokratisches Philosophieren« und der »Philosophisch-Politischen Akademie«. Veröffentlichungen u.a.: *Das Denken des Anderen* (1998); »Apel versus Habermas: Zur Architektonik der Diskursethik«, in: A. Dorschel u.a. (Hg.), *Transzendentalpragmatik* (1993); »Epoché der Utopie«; in: D. Böhler (Hg.), *Ethik für die Zukunft* (1994); gemeinsam mit D. Böhler: Art. »Diskurs« in: G. Ueding u.a. (Hg.), *Historisches Wörterbuch der Rhetorik* (1994); »Die Grundlagen der Diskursethik und ihre Anwendung im Sokratischen Gespräch«, in: D. Krohn u.a. (Hg.), *Diskurstheorie und Sokratisches Gespräch* (1996).

Friedrich Kambartel, geb. 1935, 1959 mathematische Promotion an der Universität Münster, 1966 Habilitation im Fach Philosophie ebenda, seit 1966 ordentlicher Professor für Philosophie in Konstanz, seit 1992 an der J. W. Goethe-Universität in Frankfurt am Main. Forschungsschwerpunkte sind Logik, Sprachphilosophie, Praktische Philosophie, Wissenschaftstheorie, Geschichte der Philosophie und der Grundlagen der Wissenschaften. Wichtigste Buchveröffentlichungen und Herausgeberschaften: *Orthonormale Systeme und Randintegralformeln in der Funktionstheorie mehrerer Veränderlichen* (1960); *Bolzanos Grundlegung der Logik* (Hg., 1963); *Erfahrung und Struktur. Bausteine zu einer Kritik des Empirismus und Formalismus* (1968); *Was ist und soll Philosophie?* (1968); *Gottlob Frege: Nachgelassene Schriften* (Mithg., 1969); *Zum normativen Fundament der Wissenschaft* (Mithg., 1973); *Praktische Philosophie und konstruktive Wissenschaftstheorie* (Hg., 1974); *Wissenschaftstheorie als Wissenschaftskritik* (Mitautor, 1974); *Theorie und Begründung. Studien zum Philosophie- und Wissenschaftsverständnis* (1976); *Gottlob Frege: Wissenschaftliche Briefwechsel* (Mithg., 1976); *Philosophie der humanen Welt* (1989); *Bernard Bolzano: Mathematisch-physikalische und philosophische Schriften 1842-1843* (Mithg., 1989); *Vernunftkritik nach Hegel* (Mithg., 1992).

Stefan Kyora, geb. 1965, 1989-1994 Studium der Philosophie, Germanistik und Geschichte an der Ruhr-Universität Bochum und an der Universität Konstanz, 1994 M.A. Seitdem Arbeit an einer Dissertation mit dem Thema »Unternehmensethik und die Frage nach der Verantwortung von Kollektiven«.

Geert-Lueke Lueken, geb. 1955, Studium der Philosophie, Linguistik und Literaturwissenschaft in Hamburg, 1984 MA, 1990 Promotion in Philosophie, danach Mitarbeiter im DFG-Projekt *Adorno und Wittgenstein – ein systematischer Vergleich* (Leitung: Herbert Schnädelbach), Mitglied der Hamburger Arbeitsgruppe Argumentationstheorie (HAA) um Harald Wohlrapp, seit 1993 wissenschaftlicher Mitarbeiter am Institut für Philosophie (Lehrstuhl Theoretische Philosophie: Pirmin Stekeler-Weithofer) der Universität Leipzig. Arbeitsgebiete: Argumentationstheorie, Sprachphilosophie, Allgemeine Wissenschaftstheorie. Veröffentlichungen: *Inkommensurabilität als Problem rationalen Argumentierens* (1992). Verschiedene Aufsätze in Sammelbänden und Fachzeitschriften.

Boris Rähme, geb. 1973, Studium der Philosophie und Germanistik an der Freien Universität Berlin; 1994 bis 1998 Mitarbeiter am Arbeitsbereich Praktische Philosophie/Ethik, seit Wintersemester 1995/96 Stipendiat der Studienstiftung des deutschen Volkes, 1998 MA, 1998/99 Visiting Fellow an der Harvard University. Veröffentlichungen u. a.: »Der Konsens in Theorie und Praxis des Sokratischen Gesprächs«, in: U. Siebert (Hg.), *Diskurstheorie und Sokratisches Gespräch* (1997), gemeinsam mit M. Werner: »Die Vielfalt der Lebensformen und die Einheit der Vernunft«, in: *Deutsche Zeitschrift für Philosophie* (1997); gemeinsam mit H. Gronke: Artikel im *Metzler-Philosophie-Lexikon* (1996); gemeinsam mit D. Böhler: Artikel im *Historischen Wörterbuch der Rhetorik*, Bd. 4 (im Erscheinen).

Andreas Georg Scherer, geb. 1964, Studium der Betriebswirtschaftslehre an der Universität Erlangen-Nürnberg, 1989 Diplom, 1994 Promotion, seit 1990 Wissenschaftlicher Mitarbeiter und Assistent am Lehrstuhl für Unternehmensführung der Universität Erlangen-Nürnberg, 1996 Forschungsaufenthalt an der University of Georgia (USA). Hauptarbeitsgebiete: Strategische Unternehmensführung, Organisationstheorie, Interkulturelles Management, Wissenschaftstheorie, Veröffentlichungen u.a.: *Rationalität und Begründung* (Betriebswirtschaftliche Forschung und Praxis 1993); gemeinsam mit M. J. Dowling: *Towards a Reconciliation of the Theory Pluralism in Strategic Management – Incommensurability and the Constructivist Approach of the Erlangen School* (Advances in Strategic Management 1995); *Pluralismus im Strategischen Management* (1995); *Pluralism and Incommensurability in Strategic Management and Organization Theory* (Gasthg.; Organization 1998).

Hans Julius Schneider, geb. 1944, Studium der Philosophie, Germanistik, Anglistik und Linguistik in Berlin, Austin (Texas, USA) und Erlangen. Promotion in Erlangen bei Paul Lorenzen 1970, ab 1970 Wissenschaftlicher Assistent in Konstanz, Habilitation dort 1975; 1978-1983 Heisenberg-Stipendiat der Deutschen Forschungsgemeinschaft, 1983 bis 1996 Professor am Interdisziplinären Institut für Wissenschaftstheorie und Wissenschaftsgeschichte der Universität Erlangen, seit 1996 Lehrstuhl für Systematische Philosophie/Erkenntnistheorie an der Universität Potsdam. 1989 Gastprofessor an der University of Georgia,

USA, 1992 Gaststudent und -dozent an der School of the Art Institute of Chicago. Hauptarbeitsgebiete: Sprachphilosophie, Allgemeine Wissenschaftstheorie, Theorie der Geisteswissenschaften, Philosophische Anthropologie. Veröffentlichungen u.a.: *Pragmatik als Basis von Semantik und Syntax* (1975), *Über das Schweigen der Philosophie zu den Lebensproblemen* (1979), *Phantasie und Kalkül* (1992); Herausgeberschaften: *Enteignen uns die Wissenschaften?* (Mithg., 1992); *Metapher, Kognition, Künstliche Intelligenz* (1996). Aufsätze in Sammelbänden und Zeitschriften.

Horst Steinmann, geb. 1934, Studium der Betriebswirtschaftslehre an der Universität Göttingen, Promotion und Habilitation an der TU Clausthal, ordentlicher Professor für Betriebswirtschaftslehre und Unternehmensforschung an der Freien Universität Berlin (1968-1970), danach seit 1970 Inhaber des Lehrstuhls für Allgemeine Betriebswirtschaftslehre und Unternehmensführung an der Universität Erlangen-Nürnberg, 1996 Ehrenpromotion der Universität Bern. Forschungsgebiete: Strategische Unternehmensführung, Organisationstheorie, Unternehmensverfassung, Unternehmensethik, Wissenschaftstheorie. Publikationen: Neben zahlreichen Aufsätzen, in jüngster Zeit insbesondere zu Fragen der Unternehmensethik, Autor bzw. Koautor der folgenden Bücher: *Das Großunternehmen im Interessenkonflikt* (1969); *Planungsmodelle für die Grundstoffindustrie* (1970); *Arbeitshumanisierung für Angestellte* (1978); *Reform der Unternehmensverfassung* (1978); *Unternehmensordnung und tarifvertragliche Mitbestimmung* (1984); *Der mitbestimmte Aufsichtsrat* (1988); *Management. Grundlagen der Unternehmensführung*, 4. Auflage (1998); *Grundlagen der Unternehmensethik*, 2. Auflage (1994); als Herausgeber bzw. Mitherausgeber: *Wissenschaftstheorie und Betriebswirtschaftslehre* (1972); *Betriebswirtschaftslehre als normative Handlungswissenschaft* (1978); *Unternehmensethik*, 2. Auflage (1991); *Ethics in International Business* (1998).

Hans G. Ulrich, geb. 1942, Studium der Evangelischen Theologie und Sozialwissenschaften in Heidelberg und Göttingen, Promotion in Mainz 1973 bei Gerhard Sauter und Dietrich Ritschl. 1975 Lehrtätigkeit an der Rice-University in Houston (Texas), 1976-1981 Wissenschaftlicher Assistent an der Universität Bonn, 1981 dort Habilitation in Systematischer Theologie und Sozialethik, seit 1982 Professor für Systematische Theologie und Sozialethik an der Theologischen Fakultät der Universität Erlangen-Nürnberg. 1991 Gastprofessor an der University of Georgia (USA), seit 1975 Mitglied der Societas Ethica. Hauptarbeitsgebiete: Theorie der Ethik, Theologische Anthropologie, Christliche Soziallehre, Politische Ethik, Wirtschaftsethik. Veröffentlichungen u.a.: *Anthropologie und Ethik bei Friedrich Nietzsche* (1975); *Eschatologie und Ethik. Die theologische Theorie der Ethik in ihrer Beziehung auf die Rede von Gott seit Friedrich Schleiermacher* (1988); *Evangelische Ethik. Diskussionsbeiträge zu ihrer Grundlegung und ihren Aufgaben* (Hg.); *Freiheit im Leben mit Gott. Texte zur Tradition evangelischer Ethik* (Hg., 1993). Aufsätze und Artikel u.a. zur Theorie der Ethik, Wirtschaftsethik und Christliche Soziallehre.

Harald Wohlrapp, geb. 1944, Studium der Philosophie, Sprach- und Sozialwissenschaften in Paris, Freiburg, Erlangen. Promotion Erlangen 1970 (»Philosophie als Wissenschaft der Reflexion. Systematische Studien zur Dialektik«). Danach Forschung und Lehre am Philosophischen Seminar der Universität Hamburg, zunächst Assistent (Lehrstuhl Kuno Lorenz), dann wissenschaftlicher Mitarbeiter. Habilitation Konstanz 1980 (»Argumentieren und Handeln«), seit 1983 Professor für Philosophie in Hamburg. Arbeitsschwerpunkte: Antike Dialektik, Wissenschaftstheorie, Handlungstheorie, Argumentationstheorie. Wichtigste Publikationen: »Analytischer versus konstruktiver Wissenschaftsbegriff«, in: K. Lorenz (Hg.), *Konstruktionen versus Positionen* (1979); »Handlungsforschung«, in: J. Mittelstraß (Hg.), *Methodenprobleme der Wissenschaften vom gesellschaftlichen Handeln* (1979); »Toulmin's Theory and the Dynamics of Argumentation«, in: F. v. Eemeren u. a. (Hg.), *Argumentation. Perspectives and Approaches* (1987); »Über nicht-deduktive Argumente«, in: P. Klein (Hg.), *Praktische Logik* (1990); *Wege der Argumentationsforschung* (Hg. 1995); »Konstruktive Anthropologie als Basis eines Konzepts von Kulturpluralismus?«, in: E. Jelden (Hg.), *Prototheorien – Praxis und Erkenntnis* (1995).

suhrkamp taschenbücher wissenschaft
Wissenschaftsforschung

Bachelard: Die Bildung des wissenschaftlichen Geistes. stw 668
– Die Philosophie des Nein. stw 325
Becker: Grundlagen der Mathematik. stw 114
Böhme, G.: Alternativen der Wissenschaft. stw 334
Böhme, G./Daele/Krohn: Experimentelle Philosophie. stw 205
Böhme, G./Engelhardt (Hg.): Entfremdete Wissenschaft. stw 278
Canguilhem: Wissenschaftsgeschichte und Epistemologie. stw 286
Cicourel: Methode und Messung in der Soziologie. stw 99
Dahms: Positivismusstreit. stw 1058
Daele/Krohn/Weingart (Hg.): Geplante Forschung. stw 229
Dubiel: Wissenschaftsorganisation und politische Erfahrung. stw 258
Fleck: Entstehung und Entwicklung einer wissenschaftlichen Tatsache. stw 312
– Erfahrung und Tatsache. stw 404
Frühwald/Jauß/Koselleck u.a.: Geisteswissenschaften heute. stw 973
Galilei: Sidereus Nuncius (Nachricht von neuen Sternen). stw 337
Gould: Der Daumen des Panda. stw 789
– Der falsch vermessene Mensch. stw 583
– Wie das Zebra zu seinen Streifen kommt. stw 919
Hausen/Nowotny (Hg.): Wie männlich ist die Wissenschaft? stw 590
Helms: Die Militarisierung der Gesellschaft. stw 988
Holton: Thematische Analyse der Wissenschaft. stw 293
Jokisch (Hg.): Techniksoziologie. stw 379
Knorr-Cetina: Die Fabrikation von Erkenntnis. stw 959
Kocka (Hg.): Interdisziplinarität. stw 671
Koyré: Von der geschlossenen Welt zum unendlichen Universum. stw 320
Krohn/Küppers: Die Selbstorganisation der Wissenschaft. stw 776
Krohn/Küppers (Hg.): Emergenz. stw 984
Küppers/Lundgreen/Weingart: Umweltforschung – die gesteuerte Wissenschaft? stw 215
Kuhn: Die Entstehung des Neuen. stw 236
– Die Struktur wissenschaftlicher Revolutionen. stw 25
Maturana: *siehe Riegas/Vetter*
Mehrtens/Richter (Hg.): Naturwissenschaft, Technik und NS-Ideologie. stw 303
Mittelstraß: Die Möglichkeit von Wissenschaft. stw 62
– Wissenschaft als Lebensform. stw 376

202/1/8.92

202/2/8.92